MATEMÁTICA FINANCEIRA

O GEN | Grupo Editorial Nacional – maior plataforma editorial brasileira no segmento científico, técnico e profissional – publica conteúdos nas áreas de ciências sociais aplicadas, exatas, humanas, jurídicas e da saúde, além de prover serviços direcionados à educação continuada e à preparação para concursos.

As editoras que integram o GEN, das mais respeitadas no mercado editorial, construíram catálogos inigualáveis, com obras decisivas para a formação acadêmica e o aperfeiçoamento de várias gerações de profissionais e estudantes, tendo se tornado sinônimo de qualidade e seriedade.

A missão do GEN e dos núcleos de conteúdo que o compõem é prover a melhor informação científica e distribuí-la de maneira flexível e conveniente, a preços justos, gerando benefícios e servindo a autores, docentes, livreiros, funcionários, colaboradores e acionistas.

Nosso comportamento ético incondicional e nossa responsabilidade social e ambiental são reforçados pela natureza educacional de nossa atividade e dão sustentabilidade ao crescimento contínuo e à rentabilidade do grupo.

JOSÉ DUTRA VIEIRA SOBRINHO

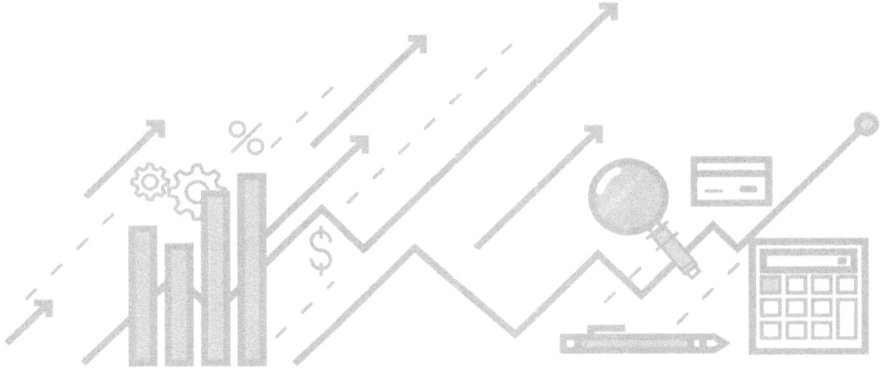

MATEMÁTICA FINANCEIRA

• JUROS • CAPITALIZAÇÃO SIMPLES E COMPOSTA
• SISTEMAS DE AMORTIZAÇÃO PRICE E SAC • TÍTULOS PÚBLICOS: LTN, NTN E LFT
• TAXAS SELIC E CDI • UTILIZAÇÃO DE CALCULADORAS FINANCEIRAS

8ª edição
revista, atualizada e ampliada

gen | atlas

- **Atendimento ao cliente: (11) 5080-0751 | faleconosco@grupogen.com.br**

Publicado pelo selo **Atlas**
Uma editora integrante do GEN | Grupo Editorial Nacional
Travessa do Ouvidor, 11
Rio de Janeiro – RJ – 20040-040
www.grupogen.com.br

- Capa: Ricardo Lima
- Editoração Eletrônica: Formato Editora e Serviços

- Ficha catalográfica

V718m
8. ed.
Vieira Sobrinho, José Dutra
Matemática financeira / José Dutra Vieira Sobrinho – 8. ed. – [5ª Reimpr.]. – São Paulo: GEN | GRUPO EDITORIAL NACIONAL S.A. Publicado pelo selo Editora Atlas, 2025.

Inclui bibliografia
ISBN 978-85-97-01411-2

1. Administração financeira. 2. Matemática financeira. I. Título

17-46698
CDD-658.152
CDU-658.15

Material Suplementar

Este livro conta com o seguinte material suplementar:

- Tabelas Financeiras.
- O acesso ao material suplementar é gratuito. Basta que o leitor se cadastre e faça seu *login* em nosso *site* (www.grupogen.com.br), clicando no *menu* superior do lado direito.
- O acesso ao material suplementar online fica disponível até seis meses após a edição do livro ser retirada do mercado.
- Caso haja alguma mudança no sistema ou dificuldade de acesso, entre em contato conosco (gendigital@grupogen.com.br).

PREFÁCIO

Registramos com orgulho e satisfação o sucesso alcançado por este livro: até dezembro de 2017 vendemos mais de 110 mil exemplares. Sua grande receptividade entre os professores, técnicos, gerentes e executivos que militam no mercado financeiro, bem como entre os estudantes em geral, aumenta substancialmente nossa responsabilidade quanto à matéria aqui apresentada. E no início deste prefácio agradecemos a todos os amigos e entidades que colaboraram nas edições anteriores, particularmente aos professores Américo Oswaldo Campiglia, ex-presidente da Associação Nacional das Instituições de Crédito, Financiamento e Investimento (Acrefi), que gentilmente fez a honrosa apresentação da primeira edição deste livro em julho de 1981, e ao grande amigo Rogério Bonfiglioli, pela ideia da publicação do livro e pelo grande e contínuo incentivo, ambos falecidos.

Com o propósito de continuar fornecendo elementos para um melhor entendimento da Matemática Financeira e acompanhamento das modificações introduzidas no mercado financeiro, procedemos a várias mudanças nesta edição, a começar pela própria apresentação do livro, modificando sua capa e melhorando sua diagramação.

Todo o esforço foi concentrado no sentido de transmitir conhecimentos e não apenas mostrar conhecimentos. Assim, desde o início preocupamo-nos principalmente com a didática, a objetividade e a atualidade. Com essa filosofia, desenvolvemos a parte teórica de forma objetiva, apresentando tão somente as demonstrações necessárias ao entendimento das relações matemáticas fundamentais. Essas demonstrações são feitas de maneira inversa às tradicionais, ou seja, em vez de demonstrarmos a expressão algébrica de uma fórmula para depois resolvermos dado problema, primeiro procuramos resolver esse problema e, partindo da resolução, demonstramos a fórmula. Nos exemplos apresentados, tivemos a preocupação de que se referissem ao cotidiano de nosso mercado financeiro, como operações de crédito ao consumidor, aplicações em títulos de renda fixa e outras modalidades. A matéria foi desenvolvida de acordo com uma sequência lógica, ou seja, do mais simples para o mais complexo.

No que se refere à parte conceitual, reforçamos e simplificamos o entendimento de alguns conceitos básicos da Matemática Financeira. Assim, no Capítulo 1, além de historiar a origem dos juros, justificar a sua cobrança e mostrar os diversos tipos existentes, procuramos caracterizar de forma clara o que é uma taxa de juros. Ao tratar do prazo das operações financeiras, destacamos a necessidade urgente de se padronizar o número de dias contidos em um ano, isto é: 360, 365, 365,25 ou 252 dias úteis? Nesse capítulo estamos justificando por que escolhemos 365 dias. Nos Capítulos 2 e 3, em que tratamos de juros simples e compostos, não há grande novidade em relação ao que se conhece. Apenas enfatizamos que não existe diferença conceitual entre as expressões "juro composto", "capitalização composta", "juro exponencial" e "juros sobre juros"; são expressões normalmente empregadas com o mesmo significado, ou seja, todas se referem ao regime de capitalização composta. Aumentamos o número de exercícios resolvidos no Capítulo 3, principalmente nos casos em que a taxa de juros ou o prazo aparecem como incógnitas. Mas é no Capítulo 4, que trata de "descontos", que propomos as mudanças mais radicais. Após minuciosa análise da conhecida e confusa classificação de descontos, feita tanto do ponto de vista histórico quanto matemático, chegamos à conclusão de que a classificação em desconto simples e composto, bancário e racional ou, ainda, "por fora" e "por dentro" não tem nenhum sentido e por isso deve ser abolida; ela decorre principalmente de interpretações equivocadas de critérios de cálculo utilizados até os séculos XVII ou XVIII.

No Capítulo 5, que trata de séries de pagamentos, não houve mudanças significativas; apenas atualizamos os dados referentes aos exercícios apresentados, tanto os resolvidos quanto os propostos no final do capítulo.

O Capítulo 6 trata de um dos assuntos mais importantes na atualidade, e, inexplicavelmente ainda controvertido: sistemas de amortização. Nesse capítulo estamos fazendo uma correção na história contada nas edições anteriores deste livro e que diz respeito à denominação "Tabela Price". Na verdade, o matemático, filósofo e teólogo inglês Richard Price nada teve a ver com a dedução da fórmula que calcula o valor das prestações de uma série de prestações iguais. Ampliamos o capítulo com a introdução de novos sistemas de amortização e aumentamos o número de exemplos resolvidos.

Nos mercados financeiros, brasileiro e mundial, mesmo entre os professores, técnicos, executivos e jornalistas especializados, reina muita confusão quanto ao conceito e à classificação das taxas de juros, principalmente no que se refere às taxas nominal, efetiva e real. Por isso, em especial, queremos chamar a atenção dos professores para a nova classificação que propomos, cujas justificativas estão apresentadas no Capítulo 7. Gostaríamos muito de receber críticas e sugestões sobre essa proposta.

O Capítulo 8 trata dos Métodos de Avaliação de Fluxos de Caixa, ou seja, do valor presente líquido (VPL) e da taxa interna de retorno (TIR), largamente utilizados nas análises de operações financeiras e de projetos de investimentos. Praticamente não houve alterações nesse capítulo, apenas atualizamos os dados dos exemplos apresentados.

No Capítulo 9 tratamos do tema equivalência de capitais. Nas edições anteriores essa questão foi apresentada de forma resumida e superficial dentro do capítulo referente a séries de pagamentos. Mas, devido à importância desse conceito nos casos envolvendo a utilização de juros simples e compostos, resolvemos ampliar as explicações e apresentá-las em um capítulo específico. Este estudo comprova, no caso de juros simples, que não existe a condição de equivalência para dois ou mais capitais, considerada a mesma taxa de juros.

Trata-se de uma leitura obrigatória para se entender por que a utilização do critério de juros simples nas operações de empréstimo, financiamento e investimento provoca distorções incontornáveis. E por essa razão não deve ser utilizado.

No Capítulo 10, tratamos da taxa média, do prazo médio e do plano médio. Esses temas, de grande importância para avaliação de ativos e passivos financeiros, foram apresentados e amplamente analisados nesse capítulo. No que diz respeito ao prazo médio em regime de capitalização composta, a conceituação é absolutamente inédita.

Desde a primeira edição deste livro, tivemos enorme preocupação com a aplicação dos conceitos fundamentais da Matemática Financeira às operações realizadas no mercado.

Nesta edição, no Capítulo 11, apresentamos exemplos atualizados das principais modalidades de empréstimos, financiamentos e aplicação de recursos. Em relação à edição anterior, excluímos algumas operações em desuso e incorporamos novas, todas caracterizadas e exemplificadas de acordo com as normas operacionais e tributárias em vigor. E como nossa economia continua fortemente indexada, preocupamo-nos em mostrar detalhadamente a construção dos chamados índices de preços, sejam eles decorrentes da variação dos preços de mercadorias e serviços, da variação de taxas de juros ou da cotação de moedas.

No campo específico da contabilidade, o Capítulo 12 trata de outro tema também inédito: o da apropriação de receitas e despesas financeiras diferidas, de conformidade com os princípios e convenções contábeis. E por fim, no Capítulo 13, tratamos da calculadora financeira HP-12C – grande parte dos exemplos apresentados e resolvidos nos Capítulos 1 a 6 e 8 é reapresentada e resolvida por meio dessa calculadora.

No Apêndice apresentamos noções de potências, radicais, progressões aritméticas e geométricas e interpolação linear.

O Autor

SUMÁRIO

1

CONCEITOS FUNDAMENTAIS

1.1 CONCEITOS DE CAPITAL, JUROS, TAXA DE JUROS E PRAZO

1.1.1 Capital

Entende-se por capital, do ponto de vista da matemática financeira, qualquer valor expresso em moeda e disponível em determinada época.

1.1.2 Juro

Juro é a remuneração do capital emprestado, podendo ser entendido, de forma simplificada, como sendo o aluguel pago pelo uso do dinheiro.

A origem da cobrança de juros é antiga e se perde na escuridão dos tempos. Sabe-se que sempre provocou críticas, restrições e até mesmo proibições, em diferentes épocas e civilizações. Diversas teorias tentam explicar a existência dos juros. Uma das mais citadas é a de que os juros existem pela necessidade ou preferência dos consumidores em consumir bens e serviços no presente a poupar para consumi-los no futuro. Assim, na sua origem, o juro pode ser justificado como uma compensação que o possuidor do capital exige pelo seu não uso durante o tempo do empréstimo, além de um prêmio pelo risco de não receber o seu dinheiro de volta.

Originalmente, as pessoas que emprestavam dinheiro eram, em sua maioria, homens bem-sucedidos nas atividades comerciais, de navegação e rural. Com o tempo, esses agentes, pessoas físicas, foram sendo gradativamente substituídos por empresas especializadas na concessão de crédito. Como consequência surgiram os bancos, cuja atividade principal é promover a intermediação dos recursos disponíveis na sociedade, tomando emprestado daqueles que os têm, e emprestando para aqueles que deles necessitam. E com isso apareceram dois tipos de juros distintos, embora inter-relacionados: o juro pago pelo banco na captação dos recursos e o juro cobrado pelo banco no empréstimo concedido.

O tamanho do juro pago pelo banco aos aplicadores de recursos normalmente é fixado pelo mercado, enquanto o juro cobrado dos tomadores de crédito depende deste e de outros fatores. Assim, em resumo, a taxa de juro cobrada pelo banco na concessão de empréstimos ou financiamentos depende basicamente dos seguintes elementos:

- Custo de capitação: juro pago pelo banco ao aplicador ou investidor.
- Risco: probabilidade de o tomador do empréstimo não resgatar o dinheiro.
- Custo operacional: todas as despesas operacionais, administrativas e tributárias decorrentes do empréstimo e efetivação da cobrança.
- Perda do poder aquisitivo dos recursos emprestados devido ao processo inflacionário previsto para o prazo do empréstimo.
- Ganho (ou lucro): fixado em função das demais oportunidades de aplicação dos recursos capitados.

1.1.3 Taxa de juros

Taxa de juros é uma relação matemática, ou seja, é o resultado da divisão do valor dos juros pelo capital emprestado. Assim, representando-se a taxa de juro pela letra ***i***, o valor dos juros pela letra ***J*** e o valor do capital inicial pela letra ***P***, tem-se que:

$$i = \frac{J}{P}$$

Exemplo: emprestei \$ 100,00 e recebi \$ 105,00 no vencimento; nesse caso ganhei juros de \$ 5,00. Qual a taxa de juros?

Solução:

$$i = \frac{J}{P} = \frac{5,00}{100,00} = 0,05 = 5,00\%$$

A expressão numérica 0,05 é a taxa de juros escrita na forma unitária ou decimal, e a expressão 5,00%, a taxa de juros escrita na forma percentual. Assim, quando informamos que a taxa de juros é igual a 5,00%, estamos dizendo que o valor dos juros é de \$ 5,00 para cada \$ 100,00 de empréstimo; e quando informamos que a taxa de juros é de 0,05, estamos dizendo que o valor dos juros é de \$ 0,05 para cada \$ 1,00 de empréstimo. E ao utilizarmos uma fórmula matemática para obter o valor dos juros, do montante ou das prestações, a taxa deverá sempre ser escrita na forma unitária ou decimal, como mostraremos nos capítulos seguintes.

Nessa relação matemática, é importante destacar que o valor dos juros é sempre pago (ou recebido) no final de um determinado período de tempo; já o capital inicial é o valor colocado à disposição na data do contrato (ou da operação). Assim, com base nesse entendimento, não se pode falar em juros pagos no ato ou em juros antecipados. Os juros são sempre postecipados, pagos no vencimento da operação, seja o prazo de 1 dia, 1 mês ou de 1 ano. Para melhor entendimento, vamos a um exemplo.

Uma pessoa pede um empréstimo de $ 1.000,00 para ser restituído no prazo de 1 mês. O gerente do banco manda creditar $ 950,00 na conta do cliente sob a alegação de que os juros de $ 50,00 foram descontados no ato, isto é, pagos antecipadamente.

De acordo com o conceito de taxa de juros, temos que:

$$\text{Taxa de juros cobrada pelo banco: } i = \frac{50,00}{950,00} = 0,0526 = 5,26\%$$

No caso desse exemplo, não houve pagamento antecipado de juros. Apenas o banco emprestou R$ 950,00 para receber R$ 1.000,00 no final de um mês. Portanto, o juro de $ 50,00 efetivamente foi recebido pelo banco no final, isto é, no vencimento.

1.1.4 Prazo

Prazo é um período determinado de tempo. Pode ser expresso em qualquer unidade: dia, mês, ano ou século; também pode ser em horas, minutos ou segundos.

É consenso no mundo que um ano é composto por 12 meses, 2 semestres, 4 trimestres e assim por diante; também é consensual que 1 mês tem 30 dias. Entretanto, ainda não existe acordo quanto ao número de dias a ser considerado para o período de um ano. A maioria dos países trabalha com 360 e outros com 365 dias; algumas instituições financeiras utilizam 366 nos anos bissextos e 365 nos demais; há correntes que propõem a utilização de 365,25 dias; no Brasil, para a negociação de títulos públicos, cálculo da TR (taxa referencial de juros) e do valor da cota dos fundos de investimentos, o mercado financeiro utiliza 252 dias úteis.

Neste livro, a partir desta edição, estamos considerando o ano constituído por 365 dias. E há razões ponderáveis para isso, como segue;

1. A planilha Excel, utilizada de forma generalizada no mundo, considera 365 dias para o cálculo da Taxa Interna de Retorno (TIR) e do Valor Presente Líquido (VPL) nos casos em que os pagamentos correspondentes a uma dada operação financeira não sejam periódicos, ou seja, não sejam pagos a intervalos iguais de tempo. As referidas funções, no Excel, são identificadas como XTIR (ou XIRR) e XVPL (ou XNPV).
2. A TAEG (Taxa Anual Efetiva Global), que obrigatoriamente deve constar nos contratos de empréstimos ou financiamentos realizados nos países integrantes do Euro, é definida para 365 dias; e o CET (Custo Efetivo Total), que é uma taxa anual de juros cuja fórmula de cálculo é uma cópia fiel da TAEG, e também obrigatório nos contratos de empréstimos e financiamentos firmados no Brasil, é definido para 365 dias.
3. A tendência natural é que as relações comerciais e financeiras se ampliem no mundo. E, como consequência, os diversos países deverão utilizar os mesmos critérios de cálculo para definir valores a pagar ou a receber. Estou apostando que a taxa anual de juros será padronizada e definida para 365 dias.

2

CAPITALIZAÇÃO SIMPLES

2.1 CONCEITO

Capitalizar, em matemática financeira, significa adicionar juros ao capital. E essa adição pode ser feita de forma linear ou exponencial. Quando feita de forma linear, dizemos que a capitalização é simples, e quando feita exponencialmente dizemos que ela é composta.

Assim, podemos conceituar capitalização simples como sendo o cálculo de obtenção dos juros em que a taxa definida para o período unitário (dia, mês ou ano) incide sempre sobre o capital inicial, não incidindo, pois, sobre os juros que vão se acumulando. O cálculo do valor mensal dos juros e do total acumulado pode ser visualizado através do quadro mostrado a seguir.

Exemplo: calcular o valor dos juros correspondente a um empréstimo de $ 1.000,00, contratado a uma taxa de juro de 5% ao mês, pelo prazo de 4 meses.

Solução:

Mês	Juros Mensais	Juros Acumulados
1	0,05 × 1.000,00 = 50,00	50,00
2	0,05 × 1.000,00 = 50,00	100,00
3	0,05 × 1.000,00 = 50,00	150,00
4	0,05 × 1.000,00 = 50,00	200,00

2.2 CÁLCULO DOS JUROS

No regime de capitalização simples, o valor total dos juros a ser pago no final de um certo prazo é determinado com base na fórmula:

$$J = P \times i \times n,$$

em que ***J*** é o valor total dos juros, ***P*** o capital inicial, ***i*** a taxa de juros e ***n*** o prazo.

No caso do exemplo inicial, tem-se que:

$$J = 1.000,00 \times 0,05 \times 4 = 200,00$$

Exemplos da aplicação

1. Qual o valor dos juros correspondentes a um empréstimo de $ 10.000,00, pelo prazo de 8 meses, sabendo-se que a taxa cobrada é de 3% ao mês?

Dados: $P = 10.000,00$

$n = 8$ meses

$i = 3\%$ ao mês

$J = ?$

Solução: $J = P \times i \times n$

$$J = 10.000,00 \times 0,03 \times 8 = 2.400,00$$

2. Um capital de $ 25.000,00, aplicado durante 7 meses, rende juros de $ 7.875,00. Determinar a taxa correspondente.

Dados: $P = 25.000,00$

$J = 7.875,00$

$n = 7$ meses

$i = ?$

Solução: $J = P \times i \times n$

$$i = \frac{J}{P \times n} = \frac{7.875,00}{25.000,000 \times 7} = 0,045 \text{ ou } 4,5\% \text{ ao mês}$$

3. Uma aplicação de $ 50.000,00 pelo prazo de 180 dias obteve um rendimento de $ 8.250,00. Indaga-se: quais as taxas diária e mensal correspondentes a essa aplicação?

Dados: $P = 50.000,00$

$J = 8.250,00$

$n = 180$ dias

$i = ?$

Solução: $i = \frac{J}{P \times n}$

$$\text{Taxa diária: } i = \frac{8.250,00}{50.000,00 \times 180} = 0,00091667 \text{ ou } 0,091667\% \text{ ao dia}$$

$$\text{Taxa mensal: } i = 30 \times 0,00091667 = 0,0275 \text{ ou } 2,75\% \text{ ao mês}$$

Observação: Quando o prazo informado for em dias, a taxa resultante dos cálculos será diária; se o prazo for em meses, a taxa será mensal; se em trimestres, a taxa será trimestral, e assim sucessivamente.

4. Sabendo-se que os juros de $ 6.000,00 foram obtidos com a aplicação de $ 7.500,00, à taxa de 8% ao trimestre, pede-se que se calcule o prazo.

Dados: $P = 7.500,00$

$J = 6.000,00$

$i = 8\%$ ao trimestre

$n = ?$

Solução: $J = P \times i \times n \rightarrow n = \dfrac{J}{P \times i}$

$$n = \frac{6.000,00}{7.500,00 \times 0,08} = \frac{6.000,00}{600,00} = 10 \text{ trimestres, ou 2,5 anos.}$$

5. Qual o capital que, à taxa de 4% ao mês, rende juros de \$ 9.000,00 em um ano?

Dados: $J = 9.000,00$

$n = 1$ ano $= 12$ meses

$i = 4\%$ ano mês

$P = ?$

Solução: $J = P \times i \times n \rightarrow P = \dfrac{J}{i \times n}$

$$P = \frac{9.000,00}{0,04 \times 12} = \frac{9.000,00}{0,48} = 18.750,00.$$

6. Um empréstimo de \$ 23.000,00 é liquidado por \$ 29.200,00 no final de 152 dias. Calcular a taxa mensal de juros.

Dados: $P = 23.000,00$

$S = 29.200,00$

$n = 152$ dias

$i = ?$ (taxa mensal)

Solução: $J = P \times i \times n \rightarrow i = \dfrac{J}{P \times n}$

$$J = S - P = 29.200,00 - 23.000,00 = 6.200,00$$

$$i = \frac{6.200,00}{23.000,00 \times 152} = 0,001773$$

ou 0,1773% ao dia (porque o prazo está expresso em número de dias)

Taxa mensal $= i_m = 0,1773\% \times 30 = 5,32\%$

7. Calcular o valor dos juros e do montante de uma aplicação de \$ 20.000,00, feita a uma taxa de 4,94% ao mês, pelo prazo de 76 dias.

Dados: $P = 20.000,00$

$i = 4,94\%$ ao mês

$n = 76$ dias

$J = ?$

$S = ?$

Solução: $J = P \times i \times n$

$$J = 20.000,00 \times \frac{0,0494}{30} \times 76 = 2.502,93$$

$$S = P + J = 20.000,00 + 2.502,93 = 22.502,93$$

2.3 MONTANTE E VALOR ATUAL

O montante (ou valor futuro), que vamos indicar por *S*, é igual à soma do capital inicial mais os juros referentes ao período da aplicação. Assim, temos:

$$S = P + J$$

$$S = P + P \times i \times n, \text{ visto que } J = P \times i \times n$$

$$\boxed{S = P(1 + i \times n)}$$

Exemplo:

Calcular o montante da aplicação de um capital de $ 8.000,00, pelo prazo de 12 meses, à taxa de 3% ao mês.

Dados: $P = 8.000{,}00$

$n = 12$ meses

$i = 3\%$ ao mês

$S = ?$

Solução: $S = P(1 + i \times n)$

$$S = 8.000{,}00\ (1 + 0{,}03 \times 12) = 8.000{,}00 \times 1{,}36 = 10.880{,}00$$

Valor atual (ou valor presente), que vamos indicar por *P*, é o valor do capital que, aplicado a dada taxa e a dado prazo, nos dá um montante conhecido *S*. Assim, como $S = P\ (1 + i \times n)$, segue-se que:

$$\boxed{P = \frac{S}{1 + i \times n}}$$

Exemplo:

Determinar o valor atual de um título cujo valor de resgate é de $ 60.000,00, sabendo-se que a taxa de juros é de 5% ao mês e que faltam quatro meses para o seu vencimento.

Dados: $S = 60.000{,}00$

$n = 4$ meses

$i = 5\%$ ao mês

$P = ?$

Solução: $P = \dfrac{S}{1 + i \times n}$

$$P = \frac{60.000{,}00}{1 + 0{,}05 \times 4} = 50.000{,}00$$

Outros exemplos

1. Sabendo-se que certo capital, aplicado durante 10 semestres, à taxa de 36% ao ano rende $ 72.000,00 de juros, determinar o montante.

Dados: $J = 72.000{,}00$

$n = 10$ semestres

$i = 36\%$ ao ano $= 18\%$ ao semestre

$S = ?$

O problema não pode ser solucionado a partir da fórmula $S = P(1 + i \times n)$ porque não conhecemos o valor do capital P.

Solução:

$$P = \frac{J}{i \times n}$$

$$P = \frac{72.000,00}{0,18 \times 10} = \frac{72.000,00}{1,8} = 40.000,00$$

Como $S = P + J$, temos:

$$S = 40.000,00 + 72.000,00 = 112.000,00$$

2. Um empréstimo de \$ 40.000,00 deverá ser quitado por \$ 80.000,00 no final de 12 meses. Determinar as taxas mensal e anual cobradas nessa operação.

Dados: $S = 80.000,00$

$P = 40.000,00$

$n = 12$ meses

$i = ?$

Solução:

$$S = P(1 + i \times n)$$

$$80.000,00 = 40.000,00\,(1 + i \times 12)$$

$$2 = 1 + i \times 12$$

$$i = \frac{1}{12} = 0,0833 \quad \text{ou} \quad 8,33\% \text{ ao mês}$$

Taxa anual = $12 \times 0,0833 = 1,00$, ou 100%

Nota: Normalmente existe mais de um caminho para solucionar problemas de matemática financeira; no caso desse exemplo, a solução também poderia ser obtida através da equação $i = \frac{J}{P \times n}$, visto que o valor dos juros é facilmente determinado a partir da expressão $J = S - P$.

3. Em que prazo uma aplicação de \$ 35.000,00 pode gerar um montante de \$ 53.375,00, considerando-se uma taxa de 30% ao ano?

Dados: $S = 53.375,00$

$P = 35.000,00$

$i = 30\%$ ao ano

$n = ?$

Solução:

$$J = S - P$$

$$J = 53.375,00 - 35.000,00 = 18.375,00$$

$$n = \frac{J}{P \times i} = \frac{18.375,00}{35.000,00 \times 0,30} = 1,75 \text{ ano, ou 21 meses}$$

2.4 MÉTODO HAMBURGUÊS

Esse método utiliza o critério de juros simples e se constitui numa forma simplificada de cálculo dos juros nos casos em que se tem uma única taxa remunerando dois ou mais capitais, aplicados por dois ou mais prazos diferentes.

2.4.1 Método hamburguês tradicional

Ele foi muito difundido e extremamente utilizado no Brasil na época em que os bancos pagavam juros sobre depósitos à vista. A taxa de juros era sempre definida para um ano de 360 dias e os prazos representados em número de dias. O exemplo a seguir nos dá uma ideia do critério de cálculo utilizado para a construção desse método.

Calcular o valor dos juros referentes às aplicações dos capitais \$ 20.000,00, \$ 10.000,00 e \$ 40.000,00, pelos prazos de 65 dias, 72 dias e 20 dias, respectivamente, sabendo-se que a taxa considerada é de 25,2% ao ano.

Dados:

$P_1 = 20.000,00$	$P_2 = 10.000,00$	$P_3 = 40.000,00$
$n_1 = 64$ dias	$n_2 = 72$ dias	$n_3 = 20$ dias
$i = 25,2\%$ a.a.	$i = 25,2\%$ a.a.	$i = 25,2\%$ a.a.
$J_1 = ?$	$J_2 = ?$	$J_3 = ?$

Como a taxa é anual e os prazos expressos em número de dias, trabalha-se com taxa diária, que, no caso de juros na capitalização simples, é obtida como segue:

$$\text{Taxa diária} = \frac{0,252}{360} = 0,0007, \text{ ou } 0,07\% \text{ ao dia}$$

Solução:

$$J = P \times i \times n$$

$$J_T = 20.000,00 \times 65 \times 0,0007 + 10.000,00 \times 72 \times 0,0007 + + 40.000,00 \times 20 \times 0,0007$$

$$J_T = 0,0007(20.000,00 \times 65 + 10.000,00 \times 72 + 40.000,00 \times 20)$$

$$J_T = 0,0007 \times 2.820.000,00 = 1.974,00$$

em que J_T é o total dos juros dos três capitais.

Assim, como mostra o exemplo, o *método hamburguês* consiste exatamente em multiplicar a taxa diária pela somatória dos produtos dos diversos capitais pelos respectivos prazos. Assim, genericamente, podemos escrever:

$$J_T = i_d(P_1 \times n_1 + P_2 \times n_2 + ... + P_k \times n_k)$$

$$J_T = i_d \times \sum_{t=1}^{k} P_t \times n_t$$

Veremos a seguir um exemplo clássico de aplicação do *método hamburguês tradicional.*

Vamos admitir que o Banco Rico S.A. esteja creditando juros, no final de cada semestre, sobre os saldos dos depósitos à vista, à razão de 12% ao ano. Calcular o total de juros a ser creditado no primeiro semestre para um cliente que teve a seguinte movimentação em sua conta:

DATA	HISTÓRICO	D/C	SALDO	Nº DE DIAS	Nº DE DIAS × SALDO
		–	–	15	–
15-01-*xy*	Depósito	100.000,00-C	100.000,00	11	1 100.000
26-01-*xy*	Cheque	30.000,00-D	70 000,00	18	1 260 000
13-02-*xy*	Cheque	15 000,00-D	55.000,00	15	825.000
28-02-*xy*	Ordem Pgto.	40 000,00 C	95.000,00	5	475.000
05-03-*xy*	Aviso Débito	60.000,00-D	35.000,00	46	1 610.000
20-04-*xy*	Cheque	28.000,00-D	7.000,00	12	84.000
02-05-*xy*	Depósito	22.000,00-C	29.000,00	3	87.000
05-05-*xy*	Cheque	29.000,00-D	0,00	41	0,00
15-06-*xy*	Depósito	10.000,00-C	10.000.00	15	150.000
C = credor D = devedor			TOTAL	181	5.591.000

$$J_T = i_d \times \sum_{t=1}^{k} P_t \times n_t$$

$$J_T = \frac{0{,}12}{360} \times 5.591.000 = 1.863{,}67$$

Observação: A coluna *Nº DE DIAS* representa o número de dias em que o saldo respectivo permaneceu inalterado; como a conta foi aberta no dia 15-01-*xy*, acrescentamos 15 dias para efeito de simples conferência, visto que o primeiro semestre, quando não bissexto, tem 181 dias.

2.4.2 Método hamburguês aplicado a saldos devedores

Seguindo o método tradicional, bastaria apenas considerar o número de dias em que o saldo permaneceu devedor. As principais características desse tipo de operação são as seguintes:

a) o cliente pode sacar a descoberto até certo limite fixado em contrato;

b) os juros incidentes sobre os saldos devedores podem ser debitados mensal, trimestral ou semestralmente na conta do cliente; no caso do cheque especial o valor dos juros é debitado mensalmente no dia escolhido pelo cliente.

No exemplo a seguir vamos demonstrar como os juros são calculados mensalmente e debitados no início do mês seguinte.

Calcular o valor dos juros incidentes sobre os saldos devedores de um cliente durante o mês de abril, à razão de 4% ao mês, de acordo com dados contidos na tabela a seguir.

DATA	HISTÓRICO	VALOR (D/C)	SALDO (D/C)	Nº DE DIAS	Nº DIAS × SALDO DEVEDOR
01-04-2015	Saldo anterior	–	20.000,00 C	–	–
05-04-2015	Cheque	25.000,00 D	5.000,00 D	7	35.000
12-04-2015	Cheque	10.000,00 D	15.000,00 D	1	15.000
13-04-2015	Depósito	19.000,00 C	4.000,00 C	–	–
18-04-2015	Aviso débito	5.500,00 D	1.500,00 D	3	4.500
21-04-2015	Cheque	8.500,00 D	10.000,00 D	5	50.000
26-04-2015	Depósito	3.000,00 C	7.000,00 D	4	28.000
				TOTAL	**132.500**

Nota: Na coluna *Nº DE DIAS* representamos o número de dias em que o saldo devedor permaneceu inalterado.

$$J_T = i_d \times \sum_{t=1}^{k} P_t \times n_t$$

$$J_T = \frac{0{,}04}{30} \times 132.500 = 176{,}67$$

Atualmente os bancos estão utilizando um critério ligeiramente mais simples em que são considerados somente os saldos devedores existentes no final de cada dia útil, ou seja, nos dias em que há movimentação na conta corrente. Para obtenção dos juros aplica-se a taxa mensal sobre a média dos saldos devedores do mês, sendo essa média obtida pela divisão da soma dos saldos devedores do mês pelo número de dias úteis desse mês. Assim, admitindo-se que um cliente tivesse ficado com saldo negativo em todos os dias de um mês constituído por 21 dias úteis, e que essa soma fosse de $ 18.652,83, o seu saldo médio devedor no mês seria de $ 888,23. Igualmente, se nesse mesmo mês tivesse apresentado saldo devedor no valor de $ 2.100,00 em apenas um dia, o saldo médio desse mês seria de $ 100,00. Para obtenção dos juros, nesses dois casos basta multiplicar a taxa mensal de juros definida no contrato pelos respectivos saldos médios. Entre os principais bancos existentes atualmente há pequena variação no critério utilizado. Alguns fazem um ajuste na taxa de juro contratada levando em conta o número efetivo de dias corridos do mês. Assim, se o mês tem 31 dias, a taxa mensal informada é dividida por 30 e multiplicada por 31; caso o mês seja fevereiro, a taxa é dividida por 30 e multiplicada por 28; se o ano for bissexto, é multiplicada por 29.

2.5 PROBLEMAS PROPOSTOS

2.5.1 Sobre capitalização simples

1. Determinar quanto renderá um capital de $ 60.000,00 aplicado à taxa de 24% ao ano, durante sete meses.

Resposta: $ 8.400,00.

2. Um capital de $ 28.000,00, aplicado durante 8 meses, rendeu juros de $ 11.200,00. Determinar a taxa anual.

Resposta: 60% a.a.

3. Durante 155 dias, certo capital gerou um montante de $ 64.200,00. Sabendo-se que a taxa de juros é de 4% ao mês, determinar o valor do capital aplicado.

Resposta: $ 53.204,42.

4. Qual o valor dos juros contidos no montante de $ 100.000,00, resultante da aplicação de certo capital à taxa de 42% a.a., durante 13 meses?

Resposta: $ 31.271,48.

5. Qual o valor a ser pago, no final de cinco meses e 18 dias, correspondente a um empréstimo de $ 125.000,00, sabendo-se que a taxa de juros é de 27% ao semestre?

Resposta: $ 156.500,00.

6. Em quanto tempo um capital de $ 800,00, aplicado à taxa de 0,1% ao dia, resulta em um montante de $ 1.000,00?

Resposta: 250 dias ou 8,333 meses.

7. Um capital de $ 50.000,00 foi aplicado no dia 19-06-2014 e resgatado em 20-01-2015. Sabendo-se que a taxa de juros da aplicação foi de 56% ao ano (ano de 360 dias), calcular o valor dos juros, considerando-se o número de dias efetivo entre as duas datas.

Resposta: $ 16.722,22.

8. Uma empresa aplicou $ 2.000,00 no dia 15-07-2015 e resgatou essa aplicação no dia 21-07-2015 por $ 2.018,00. Qual foi a taxa mensal de rendimento proporcionada por essa operação?

Resposta: 4,5% ao mês.

9. Calcular o valor do capital que, aplicado à taxa de 15% ao ano, durante dois anos e três meses, produz um montante de $ 600.000,00.

Resposta:$ 448.598,13.

10. Ao fim de quanto tempo o capital de $ 40.000,00, aplicado à taxa de 5% ao mês, produz $ 18.600,00 de juros?

Resposta: 9,3 meses ou 279 dias.

11. Obteve-se um empréstimo de $ 10.000,00, para ser liquidado por $ 14.675,00 no final de 8 meses e meio. Qual a taxa de juros anual cobrada nessa operação?

Resposta: 5,5% ao mês ou 66% ao ano.

12. Em quanto tempo um capital aplicado a 48% ao ano dobra o seu valor?

Resposta: 2,0833 anos ou 25 meses.

13. A que taxa de juros um capital aplicado durante 10 meses rende juros igual a 1/4 do seu valor?

Resposta: 2,5% ao mês.

14. Um capital emprestado gerou $ 96.720,00 de juros. Sabendo-se que o prazo da aplicação foi de 13 meses e a taxa de juros de 6% ao mês, calcular o valor do montante.

Resposta: $ 220.720,00.

15. Em quantos dias um capital de $ 270.420,00 produzirá juros de $ 62.304,77 a uma taxa de 5,4% ao mês?

Resposta: 128 dias.

16. Determinar o capital necessário para produzir um montante de $ 79.800,00 no final de um ano e meio, aplicado a uma taxa de 15% ao trimestre.

Resposta: $ 42.000,00.

17. A aplicação de $ 35.600,00 gerou um montante de $ 58.028,00 no final de nove meses. Calcular a taxa anual.

Resposta: 84% ao ano.

18. Certo capital aplicado gerou um montante de $ 1.000,00. Sabendo-se que a taxa de juros é de 5% ao mês e o prazo de oito meses, calcular o valor dos juros.

Resposta: $ 285,71.

19. Determinar o montante correspondente a uma aplicação de $ 45.000,00, por 225 dias, à taxa de 5,6% ao mês.

Resposta: $ 63.900,00.

20. Calcular o valor do capital que, aplicado a uma taxa de 6,2% ao mês, por 174 dias, produziu um montante de $ 54.384,00.

Resposta: $ 40.000,00.

21. Um título de renda prefixada foi adquirido por $ 80.000,00 e resgatado por $ 117.760,00 no final de oito meses. Calcular a taxa mensal de juros.

Resposta: 5,9% ao mês.

22. Em que prazo uma aplicação de $ 500.000,00 possibilita o resgate de $ 614.000,00 à taxa de 7,2% ao mês?

Resposta: 3,167 meses ou 95 dias.

23. A que taxa mensal devo aplicar um capital de $ 27.500,00 para obter juros de $ 5.115,00 no final de 186 dias?

Resposta: 3% ao mês.

2.5.2 Sobre método hamburguês tradicional

1. Uma empresa, no seu extrato de conta corrente bancária, referente ao 1º semestre de determinado ano bissexto, apresentou a movimentação transcrita a seguir. Admitindo-se por hipótese que o banco em que essa empresa mantinha conta pagava semestralmente juros à razão de 12% ao ano sobre os saldos credores, calcular o valor dos juros creditados a essa empresa em 01-07, referente ao semestre findo em 30-06.

DATA	HISTÓRICO	CRÉDITO	DÉBITO	SALDO
14-01	Depósito	50.000,00	–	50.000,00
19-01	Depósito	100.000,00	–	150.000,00
10-02	Cheque	–	35.000,00	115.000,00
29-02	Aviso de Débito	–	5.000,00	110.000,00
13-03	Depósito	11.500,00	–	121.500,00
08-04	Cheque	–	118.500,00	3.000,00
20-05	Depósito	37.250,00	–	40 250,00
21-06	Cheque	–	29.600,00	10.650,00

Resposta: $ 3.944,62.

2. Um cliente do Banco de Crédito S.A. movimentou sua conta de "cheque especial" de acordo com os dados contidos na tabela transcrita a seguir. Sabendo-se que esse banco cobra juros de 4% ao mês sobre os saldos devedores, calcular o valor dos juros a ser debitado na conta do cliente, no início do mês de maio.

DATA	HISTÓRICO	CRÉDITO	DÉBITO	SALDO (C/D)
01-04	Transporte	–	–	16.848,50-C
02-04	Cheque	–	15.000,00	1.848,50-C
04-04	Cheque	–	20.000,00	18.151,50-D
09-04	Conta de Luz	–	750,50	18.902,00-D
17-04	Depósito	12.000,00	–	6.902,00-D
22-04	Cheque	–	15.443,00	22.345,00-D
25-04	Depósito	86.780,00	–	64.435,00-C
30-04	Cheque	–	3.800,00	60.635,00-C

C = credor.
D = devedor.

Resposta: $ 458,02.

3

CAPITALIZAÇÃO COMPOSTA

3.1 CONCEITO

Capitalização composta é aquela em que a taxa de juros incide sobre o capital inicial, acrescido dos juros acumulados até o período anterior. Nesse regime de capitalização, o valor dos juros cresce exponencialmente em função do tempo.

3.2 MONTANTE E VALOR ATUAL

O conceito de montante é o mesmo definido para capitalização simples, ou seja, é a soma do capital inicial mais o valor dos juros correspondentes ao prazo da aplicação ou do empréstimo.

A simbologia é a mesma já conhecida, ou seja, S, o montante, P, o capital inicial, n, o prazo, e i, a taxa.

A dedução da fórmula do montante para um único pagamento é pouco mais complexa que aquela já vista para a capitalização simples. Para facilitar o entendimento, vamos admitir que nos defrontamos com o seguinte problema:

> **Calcular o montante de um capital de $ 1.000,00, aplicado à taxa de 5% ao mês, durante 4 meses.**
>
> **Dados:** $P = 1.000,00$
>
> $n = 4$ meses
>
> $i = 5\%$ ao mês
>
> $S = ?$

Como ainda não conhecemos uma fórmula para a solução fácil e rápida desse problema, e sabendo que a taxa de juros para cada período unitário incide sobre o capital inicial mais os juros acumulados, vamos calcular o montante da forma mais primária possível, em que S_t é o valor do montante no final de cada período unitário, que em nosso exemplo é o mês.

O quadro a seguir permite que visualizemos claramente o cálculo do montante mês a mês.

Mês (t)	Capital no Início do Mês (P_t)	Juros Correspondentes ao Mês (J_t)	Montante no Final do Mês (S_t)
1	1.000,00	1.000,00 × 0,05 = 50,00	1.050,00
2	1.050,00	1.050,00 × 0,05 = 52,50	1.102,50
3	1.102,50	1.102,50 × 0,05 = 55,13	1.157,63
4	1.157,63	1.157,63 × 0,05 = 57,88	1.215,51

Portanto, o valor do montante no final do quarto mês é de $ 1.215,51.

Observa-se que o montante no final de cada mês constitui-se no capital inicial do mês seguinte. Entretanto, essa forma de cálculo é extremamente trabalhosa e demorada. Vamos deduzir uma fórmula que permita um cálculo mais fácil e rápido, partindo do desenvolvimento anterior, mas sem que sejam efetuadas as operações de multiplicação e soma, apenas usando o processo de fatoração, ou seja, colocar o número comum em evidência. Assim, temos que:

$$S_0 = 1.000{,}00$$
$$S_1 = 1000{,}00 + 0{,}05 \times 1.000{,}00 = 1000{,}00 \times (1 + 0{,}05) = 1000{,}00 \times 1{,}05$$
$$S_2 = 1000{,}00 \times 1{,}05 + 0{,}05 \times 1000{,}00 \times 1{,}05 = 1.000{,}00 \times 1{,}05 \times 1{,}05 = 1000{,}00 \times 1{,}05^2$$
$$S_3 = 1000{,}00 \times 1{,}05^2 + 0{,}05 \times 1000{,}00 \times 1{,}05^2 = 1.000{,}00 \times 1{,}05^2 \times 1{,}05 = 1000{,}00 \times 1{,}05^3$$
$$S_4 = 1000{,}00 \times 1{,}05^3 + 0{,}05 \times 1000{,}00 \times 1{,}05^3 = 1.000{,}00 \times 1{,}05^3 \times 1{,}05 = 1000{,}00 \times 1{,}05^4$$

O valor do montante no final do quarto mês é dado pela expressão: $S_4 = 1.000{,}00 \times 1{,}05^4$.

Como $1{,}05^4 = 1{,}21551 \Rightarrow S_4 = 1.000 \times 1{,}21551 = 1.215{,}51$, que confere com o valor determinado anteriormente.

Substituindo cada número da expressão $S_4 = 1.000{,}00\ \ 1{,}05^4$ pelos seus respectivos símbolos, temos: $S_n = P\ (1 + i)^n$. Como não há possibilidade de confusão, para simplificar vamos fazer $S_n = S$. Assim, a fórmula final do montante é dada pela equação $S = P\ (1 + i)^n$ ou simplesmente

$$\boxed{S = P\,(1 + i)^n}$$

em que a expressão $(1 + i)^n$ é chamada fator de capitalização ou fator de acumulação de capital para pagamento simples ou único.

Esse fator, que se encontra tabelado para diferentes taxas no Apêndice B, representa o montante para uma unidade de capital, isto é, para $P = 1$.

Exemplo:

Calcular o montante de uma aplicação de$ 15.000,00, pelo prazo de 6 meses, à taxa de 3% ao mês.

Dados: $P = 15.000,00$

$n = 6$ meses

$i = 3\%$ ao mês

$S = ?$

Solução: $S = P(1 + i)^n$

$S = 15.000,00 \times (1,03)^6 = 17.910,78$

Observação: Para quem não possui uma calculadora que contenha a função potência y^x, o valor correspondente à expressão $(1,03)^6$ pode ser obtido no Apêndice B, na tabela definida para uma taxa de 3%, coluna correspondente ao Fator de Acumulação de Capital $(1 + i)^n$ e na linha $n = 6$, onde vamos encontrar o valor 1,19405.

A solução neste caso seria assim obtida:

$$S = 15.000,00 \times 1,19405 = 17.910,75$$

A diferença de $ 0,03 deve-se a problemas de arredondamento: enquanto a tabela apresenta o Fator de Acumulação de Capital com cinco casas decimais, as calculadoras normalmente trabalham com um número maior de decimais.

O valor atual (ou valor presente) de um pagamento simples, ou único, cuja conceituação é a mesma já definida para capitalização simples, tem sua fórmula de cálculo deduzida da fórmula do montante, como segue:

$$S = P(1 + i)^n \Rightarrow P \frac{S}{(1 + i)^n} \Rightarrow \boxed{P = S \times \frac{1}{(1 + i)^n}}$$

em que a expressão é chamada Fator de Valor Atual para pagamento simples (ou único).

Esse fator, que também se encontra tabelado para diferentes taxas no Apêndice B, representa o valor atual para o montante de uma unidade, isto é, para $S = 1$.

Exemplo:

No final de dois anos, o Sr. Pedro deverá efetuar um pagamento de $ 200.000,00 referente ao valor de um empréstimo contraído hoje, mais os juros devidos, correspondentes a uma taxa de 4% ao mês. Pergunta-se: qual o valor emprestado?

Dados: $S = 200.000,00$

$n = 2$ anos $= 24$ meses

$i = 4\%$ ao mês

$P = ?$

Solução: $P = S \dfrac{1}{(1 + i)^n}$

$$P = 200.000,00 \times \frac{1}{(1,04)^{24}} = 78.024,29$$

Observação: Para quem não possui calculadora com a função y^x, o valor correspondente à expressão $1/(1{,}04)^{24}$ também pode ser obtido no Apêndice B, na tabela correspondente a 4%, coluna correspondente ao Fator de Valor Atual $1/(1 + i)^n$ e na linha $n = 24$, onde vamos encontrar o valor 0,39012. Neste caso, a solução seria obtida como segue:

$$P = 200.000{,}00 \times 0{,}39012 = 78.024{,}00$$

Também neste caso a diferença de $ 0,29 deve-se a problemas de arredondamento pelas razões já explicadas.

Outros exemplos:

1. A loja "Topa Tudo" financia a venda de uma mercadoria no valor de $ 16.000,00, sem entrada, para pagamento em uma única prestação de $ 22.753,61 no final de 8 meses. Qual a taxa mensal cobrada pela loja?

Dados: $S = 22.753{,}61$
$P = 16.000{,}00$
$n = 8$ meses
$i = ?$

Solução:

$$S = P(1 + i)^n$$
$$22.753{,}61 = 16.000{,}00\,(1 + i)^8$$
$$1{,}42210 = (1 + i)^8 \text{ ou } (1 + i)^8 = 1{,}42210$$

A solução matemática dessa expressão pode ser obtida facilmente com o auxílio de uma calculadora que possua a função potência y^x. Como se trata de uma igualdade, o valor de i pode ser obtido extraindo-se a raiz oitava de ambos os membros (que é o mesmo que elevar ambos os membros ao expoente 1/8), como segue:

$$\left((1 + i)^8\right)^{1/8} = (1{,}42210)^{1/8}$$
$$1 + i = (1{,}42210)^{1/8} = 1{,}04500$$
$$i = 1{,}045 - 1 = 0{,}045$$
$$i = 4{,}5\% \text{ ao mês}$$

O valor de i também pode ser obtido através de logaritmo, definido para qualquer base. Vamos utilizar os logaritmos mais conhecidos, o neperiano e o base 10.

A partir da igualdade $(1 + i)^8 = 1{,}42210$, e aplicando-se logaritmo a ambos os membros, tem-se que:

a) Logaritmo neperiano

$$\log (1 + i)^8 = \log 1{,}42210$$
$$8 \times \log (1 + i) = \log 1{,}42210$$
$$\log (1 + i) = \frac{\log 1{,}42210}{8} = \frac{0{,}35213}{8} = 0{,}04402$$
$$1 + i = \text{antlog } 0{,}04402 = 1{,}04500$$
$$i = 0{,}045 = 4{,}5\% \text{ ao mês}$$

b) Logaritmo base 10

$\log_{10} (1 + i)^8 = \log_{10} 1{,}42210$

$8 \times \log_{10} (1 + i) = \log_{10} 1{,}42210$

$$\log_{10} (1 + i) = \frac{\log_{10} 1{,}42210}{8} = \frac{0{,}15293}{8} = 0{,}01912$$

$1 + i = \text{antlog}_{10}\, 0{,}01912 = 1{,}04500$

$i = 0{,}045 = 4{,}5\%$

A taxa de juros também poderia ser obtida através de um processo iterativo, conhecido por processo de "tentativa e erro". Trata-se de um processo trabalhoso que somente seria adotado em última instância, caso a pessoa não tivesse uma calculadora com a função y^x nem conhecesse logaritmo. Consiste, no caso deste exemplo, em atribuir valores sucessivos à incógnita i até que o resultado da expressão $(1 + i)^8$ coincida com o valor 1,42210. Assim, se fizermos $i = 10\%$, teremos $(1{,}10)^8 = 2{,}14359$, que indica claramente que a taxa deve ser menor; para $i = 5\%$, o resultado 1,47746 indica que a taxa deve ser ainda menor; utilizando uma taxa de 4%, o valor resultante de 1,36857 mostra agora que a taxa deve ser maior; se fizermos $i = 4{,}5\%$, teremos a solução do nosso problema.

2. Em que prazo um empréstimo de \$ 30.000,00 pode ser quitado em um único pagamento de\$ 51.310,18, sabendo-se que a taxa contratada é de 5% ao mês?

Dados: $S = 51.310{,}18$

$P = 30.000{,}00$

$i = 5\%$ ao mês

$n = ?$

Solução: $S = P (1 + i)^n$

$$(1 + i)^n \frac{S}{P}$$

$$(1{,}05)^n = \frac{51.310{,}18}{30.000{,}00} = 1{,}71034$$

A solução direta desse problema somente pode ser obtida através de logaritmo.

Vamos utilizar o logaritmo neperiano por ser o mais comumente encontrado nas calculadoras disponíveis no mercado.

$(1{,}05)^n = 1{,}71034$

$n \times \log 1{,}05 = \log 1{,}71034$

$$n = \frac{\log 1{,}71034}{\log 1{,}05} = \frac{0{,}53669}{0{,}04879} = 11$$

Portanto, $n = 11$ meses.

A solução desse problema também pode ser facilmente obtida através de pesquisa na tabela de 5%, encontrada no Apêndice B. Percorrendo-se a coluna $(1 + i)^n$, vamos encontrar o valor 1,71034 exatamente na linha $n = 11$.

3. Determinar o montante correspondente a uma aplicação de $ 10.000,00, pelo prazo de 7 meses, a uma taxa de 3,387% ao mês.

Dados: $P = 10.000,00$

$n = 7$ meses

$i = 3,387\%$ ao mês

$S = ?$

Solução:

$$S = P(1 + i)^n$$

$$S = 10.000,00\ (1,03387)^7 = 12.625,88$$

Neste caso, como no Apêndice B não existe tabela para a taxa de 3,387%, a solução deve ser obtida com o auxílio de uma calculadora que tenha a função y^x.

4. A que taxa um capital de $ 43.000,00 pode ser dobrado em 18 meses?

Dados: $S = 2 \times 43.000,00 = 86.000,00$

$P = 43.000,00$

$n = 18$ meses

$i = ?$

Solução:

$$S = P\,(1 + i)^n$$

$$(1 + i)^{18} = \frac{86.000,00}{43.000,00} = 2$$

$$(1 + i)^{18} = 2$$

$$\left((1 + i)^{18}\right)^{1/18} = 2^{1/18}$$

$$1 + i = 2^{1/18} = 1,03926$$

$$i = 3,926\%$$

Observação: Visto que na atualidade podemos admitir que todo estudante, a partir do ensino fundamental, possua uma calculadora com a função potência y^x, todos os problemas apresentados neste livro, daqui para a frente, em que a taxa seja a incógnita, serão resolvidos através dessa função. Igualmente, nos casos em que o prazo seja a incógnita, as soluções serão obtidas através de logaritmo, normalmente o neperiano, encontrado na maior parte das calculadoras ditas científicas ou financeiras.

5. Um título de renda fixa deverá ser resgatado por $ 10.000,00 no seu vencimento, que ocorrerá dentro de três meses. Sabendo-se que o rendimento desse título é de 40% ao ano, determinar o seu valor presente.

Dados: $S = 10.000,00$

$n = 3$ meses

$i = 40\%$ ao ano

$P = ?$

Este problema apresenta uma dificuldade: o período unitário do prazo (mês) não é compatível com o período unitário da taxa (ano). Quando isso ocorre, é necessário fazer a conversão da taxa ou do prazo.

Para a conversão da taxa vamos utilizar o conceito de *taxas equivalentes*, que veremos a seguir. Quanto ao problema proposto, apresentaremos sua solução mais adiante.

3.3 EQUIVALÊNCIA DE TAXAS

Diz-se que a taxa mensal i_m é equivalente à taxa anual i_a quando:

$$P\ (i + i_a) = P\ (1 + i_m)^{12}$$

ou seja, duas ou mais taxas referenciadas a períodos unitários distintos são equivalentes quando produzem o mesmo montante no final de determinado tempo, pela aplicação de um mesmo capital inicial. Da igualdade acima, deduz-se que:

$(1 + i_a) = (1 + i_m)^{12}$

$i_a = (1 + i_m)^{12} - 1$ para determinar a taxa anual, conhecida a taxa mensal.

$i_m = \sqrt[12]{(1 + i_a)} - 1 = (1 + i_a)^{1/12} - 1$ para determinar a taxa mensal, quando se conhece a anual.

Da mesma forma, dada uma taxa mensal ou anual, determina-se a taxa diária e vice-versa.

Exemplos:

a) Determinar a taxa anual equivalente a 2% ao mês:

$i_a = (1 + i_m)^{12} - 1 = (1{,}02)^{12} - 1 = 1{,}2682 - 1 = 0{,}2682$ ou 26,82%

b) Determinar a taxa mensal equivalente a 60,103% ao ano:

$i_m = (1 + i_a)^{1/12} - 1 = (1{,}60103)^{1/12} - 1 = 1{,}04 - 1 = 0{,}04$ ou 4% ao mês

c) Determinar a taxa anual equivalente a 0,19442% ao dia:

$i_a = (1 + i_d)^{360} - 1 = (1{,}0019442)^{360} - 1 = 2{,}0122 - 1 = 1{,}0122$ ou 101,22% ao ano

d) Determinar a taxa trimestral equivalente a 47,746% em dois anos:

$i_t = (1 + i_{2a})^{1/8} - 1 = (1{,}47746)^{1/8} - 1 = 1{,}05 - 1 = 0{,}05 = 5\%$ ao trimestre

e) Determinar a taxa anual equivalente a 1% à quinzena:

$i_a = (1 + i_q)^{24} - 1 = (1{,}01)^{24} - 1 = 1{,}2697 - 1 = 0{,}2697 = 26{,}97\%$ ao ano

Como no dia a dia os períodos a que se referem as taxas que se tem e as taxas que se quer são os mais variados, vamos apresentar uma fórmula genérica, que possa ser utilizada para qualquer caso, ou seja:

$$i_q = (1 + i_t)^{q/t} - 1$$ [1]

Para efeito de memorização, denominamos as variáveis como segue:

---

[1] Contribuição do amigo Prof. José Nicolau Pompeo.

i_q: taxa para o prazo que eu quero
i_t: taxa para o prazo que eu tenho
q: prazo que eu quero
t: prazo que eu tenho

Vejamos alguns exemplos:

f) Determinar a taxa para 183 dias, equivalente a 65% ao ano:

$i_{183} = (1{,}65)^{183/360} - 1 = 28{,}99\%$

g) Determinar a taxa para 491 dias, equivalente a 5% ao mês:

$i_{491} = (1{,}05)^{491/30} - 1 = 122{,}23\%$

h) Determinar a taxa para 27 dias, equivalente a 13% ao trimestre:

$i_{27} = (1{,}13)^{27/90} - 1 = 3{,}73\%$

Nota: As soluções dos problemas apresentados foram obtidas por meio de calculadora, utilizando-se a função potência.

Conhecido o conceito de taxas equivalentes, podemos solucionar o último problema do item anterior, de nº 5.

Dados: $S = 10.000{,}00$
$n = 3$ meses
$i = 40\%$ ao ano $= i_a$
$P = ?$
Taxa mensal $= i_m = (1 + i_a)^{1/12} - 1 = (1{,}40)^{1/12} - 1 = 1{,}02844 - 1 = 0{,}02844$

Solução:

$$P = \frac{S}{(1 + i)^n}$$

$$P = \frac{10.000{,}00}{(1{,}02844)^3} = 9.193{,}12$$

Para a solução desse problema, podemos também alterar o prazo para compatibilizá-lo com o período unitário da taxa, uma vez que ambos devem estar referenciados à mesma unidade de tempo. Assim, o prazo de três meses equivale a 3/12 avos de ano. Dessa forma, podemos apresentar a solução desse problema como segue:

$$P = \frac{10.000{,}00}{(1{,}40)^{3/12}} = 9.193{,}23$$

A diferença de $ 0,11 deve-se ao fato de termos utilizado a taxa mensal com apenas três casas decimais; com cinco ou mais decimais o resultado seria o mesmo. Preferencialmente, por uma questão de praticidade e exatidão, o usuário deve optar pela alteração do prazo. É o que faremos doravante neste livro.

Para melhor entendimento e fixação de como proceder quando taxa e prazo não estão na mesma unidade de tempo, vamos apresentar e resolver mais dois exemplos.

6. Uma pessoa aplica $ 15.000,00 num título de renda fixa com vencimento no final de 61 dias, a uma taxa de 72% ao ano. Calcular o seu valor de resgate.

Dados: $P = 15.000,00$

$i = 72\%$ ao ano

$n = 61$ dias

$S = ?$

Solução: $S = 15.000,00\ (1,72)^{61/360}$

$S = 16.443,73$

7. Qual a taxa mensal de juros cobrada num empréstimo de $ 64.000,00 para ser quitado por $ 79.600,00 no prazo de 117 dias?

Dados: $P = 64.000,00$

$S = 79.600,00$

$n = 117$ dias

$i_m = ?$

Solução: taxa no período $= i_p = \dfrac{S}{P} - 1$ (Ver item 1.1.3)

$$i_p = \frac{79.600,00}{64.000,00} - 1 = 0,24375 \text{ ou } 24,375\% \text{ para o período de 117 dias}$$

A partir da fórmula de equivalência de taxas $i_q = (1 + i_t)^{q/t} - 1$, podemos escrever:

$$i_m = (1,24375)^{30/117} - 1 = 0,05752 \text{ ou } 5,752\%.$$

3.4 PROBLEMAS PROPOSTOS

1. Determinar o montante, no final de 10 meses, resultante da aplicação de um capital de $ 100.000,00 à taxa de 3,75% ao mês.

Resposta: $ 144.504,39.

2. Uma pessoa empresta $ 80.000,00 hoje para receber $ 507.294,46 no final de dois anos. Calcular as taxas mensal e anual desse empréstimo.

Resposta: 8% ao mês ou 151,817% ao ano.

3. Sabendo-se que a taxa trimestral de juros cobrada por uma instituição financeira é de 12,486%, determinar qual o prazo em que um empréstimo de $ 20.000,00 será resgatado por $ 36.018,23.

Resposta: 5 trimestres (ou 15 meses).

4. Quanto devo aplicar hoje, à taxa de 51,107% ao ano, para ter $ 1.000.000,00 no final de 19 meses?

Resposta: $ 520.154,96.

5. Uma empresa obtém um empréstimo de $ 700.000,00 que será liquidado, de uma só vez, no final de dois anos. Sabendo-se que a taxa de juros é de 25% ao semestre, calcular o valor pelo qual esse empréstimo deverá ser quitado.

Resposta: $ 1.708.984,38.

6. Em que prazo uma aplicação de $ 374.938,00, à taxa de 3,25% ao mês, gera um resgate de $ 500.000,00?

Resposta: 9 meses.

7. Um terreno está sendo oferecido por $ 450.000,00 à vista ou $ 150.000,00 de entrada e mais uma parcela de $ 350.000,00, no final de 6 meses. Sabendo-se que no mercado a taxa média para aplicação em títulos de renda prefixada gira em torno de 3,5% ao mês (taxa líquida, isto é, com o imposto de renda já computado), determinar a melhor opção para um interessado que possua recursos disponíveis para comprá-lo.

Resposta: A melhor opção é comprá-lo a prazo.

8. A que taxa de juros um capital aplicado pode ser resgatado, no final de 17 meses, pelo dobro do seu valor?

Resposta: 4,162% ao mês.

9. Em quanto tempo um capital pode produzir juros iguais a 50% do seu valor, se aplicado a 3, 755% ao mês?

Resposta: 11 meses.

10. A aplicação de certo capital, à taxa de 69,588% ao ano, gerou um montante de $ 820.000,00 no final de 1 ano e 3 meses. Calcular o valor dos juros.

Resposta: $ 396.288,79.

11. Qual é mais vantajoso: aplicar $ 10.000,00 por 3 anos, a juros compostos de 3% ao mês, ou aplicar esse mesmo valor, pelo mesmo prazo, a juros simples de 5% ao mês?

Resposta: Aplicar a juros compostos de 3% ao mês.

12. No fim de quanto tempo um capital, aplicado à taxa de 4% ao mês, quadruplica o seu valor:

a) no regime de capitalização composta;

b) no regime de capitalização simples.

Respostas: a) 35,35 meses.
b) 75 meses.

13. Qual o montante produzido pela aplicação de $ 580.000,00, à taxa de 175% ao ano, pelo prazo de 213 dias?

Resposta: $ 1.055.277,08.

14. Qual o valor do capital que, aplicado à taxa de 18% ao trimestre durante 181 dias, produziu um montante de $ 5.000,00?

Resposta: $ 3.584,32.

15. A aplicação de $ 400.000.00 proporcionou um resgate de $ 610.461,56 no final de seis meses. Determinar as taxas mensal e anual dessa operação.

Resposta: 7,3% ao mês e 132,91% ao ano.

16. Certa aplicação rende 0,225% ao dia. Em que prazo um investidor poderá receber o dobro da sua aplicação?

Resposta: 308 dias.

17. A aplicação de $ 380.000,00 proporcionou um rendimento de $ 240.000,00 no final de 208 dias. Determinar as taxas diária, mensal, trimestral e anual de juros.

Resposta: 0,24% ao dia; 7,32% ao mês; 23,59% ao trimestre e 133,33% a.a.

18. Em 154 dias uma aplicação rendeu 41,123%. Calcular as taxas mensal e anual equivalentes.

Resposta: 6,941% ao mês e 123,722% ao ano.

19. Um banco cobra 20% a.a. de juros (além da correção monetária) numa operação de capital de giro. Quanto cobrará para uma operação em 182 dias? (Considerar o ano como sendo de 360 dias.)

Resposta: 9,656%.

20. Quanto uma pessoa resgatará no final de 93 dias se aplicar $ 2 milhões à taxa de 150% ao ano? E qual a taxa mensal equivalente?

Resposta: $ 2.534.143,27 e 7,935% ao mês.

4

DESCONTOS

4.1 CONSIDERAÇÕES SOBRE OS CONCEITOS E CLASSIFICAÇÃO DOS CRITÉRIOS TRADICIONAIS DE DESCONTO

Nesta edição estamos propondo uma reformulação radical dos critérios que tratam do assunto descontos. Com base na minha experiência adquirida ao longo de 41 anos em que venho ministrando cursos de matemática financeira para estudantes e profissionais ligados ao mercado financeiro e de capitais, estou absolutamente convicto de que a classificação tradicional do desconto simples em "por fora" (também conhecido por bancário ou comercial) e desconto "por dentro" (ou racional) não tem o menor sentido, nem teórico, nem prático; essa mesma afirmação, e até com maiores razões, também se aplica ao chamado desconto composto, tanto o "por fora" quanto o "por dentro". Trata-se, no meu entendimento, de uma lamentável confusão histórica envolvendo conceitos de taxa de juros, taxa de desconto, capital inicial (valor presente) e montante (valor futuro). Em resumo, queremos demonstrar que o capítulo tradicionalmente chamado de "desconto", costumeiramente apresentado somente para os casos de pagamento único, pode e deve ser extinto. Como consequência, nos exemplos envolvendo as variáveis capital inicial, montante e prazo, tanto para os regimes de capitalização simples quanto composta, deve-se falar apenas em taxa de juros, não mais em taxa de desconto. Para maior clareza, vamos primeiramente apresentar exemplos de operações de desconto feitas de acordo com a conceituação e classificação tradicionais, as quais são normalmente apresentadas e explicadas nos livros de matemática financeira da maioria dos autores nacionais, e também estrangeiros.

4.1.1 Origem das expressões "por fora" e "por dentro"

Acredito que essas expressões, apenas utilizadas no Brasil, tenham nascido do fato de que um título de crédito, com valor de resgate preestabelecido no dia de sua emissão, possa assumir qualquer valor dentro do intervalo de tempo compreendido entre a data de sua emissão e a data do seu resgate; quando a negociação desse título ocorrer dentro desse intervalo, o "abatimento" concedido no seu valor é chamado de desconto "por dentro"; entretanto, ainda não consegui entender por que é chamado de "por fora" quando a taxa de desconto incide sobre o valor de resgate; qualquer contribuição do leitor para o esclarecimento dessa dúvida será muito bem-vinda!

4.2 DESCONTO SIMPLES "POR FORA" (OU BANCÁRIO OU COMERCIAL)

A origem do nome "desconto" é antiga e ainda hoje é entendido como abatimento no preço de venda de um produto qualquer. No mercado financeiro o desconto é considerado como sendo o abatimento que se faz no valor de um título de crédito quando o seu possuidor o negocia ou resgata antes do seu vencimento. Assim, o valor do desconto nada mais é do que a diferença entre o valor de resgate do título e o valor recebido pelo seu possuidor antes do seu vencimento. Em todas as modalidades costumeiramente utilizadas para se obter o valor do desconto, três variáveis devem ser necessariamente conhecidas para obtê-lo: o valor do título (valor de resgate ou valor devido na data do seu vencimento), o prazo a decorrer até o vencimento e a taxa utilizada para o cálculo do desconto. Assim, no caso específico do critério de desconto simples "por fora" (ou bancário ou comercial), o valor do desconto é obtido pela multiplicação do valor do título (valor de resgate) pela taxa de desconto e pelo prazo a decorrer até o vencimento. Assim, representando o valor do desconto pela letra D, o valor de resgate do título pela letra S, a taxa de desconto pela letra d e o prazo pela letra n, tem-se que:

$$D = S \times d \times n$$

É chamado de desconto simples porque seu cálculo utiliza uma função linear, semelhante àquela utilizada para o cálculo do valor dos juros simples, em que $J = P \times i \times n$. Esse critério de desconto vem sendo utilizado no Brasil de forma generalizada, principalmente nas chamadas operações de desconto de duplicatas, de cheques pré-datados e notas promissórias; como normalmente são realizadas através dos bancos, essas operações também são conhecidas por desconto bancário ou comercial. E para se obter o valor descontado (valor presente), basta subtrair o valor do desconto do valor do título, ou seja: $P = S - D$.

Vejamos alguns exemplos de aplicação desse critério.

Exemplos:

1. Qual o valor do desconto simples (ou bancário) de um título de $ 2.000,00, com vencimento para 90 dias, à taxa de 2,5% ao mês?

Dados: $S = 2.000,00$

$n = 90$ dias $= 3$ meses

$d = 2,5\%$ ao mês

$D = ?$

Solução:

$$D = S \times d \times n$$

$$D = 2.000,00 \times 0,025 \times 3 = 150,00$$

2. Qual a taxa mensal de desconto utilizada numa operação a 120 dias, cujo valor de resgate é de $ 1.000,00 e cujo valor presente é de $ 880,00?

Dados: $S = 1.000{,}00$

$P = 880{,}00$

$n = 120$ dias $= 4$ meses

$d = ?$

Solução: $D = S - P = 1.000{,}00 - 880{,}00 = 120{,}00$

$$D = S \times d \times n \Rightarrow d = \frac{D}{S \times n} = \frac{120}{1.000{,}00 \times 4} = 0{,}03 \text{ ou } 3\% \text{ ao mês}$$

3. Uma duplicata no valor de $ 6.800,00 é descontada por um banco, gerando um crédito de $ 6.000,00 na conta do cliente. Sabendo-se que a taxa cobrada pelo banco é de 3,2% ao mês, determinar o prazo de vencimento da duplicata.

Dados: $S = 6.800{,}00$

$P = 6.000{,}00$

$d = 3{,}2\%$ ao mês

$n = ?$

Solução: $D = S - P$

$D = 6.800{,}00 - 6.000{,}00 = 800{,}00$

$$D = S \times d \times n \Rightarrow n = \frac{D}{S \times d}$$

$$n = \frac{800{,}00}{6.800 \times 0{,}032} = \frac{800{,}00}{217{,}60} = 3{,}676 \text{ meses, ou } 110 \text{ dias}$$

4. Calcular o valor líquido creditado na conta de um cliente, correspondente ao desconto de uma duplicata no valor de $ 34.000,00, com prazo de 41 dias, sabendo-se que o banco está cobrando nessa operação uma taxa de desconto de 4,7% ao mês.

Dados: $S = 34.000{,}00$

$d = 4{,}7\%$ ao mês

$n = 41$ dias

$P = ?$

Solução:

Como neste problema a taxa e o prazo não estão na mesma unidade de tempo (a taxa é mensal e o prazo está expresso em número de dias), basta, para compatibilizá-los, dividir um dos dois por 30, como segue:

$$D = S \times d \times n$$

$$D = 34.000{,}00 \times \frac{0{,}047}{30} \times 41 = 2.183{,}93$$

E como $P = S - D$, tem-se:

$$P = 34.000{,}00 - 2.183{,}93 = 31.816{,}07$$

5. O desconto de uma duplicata gerou um crédito de $ 70.190,00 na conta de uma empresa. Sabendo-se que esse título tem um prazo a decorrer de 37 dias até o seu vencimento e que o banco cobra uma taxa de desconto de 5,2% ao mês nessa operação, calcular o valor da duplicata.

Dados: $P = 70.190,00$
$d = 5,2\%$ ao mês
$n = 37$ dias
$S = ?$

Solução:

Como na equação $D = S \times d \times n$ não temos valores definidos para duas variáveis, D e S, é impossível obter-se a solução desse problema somente através dela. Entretanto, como sabemos que $D = S - P$, a substituição desta naquela equação nos permite obter o valor da duplicata, como segue:

$$S - P = S \times d \times n \Rightarrow S - S \times d \times n = P$$

$$S - P = S \times d \times n \Rightarrow S = \frac{P}{(1 - d \times n)}$$

Assim temos:

$$S = \frac{70.190,00}{\left(1 - \frac{0,052}{30} \times 37\right)} = \frac{70.190,00}{0,93587} = 75.000,00$$

4.2.1 Cálculo do desconto para séries de títulos de mesmo valor

Vamos admitir que sejam apresentados a um banco 5 títulos, no valor de $ 1.000,00 cada um, com vencimentos de 1 a 5 meses respectivamente, para serem descontados de acordo com o critério de desconto simples bancário ou comercial. Sabendo-se que a taxa de desconto cobrada pelo banco é de 3% ao mês, calcular o valor do desconto global e o valor líquido correspondente a ser creditado na conta do cliente. As novas variáveis serão representadas pelos seguintes símbolos:

D_T = valor do desconto total = $D_1 + D_2 + ... + D_n$
N = número de títulos (ou prestações)
P_T = valor líquido total dos títulos = $N \times S - D_T$

O desconto total é obtido a partir do cálculo do desconto individual para cada título aplicando-se a fórmula conhecida, ou seja: $D = S \times d \times n$. Com isso tem-se que:

$D_1 = 1.000,00 \times 0,03 \times 1 = 30,00$
$D_2 = 1.000,00 \times 0,03 \times 2 = 60,00$
$D_3 = 1.000,00 \times 0,03 \times 3 = 90,00$
$D_4 = 1.000,00 \times 0,03 \times 4 = 120,00$
$D_5 = 1.000,00 \times 0,03 \times 5 = 150,00$
$D_T = 30,00 + 60,00 + 90,00 + 120,00 + 150,00 = 450,00$

Com base nesse desenvolvimento, podemos deduzir uma fórmula para o cálculo do desconto total, como segue:

$$D_T = 1.000{,}00 \times 0{,}03 \times 1 + 1.000{,}00 \times 0{,}03 \times 2 + 1.000{,}00 \times 0{,}03 \times 3 + 1.000{,}00 \times 0{,}03 \times 4 + 1.000{,}00 \times 0{,}03 \times 5$$

$$D_T = 1.000{,}00 \times 0{,}03 \times (1 + 2 + 3 + 4 + 5)$$

Os prazos representados pelos números de 1 até 5 representam a soma de uma progressão aritmética (PA).

Aplicando-se a fórmula que dá a soma de uma progressão aritmética:

$$S_{PA} = \frac{(t_1 + t_n) \times N}{2},$$

em que t_1, representa o prazo do título que vence primeiro, t_n o prazo do título que vence por último e N o número de títulos, temos:

$$D_T = 1.000{,}00 \times 0{,}03 \times \frac{(1 + 5) \times 5}{2} \qquad (1)$$

$$D_T = 1.000{,}00 \times 003 \times 15 = 450{,}00.$$

O valor líquido creditado na conta do cliente seria:

$$P = S \times N - D_T = 1.000{,}00 \times 5 - 450{,}00 = 4.550{,}00$$

Substituindo na expressão (1) cada número pelo seu símbolo correspondente, temos:

$$D_T = S \times d \times \frac{(t_1 + t_n) \times N}{2} \text{ ou}$$

$$\boxed{D_T = S \times N \times d \ \frac{t_1 + t_n}{2}}$$

em que a expressão representa o prazo médio dos títulos descontados.

Essa fórmula somente é válida para desconto de séries de títulos ou de prestações com valores iguais, de vencimentos sucessivos e de periodicidade constante a partir do primeiro vencimento. Quando os vencimentos ocorrem no final dos períodos unitários, a partir do primeiro, a fórmula para determinar o desconto total de uma série de títulos pode ser escrita como segue:

$$D_T = S \times N \times d \times \frac{1 + t_n}{2},$$

em que t_n, que representa o prazo expresso em número de períodos unitários (mês, bimestre, ano etc.) referente ao título que vence por último, será sempre igual ao número de títulos N.

É importante lembrar que o período unitário da taxa deve estar sempre coerente com o período unitário do prazo, isto é, se na fórmula de cálculo os prazos forem representados em meses, trimestres ou anos, a taxa de desconto também deve ser representada em termos de taxa mensal, trimestral ou anual, respectivamente.

Exemplos:

1. Calcular o valor líquido correspondente ao desconto bancário de 12 títulos, no valor de \$ 1.680,00 cada um, vencíveis de 30 a 360 dias, respectivamente, sendo a taxa de desconto cobrada pelo banco de 2,5% ao mês.

Dados: $S = 1.680,00$

$N = t_n = 12$

$d = 2,5\%$

$P_T = ?$

Solução:

$$D_T = S \times N \times d \times \frac{1 + t_n}{2}$$

$$D_T = 1.680,00 \times 12 \times 0,025 \times \frac{1 + 12}{2} = 3.276,00$$

$$P_T = S \times N - D_T = 20.160,00 - 3.276,00 = 16.884,00$$

2. Quatro duplicatas, no valor de \$ 32.500,00 cada uma, com vencimentos para 90, 120, 150 e 180 dias, são apresentadas para desconto. Sabendo-se que a taxa de desconto cobrada pelo banco é de 3,45% ao mês, calcular o valor do desconto total.

Dados: $S = 32.500,00$

$N = 4$

$d = 3,45\%$ ao mês

$t_1 = 90$ dias= 3 meses

$t_n = 180$ dias = 6 meses

$D_T = ?$

Solução:

$$D_T = S \times N \times d \times \frac{t_1 + t_n}{2}$$

$$D_T = 32.500,00 \times 4 \times 0,0345 \times \frac{3 + 6}{2} = 20.182,50$$

3. Uma empresa apresenta 9 títulos de mesmo valor para serem descontados em um banco. Sabendo-se que a taxa de desconto é de 2,8% ao mês, que os títulos vencem de 30 em 30 dias a partir da data de entrega do borderô, e que o valor líquido creditado à empresa foi de \$ 25.000,00, calcular o valor de cada título.

Dados: $P_T = 25.000,00$

$N = t_n = 9$

$d = 2,8\%$

$S = ?$

Solução

$$P_T = S \times N - D_T \Rightarrow S = \frac{P_T + D_T}{2}$$

$$S = \frac{25.000,00 + D_T}{9} \quad (1)$$

$$D_T = S \times N \times d \times \frac{1 + t_n}{2} = S \times 9 \times 0{,}028 \times \frac{1 + 9}{2}$$

$$D_T = 1{,}26 \times S \qquad (2)$$

Substituindo (2) em (1), temos:

$$S = \frac{25.000{,}00 + 1{,}26 \times S}{9} \Rightarrow 9 \times S - 1{,}26\ S = 25.000{,}00$$

$$S = \frac{25.000{,}00}{7{,}74} = 3\ 229{,}97 \text{ cada um}$$

4. Oito títulos, no valor de \$ 1.000,00 cada um, são descontados por um banco, cujo líquido correspondente, no valor de \$ 6.830,00, é creditado na conta do cliente. Sabendo-se que os vencimentos desses títulos são mensais e sucessivos a partir de 30 dias, calcular a taxa de desconto.

Dados: $S = 1.000{,}00$

$P_T = 6.830{,}00$

$N = t_n = 8$

$d = ?$

Solução: $$D_T = S \times N \times d \times \frac{1 + t_n}{2}$$

$$D_T = S \times N - P_T = 8 \times 1.000{,}00 - 6.830{,}00 = 1.170{,}00$$

$$d = \frac{D_T}{S \times N \times \frac{1 + t_n}{2}}$$

$$d = \frac{1.170{,}00}{1.000{,}00 \times 8 \times \frac{1 + 8}{2}} = \frac{1.170{,}00}{36.000{,}00} = 0{,}0325, \text{ ou } 3{,}25\% \text{ ao mês}$$

4.3 DESCONTO SIMPLES RACIONAL (OU "POR DENTRO")

O desconto racional nada mais é do que um caso particular de juros simples quando são conhecidos o montante, o prazo e a taxa de juros e se quer obter o capital inicial e o valor dos juros pagos. Para obtenção do capital inicial, parte-se da fórmula definida para o cálculo montante em regime de capitalização simples, ou seja, e sendo ***P*** a incógnita, tem-se que:

$$P = \frac{S}{1 - i \times n}$$

Vamos a um exemplo típico de juros simples:

No final de 3 meses um empréstimo obtido hoje a uma taxa de juros de 4% ao mês deverá ser quitado por \$ 2.000,00. Calcular o valor emprestado (capital inicial) e o valor dos juros cobrados nessa operação de acordo com o critério de juros simples.

Dados: $S = 2.000,00$
$i = 4\%$ ao mês
$n = 3$ meses
$P = ?$
$J = ?$

Solução: Substituindo na fórmula de juros simples, temos que:

$$P = \frac{2.000,00}{1 + 0,04 \times 3} = 1.785,71$$

Valor emprestado: $P = \dfrac{2.000,00}{1 + 0,04 \times 3} = 1.785,71$

Valor dos juros: $J = 2.000,00 - 1.785,71 = 214,29$

Vamos demonstrar agora que o critério chamado desconto racional não passa de um caso particular de juros simples. Para tanto, vamos utilizar os mesmos dados do exemplo anterior, apenas adequando o enunciado, como segue:

Uma empresa desconta uma duplicata no valor de $ 2.000,00, com 3 meses a decorrer até o seu vencimento. Sabendo-se que a taxa de desconto cobrada pelo banco nessa operação é de 4% ao mês, calcular o valor líquido creditado na conta dessa empresa e o valor do desconto efetivado pelo banco, de acordo com o critério de desconto racional (ou por dentro).

Dados: $S = 2.000,00$
$d = 4\%$ ao mês
$n = 3$ meses
$P = ?$
$D = ?$

Solução: Fórmula tradicional: $P = \dfrac{S}{1 + d \times n}$

Substituindo-se nessa fórmula, temos:

$$P = \frac{2.000,00}{1 + 0,04 \times 3} = 1.785,71$$

Valor líquido creditado: $P = 1.785,71$

Valor do desconto: $D = 2.000,00 - 1.785,71 = 214,29$

Como se comprova, o desconto racional nada mais é do que um caso particular de juros simples nos casos em que o capital inicial é a incógnita; nesses casos o valor líquido creditado na conta do cliente corresponde ao capital inicial e o valor do desconto corresponde ao valor dos juros. Esse fato evidencia a inutilidade do chamado desconto simples conhecido por racional ou por dentro.

4.4 DESCONTO COMPOSTO "POR FORA"

Desconto composto é aquele em que a taxa de desconto incide sobre o montante (ou valor futuro), deduzido dos descontos acumulados até o período imediatamente anterior. É obtido em função de cálculos exponenciais e praticamente não é utilizado em nenhum país do mundo. Raramente se toma conhecimento de um caso em que esse critério tenha sido aplicado; tem importância meramente teórica.

Para melhor entendimento, vamos fazer uma analogia com o desconto simples por fora. Nesse caso a taxa de desconto incide somente sobre o valor futuro do título, tantas vezes quantos forem os períodos unitários, ou seja, $\boldsymbol{D = S \times d \times n}$. Como $\boldsymbol{P = S - D}$, deduz-se que $\boldsymbol{P = S\,(1 - d \times n)}$. Já no caso do desconto composto, para n períodos unitários, a taxa de desconto incide, no primeiro período, sobre o valor futuro do título; no segundo período, sobre o valor futuro do título menos o valor do desconto correspondente ao primeiro período; no terceiro período, sobre o valor futuro do título menos os valores dos descontos referentes ao primeiro e ao segundo período, e assim sucessivamente até o enésimo período, como equacionado a seguir:

$$P_1 = S - d \times S = S\,(1 - d)$$
$$P_2 = S\,(1 - d) - d \times S\,(1 - d) = S\,(1 - d)\,(1 - d) = S\,(1 - d)^2$$
$$P_3 = S\,(1 - d)^2 - d \times S\,(1 - d)^2 = S\,(1 - d)^2\,(1 - d) = S\,(1 - d)^3$$
$$\vdots$$
$$P_n = S\,(1 - d)^{n-1} - d \times S\,(1 - d)^{n-1} = S\,(1 - d)^{n-1}\,(1 - d) = S\,(1 - d)^n$$

Assim, o valor líquido de um título, de prazo igual a n períodos unitários, calculado com base no desconto composto, é dado pela expressão:

$$\boxed{P = S\,(1 - d)^n}$$

Para os casos em que a taxa de desconto e o prazo não estiverem na mesma unidade de tempo, é sempre mais fácil alterar o prazo.

Exemplos:

1. Uma duplicata no valor de \$ 28.800,00, com 120 dias para o seu vencimento, é descontada a uma taxa de 2,5% ao mês, de acordo com o conceito de desconto composto "por fora". Calcular o valor líquido creditado na conta e o valor do desconto concedido.

Dados: $S = 28.800,00$
$n = 120$ dias $= 4$ meses
$d = 2,5\%$ ao mês
$P = ?$
$D = ?$

Solução:
$$P = S\,(1 - d)^n$$
$$P = 28.800,00\,(1 - 0,025)^4 = 26.026,21$$
$$D = S - P = 28.800,00 - 26.026,21 = 2.773,79$$

2. Um título, com 90 dias a vencer, foi descontado à taxa de 3% ao mês, produzindo um desconto no valor de \$ 1.379,77. Calcular o valor nominal do título (valor de face ou de resgate).

Dados: $D = 1.379,77$
$d = 3\%$ ao mês
$n = 90$ dias $= 3$ meses
$S = ?$

Solução:

$$D = S - P = S - S(1-d)^n = S[1-(1-d)^n]$$

$$1.379,77 = S[1-(1-0,03)^3] = S \times 0,087327$$

$$S = \frac{1.379,77}{0,087327} = 15.800,00$$

3. Uma empresa descontou um título no valor de $ 67.300,00, com 51 dias de prazo, recebendo um crédito em conta no valor de $ 61.680,12. Calcular a taxa mensal de desconto cobrada pelo banco de acordo com o critério de desconto composto "por fora".

Dados: $S = 67.300,00$

$P = 61.680,12$

$n = 51$ dias $= 1,7$ mês

$d = ?$

Solução:

$$P = S(1-d)^n$$

$$61.680,12 = 67.300,00\,(1-d)^{1,7}$$

$$0,91650 = (1-d)^{1,7}$$

$$1,7 \log(1-d) = \log 0,91650$$

$$\log(1-d) = \frac{0,08720}{1,7} = 0,05129$$

$$1 - d = \text{antlog } 0,05129 = 0,95$$

$$-d = -0,05 \Rightarrow d = 0,05 \text{ ou } 5\% \text{ ao mês}$$

4.5 DESCONTO COMPOSTO POR DENTRO (OU RACIONAL)

O desconto composto por dentro nada mais é do que um caso particular de juros compostos quando são conhecidos o montante, o prazo e a taxa de juros e se quer obter o capital inicial e o valor dos juros pagos. Para obtenção do capital inicial, parte-se da fórmula definida para o cálculo montante em regime de capitalização composta, ou seja: e sendo ***P*** a incógnita, tem-se que:

$$P = \frac{S}{(1 + i \times n)}$$

Vamos a um exemplo típico de juros compostos.

No final de 10 meses um empréstimo obtido hoje a uma taxa de juros de 2% ao mês deverá ser quitado por $ 20.000,00. Calcular o valor emprestado (capital inicial) e o valor dos juros cobrados nessa operação de acordo com o critério de juros compostos.

Dados: $S = 20.000,00$

$i = 2\%$ ao mês

$n = 10$ meses

$P = ?$

$J = ?$

Solução: Valor do empréstimo: $P = \dfrac{20.000,00}{(1,02)^{10}} = 16.406,07$

Valor dos juros: $J = S - P = 20.000,00 - 16.406,97 = 3.593,03$

Vamos demonstrar agora que o critério chamado desconto composto "por dentro" não passa de um caso particular de juros compostos. Para tanto, vamos utilizar os mesmos dados do exemplo anterior, apenas adequando o enunciado, como segue:

Uma empresa desconta um título de crédito no valor de $ 20.000,00, com 10 meses a decorrer até o seu vencimento. Sabendo-se que a taxa de desconto cobrada pelo banco nessa operação é de 2% ao mês, calcular o valor líquido creditado na conta dessa empresa e o valor do desconto efetivado pelo banco, de acordo com o critério de desconto composto "por dentro".

Dados: $S = 20.000,00$

$d = 2\%$ ao mês

$n = 10$ meses

$P = ?$

$J = ?$

Solução: Valor creditado pelo banco: $P = \dfrac{20.000,00}{(1,02)^n} = 16.406,07$

Valor do desconto: $D = S - P = 20.000,00 - 16.406,97 = 3.593,03$

E como já afirmamos, o desconto composto "por dentro" nada mais é do que um caso particular de juros compostos em que o capital inicial é a incógnita; nesses casos o valor líquido creditado na conta do cliente corresponde ao capital inicial e o valor do desconto corresponde ao valor dos juros. Assim como no caso de juros simples, esse fato evidencia a inutilidade do critério chamado desconto composto "por dentro".

4.6 JUSTIFICATIVAS PARA ELIMINAÇÃO DO CAPÍTULO "DESCONTOS"

Uma análise mesmo superficial dos exemplos apresentados mostra claramente a falta de uma base teórica que justifique a utilização dos critérios chamados descontos, os quais são descritos e exemplificados em quase todos os livros de matemática comercial e financeira, e ensinados em nossas principais escolas. Vamos começar nossa análise pelo critério conhecido como desconto racional ou "por dentro", tanto o simples quanto o composto.

4.6.1 Desconto racional "por dentro"

Como demonstrado nos exemplos apresentados nos itens 4.3 e 4.5, os descontos racionais simples e composto não passam de casos particulares previstos nos capítulos que tratam dos regimes de capitalização simples e composta, quando são conhecidos o montante, o prazo e a taxa de juros e se quer obter o capital inicial ou valor presente. Assim, não há nenhuma necessidade da utilização desses critérios, visto estarem contemplados dentro dos capítulos mencionados.

4.6.2 Desconto "por fora"

Os descontos chamados "por fora", tanto o simples quanto o composto, resultam de um entendimento distorcido das práticas utilizadas no mercado financeiro até os séculos XVIII ou XIX. Essas distorções são de duas naturezas: histórica e conceitual.

4.6.2.1 Distorção de natureza histórica

A distorção de natureza histórica pode ser comprovada através de publicações antigas que tratam do assunto descontos. Um dos documentos mais importantes que endossa nossa tese foi o publicado pelo Banco da Inglaterra em 1726: ***Tables of Interest, Discounts, Annuities, Etc.***, de autoria de John Smart. Esse trabalho, além de publicar tabelas construídas com base na teoria de juros compostos atualmente utilizadas em todos os países do nosso planeta, também traz tabelas construídas com base na teoria de juros simples, aplicáveis aos casos de pagamento único. Uma delas, denominada "*Table of Discount*" (tabela de desconto), contém fatores ou coeficientes que, multiplicados pelo montante ou valor de resgate de um título de crédito, nos dão o valor do desconto. A Inglaterra, como ainda faz a grande maioria dos países no mundo, informa a taxa de juro para o período de um ano; embora boa parte dos países considere o ano constituído por 360 dias, a Inglaterra, desde aquela época, já adotava 365 dias. Naquela época os funcionários dos bancos e casas bancárias tinham enorme dificuldade de cálculo, mesmo se tratando de juros simples. E essa dificuldade se ampliava quanto menor fosse a taxa de juros e quanto maior fosse o prazo. Assim, para facilitar o trabalho desses funcionários, John Smart elaborou a referida tabela.

Na verdade, o desconto nada mais é que o valor dos juros cobrados em uma operação financeira qualquer. Vamos comprovar esse fato com um exemplo típico, tal qual era apresentado naquela época.

Calcular o desconto correspondente a um título de valor de resgate igual a \$ 10.000,00 com prazo de 213 dias a decorrer até o seu vencimento, sabendo-se que a taxa de juros da operação é de 10% ao ano.

a) Solução tradicional através de fórmulas

$$\text{Juros} = \text{desconto} = S - P$$

Visto que $S = P \times (1 + i \times n)$, tem-se que

$$P = \frac{S}{(1 + i \times n)}$$

Substituindo, tem-se que:

$$S - \frac{S}{1 + i \times n} = S \times \left(1 + \frac{1}{1 + i \times n}\right) = S \times \frac{i \times n}{1 + i \times n}$$

Substituindo-se letras por números e sabendo-se que a taxa é definida para um ano de 365 dias, temos que:

$$\text{Juros} = \text{desconto} = 10.000{,}00 \times \frac{0{,}10/365 \times 213}{1 + \frac{0{,}10}{365} \times 213} = 10.000{,}00 \times 0{,}05513849 = 551{,}38$$

b) Solução através da tabela de John Smart

Com o objetivo de facilitar o cálculo, esse matemático apenas tabelou a expressão $\frac{i \times n}{1 + i \times n}$. Assim, consultando-se a tabela de desconto correspondente a uma taxa de juros de 10% ao ano para 213 dias, encontramos o fator ou coeficiente de 0,05513849, que, multiplicado por \$ 10.000,00, resulta em \$ 551,38.

Resumo: a tabela de desconto utilizada pelo Banco da Inglaterra no início do século XVIII servia para se obter o valor dos juros calculado de acordo com o regime de capitalização simples, o qual era subtraído do valor de resgate para se chegar ao chamado valor descontado.

A distorção de natureza histórica seguramente teve a sua origem na preocupação de simplificar o cálculo do desconto, substituindo-se a expressão $\frac{i \times n}{1 + i \times n}$ por outra bem mais simples. Com isso nasceu a **fórmula** $D = S \times d \times n$, em que D é o valor do desconto e d a taxa de desconto.

4.6.2.2 Distorção de natureza conceitual

Conforme mostrado no Capítulo 1 deste livro, a taxa de juros é uma relação matemática dada pela expressão $i = \frac{J}{P}$, enquanto a taxa de desconto é dada pela expressão $d = \frac{D}{S}$; e como o valor do desconto corresponde ao valor dos juros, pode-se afirmar que $d = \frac{J}{S}$. Para melhor entendimento vamos a um exemplo.

Um empréstimo no valor de \$ 950,00 é quitado por R\$ 1.000,00 no final de 1 mês. Qual a taxa mensal cobrada?

Solução:

$$\text{Taxa de juros} = \frac{J}{P} = \frac{50,00}{950,00} = 0,0526 \text{ ou } 5,26\% \text{ ao mês}$$

$$\text{Taxa de desconto} = \frac{J}{S} = \frac{50,00}{1.000,00} = 0,0500 \text{ ou } 5,00\%$$

Com base nesse simples exemplo, verificamos que taxa de juros e taxa de desconto são dois conceitos completamente distintos e não podem ser confundidos. A taxa de desconto ***d*** é um "corpo estranho" na teoria financeira. No mundo dos negócios, as operações referentes a empréstimos, financiamentos e aplicação de recursos têm como base de cálculo o valor colocado à disposição na data do contrato, ou seja, o chamado capital inicial, também conhecido por valor presente ou valor atual. E essa regra vale para cálculos envolvendo pagamento único, séries de pagamentos iguais, sistemas de amortização e métodos de avaliação de fluxos de caixa (Taxa Interna de Retorno e Valor Presente Líquido). Assim, em decorrência, a expressão $D = S \times i \times n$ utilizada por grande parte dos autores de livros de matemática comercial e financeira não tem validade do ponto de vista conceitual. A taxa de juros ***i***, por definição, nunca incide sobre o montante ou valor futuro; incide somente sobre o capital inicial ou valor presente!

Em resumo, como já afirmado, a taxa de desconto ***d*** apareceu como um recurso para simplificar o cálculo do valor do desconto nos casos de negociação de títulos de crédito antes do seu vencimento. Mas, ao fazê-lo, não se deu conta da distorção conceitual provocada.

4.6.3 Como ficam as chamadas operações de desconto

Uma vez entendida e aprovada a nossa proposta não mais se falará em desconto "por fora", desconto "por dentro" e desconto racional simples e composto. Falaremos apenas em desconto calculado com base em juros simples ou compostos. Exemplos:

1. Calcular o valor líquido creditado na conta de um cliente correspondente ao desconto de uma duplicata no valor de $ 2.000,00, sabendo-se que a taxa de juros cobrada pelo banco é de 3% ao mês e que o prazo a decorrer até o seu vencimento é de 37 dias; informar também o valor do desconto. Fazer o cálculo de acordo com os critérios de juros simples e compostos.

Solução:

a) Com base no critério de juros simples

$$\text{Valor líquido: } P = \frac{S}{1 + i \times n} = \frac{2.000{,}00}{1 + 0{,}03 \times \frac{37}{30}} = 1.928{,}64$$

Valor do desconto = 2.000,00 – 1.928,64 = 71,36

b) Com base no critério de juros compostos

$$\text{Valor líquido: } P = \frac{S}{(1 + i)^n} = \frac{2.000{,}00}{(1{,}03)^{\frac{37}{30}}} = 1.928{,}64$$

Valor do desconto = 2.000,00 – 1.928,40 = 71,60

2. Calcular o valor líquido creditado na conta de um cliente correspondente ao desconto de um cheque pré-datado no valor de $ 3.720,00, sabendo-se que a taxa de juros cobrada pelo banco foi de 52% ao ano (ano de 365 dias) e que o prazo a decorrer até o seu vencimento é de 165 dias; informar também o valor do desconto. Fazer o cálculo de acordo com os critérios de juros simples e compostos.

Solução:

a) Com base no critério de juros simples

$$\text{Valor líquido: } P = \frac{S}{1 + i \times n} = \frac{3.720{,}00}{1 + 0{,}52 \times \frac{165}{365}} = 3.011{,}98$$

Valor do desconto = 3.720,00 – 3.011,98 = 708,02

b) Com base no critério de juros compostos

$$\text{Valor líquido: } P = \frac{S}{(1 + i)^n} = \frac{3.720{,}00}{(1{,}52)^{\frac{165}{365}}} = 3.078{,}50$$

Valor do desconto = 3.720,00 – 3.078,50 = 641,50

Minha expectativa é que os quatro critérios tradicionais de descontos descritos e analisados neste capítulo deixem de ser ensinados em nossas escolas nos cursos de ensino médio e universitário, e, consequentemente, deixem de ser praticados em nosso mercado financeiro. Trata-se, a meu ver, de critérios absolutamente desnecessários, visto que as costumeiras operações de desconto de duplicatas, cheques pré-datados, notas promissórias e antecipação de recebíveis de qualquer natureza podem ser facilmente resolvidas com base nos critérios de juros simples e compostos.

4.7 PROBLEMAS PROPOSTOS

4.7.1 Sobre desconto simples bancário ou comercial

1. Uma duplicata de $ 70.000,00, com 90 dias a decorrer até o seu vencimento, foi descontada por um banco à taxa de 2,70% ao mês. Calcular o valor líquido entregue ou creditado ao cliente.

Resposta: $ 64.330,00.

2. Calcular o valor do desconto de um título de $ 100.000,00, com 115 dias a vencer, sabendo-se que a taxa de desconto é de 3% ao mês.

Resposta: $ 11.500,00.

3. Sabendo-se que o desconto de uma duplicata no valor de $ 25.000,00, com 150 dias a vencer, gerou um crédito de $ 22.075,06 na conta do cliente, determinar a taxa mensal de desconto.

Resposta: 2,34%.

4. Um título no valor de $ 1.400,00 foi descontado a 33% ao ano 5 meses antes do seu vencimento. Determinar o valor líquido entregue ao seu portador.

Resposta: $ 1.207,50.

5. Determinar o valor nominal ou de face de um título, com 144 dias para o seu vencimento, que descontado à taxa de 40% ao ano (ano de 365 dias) proporcionou um valor atual (valor líquido creditado) de $ 37.898,63.

Resposta: $ 45.000,00.

6. Sendo de $ 3.419,44 o valor do desconto de uma duplicata, descontada à taxa de 3,55% ao mês, 120 dias antes do seu vencimento, calcular o valor creditado na conta do cliente.

Resposta:$ 20.661,12.

7. Determinar quantos dias faltam para o vencimento de uma duplicata, no valor de $ 9.800,00, que sofreu um desconto de $ 548,50, à taxa de 32% ao ano.

Resposta: 63 dias.

8. Uma empresa desconta uma duplicata no valor de $ 4.400,00 e com 60 dias de prazo até o vencimento. Sabendo-se que o banco cobra uma taxa de desconto de 5,3% ao mês, calcular o valor creditado na conta dessa empresa e a taxa efetiva de juros cobrada nessa operação, calculada de acordo com o regime de capitalização composta.

Respostas: $ 3.933,60 e 5,76% ao mês.

9. Que taxa de desconto ao mês deve ser cobrada numa operação com prazo de 90 dias que resulte numa taxa efetiva de juros de 4,1% ao mês calculada com base no regime de capitalização composta?

Resposta: 3,79% ao mês.

10. Uma pessoa obteve um financiamento para ser quitado em 18 prestações mensais, iguais e consecutivas de $ 9.470,00. No dia do vencimento da décima prestação, após ter pago esta,

o financiado propõe à financeira a quitação, nesta data, das 8 prestações restantes. Sabendo-se que essa financeira concede um desconto de 3,4% ao mês para pagamentos antecipados, calcular o valor do desconto total concedido.

Resposta: $ 11.591,28.

11. Uma empresa apresenta a um banco, para desconto, 4 duplicatas no valor de $ 3.260,00 cada uma, com vencimentos para 60, 120, 180 e 240 dias. Calcular o valor líquido creditado pelo banco na conta da empresa, sabendo-se que a taxa de desconto cobrada é de 2,4% ao mês.

Resposta: $ 11.475,20.

12. Determinar o número de títulos com vencimentos sucessivos de 30 em 30 dias, descontados à taxa de 3,3% ao mês, sabendo-se que todos são de mesmo valor, igual a $ 13.000,00 cada um, e cujo desconto total é de $ 12.012,00.

Resposta: 7 títulos.

13. Determinar a que taxa devem ser descontados 3 títulos, no valor de $ 6.000,00 cada um, com vencimento para 30, 60 e 90 dias, para que se tenha um valor atual, global, de $ 16.524,00.

Resposta: 4,1% ao mês.

4.7.2 Sobre desconto composto

1. Calcular o valor atual de um título de valor de resgate igual a $ 9.000,00, com 4 meses a vencer, sabendo-se que a taxa de desconto é de 3,25% ao mês.

Resposta: $ 7.885,81.

2. Sabendo-se que o valor líquido do creditado na conta de um cliente foi de $ 5.717,02, correspondente ao desconto de um título de $ 6.600,00, à taxa de 5% ao mês, determinar o prazo a decorrer até o vencimento desse título.

Resposta: 2,8 meses, ou 84 dias.

3. Calcular a que taxa mensal um título de $ 10.000,00, com 75 dias a vencer, gera um desconto no valor de $ 1.110,63.

Resposta: 4,6% ao mês.

5

SÉRIES DE PAGAMENTOS

5.1 NOÇÕES SOBRE FLUXO DE CAIXA

Fluxo de caixa pode ser entendido como uma sucessão de recebimentos ou de pagamentos, em dinheiro, previstos para determinado período de tempo.

A fim de facilitar o entendimento dos problemas a serem apresentados, será utilizada a representação gráfica do fluxo de caixa, como mostra o exemplo a seguir, correspondente a um fluxo mensal.

Recebimentos previstos	
Dia	**Valor ($)**
05	10.000,00
11	28.000,00
17	9.000,00
25	16.000,00

Pagamentos previstos	
Dia	**Valor ($)**
09	12.000,00
14	14.000,00
17	7.000,00
28	20.000,00

Representação gráfica do fluxo mensal

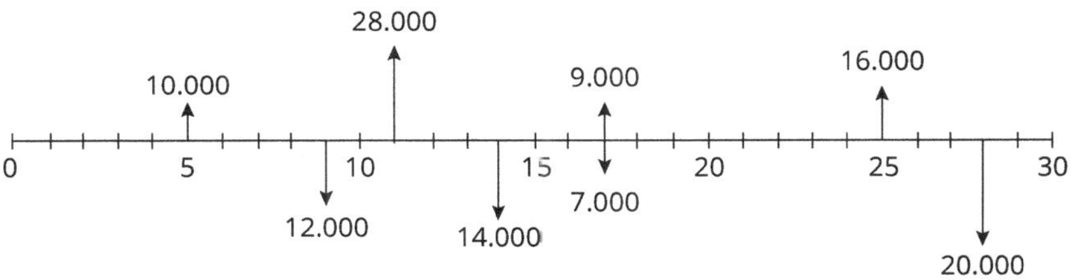

No eixo horizontal é representado o tempo, subdividido em períodos unitários (dia, mês, trimestre, ano etc.), orientados da esquerda para a direita, de tal forma que todos os pontos são considerados como momentos futuros em relação ao ponto "zero". Os recebimentos (entradas de caixa) são representados na parte superior do eixo horizontal, indicados por setas orientadas para cima; os pagamentos (saídas de caixa) são representados na parte inferior daquele eixo, indicados por setas orientadas para baixo. Obviamente, se houver pagamentos e recebimentos num mesmo ponto, poder-se-á representar somente a diferença entre os dois. Assim, no exemplo dado, no dia 17 as duas setas, orientadas em sentidos opostos, poderiam ser substituídas por uma orientada para cima, indicando o saldo a receber de $ 2.000,00. Os recebimentos estão associados ao sinal (+), e os pagamentos, ao sinal (–).

A representação gráfica do fluxo de caixa é feita de acordo com os dados apresentados em cada caso, sendo as setas orientadas em função da interpretação do enunciado do problema. Para ilustrar, vamos apreciar o seguinte exemplo:

Um banco concede um empréstimo de $ 40.000,00 a um cliente, para pagamento em 6 prestações iguais de $ 9.000,00. Represente graficamente o fluxo de caixa.

Do ponto de vista do banco, a representação gráfica do fluxo de caixa é a seguinte:

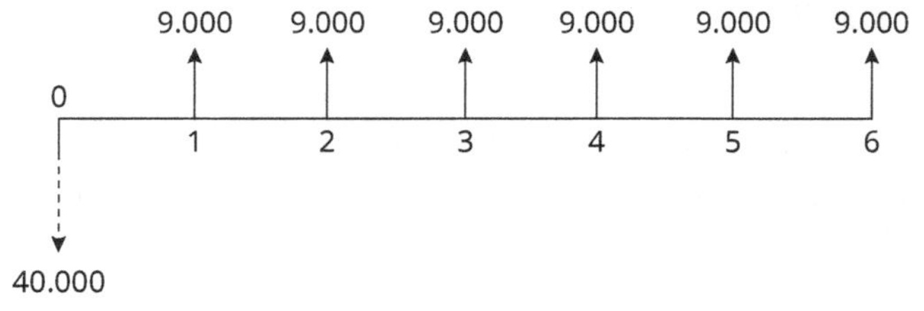

Ou seja, há uma saída inicial de caixa no valor de $ 40.000,00 e a entrada de 6 parcelas de $ 9.000,00 cada uma nos meses seguintes. Do ponto de vista do cliente, a orientação das setas é feita no sentido inverso, como segue:

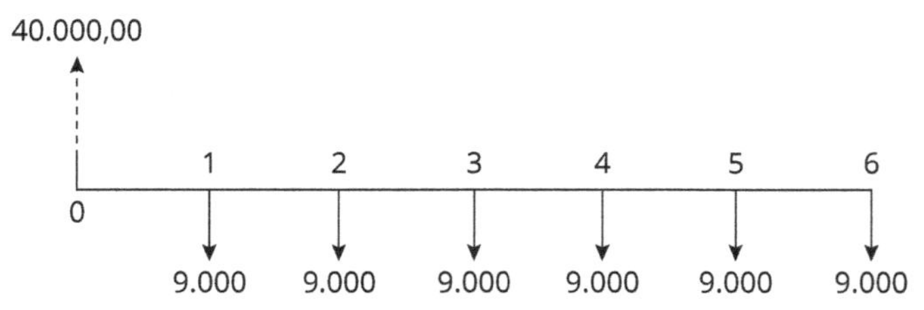

Nos exemplos apresentados neste livro, a representação gráfica será feita do ponto de vista do tomador ou do aplicador de recursos, de acordo com o que estiver mais evidente no enunciado do problema. Vejamos o exemplo a seguir.

O Sr. Miguel resolve aplicar, em uma instituição financeira, 5 parcelas iguais, mensais e consecutivas de $ 4.000,00. Sabendo-se que a primeira parcela será efetivada hoje e que

o Sr. Miguel deseja saber o valor do montante no final do 5º mês, representar o fluxo de caixa correspondente.

A representação gráfica será a seguinte:

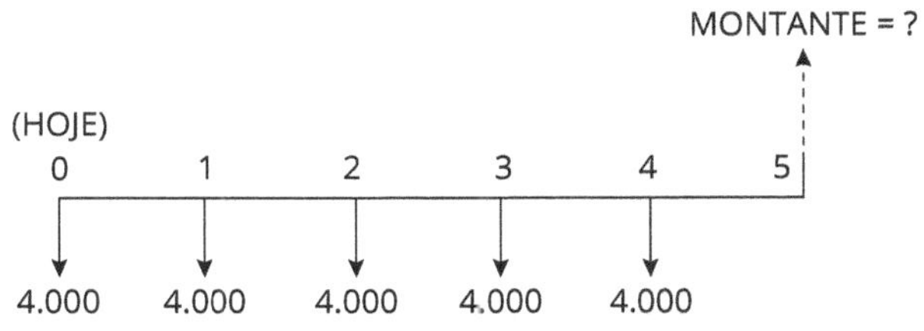

Neste exemplo, está claro que o problema é colocado do ponto de vista do aplicador; portanto, as setas correspondentes às parcelas mensais de aplicação devem ser orientadas para baixo, pois representam saídas de caixa para o Sr. Miguel; a seta correspondente ao valor do montante é orientada para cima porque, por ocasião do resgate, esse valor representará uma entrada de caixa para o aplicador.

5.2 SÉRIES DE PAGAMENTOS

Após termos conceituado fluxo de caixa, vamos focalizar os problemas relacionados a séries de pagamentos, objetivo principal deste capítulo. As séries de pagamentos podem ser definidas como uma sucessão de pagamentos ou recebimentos V_1, V_2, V_3... V_n e com vencimentos sucessivos t_1, t_2, t_3..., t_n. Dentro da matemática financeira tradicional, as séries de pagamentos são objeto de uma classificação muito ampla e complexa que, em vez de facilitar ao leitor, normalmente o confunde. Para atender à finalidade prática deste livro, vamos desenvolver neste capítulo as séries de pagamentos com as seguintes características:

a) A diferença de prazo entre cada termo e o seguinte é constante, ou seja, os vencimentos dos termos, a partir do primeiro, variam de 30 em 30 dias, de 60 em 60 dias, de 180 em 180 dias e assim por diante; a unidade tempo pode também ser representada em número de meses, semestres ou anos.

b) O número de termos é finito; não vamos tratar aqui das "rendas perpétuas", cujo número de termos é infinito.

c) Os valores dos termos que compõem a série podem ser:
   - constantes (iguais ou uniformes);
   - variáveis (de forma aleatória ou de acordo com uma progressão aritmética ou geométrica).

d) Os vencimentos dos termos de uma série de pagamentos podem ocorrer no final de cada período (termos vencidos ou postecipados) ou no início (termos antecipados); o entendimento dessa classificação, como veremos, é de fundamental importância.

Com base nessas características, vamos desenvolver séries de pagamentos de acordo com a seguinte classificação:

1. série de pagamentos iguais com termos vencidos;
2. série de pagamentos iguais com termos antecipados;
3. série de pagamentos variáveis com termos vencidos;
4. série de pagamentos variáveis com termos antecipados.

Finalmente, queremos destacar que este capítulo será desenvolvido com base no conceito de capitalização composta, como aliás é padrão em todos os livros de finanças conhecidos no mundo.

5.3 SÉRIES DE PAGAMENTOS IGUAIS COM TERMOS VENCIDOS (OU POSTECIPADOS)

Cada termo da série de pagamentos ou recebimentos iguais será representado por "*R*"; as demais variáveis serão representadas pelos símbolos já conhecidos:

i = taxa de juros, coerente com a unidade de tempo (mês, trimestre, ano etc.).

n = número de prestações quase sempre coincidente com o número de períodos unitários.

P = capital inicial, valor atual ou valor presente.

S = montante ou valor futuro.

5.3.1 Fator de Acumulação de Capital (FAC)

Utilizando uma didática diferente da convencional – em vez de fazermos uma demonstração teórica das fórmulas para a seguir aplicá-las na solução de problemas –, faremos o inverso, ou seja, partiremos do desenvolvimento e da solução de casos práticos para chegarmos às fórmulas. Para tanto, vamos utilizar somente os conhecimentos de matemática financeira até agora apresentados neste livro, além de algumas noções de matemática elementar, as quais presumimos que já tenha o leitor. Comecemos com a resolução do problema a seguir.

Calcular o valor do montante, no final do 5º mês, de uma série de 5 aplicações mensais, iguais e consecutivas, no valor de $ 100,00 cada uma, a uma taxa de 4% ao mês, sabendo--se que a primeira parcela é aplicada no final do primeiro mês, ou seja, a 30 dias da data tomada como base ("momento zero"), e que a última, no final do 5º mês, é coincidente com o momento em que é pedido o montante.

Dados: $R = 100{,}00$

$i = 4\%$

$N = 5$

$S = ?$

Em termos de fluxo de caixa, o problema pode ser esquematizado como segue:

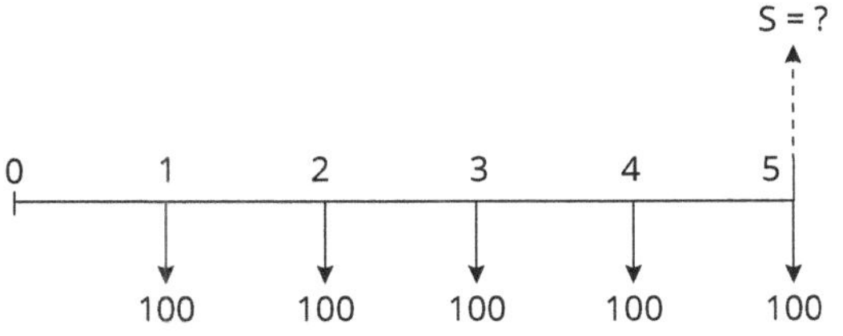

Para calcular o montante pedido, vamos utilizar somente os conhecimentos que já temos. Como apenas sabemos resolver problemas com um único pagamento, vamos "digerir" o nosso "monstrinho" por partes, ou seja, vamos calcular o montante de cada prestação no final do 5º mês, individualmente.

Assim, o montante da primeira, obtido da fórmula já conhecida $S = P\ (1 + i)$, será:

$$S_1 = 100{,}00\ (1{,}04)^4 = 100{,}00 \times 1{,}16986 = 116{,}99$$

O expoente 4 da expressão $(1{,}04)^4$ representa o número de meses a decorrer entre a data da primeira aplicação e a data fixada para o cálculo do seu montante.

Esquematicamente, tem-se:

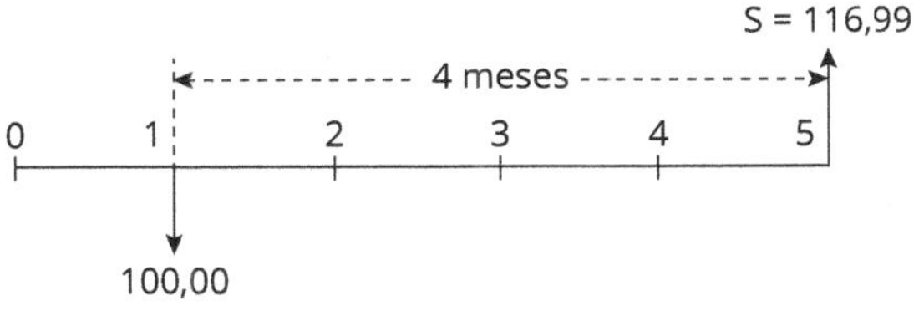

Essa mesma consideração é válida para todas as demais prestações. Assim, o montante da terceira parcela é obtido como segue:

$$S_3 = 100{,}00\ (1{,}04)^2 = 100{,}00 \times 1{,}08160 = 108{,}16$$

Esquematicamente, temos:

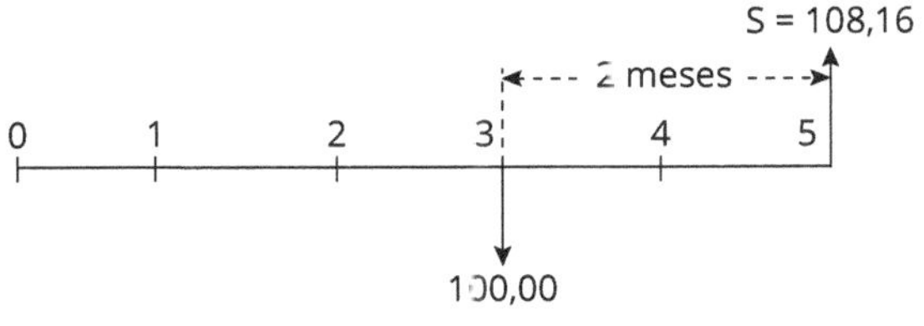

Como a última parcela é aplicada exatamente no dia em que se pede o valor do montante, não terá rendimento algum. O montante dessa prestação pode ser assim especificado:

$$S_5 = 100{,}00\ (1{,}04)^0 = 100{,}00 \times 1 = 100{,}00$$

Em resumo, os montantes de cada uma das 5 aplicações são calculados como segue:

$$S_1 = 100{,}00\ (1{,}04)^4 = 100{,}00 \times 1{,}16986 = 116{,}98$$
$$S_2 = 100{,}00\ (1{,}04)^3 = 100{,}00 \times 1{,}12486 = 112{,}49$$
$$S_3 = 100{,}00\ (1{,}04)^2 = 100{,}00 \times 1{,}08160 = 108{,}16$$
$$S_4 = 100{,}00\ (1{,}04)^1 = 100{,}00 \times 1{,}04000 = 104{,}00$$
$$S_5 = 100{,}00\ (1{,}04)^0 = 100{,}00 \times 1{,}00000 = 100{,}00$$
$$S_t = \ldots\ldots\ldots\ldots\ldots\ldots\ldots\ldots\ldots\ldots\ldots\ 541{,}63$$

Portanto, o montante de 5 aplicações mensais, iguais e consecutivas, de $ 100,00 cada uma, à taxa de 4% ao mês, dentro do conceito de séries de pagamentos com termos vencidos, é de $ 541,63.

Entretanto, o cálculo do montante, como foi feito, é muito trabalhoso, e se tivéssemos 50, 100 ou 200 prestações ele seria por demais monótono e estafante. Com o objetivo de facilitar o trabalho, vamos obter uma fórmula que permita chegar ao valor final através de um caminho mais curto e rápido.

Sabemos que $S_t = S_1 + S_2 + S_3 + S_4 + S_5$

Substituindo $S_1, S_2, \ldots, S_5$ pelos seus respectivos valores, sem se efetuarem os cálculos, temos:

$$S_t = 100{,}00\ (1{,}04)^4 + 100{,}00\ (1{,}04)^3 + 100{,}00\ (1{,}04)^2 + 100{,}00\ (1{,}04)^1 + 100{,}00\ (1{,}04)^0$$

Como o valor 100,00 é constante em todos os termos, pode ser colocado em evidência:

$$S_t = 100{,}00\ \left[(1{,}04)^4 + (1{,}04)^3 + (1{,}04)^2 + (1{,}04)^1 + (1{,}04)^0\right]$$

ou

$$S_t = 100{,}00\ \left[(1{,}04)^0 + (1{,}04)^1 + (1{,}04)^2 + (1{,}04)^3 + (1{,}04)^4\right]$$

Como a série $(1{,}04)^0 + (1{,}04)^1 + (1{,}04)^2 + (1{,}04)^3 + (1{,}04)^4$ representa a soma de uma progressão geométrica de razão 1,04, podemos aplicar a fórmula:

$$S_{PG} = \frac{a_1 \times q^n - a_1}{q - 1}$$

que dá a soma dos termos de uma PG, em que a_1 representa o primeiro termo da série, n o número de termos e q a razão. (Veja o Apêndice A, *Noções de Progressão Geométrica.)*

Sabendo-se que $a_1 = (1{,}04)^0 = 1$, $q = 1{,}04$ e $n = 5$, temos:

$$S_t = 100{,}00 \times \frac{1 \times (1{,}04)^5 - 1}{1{,}04 - 1} \times 100{,}00 \times \frac{(1{,}04)^5 - 1}{0{,}04} \quad (1)$$

$$S_t = 100{,}00 \times \frac{0{,}21665}{0{,}04} = 100{,}00 \times 5{,}41625 = 541{,}63$$

Portanto, chegamos ao valor do montante correspondente à aplicação de 5 parcelas iguais sem calcular os montantes individuais.

Como no problema $R = 100{,}00$, $n = 5$ e $i = 0{,}04$, substituindo na expressão (1) os valores numéricos pelos seus símbolos correspondentes, temos a fórmula genérica:

$$S_t = R \times \frac{(1 + i)^n - 1}{i} \quad (2)$$

em que $\frac{(1 + i)^n - 1}{i}$ é o Fator de Acumulação de Capital, representado por FAC (i, n).

Como não há possibilidade de confusão, e para simplificar, façamos $S_t = S$, na expressão (2), que passa a ser escrita como segue:

$$S = \frac{R \times (1+i)^n - 1}{i} \quad \text{ou } S = R \times \text{FAC}\,(i, n)$$

O fator de acumulação de capital aparece nas tabelas do Apêndice B, calculado para diversas taxas e prazos. Ele representa o montante resultante da aplicação de *n* parcelas de *uma* unidade de capital (cruzeiro, dólar, salário mínimo etc.), em determinado intervalo de tempo (semana, quinzena, mês, trimestre, semestre, ano etc.) e a uma determinada taxa de juros.

Com a utilização do Fator de Acumulação de Capital (FAC), que normalmente aparece tabelado na maioria dos livros de matemática financeira, a solução do problema é muito simples. Nesse caso, ela é indicada como segue:

$$S = 100{,}00 \times \text{FAC}\,(4\%, 5)$$

No Apêndice B, na tabela correspondente a uma taxa de 4% (que nesse caso representa 4% ao mês), na coluna FAC, e na linha referente a $n = 5$ (que nesse caso representa 5 pagamentos mensais), vamos encontrar o valor 5,41632.

Portanto, temos que FAC (4%, 5) = 5,41632

Substituindo, temos:

$$S = 100{,}00 \times 5{,}41632 = 541{,}63,$$

que bate com o valor já encontrado anteriormente.

Vamos resolver outro problema para fixar melhor o entendimento.

Quanto terá, no final de 4 anos, uma pessoa que aplicar $ 500,00 por mês, durante esse prazo, em um "Fundo de Renda Fixa", à taxa de 1% ao mês?

Esquematicamente, temos:

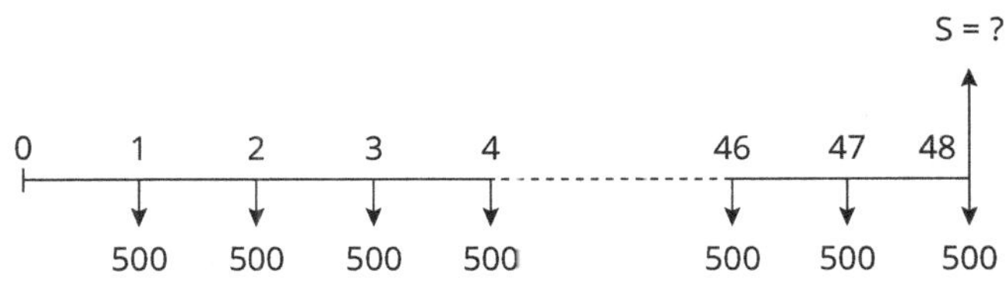

Dados: $R = 500{,}00$

$n = 48$ prestações (porque durante 4 anos temos 48 meses)

$i = 1\%$ ao mês (aplicações mensais)

Solução:

$$S = R \times \frac{(1+i)^n - 1}{i}$$

$$S = 500 \times \frac{(1+0{,}01)^{48} - 1}{0{,}01}$$

$$S = 500{,}00 \times 61{,}22261 = 30.611{,}30$$

Com a utilização de tabelas financeiras, a solução seria obtida facilmente, como indicado a seguir:

Solução: $S = R \times \text{FAC}\,(i, n)$

$S = 500{,}00 \times \text{FAC}\,(1\%, 48)$

No Apêndice B, na tabela definida para 1%, na coluna FAC e na linha $n = 48$, vamos encontrar o número 61,22261. Portanto: $S = 500{,}00 \times 61{,}22261 = 30.611{,}30$

5.3.2 Fator de Formação de Capital (FFC)

O FFC é obtido facilmente a partir da fórmula do montante deduzida no item anterior:

$$S = R \times \frac{(1+i)^n - 1}{i}$$

Essa fórmula, como vimos, é utilizada para obter o valor do montante, quando são conhecidos o valor das prestações, a taxa e o número de prestações. Quando a incógnita do problema é o valor das prestações, basta fazer:

$$R = \frac{S}{\dfrac{(1+i)^n - 1}{i}} \Rightarrow \boxed{R = S \times \frac{i}{(1+i)^n - 1}} \qquad (3)$$

em que $\dfrac{i}{(1+i)^n - 1}$ é chamado Fator de Formação de Capital, representado por FFC (i, n). Portanto, a expressão (3) pode ser assim escrita:

$$R = S \times \text{FFC}\,(i, n)$$

Exemplo de aplicação:

Quanto uma pessoa terá de aplicar mensalmente num "Fundo de Renda Fixa", durante 5 anos, para que possa resgatar $ 200.000,00 no final de 60 meses, sabendo que o fundo proporciona um rendimento de 2% ao mês?

Esquematicamente:

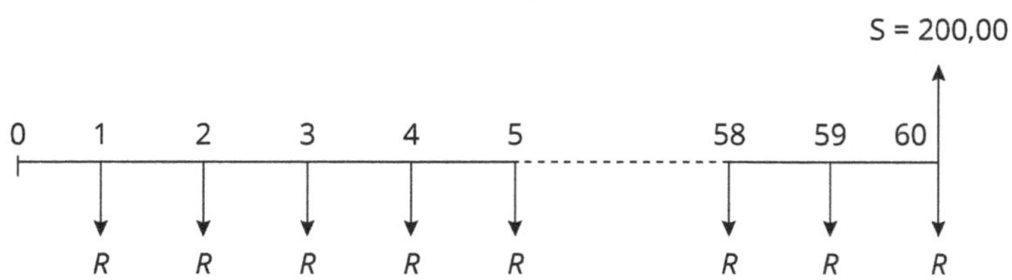

Dados: $S = 200.000{,}00$

$n = 60$ meses $= 60$ prestações

$i = 2\%$ ao mês

$R = ?$

Solução:

$$R = S \times \frac{i}{(1+i)^n - 1}$$

$$R = 200.000{,}00 \times \frac{0{,}02}{(1{,}02)^{60} - 1} = 1.753{,}59$$

Solução através da tabela financeira:

$$R = S \times FCC\,(i, n)$$

$$R = 200.000{,}00 \times \text{FFC}\,(2\%, 60)$$

Na tabela correspondente a 2%, na coluna FFC e linha $n = 60$, vamos encontrar o coeficiente 0,00877. Assim, temos:

$$R = 200.000{,}00 \times 0{,}00877 = 1.754{,}00$$

A diferença de $ 0,41 em relação à resposta anterior se deve a problemas de arredondamento. A resposta obtida através da utilização da fórmula básica normalmente apresenta um valor mais aproximado que aquele obtido através do fator tabelado. A razão reside no número de casas decimais: os fatores estão tabelados com cinco casas decimais, enquanto as calculadoras utilizadas normalmente trabalham com um número de decimais muito maior.

Como os nossos problemas de montante apresentam sempre 4 variáveis, das quais 3 são dadas, somente poderão surgir as seguintes situações:

a) Dados *R*, *i*, *n*, achar *S* (já visto).
b) Dados *S*, *i*, *n*, achar *R* (já visto).
c) Dados *R*, S, *i*, achar *n*.
d) Dados *R*, *S*, *n*, achar *i*.

Vejamos exemplos de aplicação dos itens (c) e (d). Vamos começar com o caso em que *n* é a incógnita.

Quantas prestações de $ 4.000,00 devo aplicar trimestralmente, à taxa de 7% ao trimestre, para acumular um montante de $ 100.516,08 no final de certo prazo? E qual esse prazo?

Esquematicamente:

Dados: $R = 4.000{,}00$ por trimestre
$S = 100.516{,}08$

$i = 7\%$ ao trimestre

$n = ?$ (nº de trimestres)

Observação: Como a unidade está coerente com a taxa, não é necessária nenhuma conversão:

Solução:

$$S = R \times \frac{(1+i)^n - 1}{i}$$

$$100.516{,}08 = 4.000{,}00 \times \frac{(1{,}07)^n - 1}{0{,}07}$$

$$25{,}12902 = \frac{(1{,}07)^n - 1}{0{,}07}$$

$$2{,}75903 = (1{,}07)^n$$

Para se obter o valor de n de forma direta, somente através de logaritmo. Vamos utilizar o logaritmo neperiano, como segue:

$$n \times \log 1{,}07 = \log 2{,}75903$$

$$n = \frac{\log 2{,}75903}{\log 1{,}07} = \frac{1{,}01488}{0{,}06766} = 15 \text{ prestações}$$

A solução também pode ser conseguida através do processo iterativo de "tentativa e erro", bastando, para tanto, atribuir valores sucessivos ao expoente n até se obter $(1{,}07)^n = 2{,}75903$. Esse processo também pode ser executado via tabela financeira a partir da equação básica $S = R \times \text{FAC}\ (i, n)$. Substituindo as variáveis dessa equação pelos respectivos valores, temos:

$$100.516{,}08 = 4.000{,}00 \times \text{FAC}\ (7\%, n)$$

$$\text{FAC}\ (7\%, n) = 25{,}12902$$

Pesquisando na tabela correspondente à taxa de 7%, na coluna FAC, vamos encontrar o valor 25,12902 exatamente na linha $n = 15$. Portanto, a resposta para o problema é a seguinte: são necessárias 15 prestações trimestrais de \$ 4.000,00 cada uma para obter o valor desejado, que se efetivará no final de 15 trimestres, ou 3 anos e 9 meses.

Problema em que a taxa é a incógnita:

A que taxa devo aplicar \$ 15.036,28 por ano para que eu tenha um montante de \$ 500.000,00 no final de 10 anos?

Esquematicamente:

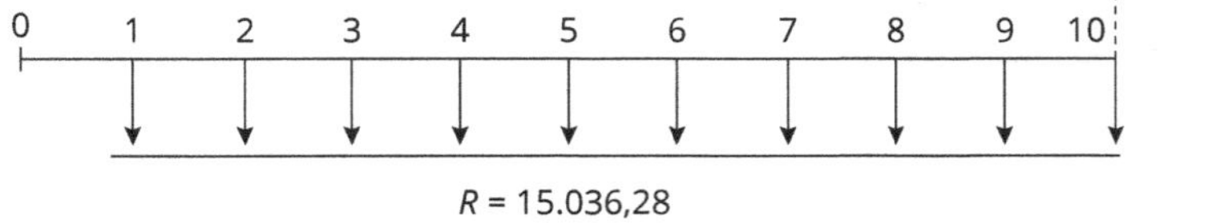

Dados: $R = 15.036,28$

$S = 500.000,00$

$n = 10$ anos = 10 prestações

$i = ?$ ao ano

Solução:

$$S = R \times \frac{(1+i)^n - 1}{i}$$

$$500.000,00 = 15.036,28 \times \frac{(1+i)^{10} - 1}{i}$$

$$\frac{(1+i)^{10} - 1}{i} = 33,25290$$

A solução dessa equação somente pode ser obtida por "tentativa e erro". Mesmo as calculadoras financeiras, que solucionam problemas como este de forma simples e rápida (ver Capítulo 13), utilizam esse processo. Ele consiste em atribuir valores sucessivos a i até que o resultado da expressão $\frac{(1+i)^{10} - 1}{i}$, que é o Fator de Acumulação de Capital (FAC), seja exatamente igual a 33,25290. Assim, para $i = 10\%$, o valor daquela expressão é 15,93742, o que evidencia que a taxa procurada é maior; para $i = 20\%$, o resultado é 25,95868, o que significa que a taxa ainda tem de ser maior; já para $i = 30\%$, o resultado 42,61950 indica que a taxa desejada deve ser menor. Fazendo-se $i = 25\%$, obtém-se 33,25290, que coincide com o valor informado. Portanto, a taxa procurada é de 25% ao ano.

A solução desse problema também pode ser obtida através de tabelas financeiras, como mostramos a seguir.

$$S = R \times \text{FAC}(i, n)$$

$$500.000,00 = 15.036,28 \times \text{FAC}(i, 10)$$

$$\text{FAC}(i, 10) = 33,25290$$

Para que possamos determinar a taxa i, teremos de pesquisar na coluna FAC, na linha $n = 10$, tabela por tabela, até encontrarmos o valor 33,25290.

Inicialmente, vamos consultar a tabela de 10%. Nessa tabela, na coluna FAC, e para $n = 10$, o fator é igual a 15,93742. Portanto, a taxa tem de ser maior que 10%.

Para a tabela de 20%, o fator é 25,95868; portanto, a taxa ainda tem de ser maior. Já para uma taxa de 30%, o fator encontrado é 42,61950, o que evidencia ser a taxa solicitada menor. Ao pesquisar na tabela de 25%, verificamos que o fator encontrado "empata" com o obtido em nossos cálculos. Assim, concluímos que a taxa é de 25% ao ano.

5.3.3 Fator de Valor Atual (FVA)

Da mesma forma que deduzimos o Fator de Acumulação de Capital, vamos deduzir o Fator de Valor Atual para a série de pagamentos iguais ou uniformes. Partiremos do seguinte problema prático:

Qual o valor que, financiado à taxa de 4% ao mês, pode ser pago ou amortizado em 5 prestações mensais, iguais e sucessivas de $ 100,00 cada uma?

O que se quer é o valor presente dessa série de 5 parcelas iguais. Mais uma vez, utilizaremos as ferramentas que conhecemos para solucionar esses problemas. Com relação ao valor presente ou atual, somente sabemos resolver os casos com pagamentos simples, ou seja, aqueles que apresentam um único pagamento. Assim, vamos resolver o problema por partes, admitindo-se que cada prestação corresponda a um financiamento isolado.

Esquematicamente:

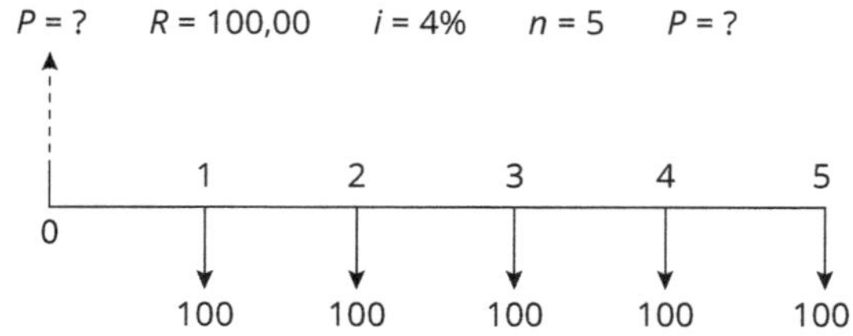

Já vimos que a fórmula para o cálculo do valor atual é obtida a partir da fórmula do montante, como segue:

$$S = P(1+i)^n \Rightarrow P = \frac{S}{(1+i)^n} \Rightarrow P = S \times \frac{1}{(1+i)^n}$$

Cada prestação R = $ 100,00 representa o montante (ou valor futuro) individual de um capital inicial que desconhecemos, aplicado à taxa de 4% ao mês, e por prazos que vão de 1 a 5 meses. O que queremos é determinar o capital inicial ou o valor presente dessas prestações no "momento zero".

Para a primeira prestação, o valor presente é calculado como segue:

$$P_1 = 100{,}00 \times \frac{1}{(1{,}04)^1} = 100{,}00 \times 0{,}96154 = 96{,}15$$

Esquematicamente:

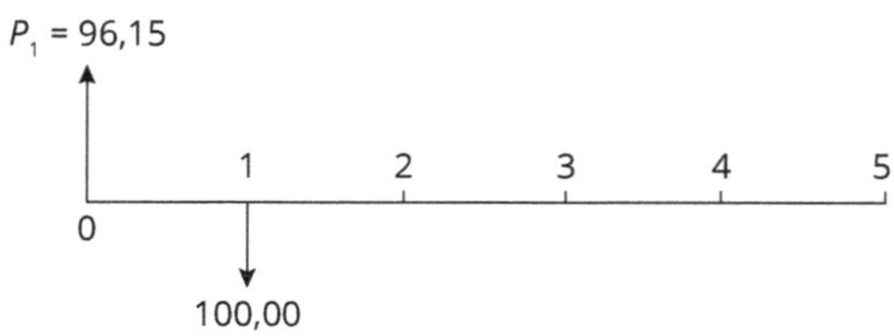

O expoente 3 da expressão $\frac{1}{(1{,}04)^1}$ representa o número de meses decorridos entre a data fixada para o cálculo do valor presente e a data do vencimento da terceira prestação:

$$P_3 = 100{,}00 \times \frac{1}{(1{,}04)^3} = 100{,}00 \times 0{,}88900 = 88{,}90$$

Esquematicamente:

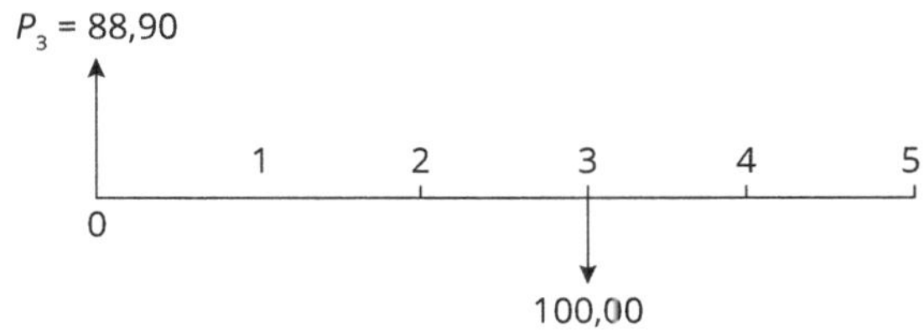

O valor presente da quinta prestação é assim obtido:

$$P_5 = 100,00 \times \frac{1}{(1,04)^5} = 100,00 \times 0,82193 = 82,19$$

Esquematicamente:

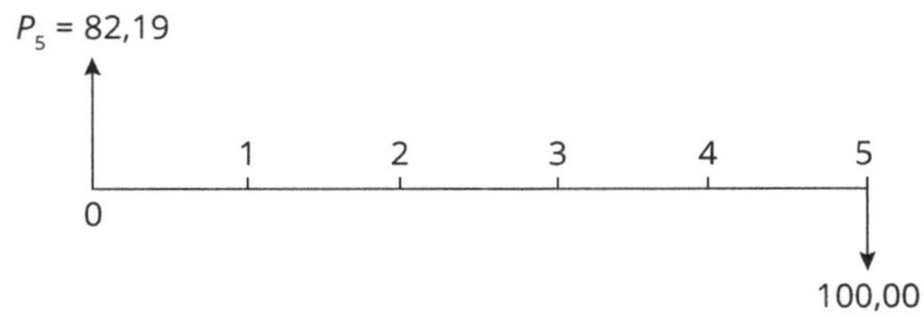

Resumindo, os valores presentes das 5 prestações são calculados como segue:

$$P_1 = 100,00 \times \frac{1}{(1,04)^1} = 100,00 \times 0,96154 \quad = \quad 96,15$$

$$P_2 = 100,00 \times \frac{1}{(1,04)^2} = 100,00 \times 0,92456 \quad = \quad 92,46$$

$$P_3 = 100,00 \times \frac{1}{(1,04)^3} = 100,00 \times 0,88900 \quad = \quad 88,90$$

$$P_4 = 100,00 \times \frac{1}{(1,04)^4} = 100,00 \times 0,85480 \quad = \quad 85,48$$

$$P_5 = 100,00 \times \frac{1}{(1,04)^5} = 100,00 \times 0,82193 \quad = \quad 82,19$$

$$P_t = \ldots\ldots\ldots\ldots\ldots\ldots\ldots\ldots\ldots\ldots\ldots\ldots = 445,18$$

Assim, o valor financiado (ou o valor presente), que pode ser pago ou amortizado em 5 prestações iguais, mensais e consecutivas de \$ 100,00 cada uma, dentro do conceito de série de pagamentos, com termos vencidos, é de \$ 445,18.

Vamos agora, como fizemos para o caso do FAC, chegar a um fator que permita, com uma única multiplicação, obter o resultado final, utilizando somente conhecimentos de matemática elementar.

Sabemos que:

$$P_t = P_1 + P_2 + P_3 + P_4 + P_5$$

Substituindo P_1, P_2,..., P_5 pelos seus respectivos valores, sem efetuar os cálculos, temos:

$$P_t = 100{,}00 \times \frac{1}{(1{,}04)^1} + 100{,}00 \times \frac{1}{(1{,}04)^2} + 100{,}00 \times \frac{1}{(1{,}04)^3} +$$

$$+ 100{,}00 \times \frac{1}{(1{,}04)^4} + 100{,}00 \times \frac{1}{(1{,}04)^5}$$

Colocando o valor 100 em evidência, temos:

$$P_t = 100{,}00 \left[\frac{1}{(1{,}04)^1} + \frac{1}{(1{,}04)^2} + \frac{1}{(1{,}04)^3} + \frac{1}{(1{,}04)^4} + \frac{1}{(1{,}04)^5} \right]$$

Os termos que aparecem dentro dos colchetes constituem uma soma de PG de razão $\frac{1}{(1{,}04)}$. Como o trato com expressões fracionárias é um pouco mais complexo, vamos, com uma simples operação, transformar essa série numa soma de mais fácil visualização e cálculo. Para tanto, aplicaremos o conceito de "Mínimo Múltiplo Comum" (MMC).

MMC = $(1{,}04)^5$, que é o número divisível por qualquer um dos denominadores da série.

Efetuando os cálculos, temos:

$$P_t = 100{,}00 \left[\frac{(1{,}04)^4 + (1{,}04)^3 + (1{,}04)^2 + (1{,}04)^1 + 1}{(1{,}04)^5} \right]$$

O numerador da expressão entre colchetes constitui-se numa soma de PG, de razão 1,04, com número de termos igual a 5; essa série, sendo escrita em ordem inversa, tem como primeiro termo o número 1, que embora tenha um "jeitão" diferente, faz parte da "família", pois é um "legítimo" $(1{,}04)^0$.

Aplicando a fórmula conhecida $S_{PG} = \frac{a_1\, q^n - a_1}{q - 1}$, temos:

$$P_t = 100{,}00 \times \frac{\dfrac{1 \times (1{,}04)^5 - 1}{1{,}04 - 1}}{(1{,}04)^5} = 100{,}00 \times \frac{(1{,}04)^5 - 1}{(1{,}04)^5 \times 0{,}04} \qquad (4)$$

$$P_t = 100{,}00 \times \frac{1{,}21665 - 1}{1{,}21665 \times 0{,}04} = 100{,}00 \times 4{,}45182 = 445{,}18$$

O valor \$ 445,18 coincide com o anteriormente obtido, o que nos assegura ser correto o novo processo de cálculo.

Substituindo na expressão (4) os valores numéricos pelos respectivos símbolos, temos a fórmula genérica:

$$P_t = R \times \frac{(1+i)^n - 1}{(1+i)^n \times i} \quad (5)$$

em que $\frac{(1+i)^n - 1}{(1+i)^n \times 1}$ é o FATOR DE VALOR ATUAL, representado por FVA (i, n).

Como também nesse caso não há possibilidade de confusão, vamos considerar $Pt = P$; a expressão (5) passa a ser escrita como segue:

$$\boxed{P_t = R \times \frac{(1+i)^n - 1}{(1+i)^n \times i}} \quad \text{ou} \quad \boxed{P = R \times \text{FVA}\,(i, n)}$$

A partir dessa fórmula, a solução do problema pode ser indicada como segue:

$$P = 100 \times \text{FVA}\ (4\%,\ 5)$$

A solução é obtida facilmente através da consulta à tabela de 4%, coluna FVA, $n = 5$, onde encontraremos o valor 4,45182.

Portanto:

$$P = 100 \times 4{,}45182 = 445{,}18$$

Nota: O Fator de Valor Atual poderia ser facilmente demonstrado a partir do Fator de Acumulação de Capital; basta multiplicar este último pelo Fator de Valor Atual simples $\frac{1}{(1+i)^n}$, como podemos verificar:

$$\text{FVA}\,(i, n) = \text{FAC}\,(i, n) \times \frac{1}{(1+i)^n} \qquad \text{FVA}\,(i, n) = \frac{(1+i)^n - 1}{i} \times \frac{1}{(1+i)^n} = \frac{(1+i)^n - 1}{(1+i)^n \times i} \times \text{c.q.d.}$$

A lógica dessa consideração reside no fato de que é indiferente calcular diretamente o valor atual de uma série, ou calcular inicialmente o seu montante e em seguida trazer esse montante ao valor presente, através do Fator de Valor Atual para um único pagamento.

Vamos comprovar, através do exemplo conhecido:

$$P = 100{,}00 \times \text{FVA}\ (4\%, 5) = 100{,}00 \times 4{,}45182 = 445{,}18$$

ou

$$P = 100{,}00 \times \text{FAC}\ (4\%, 5) \times \frac{1}{(1{,}04)^5}$$

$$P = 100{,}00 \times 5{,}41632 \times 0{,}82193$$

$$P = 445{,}18$$

Outro exemplo:

Calcular o valor atual de uma série de 24 prestações iguais, mensais e consecutivas de $ 3.500,00 cada uma, considerando uma taxa de 5% ao mês.

Esquematicamente:

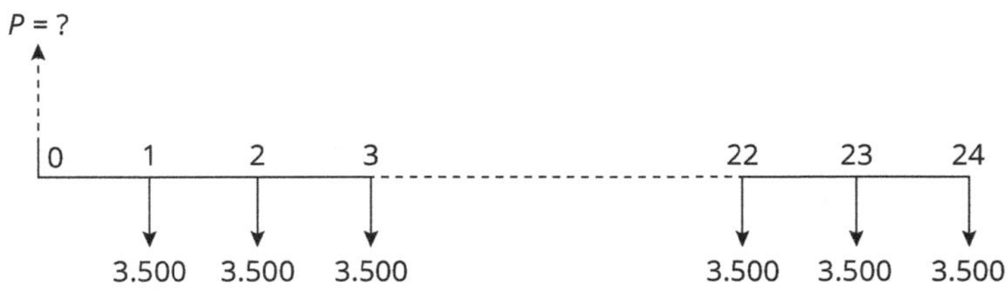

Dados: $R = 3.500,00$

$n = 24$ prestações = 24 meses

$i = 5\%$ ao mês

$P = ?$

Solução:

$$P = R \times \frac{(1+i)^n - 1}{(1+i)^n \times i}$$

$$P = 3.500,00 \times \frac{(1,05)^{24} - 1}{(1,05)^{24} \times 0,05}$$

$$P = 3.500,00 \times 13,79864 = 48.295,24$$

A solução através de tabela financeira é obtida como segue:

$$P = R \times \text{FVA}\ (i, n)$$

$$P = 3.500,00 \times \text{FVA}\ (5\%, 24)$$

Na tabela correspondente a 5%, coluna FVA e linha $n = 24$, vamos encontrar o fator 13,79864. Portanto:

$$P = 3.500,00 \times 13,79864 = 48.295,24$$

5.3.4 Fator de Recuperação de Capital (FRC)

É deduzido da fórmula anterior, como segue:

$$P = R \times \frac{(1+i)^n - 1}{(1+i)^n \times i}$$

$$\boxed{R = \frac{P}{\dfrac{(1+i)^n - 1}{(1+i)^n \times i}}} \quad \Rightarrow \quad \boxed{R = P \times \frac{(1+i)^n \times i}{(1+i)^n - 1}} \quad (6)$$

em que $\dfrac{(1+i)^n \times i}{(1+i)^n - 1}$ é chamado Fator de Recuperação de Capital, que representaremos por FRC (i, n). Portanto, a expressão (6) pode ser assim escrita:

$$R = P \times \text{FRC}\ (i,\ n)$$

Nota: O leitor já deve ter observado que o FFC é o inverso do FAC, *e* que o FRC é o inverso do FVA, ou seja:

$$FFC = \frac{1}{\text{FAC}} \quad \text{e} \quad FRC = \frac{1}{\text{FVA}}$$

Sem dúvida alguma, o FRC é o fator mais utilizado na prática. Vejamos um exemplo:

Um empréstimo de $ 30.000,00 é concedido por uma instituição financeira para ser liquidado em 12 prestações iguais, mensais e consecutivas.

Sabendo-se que a taxa de juros é 3,5% ao mês, calcular o valor da prestação.

Esquematicamente:

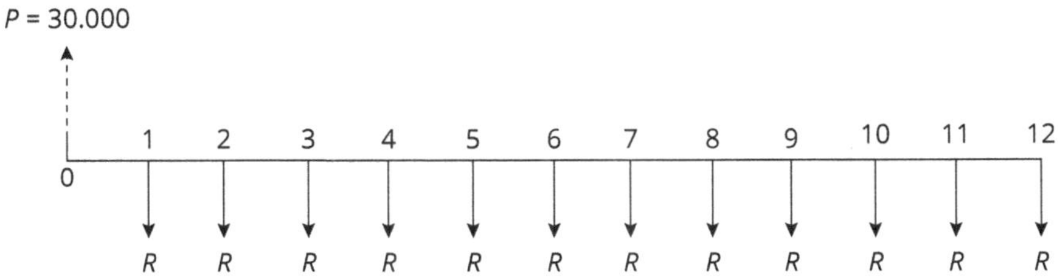

Dados: $P = 30.000{,}00$

$n = 12$ prestações mensais

$i = 3{,}5\%$ ao mês

$R = ?$

Solução:

$$R = P \times \frac{(1+i)^n \times i}{(1+i)^n - 1}$$

$$R = 30.000{,}00 \times \frac{(1{,}035)^{12} \times 0{,}035}{(1{,}035)^{12} - 1}$$

$$R = 30.000{,}00 \times 0{,}10348 = 3.104{,}40$$

Solução através de tabela financeira:

$$R = P \times \text{FRC}\ (i,\ n)$$

$$R = 30.000{,}00 \times \text{FRC}\ (3{,}5\%,\ 12)$$

Na tabela correspondente a 3,5%, coluna FRC e linha $n = 12$, vamos encontrar o número 0,10348. Portanto:

$$R = 30.000{,}00 \times 0{,}10348 = 3.104{,}40$$

Vejamos agora dois exemplos em que n e i são as incógnitas.

Problema em que "n" não é conhecido:

Calcule o número de prestações semestrais de $ 15.000,00 cada uma, capaz de liquidar um financiamento de $ 49.882,65, à taxa de 20% ao semestre.

Esquematicamente:

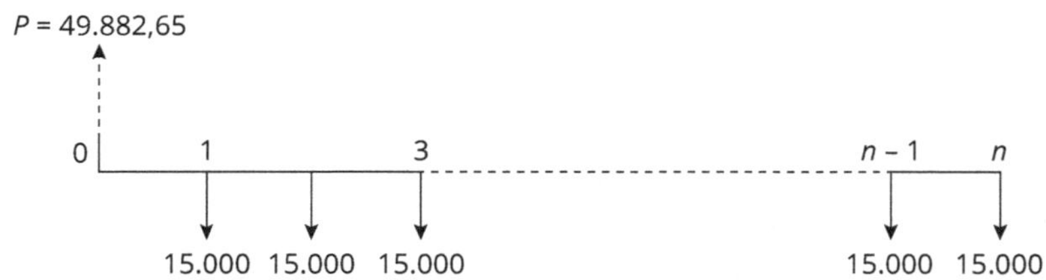

Dados: $R = 15.000{,}00$
$P = 49.882{,}65$
$i = 20\%$ ao semestre
$n = ?$

Solução: Podemos usar a fórmula que nos dá o valor presente ou a que nos dá o valor das prestações; vamos utilizar a primeira.

$$P = R \times \frac{(1+i)^n - 1}{(1+i)^n \times i}$$

$$49.882{,}65 = 15.000{,}00 \times \frac{(1{,}20)^n - 1}{(1{,}20)^n \times 0{,}20}$$

$$\frac{(1{,}20)^n - 1}{(1{,}20)^n \times 0{,}20} = 3{,}32551 \Rightarrow \frac{(1{,}20)^n - 1}{(1{,}20)^n} = 0{,}66510$$

$$(1{,}20)^n - 1 = 0{,}66510 \times (1{,}20)^n$$

$$(1{,}20)^n - 0{,}66510 \times (1{,}20)^n = 1$$

$$(1{,}20)^n \times (1 - 0{,}66510) = 1 \Rightarrow (1{,}20)^n = 2{,}98597$$

Utilizando logaritmo neperiano, temos:

$$n \times \log 1{,}20 = \log 2{,}98597$$

$$n = \frac{\log 2{,}98597}{\log 1{,}20} = \frac{1{,}09392}{0{,}18232} = 6 \text{ prestações semestrais}$$

A solução desse problema também pode ser obtida facilmente através de pesquisa na tabela financeira definida para uma taxa de 20%, transcrita no Apêndice B. Para tanto, podemos usar a fórmula $P = R \times \text{FVA}\ (i, n)$ ou $R = P \times \text{FRC}\ (i, n)$. Vamos usar a primeira: $P = R \times \text{FVA}\ (i, n)$

$$49.882,65 = 15.000,00 \times FVA\ (20\%, n)$$

$$FVA\ (20\%, n) = 3,32551$$

Consultando a tabela de 20%, na coluna FVA, vamos encontrar o número 3,32551 exatamente na linha correspondente a $n = 6$. Portanto, o financiamento em questão pode ser quitado em 6 prestações semestrais de $ 15.000,00 cada uma.

Problema em que a taxa "i" não é conhecida:

Determinar a que taxa mensal foi firmada uma operação de empréstimo de $ 100.000,00, para ser liquidada em 18 prestações mensais, iguais e consecutivas de $ 7.270,87 cada uma?

Esquematicamente:

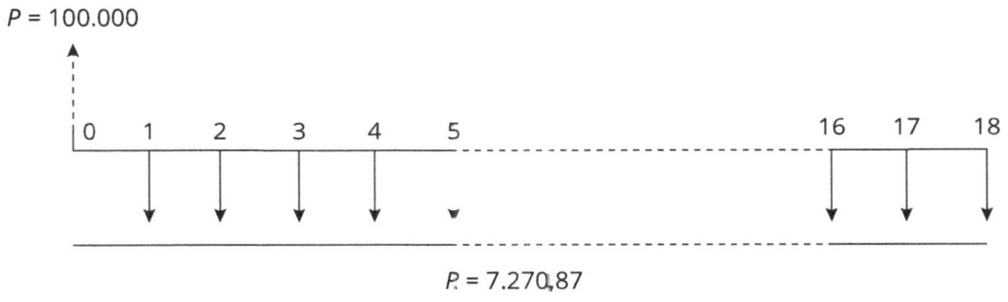

Dados: $R = 7.270,87$

$P = 100.000,00$

$n = 18$ prestações $= 18$ meses

$i = ?$

Solução:

$$P = R \times \frac{(1+i)^n - 1}{(1+i)^n \times i}$$

$$100.000,00 = 7.270,87 \times \frac{(1+i)^{18} - 1}{(1+i)^{18} \times i}$$

$$13,75351 = \frac{(1+i)^{18} - 1}{(1+i)^{18} \times i}$$

O valor de i somente pode ser obtido por "tentativa e erro". Atribuindo-se valores sucessivos a essa variável, como mostrado no item anterior, vamos encontrar $i = 3\%$. Portanto, a taxa de juro é de 3% ao mês.

Observação: O leitor já atentou para as dificuldades de cálculo nos casos em que o número de prestações (n) ou a taxa de juros (i) são as incógnitas. Nesses casos, a utilização das chamadas calculadoras financeiras facilitam muito a solução do problema. (Ver a solução deste e de outros problemas no Capítulo 11.)Também nesse caso a solução do problema pode ser facilmente obtida através de tabelas financeiras, como segue:

$$P = R \times FVA\ (i, n)$$

$$100.000,00 = 7.270,87 \times FVA\ (i, 18)$$

$$FVA\ (i, 18) = 13,75351$$

Pesquisando nas tabelas do Apêndice B, na coluna FVA, linha $n = 18$, vamos encontrar o fator 13,75351 na tabela correspondente a 3%. Portanto, a taxa é de 3% ao mês.

5.3.5 Resolução de problemas

a) Questões que envolvem os fatores de acumulação de capital (FAC) e de formação de capital (FFC)

1. Qual o montante, no final de 8 meses, referente a uma aplicação de \$ 1.000,00 por mês, à taxa de 3% ao mês?

Esquematicamente:

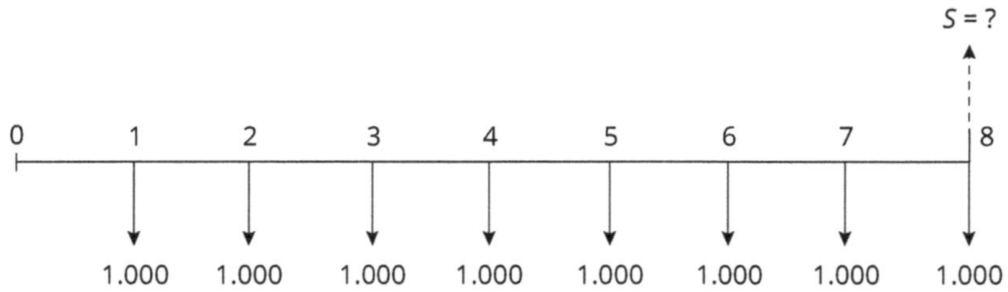

Dados: $R = 1.000{,}00$

$n = 8$ prestações mensais

$i = 3\%$ ao mês

$S = ?$

Solução:

$$S = R \times \frac{(1+i)^n - 1}{i}$$

$$S = 1.000{,}00 \times \frac{(1{,}03)^8 - 1}{0{,}03}$$

$$S = 1.000{,}00 \times 8{,}89234 = 8.892{,}34$$

Solução através da tabela financeira:

$$S = R \times \text{FAC}\ (i, n)$$

$$S = 1.000{,}00 \times \text{FAC}\ (3\%, 8)$$

$$S = 1.000{,}00 \times 8{,}89234 = 8.892{,}34$$

Atenção: Com o objetivo de simplificar a indicação da solução dos problemas, vamos, doravante, substituir as fórmulas originais que constituem os fatores pelos símbolos que as representam. Assim, no caso do problema anterior, em vez da fórmula $S = 1.000{,}00 \times \frac{(1{,}03)^8 - 1}{0{,}03}$, adotaremos simplesmente $S = 1.000{,}00 \times \text{FAC}\ (3\%, 8)$. De forma idêntica, o primeiro problema apresentado no item 5.3.4 teria a sua solução indicada por

$$R = 30.000{,}00 \times \frac{(1{,}035)^{12} \times 0{,}035}{(1{,}035)^{12} - 1}$$

Ainda com o objetivo de facilitar o trabalho do leitor, vamos utilizar, nos próximos exercícios, somente taxas de juros que estejam tabeladas neste livro, no Apêndice B. Com isso, o leitor tem a opção de calcular o fator resolvendo a fórmula específica, ou buscá-lo diretamente na tabela. Vamos fazer todos os cálculos utilizando cinco casas decimais; caso o leitor se utilize de uma calculadora convencional ou financeira, e faça os cálculos com todas as casas decimais, o resultado do problema pode apresentar uma pequena diferença, devido exclusivamente a problemas de arredondamento, e, portanto, desprezíveis.

2. Quanto deverá ser aplicado, a cada 2 meses, em um "fundo de renda fixa", à taxa de 5% ao bimestre, durante 3 anos e meio, para que se obtenha, no final desse prazo, um montante de $ 175.000,00?

Esquematicamente:

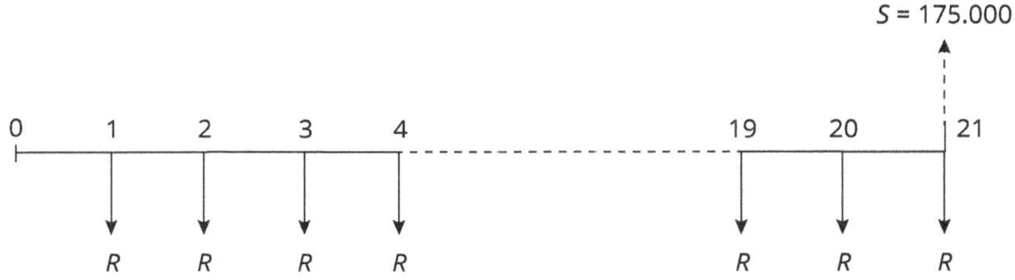

Dados: $S = 175.000{,}00$

$n = 21$ prestações bimestrais

$i = 5\%$ ao bimestre

$R = ?$

$R = S \times \text{FFC}\ (i, n)$

$R = 175.000{,}00 \times \text{FFC}\ (5\%, 21)$

$R = 175.000{,}00 \times 0{,}02800 = 4.900{,}00$

3. Uma pessoa depositou, anualmente, $ 500,00 numa conta de poupança, em nome de seu filho, a juros de 6% ao ano. O primeiro depósito foi feito no dia em que o filho completou 1 ano, e o último, por ocasião de seu 18º aniversário. O dinheiro ficou depositado até o dia em que o filho completou 21 anos, ocasião em que o montante foi sacado. Quanto recebeu o filho?

Esquematicamente:

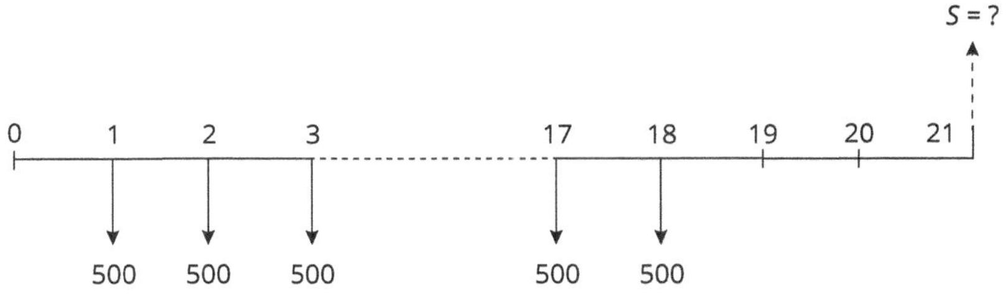

A solução desse problema tem de ser feita por partes. Inicialmente, vamos calcular o montante de 18 prestações, de $ 500,00 cada uma, no final do 18º ano; a seguir, vamos capitalizar esse montante por mais 3 anos, utilizando o conceito de pagamento único.

1ª) Montante no final do 18º ano (série de pagamentos iguais)

Dados: $R = 500{,}00$
$n = 18$ prestações anuais
$i = 6\%$ ao ano
$S_0 = ?$

Solução:
$$S_0 = R \times FAC\,(i, n)$$
$$S_0 = 500{,}00 \times FAC\,(6\%{,}18)$$
$$S_0 = 500{,}00 \times 30{,}90565 = 15.452{,}83$$

2ª) Montante no final do 21º ano (pagamento único)

Dados: $S_0 = 15.452{,}83$
$n = 3$ anos
$i = 6\%$ ao ano
$S = ?$

Solução:
$$S = S_0 \times (1 + i)$$
$$S = 15.452{,}83 \times (1{,}06)^3$$
$$S = 15.452{,}83 \times 1{,}19102 = 18.404{,}63$$

Portanto, o filho deverá receber $ 18.404,63 por ocasião do seu 21º aniversário.

4. O Sr. Umberto Silva resolveu aplicar mensalmente a quantia de $ 800,00, durante 5 anos, a uma taxa de 42,576% ao ano. Além das aplicações mensais, o Sr. Umberto fará uma aplicação extra de $ 3.000,00, no final de cada ano, isto é, no final do mês de dezembro, aproveitando parte do 13º salário. Qual o valor do montante no final do 60º mês, sabendo-se que a data-base é final de dezembro do ano de 19XY, e que a primeira parcela será aplicada no final do mês seguinte?

Trata-se de um problema com duas séries de pagamentos iguais. Uma série com 60 prestações mensais de $ 800,00 e a outra com 5 aplicações anuais de $ 3.000,00. Vamos resolvê-lo por partes:

1ª) Série com 60 aplicações mensais iguais

Esquematicamente:

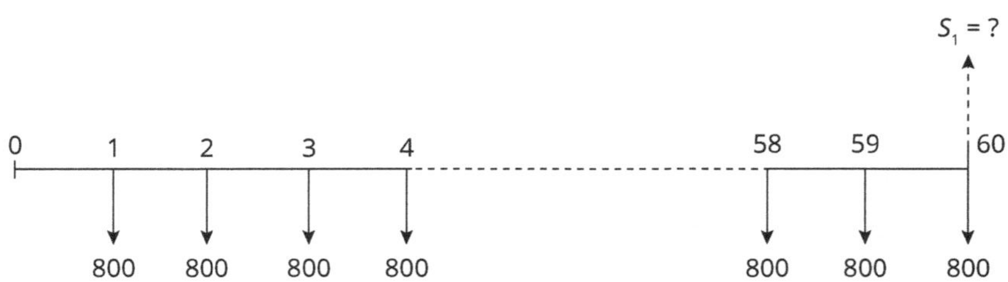

Dados: $R = 800{,}00$

$n = 60$ prestações mensais

$i = 42{,}576$ ao ano (equivalente a 3% ao mês)

$S_1 = ?$

Observação: Quando a taxa informada é anual, e a unidade de tempo é mês, é preciso determinar a taxa mensal equivalente, para que tenhamos condições de resolver o problema, o que é feito como segue:

$$i_m = (1 + i_a)^{1/12} - 1 = (1{,}42576)^{1/12} - 1 = 1{,}03 - 1 = 0{,}03, \text{ ou } 3\% \text{ ao mês}$$

Essa taxa mensal também pode ser obtida pela consulta à tabela financeira, pesquisando na coluna $(1 + i)^n$ em $n = 12$, até ser encontrado o fator 1,42576. Feito isso, basta ler a taxa correspondente a essa tabela.

Solução:

$S_1 = R \times FAC\ (i, n)$

$S_1 = 800{,}00 \times FAC\ (3\%, 60)$

$S_1 = 800{,}00 \times 163{,}05344 = 130.442{,}75$

2ª) Série com 5 aplicações anuais

Esquematicamente:

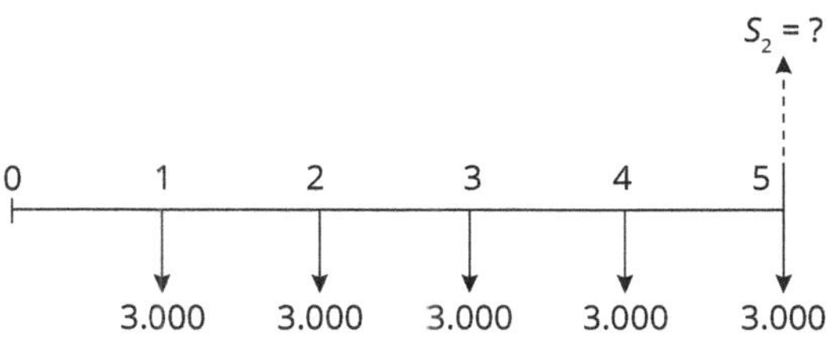

Dados: $R = 3.000{,}00$

$n = 5$ prestações anuais

$i = 42{,}576\%$ ao ano

$S_2 = ?$

Solução:

$S_1 = R \times FAC\ (i, n)$

$S_2 = 3.000{,}00 \times FAC\ (42{,}756\%, 5)$

Como não temos tabela com taxa de 42,576% por unidade de tempo, a única maneira é resolver com a utilização da fórmula original.

Sabemos que $FAC\ (i, n) = \dfrac{(1 + i)^n - 1}{i}$

Substituindo, temos:

$$FAC\ (42{,}576\%, 5) = \frac{(1{,}42576)^5}{0{,}42576} = 11{,}48907$$

Portanto:

$$S_2 = 3.000{,}00 \times 11{,}48907 = 34.467{,}21$$

A solução do problema é dado pela soma de S_1 mais S_2:

$$S = S_1 + S_2 = 130.442{,}75 + 34.467{,}21 = 164.909{,}96$$

5. O Sr. Miranda resolveu fazer 10 aplicações mensais, como segue:

a) 5 prestações iniciais de $ 1.000,00 cada uma;

b) 5 prestações .restantes de $ 2.000,00 cada uma.

Sabendo-se que essa aplicação proporcionará um rendimento de 2,75% ao mês, calcular o saldo acumulado de capital mais juros à disposição do Sr. Miranda no final do 10º mês.

Esquematicamente:

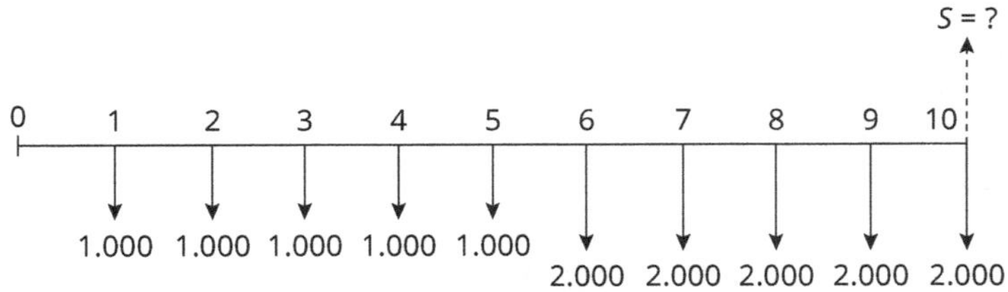

Evidentemente, esse problema tem de ser resolvido por partes. Com base no diagrama, podemos visualizar dois caminhos para a sua solução:

1º) *Considerar duas séries:* uma constituída por 5 aplicações iguais de $ 1.000,00 (da 1ª à 5ª prestação), e a outra por mais 5 parcelas iguais de$ 2.000,00 (da 6ª à 10ª prestação).

2º) *Considerar duas séries:* uma composta por 10 parcelas de $ 1.000,00 (da 1ª à 10ª prestação), e a outra por mais 5 parcelas de $ 1.000,00 (da 6ª à 10ª prestação).

Inicialmente, vamos resolvê-lo com a utilização do 2º caminho, que é o mais fácil, embora talvez menos visível.

2º caminho:

a) Série composta por 10 parcelas iguais de $ 1.000,00

Dados: $R = 1.000{,}00$

$n = 10$ prestações mensais

$i = 2{,}75\%$ ao mês

$S_1 = ?$

Solução:

$$S_1 = R \times \text{FAC}\,(i, n)$$

$$S_1 = 1.000{,}00 \times \text{FAC}\,(2{,}75\%, 10)$$

$$S_1 = 1.000{,}00 \times 11{,}33276 = 11.332{,}76$$

b) Série composta por 5 parcelas iguais de $ 1.000,00

Esquematicamente:

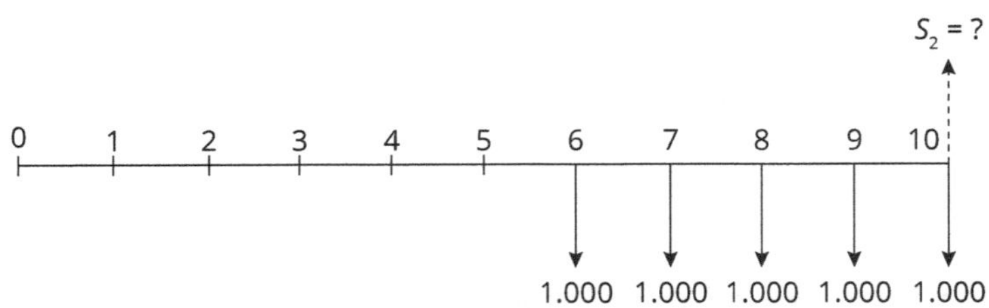

Dados: $R = 1.000,00$

$n = 5$ prestações mensais

$i = 2,75\%$

$S_2 = ?$

Solução: $S_2 = R \times \text{FAC}\ (i, n)$

$S_2 = 1.000,00 \times \text{FAC}\ (2,75\%, 5)$

$S_2 = 1.000,00 \times 5,28267 = 5.282,67$

Observação: No caso de montante, somente se considera o prazo a decorrer a partir da data do pagamento, ou da aplicação, até a data do seu vencimento ou resgate, não importando, pois, neste caso, o prazo decorrido de "zero" até 5.

Solução do problema: O montante das aplicações à disposição do Sr. Miranda, no final do 10º mês, é igual a:

$$S = S_1 + S_2 = 11.332,76 + 5.282,67 = 16.615.43$$

1º caminho:

a) Série composta pelas 5 prestações iniciais de $ 1.000,00

Esquematicamente:

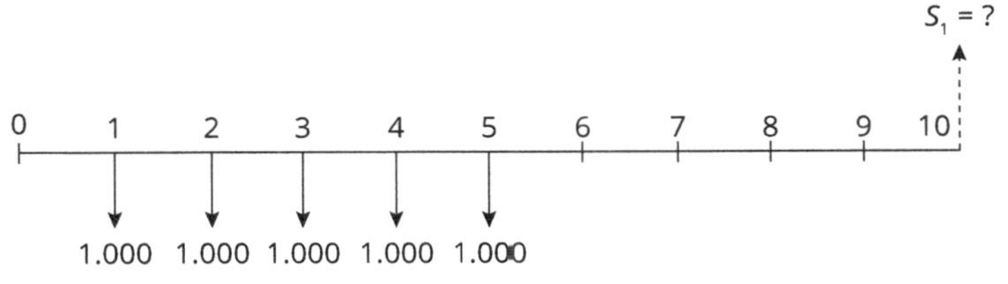

O cálculo do montante desta série também tem de ser feito por partes. Vamos calcular inicialmente o montante das 5 prestações, no final do 5º mês e, em seguida, capitalizar esse montante por mais de 5 meses (conceito de pagamento único), obtendo, assim, o montante no final do 10º mês.

1ª) Montante no final do 5º mês (série de pagamentos iguais)

Dados: $R = 1.000,00$

$n = 5$ prestações mensais

$i = 2,75\%$ ao mês

$S_0 = ?$

$S_0 = R \times \text{FAC}\ (i, n)$

$S_0 = 1.000,00 \times \text{FAC}\ (2,75\%, 5)$

$S_0 = 1.000,00 \times 5,28267 = 5.282,67$

2ª) Montante no final do 10º mês (pagamento único)

Dados: $S_0 = 5.282,67$

$n = 5$ meses

$i = 2,75\%$ ao mês

$S_1 = ?$

Solução:

$$S_1 = S_0 \times (1 + i)$$
$$S_1 = 5.282,67 \times (1,0275)^5$$
$$S_1 = 5.282,67 \times 1,14527 = 6.050,08$$

Observação: O valor do montante poderia ser obtido diretamente, como segue:

$$S_1 = R \times \text{FAC}\ (i, n) \times (1 + i)^m$$

em que n representa o número de prestações (coincidente com o prazo) no período em que há aplicações ou pagamentos, e m representa o prazo no período em que não há aplicações. O prazo m também é conhecido por prazo de diferimento.

Assim, temos:

$$S_1 = 1.000,00 \times \text{FAC}\ (2,75\%, 5) \times (1,0275)^5$$
$$S_1 = 1.000,00 \times 5,28267 \times 1,14527 = 6.050,08$$

Será exatamente assim que indicaremos a solução dos próximos problemas deste tipo.

b) Série composta pelas 5 prestações finais de $ 2.000,00

Esquematicamente:

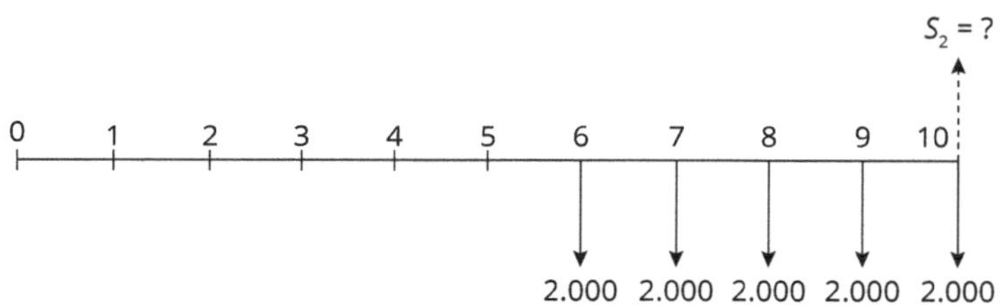

Dados: $R = 2.000,00$

$n = 5$ prestações mensais

$i = 2,75\%$ a mês

$S_2 = ?$

Solução:

$$S_2 = R \times \text{FAC}\ (i, n)$$
$$S_2 = 2.000,00 \times 5,28267 = 10.565,34$$

Solução do problema:

$$S = S_1 + S_2 = 6.050,08 + 10.565,34 = 16.615,42$$

6. Qual o valor da aplicação trimestral necessária para obter um montante de $ 1.000.000,00, no final de 7 anos, à taxa de 6% ao trimestre?

Esquematicamente:

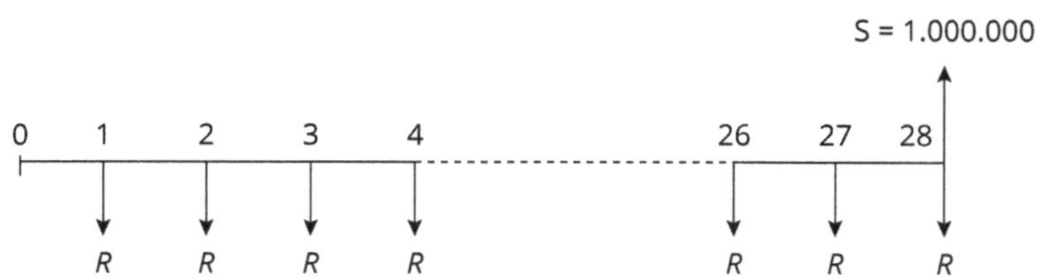

Dados: $S = 1.000.000,00$

$n = 28$ prestações trimestrais

$i = 8\%$ ao trimestre

$R = ?$

Solução:

$$R = S \times \text{FFC}\,(i, n)$$

$$R = 1.000.000,00 \times \text{FFC}\,(6\%, 28)$$

$$R = 1.000.000,00 \times 0,01459 = 14.590,00.$$

7. Márcio e Daniela ficaram noivos e pretendem casar-se dentro de 20 meses. Como entendem ser mais aconselhável adquirir à vista todos os móveis necessários, pretendem fazer aplicações mensais, cujo montante deverá ser sacado 3 meses antes do casamento, para a devida compra. Sabendo-se que:

a) essa aplicação deverá render 1% ao mês;

b) o montante desejado é de $ 80.000,00 (valor que os mesmos estimam para os móveis daqui a 17 meses);

c) o casal aplicou *hoje* $ 12.000,00.

Indaga-se: qual o valor de cada uma das 17 aplicações mensais, iguais e consecutivas, necessárias para totalizar um montante de $ 80.000,00 no final de 17 meses?

Esquematicamente:

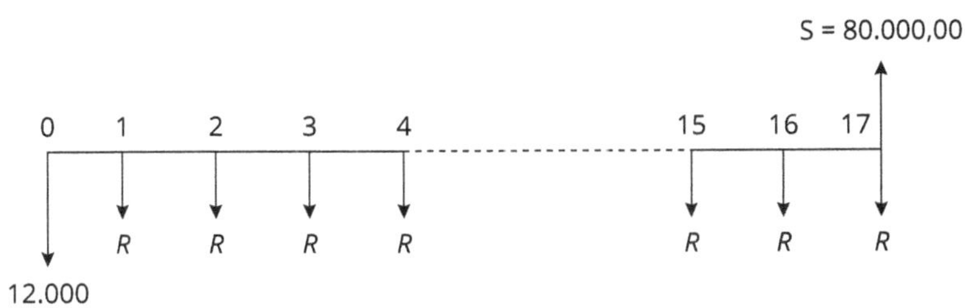

A solução é obtida por partes. Como no montante desejado de $ 80.000,00 já está incluído o valor da aplicação inicial de $ 12.000,00 acrescido dos respectivos juros, vamos inicialmente excluir esse valor daquele montante.

a) Valor do montante da aplicação inicial de $ 12.000,00 (pagamento único)

Dados: $P = 12.000,00$

$n = 17$ meses

$i = 1\%$ ao mês

$S_1 = ?$

Solução:

$$S_1 = P\,(1 + i)^n$$

$$S_1 = 12.000,00 \times (1,01)^{17}$$

$$S_1 = 12.000,00 \times 1,18430 = 14.211,60$$

b) O montante a ser gerado pela aplicação de 17 parcelas mensais, iguais e consecutivas

$$S_2 = S - S_1 = 80.000,00 - 14.211,60 = 65.788,40$$

c) Valor das aplicações mensais

Dados: $S_2 = 65.788{,}40$

$n = 17$ prestações mensais

$i = 1\%$ ao mês

$R = ?$

Solução:

$$R = S_2 \times \text{FFC}\,(i, n)$$

$$R = 65.788{,}40 \times \text{FFC}\,(1\%, 17)$$

$$R = 65.788{,}40 \times 0{,}05426 = 3.569{,}68$$

Portanto, para obter um montante de \$ 80.000,00, no final de 17 meses, Márcio e Daniela terão de aplicar, além dos\$ 12.000,00 iniciais, mais 17 parcelas mensais iguais de \$ 3.569,68.

8. Quantas prestações iguais e consecutivas de \$ 4.500,00 deverei aplicar mensalmente para obter um montante de \$ 106.000,00, à taxa de 2,0% ao mês? E em que prazo?

Esquematicamente:

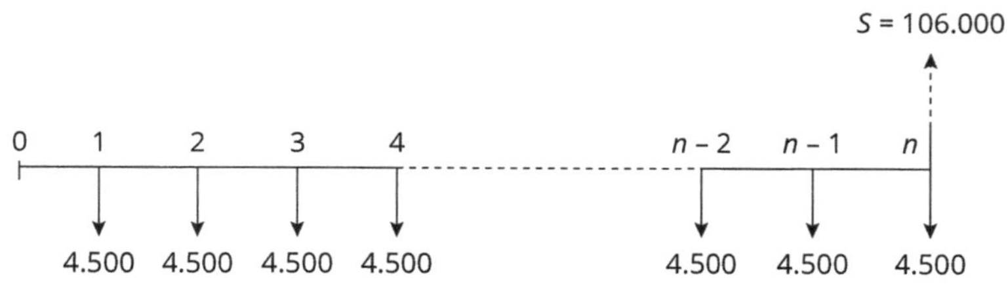

Dados: $R = 4.500{,}00$

$S = 106.000{,}00$

$i = 2\%$ ao mês

$n = ?$

Solução:

$$S = R \times \text{FAC}\,(i, n)$$

$$106.000{,}00 = 4.500{,}00 \times \text{FAC}\,(2\%, n)$$

$$\text{FAC}\,(2\%, n) = 23{,}55556$$

Pesquisando na tabela de 2%, coluna FAC, vamos verificar que o n correspondente ao fator 23,55556 está situado entre $n = 19$ e $n = 20$, pois:

FAC (2%, 19) = 22,84056

FAC (2%, 20) = 24,29737

Nesse caso, não é válido apresentar uma solução com base em médias ou em interpolações, visto que o problema pede o "número de prestações iguais" e o prazo (cujo número de unidade de tempo coincide com o número de prestações).

Entendemos que a resposta mais racional para esse tipo de problema seja: 19 prestações iguais de \$ 4.500,00 e mais uma aplicada no final do vigésimo mês, no valor de \$ X. O valor desta prestação é calculado como segue:

a) Valor do montante de 19 prestações no final do 20º mês

Esquematicamente:

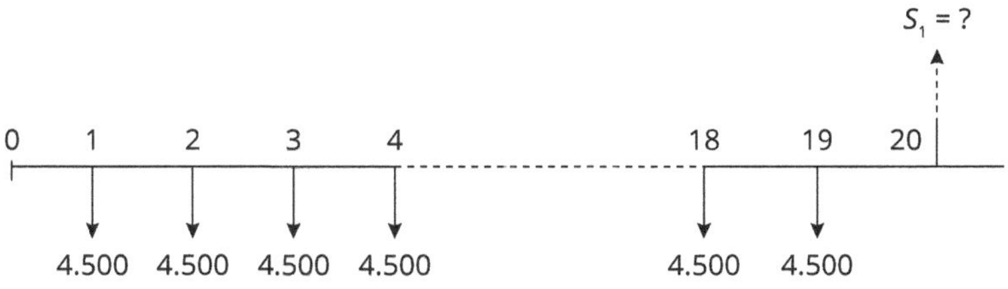

Dados: $R = 4.500,00$
$n = 19$ prestações mensais
$m = 1$ mês
$i = 2\%$
$S_1 = ?$

Solução:
$$S_1 = R \times \text{FAC}\ (i, n) \times (1 + i)^m$$
$$S_1 = 4.500,00 \times \text{FAC}\ (2\%, 19) \times (1{,}02)^1$$
$$S_1 = 4.500,00 \times 22,84056 \times 1,02 = 104.838,17$$

b) Valor da 20ª aplicação

$$X = 106.000,00 - 104.838,17 = 1.161,83$$

9. A aplicação de \$ 3.700,00 por mês gerou, no final de 14 meses, um montante de \$ 61.700,00. Determinar a taxa de rendimento da aplicação.

Esquematicamente:

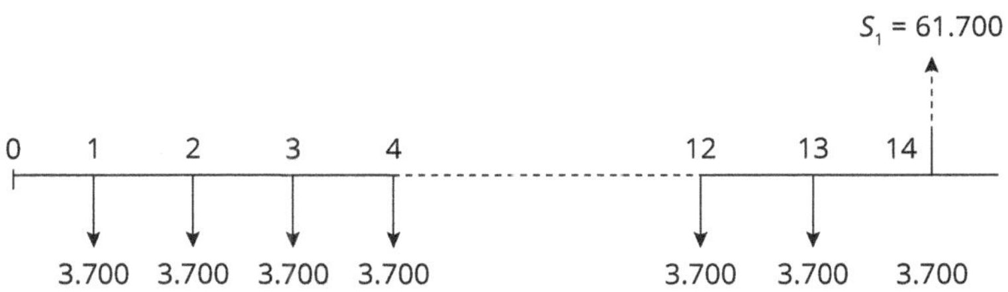

Dados: $R = 3.700,00$
$S = 61.700,00$
$n = 14$ prestações mensais
$i = ?$

Solução:
$$S = R \times \text{FAC}\ (i, n)$$
$$61.700,00 = 3.700,00 \times \text{FAC}\ (i, 14)$$
$$\text{FAC}\ (i, 14) = 16,67568$$

Pesquisando nas tabelas do Apêndice B, verificamos que a taxa está entre $i = 2,50\%$ e $i = 2,75\%$, visto que:

$$\text{FAC}\ (2,50\%, 14) = 16,51895$$
$$\text{FAC}\ (2,75\%, 14) = 16,79979$$

Para determinar a taxa exata, ou quase exata, utilizando-se apenas calculadoras convencionais e não financeiras, há somente dois meios:

1º) Por "tentativa e erro" (processo iterativo).

$$FAC\ (i, 14) = 16{,}67568 = \frac{(1 + i)^{14} - 1}{i}$$

Assim, já que sabemos que a taxa *i* é maior do que 2,50% e menor do que 2,75%, vamos considerar inicialmente a média das duas, isto é, 2,625%.

Para essa taxa temos o seguinte fator:

$$FAC\ (2{,}625\%, 14) = \frac{(1{,}02625)^{14} - 1}{0{,}02625} = 16{,}65866$$

Como esse fator é menor que o do problema, isso significa que a taxa procurada é um pouco maior. Vamos supor agora que *i* = 2,650%. Para essa taxa, vamos encontrar FAC (2,650%, 14) = 16,68677, que já supera o fator desejado. Fazendo novas tentativas, chegaremos à taxa de 2,640%, que é exata para 3 casas decimais. Para 5 casas, essa taxa é de 2,64014%.

2º) Por interpolação linear, através de "regra de três". Esse critério de cálculo permite a obtenção de um número exato somente quando o crescimento da variável é linear; no caso, em pauta, como o crescimento da taxa de juros é exponencial, a solução encontrada será sempre aproximada. O maior ou o menor grau dessa aproximação é uma função da amplitude da diferença entre as duas taxas tomadas como referência. Esse critério também se constitui, em essência, num processo de "tentativa e erro".

A "regra de três", para o caso, pode ser assim enunciada: a diferença entre dois fatores tomados como referência está para a diferença entre suas respectivas taxas, assim como a diferença entre um dos fatores tomados como referência e o fator calculado no problema está para a diferença entre as taxas respectivas.

A solução pode ser assim especificada:

- Diferença entre os fatores tomados como referência:

$$FAC\ (2{,}75\%,14) - FAC\ (2{,}50\%,14) = 16{,}79979 - 16{,}51895 = 0{,}28084$$

- Diferença entre suas respectivas taxas:

$$2{,}75\% - 2{,}50\% = 0{,}25\%$$

- Diferença entre um dos fatores tomados como referência e o fator calculado no problema:

$$FAC\ (2{,}75\%, 14) - FAC\ (i, 14) = 16{,}79979 - 16{,}67568 = 0{,}12411$$

- Diferença entre as taxas respectivas:

$$2{,}75\% - X = d$$

Regra de três: 0,28084 : 0,25%
0,12411 : *d*

$$d = \frac{0{,}12411 \times 0{,}25\%}{0{,}28084} = 0{,}11048\%$$

Portanto, temos que: 2,75% – X = 0,11048%

$$X = 2{,}63952\% = i$$

taxa essa que é ligeiramente diferente da taxa correta i = 2,64014%.

Para três casas decimais, as mesmas coincidem.

b) Questões que envolvem os fatores de valor atual (FVA) e de recuperação de capital (FRC)

1. Parte do valor de um veículo é financiado por uma companhia de crédito, para ser paga em 20 prestações iguais de $ 15.000,00 cada uma. Sabendo-se que essa financeira cobra do mutuário uma taxa de 4% ao mês, calcular o valor financiado, isto é, o valor entregue ao cliente na data do contrato.

Esquematicamente:

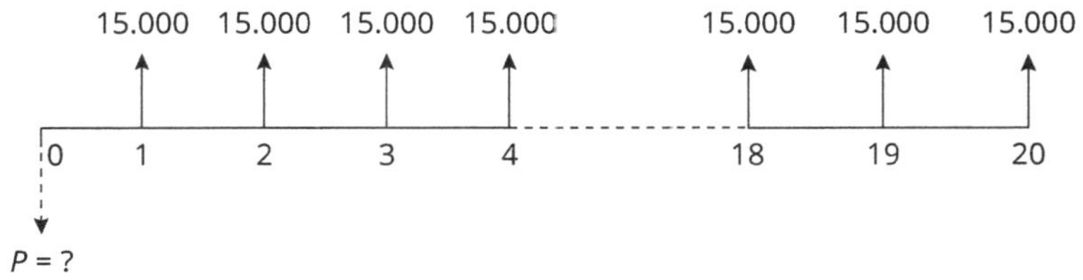

Dados: R = 15.000,00 por mês

n = 20 prestações mensais

i = 4% ao mês

P = ?

Solução:

$P = R \times \text{FVA}\ (i, n)$

$P = 15.000{,}00 \times \text{FVA}\ (4\%, 20)$

$P = 15.000{,}00 \times 13{,}59033 = 203.854{,}95$

2. Que valor de prestação uma financeira receberá, trimestralmente, se financiar $ 100.000,00 para serem pagos em 10 trimestres, sabendo-se que a taxa é de 3,22801% ao mês e que as prestações são iguais e sucessivas?

Esquematicamente:

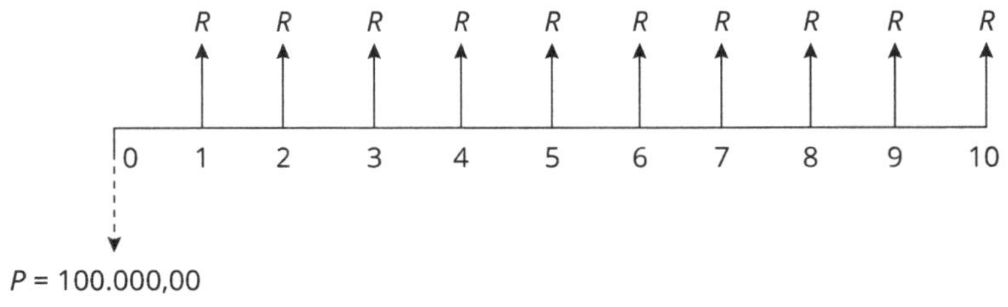

Dados: P = 100.000,00

n = 10 prestações trimestrais

$i = 3{,}22801\%$ ao mês $= i_m$

$R = ?$

Neste exemplo, a taxa dada está definida para uma unidade de tempo diferente do período de tempo decorrido entre duas prestações sucessivas. Para compatibilizar esses dados, vamos ter de calcular a taxa trimestral i_t, equivalente a 3,22801% ao mês, o que é feito como segue:

$$i_t = (1 + i_m)^3 - 1 = (1{,}0322801)^3 - 1 = 1{,}10000 - 1 = 0{,}10 \text{ ou } 10\%$$

Agora podemos partir para a solução do problema, visto que a taxa é trimestral e o prazo entre dois pagamentos é de um trimestre.

Solução:

$R = P \times \text{FRC}\ (i, n)$

$R = 100.000{,}00 \times \text{FRC}\ (10\%, 10)$

$R = 100.000{,}00 \times 0{,}16275 = 16.275{,}00$

Portanto, a financeira receberá \$ 16.275,00 no final de cada trimestre, durante 10 trimestres.

3. Uma loja revendedora de automóveis financiou 80% do valor de um veículo "zero km" (preço de tabela = \$ 220.000,00), em 24 prestações iguais. O gerente da revendedora, que assegurou ao comprador que a loja estava cobrando "juros bancários" pelo financiamento, calculou o valor das prestações como segue:

- Valor financiado = 80% × 220.000,00 = 176.000,00
- Valor total dos juros = 3% × 24 × 176.000,00 = 126.720,00
- Valor financiado + juros = 176.000,00 + 126.720,00 = 302.720,00
- Valor da prestação = $\dfrac{302.720{,}00}{24} = 12.613{,}33$

Pergunta-se: Qual a taxa efetivamente cobrada pela loja?

Esquematicamente:

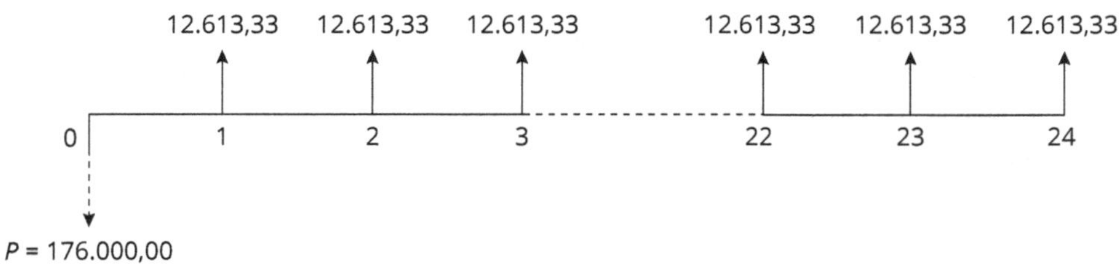

Dados: $R = 12.613{,}33$

$P = 176.000{,}00$

$n = 24$ prestações mensais

$i = ?$

Solução:

$P = R \times \text{FVA}\ (i, n)$

$176.000{,}00 = 12.613{,}33 \times \text{FVA}\ (i, 24)$

$\text{FVA}\ (i, 24) = 13{,}95349$

Pesquisando nas tabelas do Apêndice B, verificamos que o fator encontrado corresponde a uma taxa entre 4,50% e 5,00% ao mês. A taxa exata (que é de 4,886% ao mês), ou aproximada, pode ser obtida pelos processos já descritos, ou seja, por "tentativa e erro", interpolação linear, ou através de calculadora financeira.

4. Um banco empresta \$ 62.946,76 para serem liquidados em prestações anuais de \$ 20.000,00 cada uma. Sabendo-se que a taxa de juros cobrada na operação é de 14,01754% ao semestre, calcular o número de prestações.

Esquematicamente:

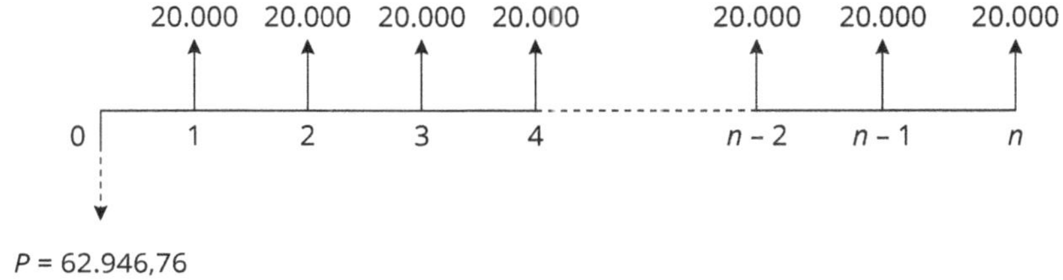

Dados: $R = 20.000{,}00$

$P = 62.946{,}76$

$i = 14{,}01754\%$ ao semestre $= i_s$

$n = ?$

Taxa anual $= i_a = (1 + i_s)^2 - 1 = (1{,}1401754)^2 - 1 = 1{,}30 - 1 = 0{,}30$ ou 30%

Solução: $P = R \times \text{FVA}\ (i, n)$

$62.946{,}76 = 20.000{,}00 \times \text{FVA}\ (30\%, n)$

$\text{FVA}\ (30\%, n) = 3{,}14734$

Pesquisando na tabela correspondente à taxa de 30%, na coluna FVA, verificamos que o fator acima corresponde a $n = 11$. Esse valor também pode ser obtido por logaritmo, como mostrado no item 4.3.4, ou com o auxílio de uma calculadora financeira.

5. Uma empresa obtém um empréstimo de \$ 100.000,00 para ser quitado em cinco prestações mensais iguais. Sabendo-se que a primeira prestação tem o seu vencimento 3 meses após a data do contrato e que a taxa de juros cobrada pelo banco é de 6% ao mês, calcular o valor das prestações.

Esquematicamente:

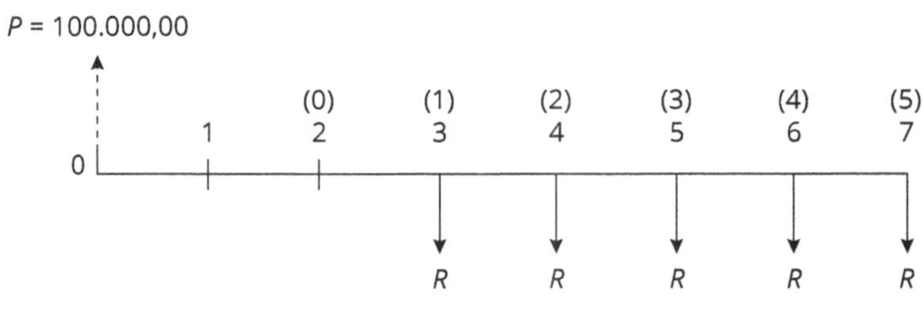

Este problema apresenta um prazo inicial de carência, ou seja, um prazo constituído por m períodos unitários em que não há pagamentos (ou recebimentos) de prestações ou juros. Assim, o exemplo em questão refere-se a um financiamento com sete meses de prazo, sendo dois de carência e cinco de amortização. Em casos como este, o leitor pode ficar na dúvida se a carência é de dois ou três meses. Para eliminá-la basta contar, no esquema apresentado, o número de prestações que estão faltando para se ter uma série uniforme de pagamentos. Facilmente verá que são dois.

Como veremos, o segredo para solucionar facilmente casos como este consiste em fazer que o problema apresentado recaia num esquema básico de séries de pagamentos iguais postecipados, ou seja, o esquema em que o valor presente se refere ao momento "zero" e o pagamento da primeira prestação ocorre no final do primeiro período, contado a partir daquele momento.

Para facilitar a visualização do exposto, representamos no esquema gráfico um eixo auxiliar com os momentos do tempo indicados por números colocados entre parênteses. Assim, a solução do problema poderá ser facilmente obtida por partes da seguinte forma:

- primeira: calcula-se o montante no final do 2º mês;
- segunda: o montante da primeira parte se constitui no valor presente da segunda, o qual deverá ser quitado em cinco prestações; com isso, recai-se, nessa segunda parte, num caso banal de séries de pagamentos postecipados (ou vencidos). Vamos à solução do nosso problema:

1ª) Montante no final do segundo mês (período de carência)

Dados: $P = 100.000{,}00$

$n = 2$ meses

$i = 6\%$ ao mês

$S = ?$

Solução:

$$S = P \times (1 + i)^n$$
$$S = 100.000{,}00 \times (1{,}06)^2$$
$$S = 100.000{,}00 \times 1{,}12360 = 112.360{,}00$$

Esse valor se constitui no valor presente da segunda parte do nosso problema, que vamos representar por P'.

2ª) Valor das prestações (período de amortização)

Dados: $P' = 112.360{,}00$

$n = 5$ prestações mensais

$= 6\%$ ao mês

$R = ?$

Solução:

$$R = P' \times \text{FRC}\ (i, n)$$
$$R = 112.360{,}00 \times \text{FRC}\ (6\%, 5)$$
$$R = 112.360{,}00 \times 0{,}23740 = 26.674{,}26$$

Este problema também pode ser indicado e resolvido diretamente como segue:

Dados: $P = 100.000{,}00$

$n = 5$ prestações mensais

$m = 2$ meses (período de carência)

$i = 6\%$ ao mês

$R = ?$

Solução: $R = P \times (1 + i)^n \times \text{FRC}\ (i, n)$

$R = 100.000{,}00 \times (1{,}06)^2 \times \text{FRC}\ (6\%, 5)$

$R = 100.000{,}00 \times 1{,}12360 \times 0{,}23740 = 26.674{,}26$

6. O Sr. Alfredo adquire um aparelho de som para ser pago em 12 prestações iguais de \$ 2.200,00. Sabendo-se que a 1ª prestação vence 4 meses após a data do contrato, que as demais têm vencimentos mensais sucessivos, e que a taxa cobrada pela loja é de 5% ao mês, calcular o valor financiado ao Sr. Alfredo.

Esquematicamente:

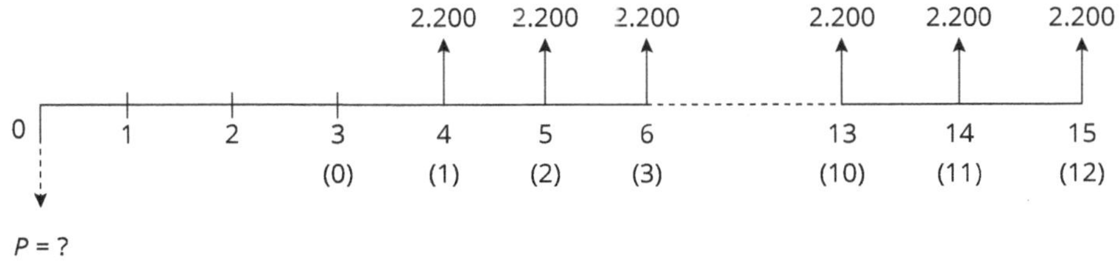

Este problema é o inverso do anterior. A sua solução também será obtida por partes. Inicialmente vamos achar o valor presente das 12 prestações no final do terceiro mês, e em seguida determinar o seu valor atual no momento "zero", utilizando o conceito de pagamento único.

1ª) Valor presente no final do terceiro mês (período de amortização)

Dados: $R = 2.200{,}00$

$n = 12$ prestações mensais

$i = 5\%$ ao mês

$P' = ?$

Solução: $P' = R \times \text{FVA}\ (i, n)$

$P' = 2.200{,}00 \times \text{FVA}\ (5\%, 12)$

$P' = 2.200{,}00 \times 8{,}86325 = 19.499{,}15$

2ª) Valor presente no momento "zero" (período de carência)

Dados: $P' = S = 19.499{,}15$ (o valor P', em relação ao momento "zero", é um valor futuro).

$m = 3$ meses

$i = 5\%$ ao mês

$P = ?$

Solução:

$$P = S \times \frac{1}{(1 + i)^n} = P' \times \frac{1}{(1 + i)^m}$$

$$P = 19.449{,}15 \times \frac{1}{(1{,}05)^3}$$

$P = 19.449{,}15 \times 0{,}86384 = 16.844{,}15$, que é o valor financiado ao Sr. Alfredo.

Este problema pode ser indicado e resolvido diretamente como segue:

Dados: $R = 2.200,00$

$n = 12$ prestações mensais

$m = 3$ meses (período de carência)

$i = 5\%$ ao mês

$P = ?$

Solução:

$$P = R \times \text{FVA}\,(i, n) \times \frac{1}{(1+i)^m}$$

$$P = 2.200,00 \times \text{FVA}\,(5\%, 12) \times \frac{1}{(1,05)^3}$$

$$P = 2.200,00 \times 8,86325 \times 0,86384 = 16.844,15$$

Essa forma de representação será a utilizada doravante.

7. Qual o valor de um empréstimo que pode ser liquidado em 10 prestações mensais, à taxa de 3,5% ao mês, sendo as quatro primeiras prestações de \$ 3.000,00 e as 6 últimas de \$ 4.500,00?

Esquematicamente:

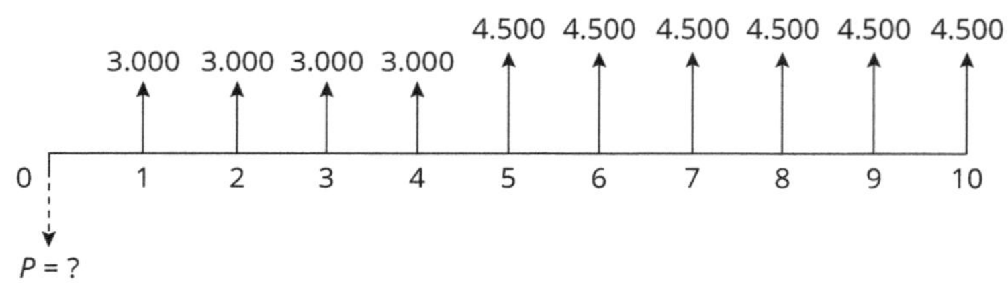

Observa-se, pelo esquema dado, que temos duas séries distintas: uma composta por quatro parcelas iguais, de \$ 3.000,00, e outra de seis parcelas iguais, de \$ 4.500,00, com quatro meses de carência. A solução do problema será dada pela soma dos valores presentes dessas duas séries.

a) Valor presente das quatro primeiras prestações

Dados: $R_1 = 3.000,00$

$n = 4$ prestações mensais

$i = 3,5$ ao mês

$P_1 = ?$

Solução:

$P_1 = R \times \text{FVA}\,(\text{i}, n)$

$P_1 = 3.000,00 \times \text{FVA}\,(3,5\%, 4)$

$P_1 = 3.000,00 \times 3,67308 = 11.019,24$

b) Valor presente das seis últimas prestações

Dados: $R_2 = 4.500,00$

n = 6 prestações mensais

m = 4 meses (período de carência)

i = 3,5% ao mês

P_2 = ?

Solução:

$$P_2 = R_2 \times \text{FVA}\ (i, n) \times \frac{1}{(1+i)^m}$$

$$P_2 = 4.500{,}00 \times \text{FVA}\ (3{,}5\%, 6) \times \frac{1}{(1{,}035)^4}$$

$$P_2 = 4.500{,}00 \times 5{,}32855 \times 0{,}87144 = 20.895{,}80$$

Valor do empréstimo = $P_1 + P_2$ = 11.019,24 + 20.895,80 = 31.915,04.

Esse problema pode ser indicado e resolvido diretamente como segue:

$$P = 3.000{,}00 \times \text{FVA}\ (3{,}5\%, 4) + 4.500{,}00 \times \text{FVA}\ (3{,}5\%, 6) \times$$

$$\times \frac{1}{(1{,}035)^4} = 3.000{,}00 \times 3{,}67308 + 4.500{,}00 \times 5{,}32855 \times$$

$$\times\ 0{,}87144 = 31.915{,}04$$

8. Um cliente deseja liquidar um empréstimo bancário em 10 prestações mensais de valores alternados de \$ 1.000,00 e \$ 2.000,00, conforme apresentado a seguir. Sabendo-se que a taxa de juros cobrada pelo banco é de 3, 75% ao mês, calcular o valor do empréstimo.

Esquematicamente:

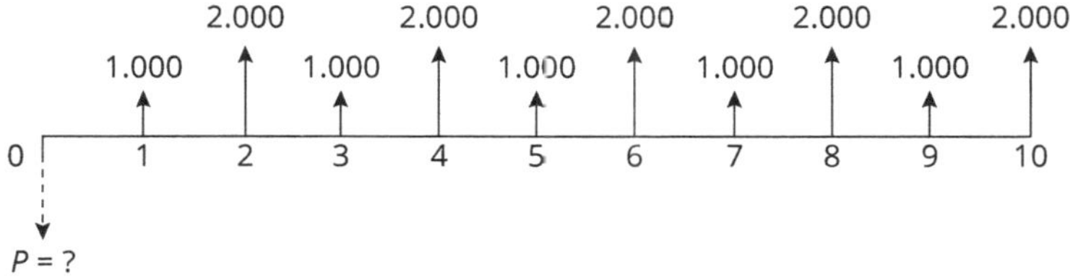

Para solucionar esse problema, vamos decompor a série dada em duas séries: uma composta por 10 prestações mensais de \$ 1.000,00 cada uma, e outra por 5 prestações bimestrais de \$ 1.000,00 cada uma.

a) Valor atual da série de 10 prestações mensais de \$ 1.000,00

Dados: R_1 = 1.000,00

n = 10 prestações mensais

i = 3,75% ao mês

P_1 = ?

Solução:

$$P_1 = R_1 \times \text{FVA}\ (i, n)$$

$$P_1 = 1.000,00 \times \text{FVA}\ (3,75\%, 10)$$
$$P_1 = 1.000,00 \times 8,21279 = 8.212,79$$

b) Valor atual da série de 5 prestações bimestrais de \$ 1.000,00

Dados: $R_2 = 1.000,00$

$n = 5$ prestações bimestrais

$i = 3,75\%$ ao mês $= i_m$

$P_2 = ?$

Taxa bimestral $= i_b = (1 + i_m)^2 - 1 = (1,0375)^2 - 1 = 7,641\%$

Solução:

Como a taxa de 7,641% não está tabelada, a solução tem de ser obtida através da fórmula original

$$\text{FVA}\ (i, n) \times \frac{(1+i)^n - 1}{(1+i)^n \times 1}$$

$$P_2 = R_2 \times \text{FVA}\ (i, n)$$

$$P_2 = 1.000,00 \times \text{FVA}\ (7,641\%, 5)$$

$$P_2 = 1.000,00 \times \frac{(1,07641)^5 - 1}{(1,07641)^5 \times 0,07641} = 1.000,00 \times 4,03078$$
$$= 4.030,78$$

Valor do empréstimo: $P_1 + P_2 = 8.212,79 + 4.030,78 = 12.243,57$

Este problema também poderia ser resolvido considerando duas séries de pagamentos bimestrais: uma de \$ 1.000,00 e outra de \$ 2.000,00. Entretanto, a série bimestral de \$ 1.000,00 apresenta uma pequena dificuldade: do momento "zero" até o vencimento da primeira prestação decorre apenas 1 mês, sendo os demais períodos unitários de 2 meses. Nesse caso, ao multiplicarmos \$1.000,00 por FVA (7,641%, 5), o valor presente obtido referir-se-á ao momento –1, ou seja, um mês antes da data-base (momento "zero"). Para determinar o valor presente dessa série no momento "zero", basta multiplicar por $(1 + i_m)$, ou seja, por 1,0375 o valor presente obtido para o momento –1 . Vejamos os cálculos:

a) Valor presente da série de 5 prestações iguais de \$ 1.000,00

Esquematicamente:

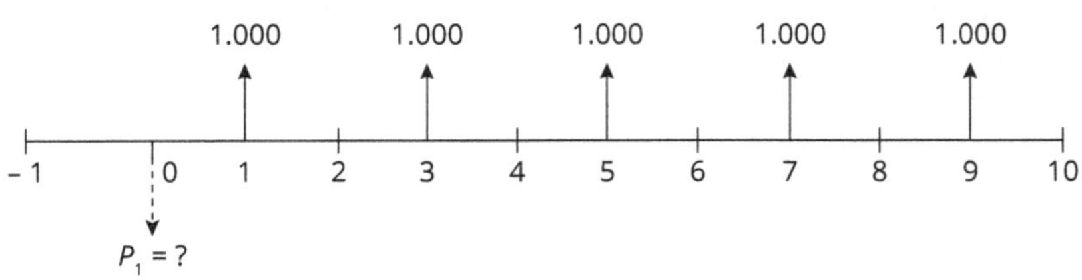

Dados: $R_1 = 1.000,00$

$n = 5$ prestações bimestrais

$i_b = 7,641\%$

$P_1 = ?$

Solução: $P'_1 = R_1 \times FVA\ (i, n)$

$P'_1 = 1.000,00 \times FVA\ (7,641\%, 5)$

$P'_1 = 1.000,00 \times 4,03078 = 4.030,78$

$P_1 = P'_1 \times (1 + i_m) = 4.030,78 \times 1,0375 = 4.181,93$

b) Valor presente da série de 5 prestações iguais de $ 2.000,00

Dados: $R_2 = 2.000,00$

$n = 5$ prestações bimestrais

$i_b = 7,641\%$

$P_2 = ?$

Solução: $P_2 = R_2 \times FVA\ (i, n)$

$P_2 = 2.000,00 \times FVA\ (7,641\%, 5)$

$P_2 = 2.000,00 \times 4,03078 = 8.061,56$

Valor do empréstimo: $P_1 + P_2 = 4.181,93 + 8.061,56 = 12.243,49$

9. Uma pessoa necessita de um financiamento de $ 240.000,00 para complementar o valor de compra de um veículo. Além das prestações mensais iguais, essa pessoa pretende, nos meses de janeiro e julho de cada ano, pagar uma prestação extra (também chamada prestação "balão" ou "reforço"), visto que recebe gratificações semestrais nesses meses. Sabendo-se que:

a) o prazo da operação é de 24 meses;

b) o coeficiente utilizado pela financeira para 24 prestações iguais é de 0,05905;

c) o valor de cada prestação mensal é de $ 12.000,00;

d) a taxa de juros cobrada para determinação das prestações extras é a mesma cobrada para determinação das prestações normais;

e) as prestações extras são de mesmo valor unitário;

f) o contrato foi assinado no mês de julho.

Pergunta-se: Qual o valor de cada prestação extra ou "balão"?

Esquematicamente:

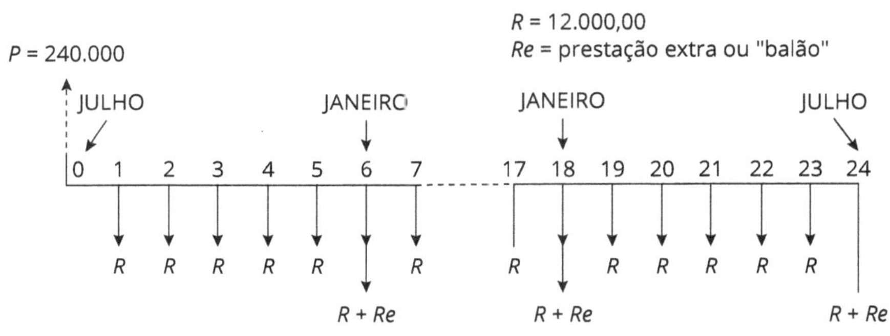

A data da assinatura do contrato foi dada a fim de que o leitor pudesse determinar os prazos das prestações extras semestrais, que são de 6, 12, 18 e 24 meses, respectivamente.

Para a solução do problema, falta conhecer um dado relevante: a taxa cobrada na operação. Como o coeficiente utilizado pela financeira é um Fator de Recuperação de Capital, temos:

$$\text{FRC } (i, n) = \text{FRC } (i, 24) = 0{,}05905.$$

Por "tentativa e erro", através de pesquisas na tabela financeira ou com o auxílio de uma calculadora financeira, verificamos que esse fator é definido para uma taxa de juros de 3%.

A solução do problema é obtida por partes, como veremos a seguir.

1ª) Valor atual das prestações normais

Dados: $R = 12.000{,}00$

$n = 24$ prestações mensais

$i = 3\%$ ao mês

$P' = ?$

Solução:

$$P' = R \times \text{FVA } (i, n)$$
$$P' = 12.000{,}00 \times \text{FVA } (3\%, 24)$$
$$P' = 12.000{,}00 \times 16{,}93554 = 203.226{,}48$$

2ª) Valor atual das prestações extras

$$P'' = P - P' = 240.000{,}00 - 203.226{,}48 = 36.773{,}52$$

3ª) Valor de cada prestação – "balão"

Esquematicamente:

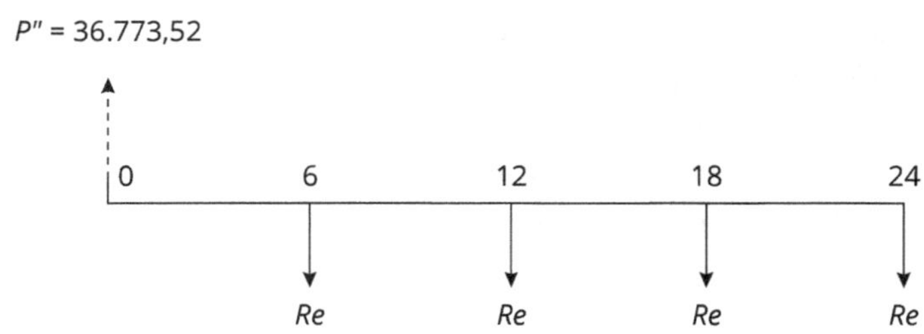

Dados: $P'' = 36.773{,}52$

$n = 4$ prestações semestrais

$i = 3\%$ ao mês $= i_m$

Taxa semestral $= i_s = (1 + i_m)^6 - 1 = (1{,}03)^6 - 1 = 19{,}405\%$

Como essa taxa não se encontra em nossas tabelas, teremos de utilizar a fórmula original:

$$Re = P'' \times \text{FRC } (i, n) = P'' \times \frac{(1+i)^n \times 1}{(1+i)^n - 1}$$

$$Re = 36.773{,}52 \times \text{FRC } (19{,}405\%, 4) = 36.773{,}52 \times \frac{(1{,}19405)^4 \times 0{,}19405}{(1{,}19405)^4 - 1}$$

$$Re = 36.773{,}52 \times 0{,}38194 = 14.045{,}28$$

10. Com base no problema anterior, vamos determinar o valor das prestações normais, considerando que nos meses de janeiro e julho o financiado paga um total de $ 26.045,28 (prestação normal + prestação extra).

Solução:

A solução deste problema pode ser facilmente obtida por meio de uma simples equação, com base nos seguintes dados:

Série de prestações normais	Séries de prestações extras
$R = ?$	$Re = 26.045,28 - R$
$n = 24$ prestações	$n = 4$ prestações semestrais
$i = 3\%$ ao mês	$n = 19,405\%$ ao semestre
$P' = ?$	$P'' = ?$

Sabendo-se que $R + Re = 26.045,28 \Rightarrow Re = 26.045,28 - R$.

E como $P' + P'' = 240.000,00$, podemos escrever:

$$240.000,00 = R \times FVA\ (3\%, 24) + (26.045,28 - R) \times FVA\ (19,405\%, 4)$$

$$240.000,00 = R \times 16,93554 + (26.045,28 - R) \times 2,61820$$

$$240.000,00 = R \times 16,93554 - R \times 2,61820 + 68.191,75$$

$$171.808,25 = R \times 14,31734$$

$$R = \frac{171.808,25}{14,31734} = 12.000,00$$

11. No dia em que o filho foi aprovado no vestibular para cursar uma faculdade, seu pai depositou $ 90.000,00 numa "conta especial", com o objetivo de garantir os estudos do filho durante os quatro anos de duração do curso.

Sabendo-se que essa aplicação rende 2,25% ao mês, que as retiradas serão mensais e iguais e que o primeiro saque será efetuado pelo filho logo no final do primeiro mês da data do contrato e o último no final do 48º mês a partir daquela data, calcular o valor de cada saque de modo que, após o último, o saldo seja zero.

Esquematicamente:

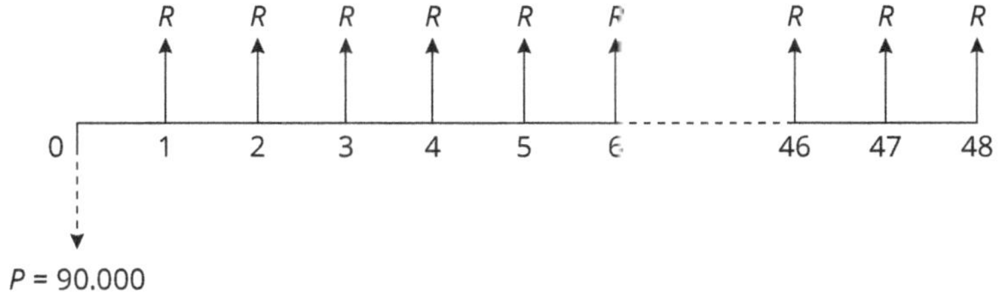

Dados: $P = 90.000,00$

$n = 48$ prestações mensais

$i = 2,25\%$ ao mês

$R = ?$

Solução: $R = P \times \text{FRC}\ (i, n)$

$R = 90.000{,}00 \times \text{FRC}\ (2{,}25\%, 48)$

$R = 90.000{,}00 \times 0{,}03428 = 3.085{,}20$

12. Um terreno está sendo vendido por $ 500.000,00 a vista ou em 36 pagamentos mensais, sem entrada, de acordo com o seguinte plano:

- **12 prestações iniciais de $ 18.000,00;**
- **12 prestações seguintes de $ 22.000,00;**
- **12 prestações finais de $ 26.000,00.**

Uma pessoa interessada está na dúvida se adquire esse imóvel à vista ou a prazo, visto que o gerente de uma instituição financeira garantiu-lhe uma taxa de 2, 75% ao mês pela aplicação do dinheiro e retiradas mensais para pagamento das 36 prestações.

O que é mais vantajoso para o interessado: comprar à vista ou aplicar o dinheiro e pagar mensalmente as prestações do terreno?

Para a solução deste problema, devemos comparar o valor atual das 36 prestações, à taxa de 2,75%, com o valor à vista do terreno; se o valor atual for menor do que $ 500.000,00, é evidente que o mais indicado é a compra a prazo, aplicando-se aquela disponibilidade na instituição financeira; caso contrário, a compra à vista será mais aconselhável.

Esquematicamente:

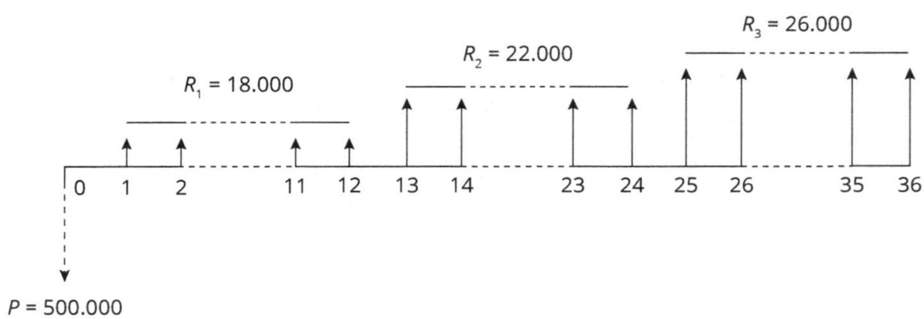

Pelo esquema dado, observamos que temos 3 séries de pagamentos distintas. A solução do problema tem de ser obtida por partes, como segue:

1ª) Série normal composta por 12 pagamentos mensais, iguais e consecutivos de $ 18.000,00.

Dados: $R_1 = 18.000{,}00$

$n_1 = 12$ prestações mensais

$i = 2{,}75\%$ ao mês

Solução: $P_1 = ?$

$R = R_1 \times \text{FVA}\ (i, n_1)$

$R = 18.000{,}00 \times \text{FVA}\ (2{,}75\%, 12)$

$R = 18.000{,}00 \times 10{,}10420 = 181.875{,}60$

2ª) Série com carência de 12 meses, composta por 12 prestações mensais, iguais e consecutivas de $ 22.000,00.

Dados: $R_2 = 22.000,00$
$n_2 = 12$ prestações mensais
$m_2 = 12$ meses
$i = 2,75\%$ ao mês
$P_2 = ?$

Solução:

$$P_2 = R_2 \times \text{FVA}\ (i, n_2) \times \frac{1}{(1+i)^{m2}}$$

$$P_2 = 22.000,00 \times \text{FVA}\ (275\%, 12) \times \frac{1}{(1,0275)^{12}}$$

$$P_2 = 22.000,00 \times 10,10420 \times 0,72213 = 160.524,01$$

3ª) Série com carência de 24 meses, composta por 12 prestações mensais, iguais e consecutivas de \$ 26.000,00.

Dados: $R_3 = 26.000,00$
$n_3 = 12$ prestações mensais
$m_3 = 24$ meses
$i = 2,75\%$ ao mês
$P_3 = ?$

Solução:

$$P_3 = R_3 \times \text{FVA}\ (i, n_3) \times \frac{1}{(1+i)^{m3}}$$

$$P_3 = 26.000,00 \times \text{FVA}\ (2,75\%, 12) \times \frac{1}{(1,0275)^{24}}$$

$$P_3 = 26.000,00 \times 10,10420 \times 0,52148 = 136.997,59$$

O valor atual das 36 prestações é dado pela soma dos valores atuais das 3 séries. Assim, temos:

$$P = P_1 + P_2 + P_3 = 181.875,60 + 160.524,01 + 136.997,59$$
$$P = 479.397,20$$

Como o valor atual obtido é inferior a \$ 500.000,00, é mais aconselhável adquirir o terreno a prazo, visto que o valor \$ 479.397,20, aplicado à taxa de 2,75% e resgatado mensalmente, conforme plano já visto, é suficiente para liquidar as 36 prestações.

A solução desse problema também poderia ser indicada e resolvida diretamente, como segue:

$$P = R_1 \times \text{FVA}\ (i, n_1) + R_2 \times \text{FVA}\ (i, n_2) \times \frac{1}{(1+i)^{m2}} + R_3 \times \text{FVA}\ (i, n_3) \times \frac{1}{(1+i)^{m3}}$$

$$P = 18.000,00 \times \text{FVA}\ (2,75\%, 12) + 22.000,00 \times (2,75\%, 12) \times$$
$$\times \frac{1}{(1,0275)^{12}} + 26.000,00 \times \text{FVA}\ (2,75\%, 12) \times \frac{1}{(1,0275)^{24}}$$

$$P = \text{FVA}\,(2{,}75\%, 12)\left[18.000{,}00 + 22.000{,}00 \times \frac{1}{(1{,}0275)^{12}} + \right.$$

$$\left. + \; 26.000{,}00 \times \frac{1}{(1{,}0275)^{24}}\right]$$

$$P = 10{,}10420\,(18.000{,}00 + 22.000{,}00 \times 0{,}72213 + 26.000{,}00 \times 0{,}52148)$$

$$P = 10{,}10420\,(18.000{,}00 + 15.886{,}86 + 13.558{,}48)$$

$$P = 10{,}10420 \times 47{,}445{,}34 = 479.397{,}20$$

5.4 SÉRIES DE PAGAMENTOS IGUAIS, COM TERMOS ANTECIPADOS

Nas séries com termos antecipados, os pagamentos ou recebimentos ocorrem no início de cada período unitário. Assim, a primeira prestação é sempre paga ou recebida no momento "zero", ou seja, na data do contrato do empréstimo, do financiamento ou de qualquer outra operação que implique pagamentos ou recebimentos de prestações.

Como veremos, todos os problemas de séries de pagamentos antecipados poderão ser resolvidos a partir dos fatores definidos para série de pagamentos com termos vencidos (ou postecipados), bastando multiplicá-los ou dividi-los por $(1 + i)$.

5.4.1 Problemas que envolvem Fatores de Acumulação de Capital (FAC) e de Formação de Capital (FFC)

Para facilitar o entendimento e a fixação dos conceitos para séries de pagamentos com termos antecipados, vamos utilizar um exemplo semelhante àquele considerado para a demonstração do Fator de Acumulação de Capital (FAC).

Exemplo:

Qual o montante, no final do 5º mês, resultante da aplicação de 5 prestações iguais, mensais e consecutivas de $ 100,00, à taxa de 4% ao mês, sabendo-se que a primeira aplicação é feita hoje (data do contrato)?

Esquematicamente:

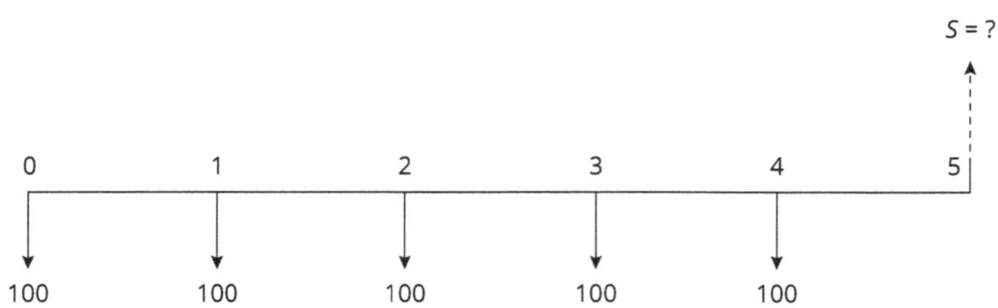

Observamos pelo esquema que a primeira aplicação ocorre no início do primeiro período (momento "zero") e a última no início do 5º período (ou no final do 4º período). Se a primeira aplicação ocorresse no final do primeiro período (momento "1"), e a última no final do 5º período (momento "5"), o problema recairia num caso de montante para série de pagamentos com termos vencidos ou postecipados **já amplamente analisado.**

Embora os dados numéricos sejam idênticos tanto para as séries de pagamentos com termos vencidos como para as de termos antecipados (R = 100,00, n = 5 prestações = 5 meses e i = 4% ao mês), a solução é diferente, como veremos.

Como ainda não conhecemos uma fórmula para resolver o problema, vamos deduzi-la à semelhança do que fizemos para chegar à fórmula do FAC (i, n).

Sabendo que o montante "S" é o somatório dos montantes individuais de cada prestação, e que a primeira aplicação feita no momento "zero" é capitalizada por 5 períodos, a segunda por 4, a terceira por 3, e assim sucessivamente, até a última, a qual é capitalizada por 1 período, podemos escrever:

$$S = 100{,}00\ (1{,}04)^5 + 100{,}00\ (1{,}04)^4 + 100{,}00\ (1{,}04)^3 + 100{,}00\ (1{,}04)^2 + 100{,}00\ (1{,}04)^1$$

$$S = 100{,}00\left[(1{,}04)^5 + (1{,}04)^4 + (1{,}04)^3 + (1{,}04)^2 + (1{,}04)^1\right]$$

Aplicando a soma de

$$PG = \frac{a_1 \,.\, q^n - a_1}{q - 1}$$

temos:

$$S = 100{,}00 \times \frac{1{,}04(1{,}04)^5 - 1{,}04}{1{,}04 - 1} = 100{,}00 \times \frac{1{,}04\left[(1{,}04)^5 - 1\right]}{0{,}04}$$

$$S = 100{,}00 \times 1{,}04\left[\frac{(1{,}04)^5 - 1}{0{,}04}\right] \quad (1)$$

$$S = 100{,}00 \times 1{,}04 \times 5{,}41632 = 563{,}30$$

Substituindo na expressão (1) os valores numéricos pelos respectivos símbolos, temos:

$$S = R \times (1 + i)\left[\frac{(1 + i)^n - 1}{i}\right] \quad (2)$$

ou

$$S = R \times (1 + i) \times \text{FAC}\ (i, n)$$

Portanto, para resolver um problema de montante de uma série de pagamentos com termos antecipados, basta multiplicar por 1 + i o cálculo obtido para termos postecipados.

Resolvendo o problema com a indicação tradicional, temos:

Dados: R = 100,00
n = 5 prestações mensais
i = 4% ao mês
S = ?

Solução:

$$S = R \times (1 + i) \times \text{FAC}\ (i, n)$$

$$S = 100{,}00 \times 1{,}04 \times \text{FAC}\ (4\%, 5)$$

$$S = 100{,}00 \times 1{,}04 \times 5{,}41632 = 563{,}30$$

Caso a incógnita do problema seja "R", a fórmula para a sua solução pode ser obtida da expressão (2), como segue:

$$S = R \times (1+i) \times \left[\frac{(1+i)^n - 1}{i}\right] \rightarrow R = S \times \frac{1}{(1+i)}\left[\frac{i}{(1+i)^n - 1}\right]$$

ou

$$R = S \times \frac{1}{(1+i)} \times \text{FFC}(i, n)$$

Vejamos agora a solução de alguns problemas.

1. Quanto terei de aplicar mensalmente, a partir de hoje, para acumular no final de 36 meses um montante de \$ 300.000,00, sabendo que o rendimento firmado é de 34,489% ao ano, e que as prestações são iguais e consecutivas, e em número de 36?

Esquematicamente:

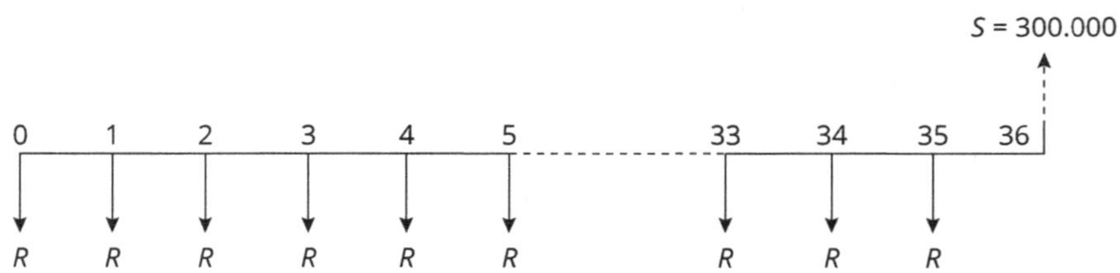

Dados: $S = 300.000,00$

$n = 36$ prestações mensais

$i = 34,489\%$ ao ano $= i_a$

$R = ?$

$i_m = (1 + i_a)^{1/12} - 1 = 1,34489^{1/12} - 1 = 1,025 - 1 = 2,5\%$

Solução:

$$R = S \times \frac{1}{(1+i)} \times \text{FFC}(i, n)$$

$$R = 300.000,00 \times \frac{1}{1,025} \times \text{FFC}(2,5\%, 36)$$

$$R = 300.000,00 \times 0,97561 \times 0,01745 = 5.107,32$$

2. Quantas aplicações mensais de \$ 1.000,00 são necessárias para se obter um montante de \$ 33.426,47, sabendo-se que a taxa é de 3% ao mês, e que a primeira aplicação é feita no ato da assinatura do contrato e a última 30 dias antes do resgate daquele valor?

Esquematicamente:

Dados: $R = 1.000,00$

$S = 33.426,47$

$i = 3\%$ ao mês

$n = ?$

Soluçâo:

$$S = R \times (1 + i) \times \text{FAC}\,(i, n)$$

$$33.426,47 = 1.000,00 \times 1,03 \times \text{FAC}\,(3\%, n)$$

$$\text{FAC}\,(3\%, n) = 32,45288$$

Pesquisando na tabela correspondente à taxa de 3%, na coluna FAC, vamos encontrar o número dado exatamente na linha $n = 23$. Portanto, a aplicação de 23 parcelas iguais, mensais e consecutivas gera um montante de $ 33.426,47 no final do 23º mês.

A solução desse problema também pode ser obtida através de logaritmo, como segue:

$$\text{FAC}\,(3\%, n) = \frac{(1,03)^n - 1}{0,03} = 32,45288$$

$$(1,03)^n = 1,97359$$

$$n \times \log 1,03 = \log 1,97359$$

$$n = \frac{\log 1,97359}{\log 1,03} = \frac{0,67985}{0,02956} = 23 \text{ parcelas}$$

3. Um "fundo de renda fixa" assegura, a quem aplicar 60 parcelas iguais e mensais de $ 500,00, o resgate de um montante de $ 58.166,29 no final do 60º mês. Sabendo-se que a primeira aplicação é feita na data do contrato, calcular a taxa de rendimento proporcionada pelo fundo.

Esquematicamente:

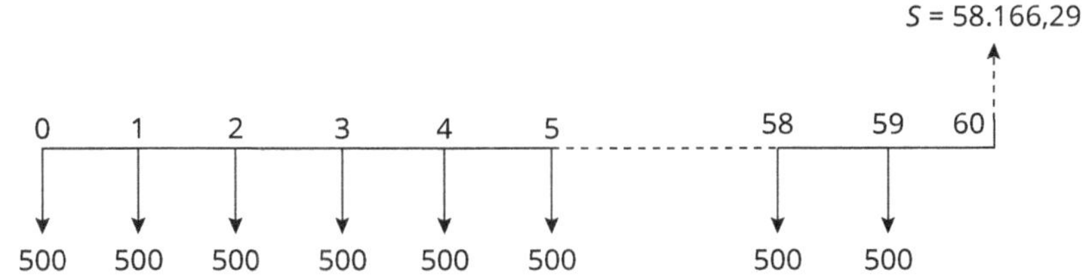

Dados: $R = 500{,}00$

$S = 58.166{,}29$

$n = 60$ prestações = 60 meses

$i = ?$

Soluçâo:

$$S = R \times (1 + i) \times \text{FAC}\,(i, n)$$

$$58.166{,}29 = 500{,}00 \times (1 + i) \times \text{FAC}\,(i, 60)$$

$$(1 + i) \times \text{FAC}\,(i, 60) = 116{,}33258$$

Como a expressão $(1 + i) \times \text{FAC}\,(i, n)$ não está tabelada, a solução deste problema só poderá ser obtida por tentativa e erro, ou por interpolação linear. Para minimizar o trabalho de cálculo, podem-se utilizar os valores tabelados para FAC (i, 60), como segue:

para $i = 1{,}75\% \Rightarrow (1{,}0175) \times \text{FAC}\,(1{,}75\%, 60) = 1{,}0175 \times 104{,}67522 = 106{,}50703$

para $i = 2{,}25\% \Rightarrow (1{,}0225) \times \text{FAC}\,(2{,}25\%, 60) = 1{,}0225 \times 124{,}45043 = 127{,}25057$

Como o valor 116,33258 é definido para uma taxa compreendida entre as duas dadas, por tentativa e erro podemos chegar à taxa desejada, que é igual a 2%.

4. Calcular o montante, no final do 8º mês, resultante da aplicação de 8 parcelas mensais e consecutivas, à taxa de 2,25% ao mês, sendo as 4 primeiras de \$ 12.000,00 cada uma e as 4 restantes de \$ 18.000,00 cada uma, sabendo-se que se trata de uma série de pagamentos com termos antecipados.

Esquematicamente:

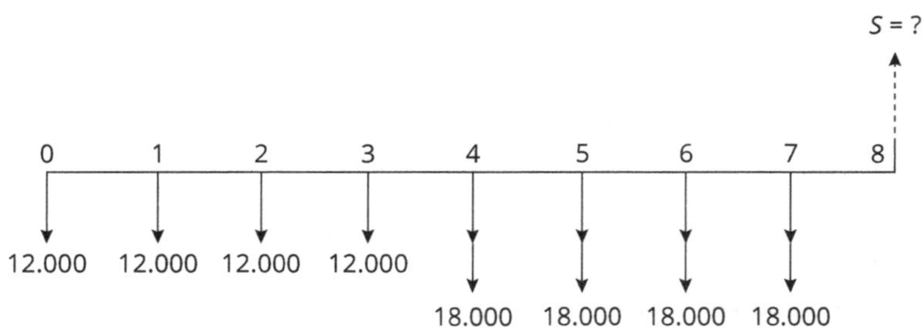

A série dada pode ser decomposta em duas: uma de 8 aplicações iguais de \$ 12.000,00 e outra de 4 parcelas iguais de \$ 6.000,00 (= 18.000,00 – 12.000,00).

1ª) Série de 8 aplicações de \$ 12.000,00 cada uma

Dados: $R_1 = 12.000{,}00$

$n_1 = 8$ prestações mensais

$i = 2{,}25\%$ ao mês

$S_1 = ?$

Solução:

$$S_1 = R_1 \times (1 + i) \times \text{FAC}\,(i, n_1)$$

$$S_1 = 12.000{,}00 \times (1{,}0225) \times \text{FAC}\,(2{,}25\%, 8)$$

$$S_1 = 12.000{,}00 \times 1{,}0225 \times 8165916 = 106.247{,}89$$

2ª) Série de 4 aplicações de \$ 6.000,00 cada uma

Dados: $R_2 = 6.000{,}00$

$n_2 = 4$ prestações mensais

$i = 2{,}25\%$ ao mês

$S_2 = ?$

Solução:

$$S_2 = R_2 \times (1 + i) \times \text{FAC}\ (i, n_2)$$

$$S_2 = 6.000{,}00 \times (1{,}0225) \times \text{FAC}\ (2\ 25\%, 4)$$

$$S_2 = 6.\ 000{,}00 \times 1{,}0225 \times 4{,}13704 = 25.380{,}74$$

Montante no final do 8º **mês para as duas séries:**

$$S = S_1 + S_2 = 106.247{,}89 + 25.380{,}74 = 131.628{,}63$$

5. Quanto um aplicador poderá resgatar, no final de 2 anos, se adquirir trimestralmente, no início dos 5 primeiros trimestres, títulos no valor de \$ 10.000,00 (valor de emissão ou de venda), pelos prazos de 720, 630, 540, 450 e 360 dias (ou 8, 7, 6, 5, 4 trimestres), respectivamente, sabendo-se que o rendimento do título é de 9% ao trimestre e que a primeira aplicação é feita "hoje"?

Esquematicamente:

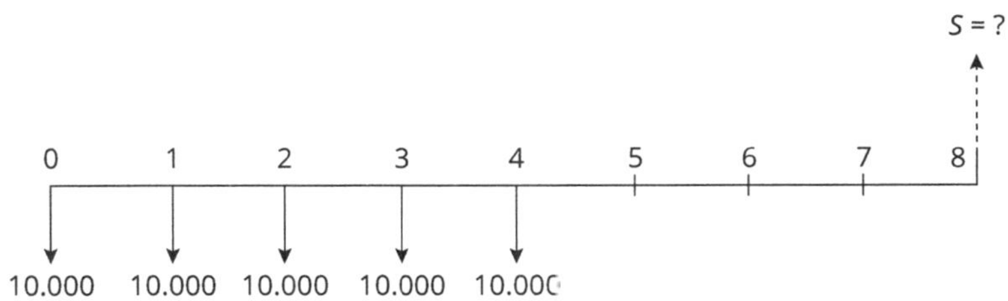

Evidentemente, a solução tem de ser obtida por partes, como segue.

1ª) Montante das 5 aplicações no final do 5º trimestre

Dados: $R = 10.000{,}00$

$n = 5$ prestações trimestrais

$i = 9\%$ ao trimestre

$S_1 = ?$

Solução:

$$S_1 = R \times (1 + i) \times \text{FAC}\ (i, n)$$

$$S_1 = 10.000{,}00 \times 1{,}09 \times \text{FAC}\ (9\%, 5)$$

$$S_1 = 10.000{,}00 \times 1{,}09 \times 5{,}98471 = 65.233{,}34$$

2ª) Montante no final do 8º trimestre

Dados: $S_1 = P = 65.233{,}34$

$m = 3$ trimestres

$i = 9\%$ ao trimestre

$S = ?$

Solução: $S = P \times (1+i)^m$

$S = 65.233{,}34 \times (1{,}09)^3$

$S = 65.233{,}34 \times 1{,}29503 = 84.479{,}13$

A solução também poderia ter sido indicada e obtida diretamente, como a seguir:

Dados: $R = 10.000{,}00$

$n = 5$ prestações trimestrais

$m = 3$ trimestres

$i = 9\%$ ao trimestre

$S = ?$

Solução: $S = R \times (1 + i) \times \text{FAC}\,(i, n) \times (1 + i)^m$

$S = 10.000{,}00 \times 1{,}09 \times \text{FAC}\,(9\%, 5) \times (1{,}09)^3$

$S = 10.000{,}00 \times 1{,}09 \times 5{,}98471 \times 1{,}29503 = 84.479{,}13$

5.4.2 Problemas que envolvem Fatores de Valor Atual (FVA) e de Recuperação de Capital (FRC)

A fórmula para a resolução de problemas de valor atual pode ser deduzida, utilizando-se o mesmo caminho seguido anteriormente para as deduções já vistas. Entretanto, no atual estágio, já sabemos que para obter o valor presente de uma série de pagamentos, podemos inicialmente calcular o seu montante e em seguida multiplicá-lo por $\dfrac{1}{(1+i)^n}$, ou seja, utilizar o conceito de série de pagamentos para calcular o montante e, em seguida, o conceito de pagamento único para determinar o valor atual. Assim, temos:

- Valor futuro de uma série de pagamentos com termos antecipados:

$S = R \times (1 + i) \times \text{FAC}\,(i, n) \qquad (1)$

- Valor presente de uma série de pagamentos com termos antecipados:

$$P = S \times \frac{1}{(1+i)^n}$$

- Ou, substituindo S pela expressão (1):

$$P = R \times (1+i) \times \text{FAC}\,(i, n) \times \frac{1}{(1+i)^n}$$

$$P = R \times (1+i) \times \left[\frac{(1+i)^n - 1}{i}\right] \times \frac{1}{(1+i)^n}$$

$$S = R \times (1+i) \times \left[\frac{(1+i)^n - 1}{(1+i)^n \times i}\right] \qquad (2)$$

Como $\dfrac{(1+i)^n - 1}{(1+i)^n \times i}$ = FVA (i, n), temos:

$$P = R \times (1 + i) \times \text{FVA } (i, n)$$

Portanto, para resolver um problema de valor atual de uma série de pagamentos com termos antecipados, basta multiplicar por $(1 + i)$ o valor obtido para termos postecipados. Para ilustrar, vejamos o seguinte exemplo:

Determinar qual o valor de um telefone financiado em 24 prestações iguais de \$ 5.054,03, sabendo-se que a taxa de juros cobrada é de 3,5% ao mês e que a primeira prestação é paga no ato da assinatura do contrato.

Esquematicamente:

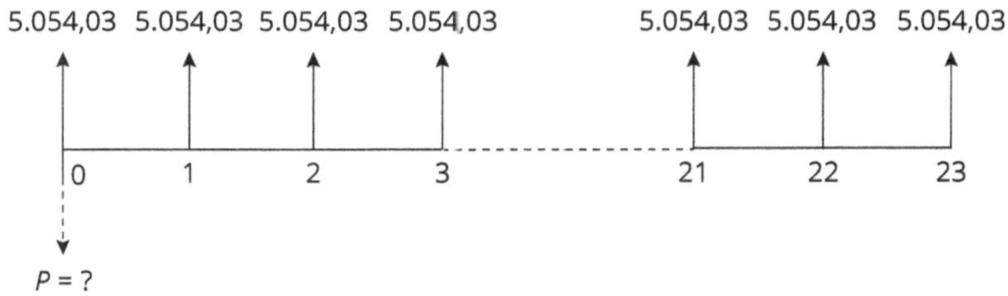

Dados: $R = 5.054{,}03$

$n = 24$ prestações

$i = 3{,}5\%$ ao mês

$P = ?$

Observação: Nos casos de valor atual de uma série de pagamentos com termos antecipados, o número de prestações não coincide com o número de meses, visto que a última prestação é sempre paga, ou devida, no início do último mês (ou no final do penúltimo mês). No caso do exemplo, a última prestação tem seu vencimento no final do 23º mês.

Solução: $P = R \times (1 + i) \times \text{FVA } (i, n)$

$P = 5.054{,}03 \times 1{,}035 \times \text{FVA } (3{,}5\%, 24)$

$P = 5.230{,}92 \times 16{,}05837 = 84.000{,}00$

Caso a incógnita do problema seja o valor da prestação, a fórmula necessária para a solução pode ser obtida da expressão (2), como segue:

$$P = R \times (1 + i) \left[\frac{(1+i)^n - 1}{(1+i)^n \times i} \right]$$

$$R = P \times \frac{1}{(1+i)} \left[\frac{(1+i)^n \times i}{(1+i)^n - 1} \right]$$

$$R = P \times \frac{1}{(1+i)} \times \text{FRC } (i, n)$$

$$R = P \times \frac{\text{FRC}\ (i, n)}{(1 + i)}$$

Assim, para obter o valor da prestação num problema de série de pagamentos iguais com termos antecipados, basta dividir por $1 + i$ o valor obtido para termos vencidos ou postecipados. Vamos demonstrar isso no exemplo a seguir.

Um terreno é colocado à venda por \$ 180.000,00 à vista ou em 10 prestações bimestrais, sendo a primeira prestação paga na data do contrato. Determinar o valor de cada parcela, sabendo-se que o proprietário está cobrando uma taxa de 34% ao ano pelo financiamento.

Esquematicamente:

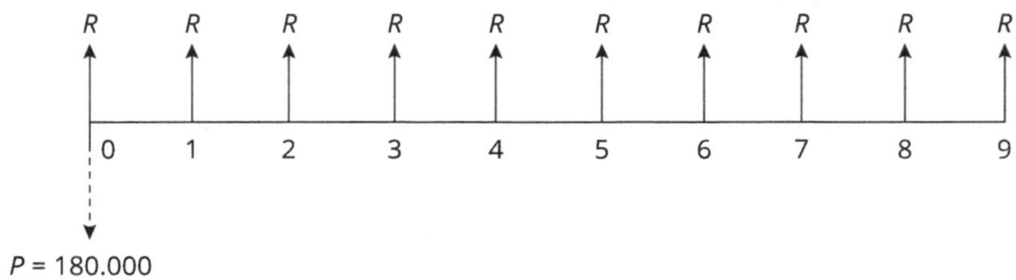

Dados: $P = 180.000{,}00$

$n = 10$ prestações bimestrais

$i = 34\%$ ao ano

$R = ?$

$i_b\ (1 + i_b)^{1/6} - 1 = (1{,}34)^{1/6} - 1 = (1{,}05) - 1 = 5\%$

Solução:

$$R = P \times \frac{\text{FRC}\ (i, n)}{(1 + i)}$$

$$R = 180.000{,}00 \times \frac{\text{FRC}\ (5\%, 10)}{1{,}05}$$

$$R = 180.000{,}00 \times \frac{0{,}12950}{1{,}05} = 22.200{,}00$$

Observação: A prestação a ser paga na data do contrato pode ser entendida como sendo uma entrada; assim, o plano de financiamento pode ser interpretado como sendo \$ 22.199,98 de entrada e mais 9 prestações de mesmo valor.

5.5 SÉRIES DE PAGAMENTOS VARIÁVEIS COM TERMOS VENCIDOS

Podem ocorrer basicamente dois tipos de variações entre os termos de uma série de pagamentos ou recebimentos:

a) variação de acordo com uma lei de formação matemática (variação em progressão aritmética, geométrica etc.);

b) variação sem obediência a qualquer lei de formação matemática.

Para melhor entendimento, vamos exemplificar com as séries abaixo.

- Com variação em progressão aritmética (PA)
  100, 110, 120, 130, 140 (crescente de razão 10);
  1.000, 950, 900, 850, 800 (decrescente de razão 50).
- Com variação em progressão geométrica (PG)
  100,00, 105,00, 110,25, 115,75, 121,55.

Nesta série, cada termo, a partir do segundo, é 5% maior que o anterior e resulta da seguinte série:

100, $100 \times (1{,}05)$, $100 \times (1{,}05)^2$, $100 \times (1{,}05)^3$, $100 \times (1{,}05)^4$.

- Com variação aleatória
  1.700, 3.000, 1.250, 2.300, 980.

Neste capítulo, vamos desenvolver somente as séries de pagamentos com termos variáveis em progressão aritmética, crescentes e decrescentes. As variáveis em progressão geométrica nos dias atuais ainda não têm nenhuma aplicação conhecida no Brasil. Quanto àquelas com variação aleatória, a única maneira de obter o seu valor atual ou futuro é calcular individualmente, para cada termo da série, os respectivos valores atuais ou futuros. Para a fixação desse entendimento, vejamos os dois exemplos a seguir.

1. Calcular o valor presente da série representada por 5 pagamentos mensais consecutivos de \$ 1.700,00, \$ 3.000,00, \$ 1.250,00, \$ 2.300,00 e \$ 980,00, considerando-se a taxa de 4% ao mês.

Esquematicamente:

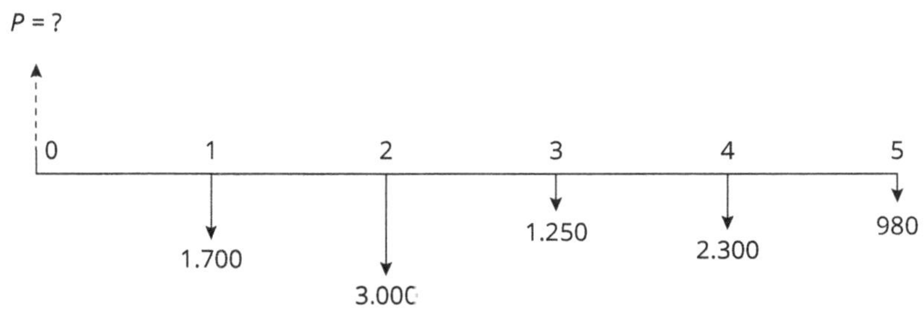

Cada termo da série, em relação ao momento "zero", é um valor futuro *S*. A solução é obtida com a aplicação, para cada termo da série, da fórmula de valor atual definida para pagamento simples (ou único).

Dados: S = 1.700,00, 3.000,00, 1.250,00, 2.300,00, 980,00
n = 1, 2, 3, 4, 5 meses

$i = 4\%$

$P = ?$

Solução:

$$P = \frac{1.700,00}{(1,04)^1} + \frac{3.000,00}{(1,04)^2} + \frac{1.250,00}{(1,04)^3} + \frac{2.300,00}{(1,04)^4} + \frac{980,00}{(1,04)^5}$$

$$P = 1.634,62 + 2.773,67 + 1.111,25 + 1.966,05 + 805,49$$

$$P = 8.291,08$$

2. Qual o montante, no final de seis trimestres, resultante da aplicação de seis parcelas trimestrais de \$ 1.000,00, \$ 4.000,00, \$ 2.000,00, \$ 6.000,00, \$ 3.000,00 e \$ 5.000,00, à taxa de 10% ao trimestre, sendo a primeira aplicação feita no final do primeiro trimestre?

Esquematicamente:

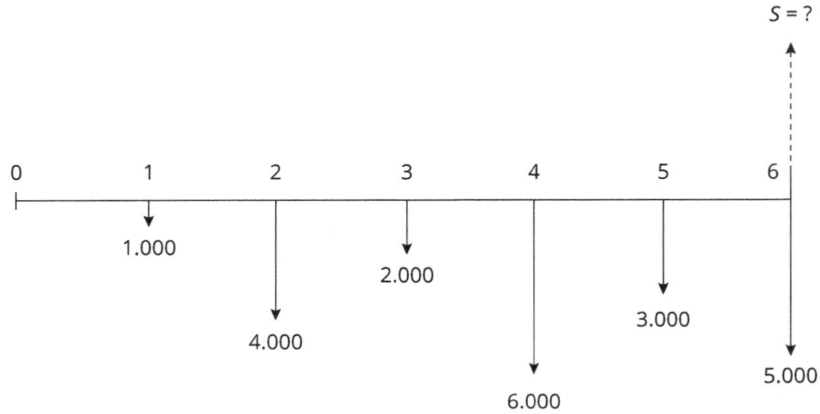

Dados:

P = 1.000,00, 4.000,00, 2.000,00, 6.000,00, 3.000,00, 5.000,00

n = 5, 4, 3, 2, 1, 0 trimestres

$i = 10\%$

$S = ?$

Solução:

$$S = 1.000,00 \times (1,10)^5 + 4.000,00 \times (1,10)^4 + 2.000,00 \times (1,10)^3 + 6.000 \times (1,10)^2 + 3.000,00 \times (1,10)^1 + 5.000,00 \times (1,10)^0$$

$$S = 1.000,00 \times 1,61051 + 4.000,00 \times 1,46410 + 2.000,00 \times 1,33100 + 6.000 \times 1,21000 + 3.000,00 \times 1,10000 + 5.000,00 \times 1$$

$$S = 1.610,51 + 5.846,40 + 2.662,00 + 7.260,00 + 3.300,00 + 5.000,00$$

$$S = 25.688,91$$

Quando a incógnita é a taxa, a solução é complexa. No capítulo 8, vamos analisar todos os problemas relativos às séries de pagamentos com valores e prazos aleatórios.

5.5.1 Séries de pagamentos variáveis em Progressão Aritmética Crescente

Para que possamos resolver de maneira fácil e rápida os problemas referentes a essa série, que também é conhecida por "série em gradiente", teremos de deduzir duas fórmulas específicas, uma de valor futuro e outra de valor atual. Para tanto, suponhamos que nos defrontemos com o seguinte problema:

Determinar o montante, no final do 5º mês, das parcelas de $ 100,00, $ 200,00, $ 300,00, $ 400,00 e $ 500,00, aplicadas mensalmente à taxa de 3% ao mês, sabendo-se que a primeira aplicação ocorre no final do 1º mês.

Esquematicamente:

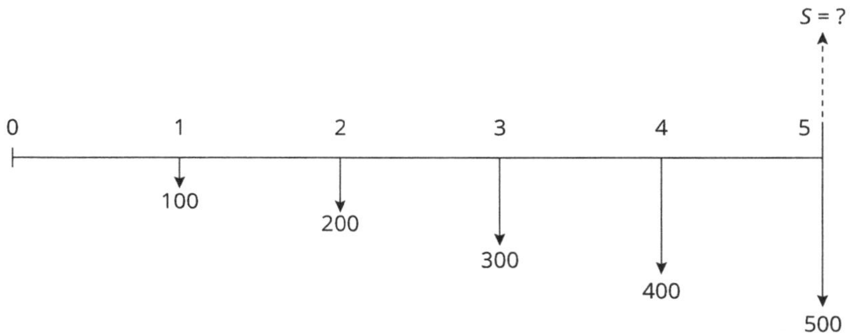

Com base no que conhecemos até agora, a única maneira de resolver o problema seria calcular o montante de cada prestação individualmente, no final do 5º mês, e somar os resultados, como segue:

$S = 100{,}00\,(1{,}03)^4 + 200{,}00\,(1{,}03)^3 + 300{,}00\,(1{,}03)^2 + 400{,}00\,(1{,}03)^1 + 500{,}00\,(1{,}03)^0$

$S = 100{,}00 \times 1{,}12551 + 200{,}00 \times 1{,}09273 + 300{,}00 \times 1{,}06090 + 400{,}00 \times 1{,}03000 + 500{,}00 \times 1$

$S = 112{,}55 + 218{,}54 + 318{,}27 + 412{,}00 + 500{,}00$

$S = 1.561{,}36$

Entretanto, se no lugar de 5, tivéssemos 50 ou 100 valores, o trabalho seria muito penoso e demorado. Assim, é muito importante que tenhamos uma fórmula que possibilite a resolução mais fácil dos problemas desse tipo. A partir desse exemplo, deduziremos essa fórmula.

A série dada pode ser decomposta em 5 séries, com todos os termos iguais a 100,00, como mostra o esquema seguinte:

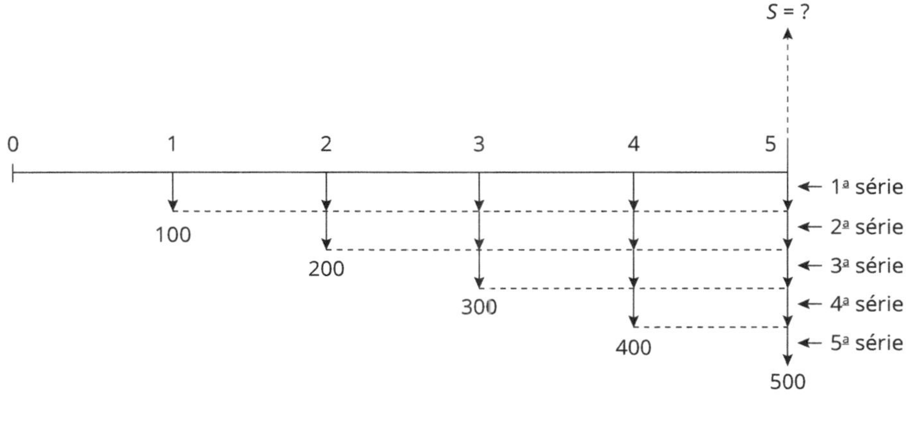

A primeira série é composta por 5 termos iguais de 100,00, sendo o primeiro aplicado no final do 1º mês e o último no final do 5º mês; a segunda série é composta por 4 termos de 100,00, sendo o primeiro aplicado no final do 2º mês e o último no final do 5º mês, e assim sucessivamente, até a última série, que é composta por um único termo de 100,00 aplicado no final do 5º mês.

Para determinar o resultado de cada série, utilizaremos o fator definido para pagamentos iguais FAC (i, n).

Assim, temos:

$$
\begin{aligned}
&1^a \text{ Série: } S_1 = 100{,}00 \times \text{FAC}(3\%, 5) = 100{,}00 \times 5{,}30914 = && 530{,}91\\
&2^a \text{ Série: } S_2 = 100{,}00 \times \text{FAC}(3\%, 4) = 100{,}00 \times 4{,}18363 = && 418{,}36\\
&3^a \text{ Série: } S_3 = 100{,}00 \times \text{FAC}(3\%, 3) = 100{,}00 \times 3{,}09090 = && 309{,}09\\
&4^a \text{ Série: } S_4 = 100{,}00 \times \text{FAC}(3\%, 2) = 100{,}00 \times 2{,}03000 = && 203{,}00\\
&5^a \text{ Série: } S_5 = 100{,}00 \times \text{FAC}(3\%, 1) = 100{,}00 \times 1{,}00000 = && 100{,}00\\
&\text{TOTAL: } S_T && = 1.561{,}36
\end{aligned}
$$

Com base nesse desenvolvimento, podemos escrever:

$$S_T = S_1 + S_2 + S_3 + S_4 + S_5$$

$$S_T = 100{,}00 \times \text{FAC}(3\%, 5) + 100{,}00 \times \text{FAC}(3\%, 4) + 100{,}00 \times \text{FAC}(3\%,3) + 100{,}00 \times \text{FAC}(3\%, 2) + 100{,}00 \times \text{FAC}(3\%, 1)$$

$$S_T = 100{,}00 \times [\text{FAC}(3\%, 5) + \text{FAC}(3\%,4) + \text{FAC}(3\%, 3) + \text{FAC}(3\%, 2) + \text{FAC}(3\%, 1)]$$

Vamos, agora, substituir, na expressão dada, o fator simbolicamente representado por FAC (i, n) pela fórmula correspondente:

$$\text{FAC}(i, n) = \frac{(1+i)^n - 1}{i}$$

Substituindo, temos:

$$S_T = 100\left[\frac{(1{,}03)^5 - 1}{0{,}03} + \frac{(1{,}03)^4 - 1}{0{,}03} + \frac{(1{,}03)^3 - 1}{0{,}03} + \frac{(1{,}03)^2 - 1}{0{,}03} + \frac{(1{,}03)^1 - 1}{0{,}03}\right]$$

$$S_T = \frac{100{,}00}{0{,}03}\left[(1{,}03)^5 + (1{,}03)^4 + (1{,}03)^3 + (1{,}03)^2 + (1{,}03)^1 - 5\right]$$

A série $(1{,}03)^1 + (1{,}03)^2 + (1{,}03)^3 + (1{,}03)^4 + (1{,}03)^5$ representa a soma de uma PG de 5 termos e de razão 1,03. Aplicando a fórmula

$$S_{PG} = \frac{a_1 \times q^n - a_1}{q - 1} = \frac{a_1 (q^n - a_1)}{q - 1}$$

temos:

$$S_T = \frac{100{,}00}{0{,}03} = \left\{\frac{1{,}03\,[(1{,}03)^5 - 1]}{1{,}03} - 5\right\}$$

$$S_T = \frac{100,00}{0,03} = \left\{1,03\left[\frac{(1,03)^5 - 1}{0,03}\right] - 5\right\} = 1.561,36$$

que coincide com o valor anteriormente obtido.

Substituindo na última equação os valores pelos seus símbolos correspondentes, temos:

$$S_T = \frac{G}{i}\left\{(1+i)\left[\frac{(1+i)^n - 1}{i}\right] - n\right\}$$

ou fazendo $S_T = S$:

$$\boxed{S = \frac{G}{i}\left[(1+i)\frac{(1+i)^n - 1}{i} - n\right]}$$

em que G representa o valor dos pagamentos iguais nas séries uniformes, que na série em gradiente constitui-se na razão da PA.

Essa fórmula também pode ser escrita como:

$$\boxed{S = G \times \frac{1}{i}\left[(1+i) \times FAC\ (i, n) - n\right]}$$

em que a expressão $\frac{1}{i}\left[(1+i) \times FAC\ (i, n) - n\right]$ é o Fator de Acumulação de Capital para séries em gradiente crescentes, representado por $FACg^{(+)}\ (i, n)$, e que se encontra tabelado no Apêndice B. Assim, resumidamente, temos:

$$\boxed{S = G \times FACg^{(+)}\ (i, n)}$$

em que o sinal (+) indica que a série é crescente.

Aplicando essa fórmula à resolução do problema, temos:

$$S = 100,00 \times FACg^{(+)}\ (3\%, 5)$$

No Apêndice B, que na tabela corresponde à taxa de 3%, na coluna $FACg^{(+)}$ e na linha referente a $n = 5$, vamos encontrar o valor 15,61366.

Portanto, temos $FACg^{(+)}\ (3\%,5) = 15,61366$.

$S = 100,00 \times 15,61366 = 1.561,36$, valor esse que bate com o resultado obtido anteriormente.

Para fixar o entendimento, vejamos mais um exemplo.

Calcular o montante, no final de 4 anos e meio de aplicações mensais e sucessivas, à taxa de 3% ao mês, sendo que a primeira aplicação, no valor de \$ 300,00, é feita no final do 1º mês; as demais, de valores crescentes, de acordo com uma Progressão Aritmética de razão igual a \$ 300,00, são aplicadas no final dos meses subsequentes, até o 54º mês.

Dados: $G = 300,00$

$n = 54$ prestações mensais

$i = 3\%$ ao mês

$S = ?$

Solução: $S = G \times FACg^{(+)}\ (i, n)$

$S = 300,00 \times FACg^{(+)}\ (3\%, 54)$

S: $300,00 \times 2.702,38732 = 810.716,20$

Nos dois problemas vistos, fizemos coincidir o valor da primeira parcela com o valor da razão da Progressão Aritmética. Entretanto, na prática, isso dificilmente ocorre. O mais comum é o aparecimento de problemas do seguinte tipo:

Qual o montante de 9 aplicações mensais, feitas à taxa de 2,5% ao mês, realizadas no final de cada período, sabendo-se que a primeira é de $ 8.000,00 e as demais de valores crescentes, à razão de $ 1.000,00?

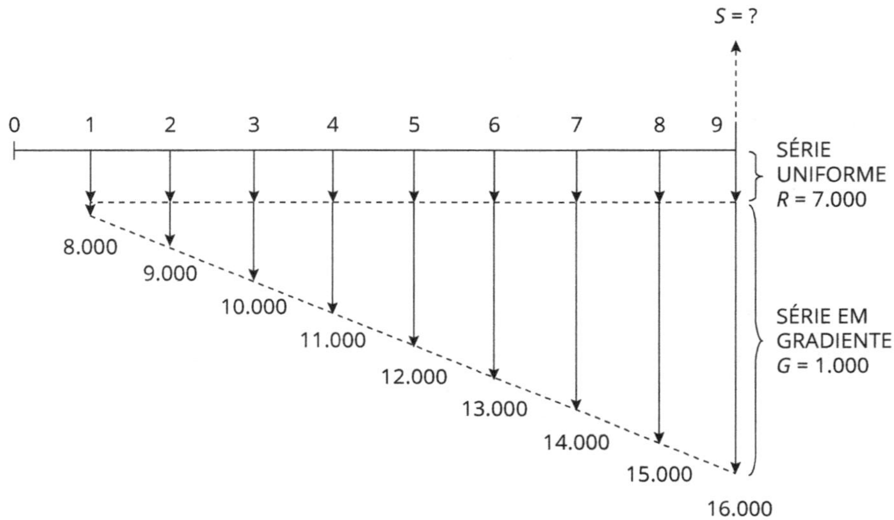

Como se vê pelo esquema, a série dada pode ser decomposta em duas:

- Série de pagamentos com termos iguais a $ 7.000,00 (igual ao valor da 1ª prestação menos a razão).
- Série em gradiente de razão igual a $ 1.000,00.

A solução de problemas desse tipo somente pode ser obtida por partes.

1ª) Série de pagamentos iguais

Dados: $R = 7.000,00$

$n = 9$ prestações mensais

$i = 2,5\%$ ao mês

$S_1 = ?$

Solução:

$$S_1 = R \times \text{FAC}(i, n)$$

$$S_1 = 7.000,00 \times \text{FAC}(2,5\%, 9)$$

$$S_1 = 7.000,00 \times 9,95452 = 69.681,64$$

2ª) Série em gradiente

Dados: $G = 1.000,00$

$n = 9$ prestações mensais

$i = 2{,}5\%$ ao mês

$S_2 = ?$

Solução:

$$S_2 = G \times \text{FACg}^{(+)}\,(i, n)$$
$$S_2 = 1.000{,}00 \times \text{FACg}^{(+)}\,(2{,}5\%, 9)$$
$$S_2 = 1.000{,}00 \times 48{,}13527$$
$$S_2 = 48.135{,}27$$

A solução do problema é dada pela soma dos dois montantes:

$$S = S_1 + S_2 = 69.681{,}64 + 48.135{,}27 = 117.816{,}91$$

Observação: A fórmula utilizada para a solução de problemas de séries em gradiente difere da fórmula apresentada pelos diversos autores que conhecemos; esses autores desenvolveram a fórmula considerando a série uniforme como composta por termos iguais ao valor da 1ª prestação, enquanto nós consideramos o valor de cada termo como o da 1ª prestação menos a razão da série.

Desenvolvemos a fórmula dessa maneira não para sermos originais, mas, sim, para evitarmos confusão, por parte do leitor, quando da solução de problemas que envolvem séries de pagamentos decrescentes.

Pode ainda haver problemas em que se pede o valor da razão da PA, conhecidos o montante, o prazo e a taxa. Para melhor entendimento, vamos utilizar os mesmos dados do segundo problema já resolvido neste capítulo.

Determinar o valor da razão de uma série em gradiente de termos vencidos, sabendo-se que a taxa é de 3% ao mês, o montante de $ 810.716,20, e que ela possui 54 termos.

Dados: $S = 810.716{,}20$

$n = 54$ prestações mensais

$i = 3\%$ ao mês

$G = ?$

Solução:

$$S = G \times \text{FACg}^{(+)}\,(i, n)$$

$$G = S \times \frac{1}{\text{FACg}^{(+)}\,(i, n)}$$

$$G = 810.716{,}20 \times \frac{1}{\text{FACg}^{(+)}\,(3\%, 54)}$$

$$G = 810.716{,}20 \times \frac{1}{2.702{,}38732}$$

$$G = 300{,}00$$

Nota: Para a solução dos problemas de série de pagamentos variáveis em PA não construímos tabelas para os fatores de formação de capital e de recuperação de capital. Assim, no exemplo dado, a indicação poderia ser a seguinte:

$$G = S \times \text{FFCg}^{(+)}\,(i\,, n)$$

Entretanto, como $FFCg^{(+)} = \frac{1}{FACg^{(+)}(i, n)}$, a solução pode ser facilmente obtida somente por meio dos valores tabelados para o $FACg^{(+)}$, como foi feito.

Vejamos agora um caso em que se pede o valor da razão de uma série crescente, em que o valor do primeiro termo não coincide com o valor da razão. Vamos utilizar um exemplo já visto, cujo resultado conhecemos.

Sabendo-se que o primeiro termo de uma série de 9 pagamentos mensais variáveis em PA é de $ 8.000,00, o montante de $ 117.816,91 , e a taxa de 2,5% ao mês, calcular o valor da razão.

Nos casos em que a primeira prestação é igual à razão da PA, a solução do problema, como já vimos, pode ser obtida a partir da expressão:

$$S = G \times FACg^{(+)}(i, n)$$

Entretanto, quando isso não ocorre, como neste exemplo, a solução tem de ser obtida por partes:

Dados: $S = R \times FAC(i, n) + G \times FACg^{(+)}(i, n)$

$S = 117.816{,}91$

$n = 9$ prestações mensais

$i = 2{,}5\%$ ao mês

$R = 8.000{,}00 - G$

$G = ?$

Solução:

$$117.816{,}91 = (8.000{,}00 - G) \times FAC(2{,}5\%, 9) + G \times FACg^{(+)}(2{,}5\%, 9)$$

$$117.816{,}91 = (8.000{,}00 - G) \times 9{,}95452 + G \times 48{,}13527$$

$$117.816{,}91 - 79.636{,}16 = (48{,}13527 - 9{,}95452) \times G$$

$$G = \frac{38.180{,}75}{38{,}18075} = 1.000{,}00$$

Neste capítulo, para séries de pagamentos variáveis em PA, vimos somente problemas relacionados ao montante ou valor futuro. Veremos agora os relacionados ao valor atual.

Com base no que já conhecemos, a dedução da fórmula utilizada para a solução de problemas de valor atual de uma série de pagamentos variáveis em PA é extremamente simples.

Assim:

$$S = G \times FACg^{(+)}(i, n)$$

Como $P = \frac{S}{(1+i)^n}$, temos:

$$P = G \times FACg^{(+)}(i, n) \times \frac{1}{(1+i)^n}$$

Vamos escrever $FACg^{(+)(i, n)}$ na fórmula original:

$$FACg^{(+)}(i, n) = \frac{1}{i}\left[(1+i) \times \frac{(1+i)^n - 1}{i} - n\right]$$

Substituindo, temos:

$$P = G \times \frac{1}{i}\left[(1+i) \times \frac{(1+i)^n - 1}{i} - n\right]\frac{1}{(1+i)^n}$$

$$P = G \times \frac{1}{i}\left[(1+i) \times \frac{(1+i)^n - 1}{(1+i)^n \times i} - \frac{n}{(1+i)^n}\right]$$

Essa fórmula também pode ser escrita da seguinte maneira:

$$P = G \times \frac{1}{i}\left[(1+i) \times FVA(i, n) - \frac{n}{(1+i)^n}\right]$$

em que a expressão

$$\frac{1}{i}\left[(1+i) \times FVA(i, n) - \frac{n}{(1+i)^n}\right]$$

é o Fator de Valor Atual para séries em gradientes, representado por $FVAg^{(+)}(i, n)$, e que se encontra tabelado no Apêndice B. Assim, resumidamente, temos:

$$P = G \times FVAg^{(+)}(i, n)$$

Vejamos algumas aplicações.

1. O Sr. Norberto adquire na loja "A Exótica" uma barraca para camping, sem entrada, para pagamento em 8 parcelas mensais, sendo a primeira de \$ 850,00 e as demais variando a uma razão crescente de \$ 150,00. Sabendo-se que a loja está cobrando uma taxa de 5% ao mês, calcular o valor-base à vista.

Esquematicamente:

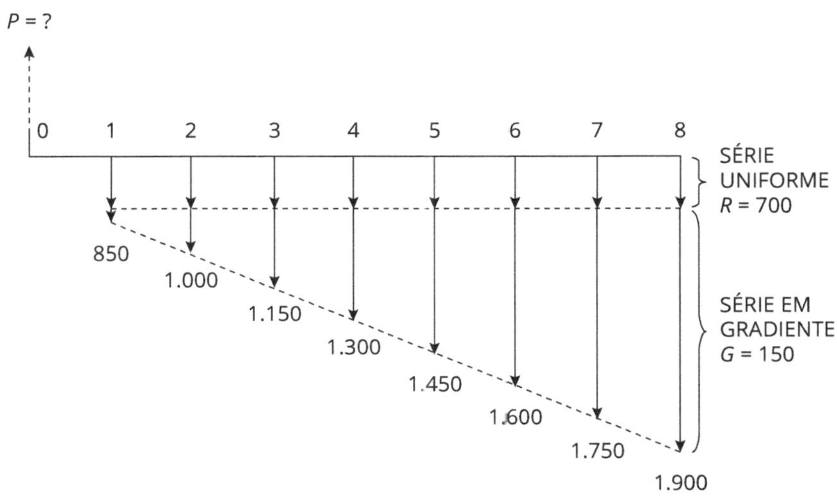

A solução obviamente, tem de ser por partes.

1º) Série de pagamentos com tempos iguais a $ 700,00

Dados: $R = 700{,}00$

$n = 8$ prestações mensais

$i = 5\%$ ao mês

$P = ?$

Solução: P1 = R × FVA (i, n)

P1 = 700,00 × FVA (5%, 8)

P1 = 700,00 × 6,46321 = 4.524,25

2º) Série em gradiente de razão igual a $ 150,00

Dados: $G = 150{,}00$

$n = 8$ prestações mensais

$i = 5\%$ ao mês

$P_2 = ?$

Solução: P2 = G × FACg(+) (i, n)

P2 = 150,00 × FACg(+) (5%, 8)

P2 = 150,00 × 27,43345 = 4.115,02

A solução do problema é dada pela soma dos valores atuais de P_1 e P_2:

$$P = P1 + P2 = 4.524{,}25 + 4.115{,}02 = 8.639{,}27$$

2. O pai de Fabiana deseja fazer hoje uma aplicação de $ 150.000,00 a fim de que sua filha possa retirar, no final de cada trimestre, durante 5 anos, importâncias que aumentem de acordo com uma PA.

Sabendo-se que a taxa de aplicação é de 9% ao trimestre, e que o valor da primeira retirada é igual à razão da PA, determinar o valor da 1ª, da 8ª e da última retirada.

Esquematicamente:

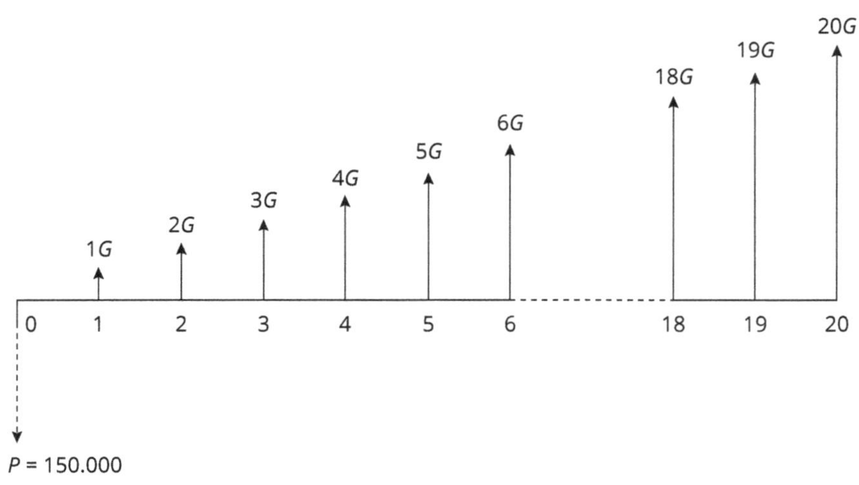

Dados: $P = 150.000,00$

$n = 20$ prestações trimestrais

$i = 9\%$ ao trimestre

$G = ?$

Solução:

$$P = G \times \text{FVAg}^{(+)}(i, n)$$

$$G = P \times \frac{1}{\text{FVAg}^{(+)}(i, n)}$$

$$G = 150.000,00 \times \frac{1}{\text{FAGg}^{(+)}(9\%, 20)}$$

$$G = 150.000,00 \times \frac{1}{70,90552} = 2.115,49$$

Valor da 1ª retirada = G = 2.115, 49.

Valor da 8ª retirada = $8 \times G = 8 \times 2.115,49 = 16.923,92$.

Valor da última retirada = $20 \times G = 20 \times 2.115,49 = 42.309,80$.

Observação: Como $\frac{1}{\text{FVAg}^{(+)}(i, n)} = \text{FRCg}^{(+)}(i, n)$, a solução desse problema também poderia ser indicada por $G = P \times \text{FRCg}^{(+)}(i, n)$; visto que podemos facilmente resolver problemas desse tipo apenas com a utilização dos valores tabelados para $\text{FVAg}^{(+)}(i, n)$, deixamos de construir tabelas para $\text{FRCg}^{(+)}(i, n)$.

5.5.2 Séries de pagamentos variáveis em Progressão Aritmética Decrescente

Vamos deduzir as fórmulas básicas a partir do seguinte problema.

Determinar o valor atual de 5 pagamentos mensais e consecutivos de $ 500,00, $ 400,00, $ 300,00, $ 200,00 e $ 100,00, respectivamente, sabendo-se que a taxa é de 3% ao mês.

Esquematicamente:

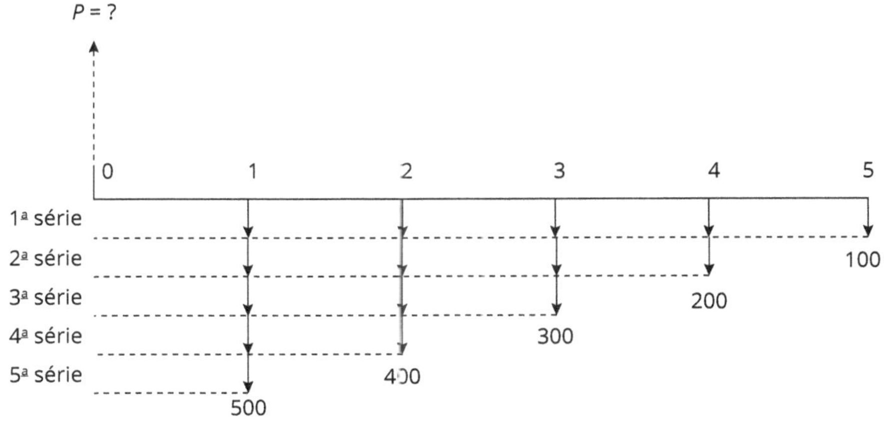

Como se vê, a série dada pode ser decomposta em 5 séries, com termos iguais a 100,00. Assim, do mesmo modo como deduzimos a fórmula do montante, vamos determinar o valor atual de cada série, utilizando o fator definido para séries de pagamentos iguais, ou seja, FVA(i, n).

1ª série: $P_1 = 100{,}00 \times \text{FVA}\ (3\%, 5) = 100{,}00 \times 4{,}57971 =$	457,97
2ª série: $P_2 = 100{,}00 \times \text{FVA}\ (3\%, 4) = 100{,}00 \times 3{,}71710 =$	371,71
3ª série: $P_3 = 100{,}00 \times \text{FVA}\ (3\%, 3) = 100{,}00 \times 2{,}82861 =$	282,86
4ª série: $P_4 = 100{,}00 \times \text{FVA}\ (3\%, 2) = 100{,}00 \times 1{,}91347 =$	191,35
5ª série: $P_5 = 100{,}00 \times \text{FVA}\ (3\%, 1) = 100{,}00 \times 0{,}97087 =$	97,09
TOTAL $P_T =$	1.400,98

Partindo desse desenvolvimento, podemos escrever:

$$P_T = P_1 + P_2 + P_3 + P_4 + P_5$$

$$P_T = 100{,}00 \times \text{FVA}\ (3\%, 5) + 100{,}00 \times \text{FVA}\ (3\%, 4) + 100{,}00 \times \text{FVA}\ (3\%, 3) + 100{,}00 \times \text{FVA}\ (3\%, 2) + 100{,}00 \times \text{FVA}\ (3\%, 1)$$

$$P_T = 100{,}00 \times \left[\text{FVA}\ (3\%, 5) + \text{FVA}\ (3\%, 4) + \text{FVA}\ (3\%, 3) + \text{FVA}\ (3\%, 2) + \text{FVA}\ (3\%, 1)\right]$$

Como $\text{FVA}\ (i, n) = \dfrac{(1 + i)^n - 1}{(1 + i)^n \times i}$

$$P_T = 100\left[\frac{(1{,}03)^5 - 1}{(1{,}03)^5 \times 0{,}03} + \frac{(1{,}03)^4 - 1}{(1{,}03)^4 \times 0{,}03} + \frac{(1{,}03)^3 - 1}{(1{,}03)^3 \times 0{,}03} + \frac{(1{,}03)^2 - 1}{(1{,}03)^2 \times 0{,}03} + \frac{(1{,}03)^1 - 1}{(1{,}03)^1 \times 0{,}03}\right]$$

Colocando 0,03 em evidência, e aplicando o conceito de mínimo múltiplo comum (MMC), temos:

$$P_T = \frac{100{,}00}{0{,}03}\left\{\frac{[(1{,}03)^5 - 1] + 1{,}03 + [(1{,}03)^4 - 1] + (1{,}03)^2 + [(1{,}03)^3 - 1] + (1{,}03)^3 + [(1{,}03)^2 - 1] + (1{,}03)^4 + [(1{,}03)^1 - 1]}{(1{,}03)^5}\right\}$$

$$P_T = \frac{100{,}00}{0{,}03}\left\{\frac{(1{,}03)^5 - 1 + (1{,}03)^5 - 1{,}03 + (1{,}03)^5 - (1{,}03)^2 + (1{,}03)^5 - (1{,}03)^3 + (1{,}03)^5 - (1{,}03)^4}{(1{,}03)^5}\right\}$$

$$P_T = \frac{100{,}00}{0{,}03}\left\{\frac{5 \times (1{,}03)^5 - \left[1 + (1{,}03)^1 + (1{,}03)^2 + (1{,}03)^3 + (1{,}03)^4\right]}{(1{,}03)^5}\right\}$$

Aplicando a soma de PG na série $1 + (1{,}03)^1 + (1{,}03)^2 + (1{,}03)^3 + (1{,}03)^4$, temos:

$$P_T = \frac{100{,}00}{0{,}03}\left\{\frac{5 \times (1{,}03)^5 - \left[\dfrac{(1{,}03)^5 - 1}{0{,}03}\right]}{(1{,}03)^5}\right\}$$

$$P_T = \frac{100{,}00}{0{,}03}\left\{\frac{5 \times (1{,}03)^5 - \left[\frac{(1{,}03)^5 - 1}{0{,}03}\right]}{(1{,}03)^5}\right\}$$

$$P_T = \frac{100{,}00}{0{,}03}\left\{\frac{5 \times (1{,}03)^5 \times 0{,}03 - [(1{,}03)^5 - 1]}{(1{,}03)^5 \times 0{,}03}\right\}$$

$$P_T = \frac{100{,}00}{0{,}03}\left[5 - \frac{(1{,}03)^5 - 1}{(1{,}03)^5 \times 0{,}03}\right] = 1.400{,}98$$

O valor \$ 1.400,98 coincide com o anteriormente obtido, o que nos assegura ser correto o novo processo de cálculo.

Substituindo na última cada valor pelo seu símbolo correspondente, e fazendo $P_T = P$, temos:

$$\boxed{P = \frac{G}{i}\left[n - \frac{(1+i)^n - 1}{(1+i)^n \times i}\right]}$$

em que G representa a razão da PA.

Essa fórmula também pode ser escrita:

$$P = G \times \frac{1}{i}\,[n - \text{FVA}\,(i, n)], \qquad (2)$$

que a expressão $\frac{1}{i}\,[n - \text{FVA}\,(i, n)]$ **é o Fator de Valor Atual para séries decrescentes em PA, representado por** $\text{FVAg}^{(-)}(i, n)$, e que se encontra tabelado no Apêndice B. O sinal (-) indica que a série é decrescente.

Portanto,

$$P = G \times \text{FVAg}^{(-)}(i, n)$$

Aplicando essa fórmula na resolução do problema, temos:

$$P = 100{,}00 \times \text{FVAg}^{(-)}(3\%, 5)$$

Na tabela correspondente à taxa de 3%, na coluna $\text{FVAg}^{(-)}$ e na linha correspondente a $n = 5$, vamos encontrar 14,00976. Portanto, $\text{FVAg}^{(-)}(3\%, 5) = 14{,}00976$.

$$P = 100{,}00 \times 14{,}00976 = 1.400{,}98,$$

valor esse que confere com o resultado já conhecido.

A fórmula para calcular o montante é obtida facilmente por meio da fórmula de valor atual, como demonstramos a seguir.

Sabendo que $S = P(1 + i)n$, podemos escrever:

$$S = P(1 + i) = G \times \text{FVAg}^{(-)}(i, n) \times (1 + i)^n$$

Substituindo $\text{FVAg}^{(-)}(i, n)$, pela sua fórmula original, temos:

$$S = G \times \frac{1}{i}\left[n - \frac{(1+i)^n - 1}{(1+i)^n \times i}\right] \times (1 + i)^n$$

$$S = G \times \frac{1}{i}\left[n \times (1+i)^n - \frac{(1+i)^n - 1}{i}\right]$$

ou

$$S = G \times \frac{1}{i}\left[n \times (1+i)^n - FAC\,(i, n)\right],$$

em que a expressão $\frac{1}{i}\left[n \times (1+i)^n - FAC\,(i, n)\right]$ **é o Fator de Acumulação de Capital para séries decrescentes em PA, representado por** $FACg^{(-)}(i, n)$, e que também se encontra tabelado no Apêndice B. Portanto,

$$S = G \times FACg^{(-)}\,(i, n)$$

Vejamos agora alguns problemas relacionados com esses fatores.

1. Calcular o valor atual de 36 prestações decrescentes, de acordo com uma PA de razão igual a $ 500,00, sabendo-se que o valor da última prestação coincide com o valor da razão dada, e que a taxa de juros é de 4% ao mês.

Esquematicamente:

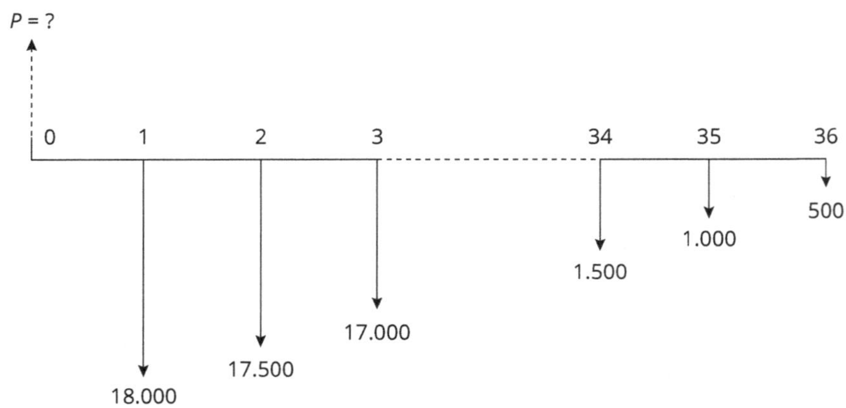

Dados: $G = 500{,}00$

$n = 36$ prestações mensais

$i = 4\%$ ao mês

$P = ?$

Solução: $P = G \times FVAg^{(-)}\,(i, n)$

$P = 500{,}00 \times FVAg^{(-)}\,(4\%, 36)$

Consultando a tabela correspondente a 4%, no Apêndice B, vamos encontrar, na coluna $FVAg^{(-)}$, para $n = 36$, o valor 427,29295. Assim, temos:

$$P = 500{,}00 \times 427{,}29295 = 213.646{,}48$$

Quando a razão da Progressão Aritmética coincide com o valor da última prestação ou pagamento, o problema tem solução imediata, visto que se resume numa série em gradiente decrescente. Entretanto, na prática, isso raramente ocorre, sendo mais frequentes os problemas compostos por séries de pagamentos, cujos termos são resultantes da soma de uma série uniforme e outra em gradiente. Assim, a composição de uma série decrescente em PA pode ser assim esquematizada:

		Série uniforme		*Série em gradiente*
1º termo	=	R	+	nG
2º termo	=	R	+	$(n-1)\,G$
3º termo	=	R	+	$(n-2)\,G$
4º termo	=	R	+	$(n-3)\,G$
. .		.	.	.
. .		.	.	.
. .		.	.	.
. .		.	.	.
$(n-1)$º termo	=	R	+	$2G$
enésimo termo	=	R	+	$1G$

Assim, quando o valor do último termo coincide com o valor da razão da PA, significa que $R = 0$, como no caso do problema anterior.

Para esclarecer melhor essa questão, vamos resolver o problema a seguir.

2. O Sr. Ulisses resolve fazer 17 aplicações mensais, à taxa de 3,5% ao mês. Sabendo-se que o valor da primeira parcela será de \$ 6.000,00 e que as seguintes decrescerão a uma razão constante de \$ 200,00, calcular o montante no final do 17º mês.

Com base no valor da 1ª parcela, verifiquemos se a série dada também incorpora uma série uniforme. Sabendo que:

1º termo $= R + n \times G$

Substituindo, temos:

$6.000{,}00 = R + 17 \times 200{,}00$

$R = 6.000{,}00 - 3.400{,}00 = 2.600{,}00$

Nota: Para resolver problemas de valor atual ou futuro de séries de pagamentos variáveis em PA, não há necessidade de conhecer os valores de todos os seus termos, como se pode depreender do exemplo anterior; basta conhecer a razão da PA e o valor do primeiro ou do último termo.

Portanto, a série dada pode ser decomposta em duas:

- Série uniforme com 17 termos iguais de \$ 2.600,00.
- Série em gradiente com 17 termos decrescentes, sendo o primeiro de \$ 3.400,00 e o último de \$ 200,00.

Esquematicamente:

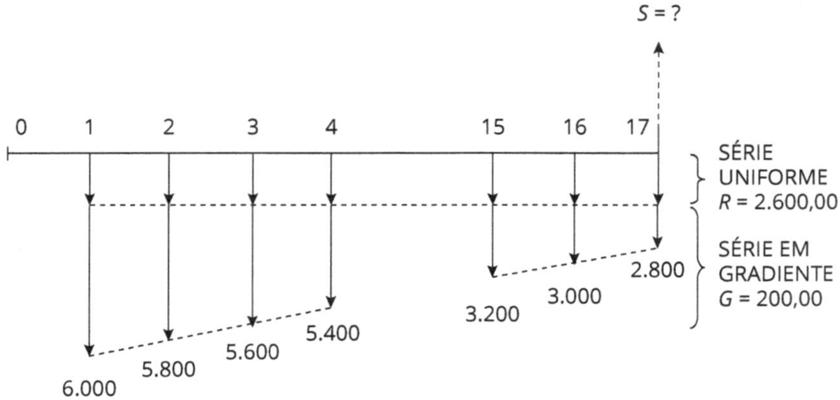

Dados: $R = 2.600,00$

$G = 200,00$

$n = 17$ prestações mensais

$i = 3,5\%$ ao mês

$S = ?$

Solução:

$$S = R \times \text{FAC}\ (i, n) + G \times \text{FVAg}^{(-)}\ (i, n)$$

$$S = 2.600,00 \times \text{FAC}\ (3,5\%, 17) + 200,00 \times \text{FVAg}^{(-)}\ (3,5\%, 17)$$

$$S = 2.600,00 \times 22,70502 + 200,00 \times 222,98482$$

$$S = 59.033,05 + 44.596,96 = 103.630,01$$

3. A loja "A Exótica" está financiando certo tipo de móveis de cozinha para serem pagos em 8 prestações mensais, sem entrada. Sabendo-se que:

a) a taxa cobrada é de 4% ao mês;

b) a primeira prestação, no valor de $ 4.000,00, vencerá 5 meses após a data do contrato;

c) os valores das prestações decrescem de acordo com uma PA de razão igual a $ 250,00,

calcular o valor à vista dos móveis.

Esquematicamente:

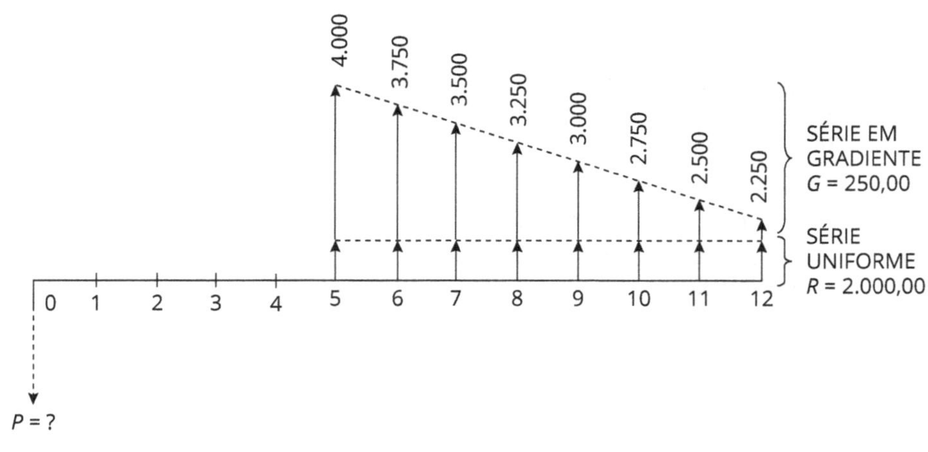

Inicialmente, para a solução do problema, temos de determinar o valor dos termos da série uniforme:

Dados:

Série uniforme	*Série em gradiente*
$R = 2.000,00$	$G = 250,00$
$n = 8$ prestações mensais	$n = 8$ prestações mensais
$m = 4$ meses	$m = 4$ meses
$i = 4\%$ ao mês	$i = 4\%$ ao mês
$P_1 = ?$	$P_2 = ?$

Solução:

$$P_1 = R \times \text{FVA}\,(i, n) \times \frac{1}{(1+i)^m}$$

$$P_2 = G \times \text{FVAg}^{(-)}\,(i, n) \times \frac{1}{(1+i)^m}$$

$$P = P_1 + P_2$$

$$P = R \times \text{FVA}\,(i, n) \times \frac{1}{(1+i)^m} + G \times \text{FVAg}^{(-)}\,(i, n) \times \frac{1}{(1+i)^m}$$

$$P = \frac{1}{(1+i)^m}\left[R \times \text{FVA}\,(i, n) + G \times \text{FVAg}^{(-)}\,(i, n)\right]$$

$$P = \frac{1}{(1{,}04)^4}\left[2.000{,}00 \times \text{FVA}\,(4\%, 8) + 250{,}00 \times \text{FVAg}^{(-)}\,(4\%, 8)\right]$$

$$P = 0{,}85480\,(2.000{,}00 \times 6{,}73274 + 250{,}00 \times 31{,}68138)$$

$$P = 0{,}85480\,(13.465{,}48 + 7{,}920{,}35)$$

$$P = 18.280{,}61$$

4. Calcular o montante e o valor atual de 10 aplicações mensais, variáveis de acordo com uma PA, cujos valores transcrevemos no esquema seguinte, considerando-se uma taxa de 3% ao mês.

Esquematicamente:

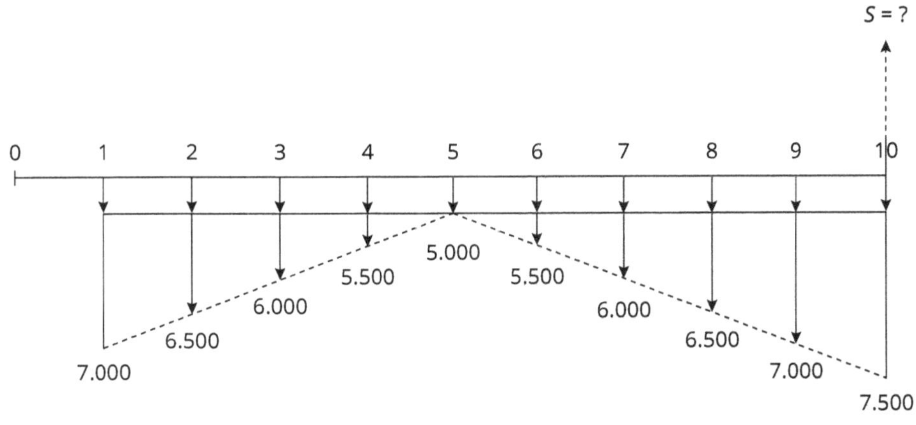

Neste problema temos três séries distintas:

- Série uniforme com 10 termos de \$ 5.000,00 cada uma.
- Série em gradiente decrescente, de 4 termos, com $G = 500,00$.
- Série em gradiente crescente, de 5 termos, com $G = 500,00$.

a) Cálculo do montante

Dados:	*Série uniforme*	*Série em gradiente*	*Série em gradiente crescente*
	$R = 5.000,00$	$G = 500,00$	$G = 500,00$
	$n_1 = 10$	$n_2 = 4$	$n_3 = 5$
	$i = 3\%$ ao mês	$m = 6$ meses	$i = 3\%$ ao mês
	$S_1 = ?$	$i = 3\%$ ao mês	$S_3 = ?$
		$S_2 = ?$	

Solução:

$$S_1 = R \times \text{FAC}\,(i, n_1)$$

$$S_2 = G \times \text{FACg}^{(-)}\,(i, n_2) \times (1 + i)^m$$

$$S_3 = G \times \text{FACg}^{(+)}\,(i, n_3)$$

$$S = S_1 + S_2 + S_3$$

$$S = R \times \text{FAC}\,(i, n_1) + G \times \text{FACg}^{(-)}\,(i, n_2) \times (1 + i)^m + G \times \text{FACg}^{(+)}\,(i, n_3)$$

$$S = R \times \text{FAC}\,(i, n_1) + G\left[\text{FACg}^{(-)}\,(i, n_2) \times (1 + i)^m + G \times \text{FACg}^{(+)}\,(i, n_3)\right]$$

$$S = 5.000,00 \times \text{FAC}\,(3\%, 10) + 500,00\left[\text{FACg}^{(-)}\,(3\%, 4) \times (1,03)^6 + \text{FACg}^{(+)}\,(3\%, 5)\right]$$

$$S = 5.000,00 \times 11,46388 + 500,00\,(10,61361 \times 1,19405 + 15,61366)$$

$$S = 57.319,40 + 500,00 \times 28,28684$$

$$S = 71.462,82$$

b) Cálculo do valor atual

É obtido facilmente a partir do montante, como segue:

$$P = S \times \frac{1}{(1 + i)^n}$$

$$P = 71.462,82 \times \frac{1}{(1,03)^{10}}$$

$$P = 71.462,82 \times 0,74409$$

$$P = 53.174,77$$

5.6 SÉRIES DE PAGAMENTOS VARIÁVEIS COM TERMOS ANTECIPADOS

Os problemas de séries de pagamentos variáveis com termos antecipados também podem ser resolvidos a partir das fórmulas definidas para séries de pagamentos variáveis com termos postecipados, bastando multiplicá-las por $(1 + i)$.

Assim, as fórmulas básicas para a resolução de tais problemas são as seguintes:

a) Para séries em gradiente crescentes

Montante: $S = G \times (1 + i) \times FACg^{(+)} (i, n)$.

Valor atual: $P = G \times (1 + i) \times FVAg^{(+)} (i, n)$.

b) Para séries em gradiente decrescentes

Montante: $S = G \times (1 + i) \times FACg^{(-)} (i, n)$.

Valor atual: $P = G \times (1 + i) \times FVAg^{(-)} (i, n)$

Exemplos:

1. Qual o montante no final do sexto mês de 6 aplicações mensais decrescentes, a uma razão de \$ 3.000,00, sabendo-se que a primeira parcela, no valor de \$ 25.000,00, é aplicada hoje, e que a taxa é de 2% ao mês?

1ª parcela $= R + n \times G$

$25.000{,}00 = R + 6 \times 3.000 \Rightarrow R = 7.000{,}00$

Esquematicamente:

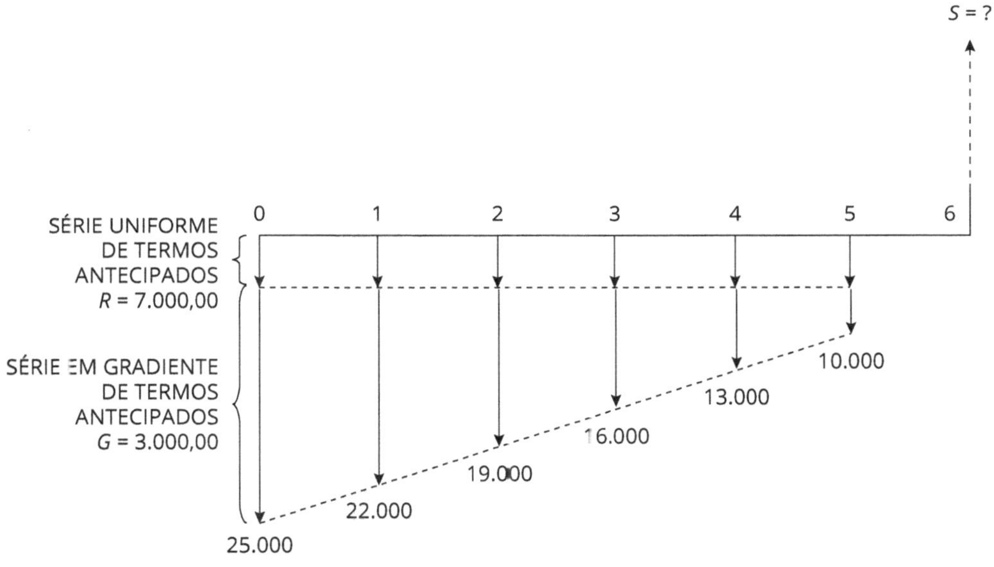

Dados: $R = 7.000{,}00$

$G = 3.000{,}00$

$n = 6$ prestações mensais

$i = 2\%$ ao mês

$S = ?$

Solução:

$$S = R \times (1 + i) \times FAC\,(i, n) + G \times (1 + i) \times FACg^{(-)}\,(i, n)$$

$$S = (1 + i)\left[R \times FAC\,(i, n) + G \times FACg^{(-)}\,(i, n)\right]$$

$$S = (1{,}02)\left[7.000{,}00 \times FAC\,(2\%, 6) + 3.000{,}00 \times FACg^{(-)}\,(2\%, 6)\right]$$

$$S = (1{,}02)\,(7.000{,}00 \times 6{,}308{,}12 + 3.000{,}00 \times 22{,}44268)$$

$$S = 113.714{,}58$$

2. Um financiamento deverá ser amortizado em 7 prestações mensais e crescentes, de acordo com uma PA. Sabendo-se que a primeira prestação no valor de $ 1.000,00 já é devida na data do contrato, que a razão da PA é igual ao valor da primeira prestação, e que a taxa cobrada pela instituição financeira é de 4% ao mês, calcular o valor financiado.

Esquematicamente:

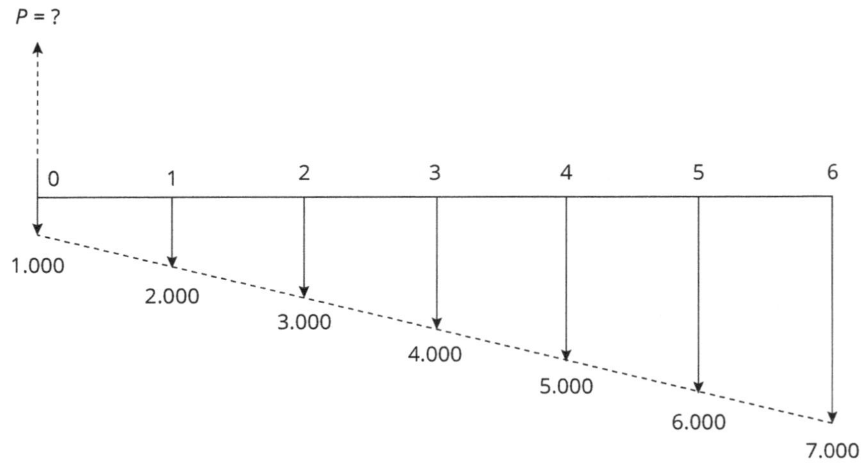

Dados: $G = 1.000,00$

$n = 7$ prestações mensais

$i = 4\%$ ao mês

$P = ?$

Solução:

$$P = G \times (1 + i) \times FVAg^{(+)}(i, n)$$

$$P = 1.000,00 \times (1,04) \times FVAg^{(+)}(4\%, 7)$$

$$P = 1.000,00 \times 1,04 \times 23,06780$$

$$P = 23.990,51$$

5.7 FORMULÁRIO PARA RESOLUÇÃO DE PROBLEMAS DE SÉRIES DE PAGAMENTOS POSTECIPADOS (CONHECIDOS O NÚMERO DE PAGAMENTOS *N* E A TAXA *I*)

Séries de pagamentos iguais (ou uniformes).

MONTANTE	VALOR ATUAL
Dado o valor de R, achar S.	*Dado o valor de R, achar P.*
$S = R \times FAC(i, n)$ ou $S = R \times \dfrac{(1+i)^n}{i}$	$P = R \times FVA(i, n)$ ou $P = R \times \dfrac{(1+i)^n - 1}{(1+i)^n \times i}$
Dado o valor de S, achar R.	*Dado o valor de P, achar R.*
$R = S \times FFC(i, n)$ ou $R = S \times \dfrac{i}{(1+i)^n - 1}$	$R = P \times FRC(i, n)$ ou $R = P \times \dfrac{(1+i)^n \times i}{(1+i)^n - 1}$

VARIÁVEIS EM PROGRESSÃO ARITMÉTICA CRESCENTE

MONTANTE: Dado o valor de G, achar S.

$$S = G \times FACg^{(+)}(i, n) \text{ ou } S = G \times \frac{1}{i}\left[(1+i) \times \frac{(1+i)^n - 1}{i} - n\right]$$

VALOR ATUAL: Dado o valor de G, achar P.

$$P = G \times FVAg^{(+)}(i, n) \text{ ou } P = G \times \frac{1}{i}\left[(1+i) \times \frac{(1+i)^n - 1}{(1+i)^n \times i} - \frac{n}{(1+i)^n}\right]$$

VARIÁVEIS EM PROGRESSÃO ARITMÉTICA DECRESCENTE

MONTANTE: Dado o valor de G, achar S.

$$S = G \times FACg^{(-)}(i, n) \text{ ou } S = G \times \frac{1}{i}\left[n(1+i)^n - \frac{(1+i)^n - 1}{i}\right]$$

VALOR ATUAL: Dado o valor de G, achar P.

$$P = G \times FVAg^{(-)}(i, n) \text{ ou } P = G \times \frac{1}{i}\left[n - \frac{(1+i)^n - 1}{(1+i)^n \times i}\right]$$

Para a solução de problemas com termos antecipados, basta multiplicar por $(1 + i)$ as fórmulas de montante e valor atual, qualquer que seja a série; nos casos de séries de pagamentos, em que a incógnita é o valor dos termos periódicos, as respectivas fórmulas deverão ser multiplicadas por $\frac{1}{1+i}$, ou seja:

$$R = S \times \frac{1}{1+i} \times FFC(i, n) \text{ e } R = P \times \frac{1}{1+i} \times FRC(i, n)$$

5.8 PROBLEMAS PROPOSTOS

5.8.1 Sobre séries de pagamentos iguais e consecutivos

1. Calcular o montante, no final de 2 anos, correspondente à aplicação de 24 parcelas iguais e mensais de \$ 1.000,00 cada uma, dentro do conceito de termos vencidos, sabendo-se que a taxa de juros é de 3,5% ao mês.

Resposta: \$ 36.666,53.

2. Sabendo-se que um financiamento pode ser liquidado em 12 parcelas mensais de \$ 2.500,00 cada uma, e que a taxa cobrada pela instituição financeira é de 4,75% ao mês, calcular o valor a ser entregue ou creditado ao financiado:

a) de acordo com o conceito de termos postecipados;

b) de acordo com o conceito de termos antecipados.

Respostas: \$ 22.473,89; \$ 23.541,40.

3. Determinar a que taxa de juros a aplicação de $ 5.000,00 por mês gera um montante de $ 350.000,00 no final de 4 anos e meio, sabendo-se que a primeira parcela é aplicada no final do primeiro mês.

Resposta: 0,943% ao mês.

4. Calcular, para as taxas de 2%, 3%, 4% e 5% ao mês, quais os montantes obtidos no final de 5 anos pela aplicação de 60 parcelas iguais de $ 2.000,00, de acordo com o conceito de termos postecipados.

Respostas: $ 228.103,08 para 2% ao mês; $ 326.106,87 para 3% ao mês; $ 475.981,37 para 4% ao mês; $ 707.167,44 para 5% ao mês.

5. Quanto devo aplicar mensalmente, durante 15 meses, à taxa de 1,25% ao mês, para que eu tenha $ 50.000,00 no final do 15º mês, dentro dos conceitos de termos antecipados e postecipados?

Respostas: $ 3.013,65 (para termos antecipados); $ 3.051,32 (para termos postecipados).

6. Sabendo-se que uma instituição financeira paga 16,99% ao ano para "aplicações programadas", calcular que montante será obtido no final de 18 meses por uma pessoa que aplicar 6 parcelas trimestrais de $ 10.000,00 cada uma, sendo a primeira aplicação efetuada hoje.

Resposta: $ 68.982,94.

7. Um veículo "zero km" foi adquirido por $ 220.000,00, sendo 70% financiado em 12 parcelas iguais. Sabendo-se que a financeira cobra uma taxa de 4,5% ao mês, calcular o valor da prestação mensal.

Resposta: $ 16.888,59.

8. Uma TV, no valor de $ 5.000,00, é financiada por uma loja, para pagamento em 13 parcelas iguais de $ 532,83, sendo a primeira paga no ato da compra. Calcular a taxa de juros cobrada pela loja.

Resposta: 6% ao mês.

9. A Financiadora "Carga Pesada S.A." apresenta, em suas tabelas, um coeficiente de 0,06043 para financiamento de caminhões em 36 parcelas mensais. Qual a taxa de juros que essa instituição está cobrando?

Resposta: 5% ao mês.

10. Que taxa mensal é cobrada num financiamento de $ 12.766,00, a ser liquidado em 12 prestações iguais de $ 1.360,24, vencíveis no final de cada mês?

Resposta: 4% ao mês.

11. Em quantos pagamentos trimestrais de $ 5.700,25 podemos liquidar um financiamento de $ 50.000,00, à taxa de 3,228% ao mês, de acordo com o conceito de termos vencidos ou postecipados?

Resposta: 22 trimestres.

12. Qual o valor da prestação bimestral referente a um financiamento de $ 25.000,00, a ser liquidado em 2 anos, à taxa de 9% ao bimestre, sendo que a 1ª prestação vence a 180 dias da data do contrato?

Resposta: $ 4.628,25.

13. Um veículo está sendo financiado por uma loja para pagamento em 12 parcelas mensais, sem entrada. Sabendo-se que o valor da 1ª prestação, que vence no final do primeiro mês, é de $ 5.000,00; da 2ª de $ 4.000,00, da 3ª de $ 5.000,00, e assim alternadamente, até o final, e que a taxa de juros cobrada pela loja é de 5% ao mês, calcular o valor financiado.

Resposta: $ 39.992,72.

14. Qual o montante, no final de 20 meses, resultante da aplicação de 14 parcelas iguais, mensais e consecutivas de $ 1.800,00 cada uma, sabendo-se que a taxa contratada é de 1% ao mês e que a primeira aplicação é feita "hoje"?

Resposta: $ 28.846,19.

15. Um veículo é financiado para pagamento em 36 prestações mensais, à taxa de 4,5% ao mês. Sabendo-se que o valor financiado foi de $ 245.000,00, calcular o valor das prestações:

a) de acordo com o conceito de termos postecipados;

b) de acordo com o conceito de termos antecipados.

Respostas: a) $ 13.868,42; b) $ 13.271,21.

16. A aplicação de 15 parcelas mensais, iguais e consecutivas gerou um montante de $ 400.000,00 no final de 30 meses. Sabendo-se que a taxa de juros da operação foi de 0,9% ao mês e que a primeira parcela é aplicada "hoje", calcular o valor de cada aplicação.

Resposta: $ 21.684,36.

17. Determinar a taxa de juros cobrada por uma instituição financeira, numa operação de "crédito direto ao consumidor", que apresenta os seguintes dados:

- valor financiado: $ 185.428,78;
- valor das prestações mensais: $ 25.000,00 cada uma;
- número de prestações: 12;
- prazo do contrato: 18 meses (portanto, com 6 meses de carência).

Resposta: 4%.

18. Quanto devo aplicar hoje, de uma só vez, para que tenha no final de 60 meses o equivalente ao montante constituído por aplicações mensais de $ 500,00, à taxa de 2% ao mês, sendo a primeira aplicação de hoje a 30 dias?

Resposta: $ 17.380,44.

19. Em quantas prestações anuais de $ 20.000,00 poderei amortizar uma dívida de $ 48.711,40, à taxa de 2,21045% ao mês?

Resposta: 5.

20. Construir tabelas de financiamento (Fator de Recuperação de Capital) com carência de 2 e 5 meses, a uma taxa de 4% ao mês, para os prazos de 12, 18 e 24 meses.

Resposta:

	Carência de 2 meses		Carência de 5 meses	
PRAZO	**Nº Pagtos.**	**Fator**	**Nº Pagtos.**	**Fator**
12	10	0,13335	7	0,20271
15	16	0,09282	13	0,12184
24	22	0,07485	19	0,09263

21. Mostrar que um capital de $ 10.000,00, aplicado a uma taxa de 3% ao mês, gera um total de juros no final de 12 meses idêntico ao valor que seria obtido caso os juros recebidos mensalmente fossem reaplicados até o final do período mencionado.

Resposta: $ 4.257,61.

22. Quanto terei no final de 60 meses se aplicar $ 100,00 por mês em fundo de renda fixa, à taxa de 2,5% ao mês, de acordo com o conceito de termos vencidos ou postecipados?

Resposta: $ 13.599,15.

23. Quanto deverei aplicar mensalmente, à taxa de 3% ao mês, para ter um montante de $ 20.000,00 no final do 12º mês, de acordo com os conceitos de termos postecipados e antecipados?

Respostas: a) $ 1.409,24; b) $ 1.368,20.

24. No final de quantos meses terei o montante de $ 124.892,78, aplicando $ 400,00 por mês, a uma taxa mensal de 2%, de acordo com o conceito de termos postecipados?

Resposta: 100 meses.

25. Quanto terei no final de 18 meses se aplicar $ 200,00 a cada bimestre, à taxa de 2,4695% ao mês, sendo a primeira aplicação a 60 dias de hoje?

Resposta: $ 2.205,31.

26. A que taxa devo aplicar mensalmente a quantia de $ 2.500,00 para que eu tenha $ 48.417,60 no final de 15 meses, sabendo-se que as aplicações são feitas no final de cada mês?

Resposta: 3,55%.

27. Quanto terei, no final de 20 meses, se aplicar, alternadamente, $ 200,00 e $ 400,00 por mês, respectivamente, a uma taxa de 2,5% ao mês, de acordo com o conceito de termos vencidos?

Resposta: $ 7.631,86.

28. Quanto terei no final de 30 meses se aplicar $ 500,00 por mês, durante os 25 primeiros meses, a uma taxa de 1,2% ao mês, de acordo com o conceito de termos postecipados e antecipados?

Respostas: a) $ 15.366,83 (termos postecipados); b) $ 15.551,23 (termos antecipados).

29. Quanto devo aplicar hoje para ter, no final de 15 meses, um valor igual ao montante obtido, nessa mesma data, com a aplicação de 15 parcelas iguais, mensais e consecutivas de $ 1.000,00, à taxa de 3,5% ao mês?

Resposta: $11.517,41.

30. Um consumidor adquire uma mercadoria, para pagamento em 12 parcelas mensais, sendo as 6 primeiras de $ 3.000,00 e as 6 restantes de $ 5.000,00, Qual o valor financiado, sabendo-se que a taxa de juros cobrada foi de 3,5% ao mês?

Resposta: $ 37.659,57.

31. Uma pessoa resolve aplicar $ 1.000,00 por mês em fundo de renda fixa, à taxa de 1% ao mês, durante 18 meses. Como essa pessoa recebe gratificações semestrais, deverá, no final do 6º e do 12º mês, fazer aplicações extras de $ 5.000,00 cada uma. Qual o valor do montante global no final do 18º mês, de acordo com o conceito de termos antecipados?

Resposta: $ 30.752,63

32. Uma pessoa adquire uma lancha para ser paga em 20 prestações mensais e iguais, à taxa de 3,5% ao mês. Sabendo-se que a 1ª prestação vence no final do 5º mês e a última no final do 24º mês, e que o valor financiado foi de $ 150.000,00, pede-se para calcular o valor da prestação.

Resposta: $ 12.111,14.

33. Quanto terei, no final de 42 meses, se aplicar 10 parcelas trimestrais, iguais e consecutivas de $ 5.000,00, a partir de hoje, a uma taxa de 10% ao trimestre?

Resposta: $ 128.336,91.

34. Uma loja financia um automóvel, para ser pago em 20 prestações iguais de $ 6.000,00. Sabendo-se que a taxa cobrada é de 5% ao mês, determinar o valor financiado pela loja segundo os conceitos de:

a) Séries de pagamentos com termos vencidos ou postecipados;

b) Séries de pagamentos com termos antecipados.

Respostas: a) $ 74.773,26; b) $ 78.511,93.

35. Uma pessoa aplica $ 1.200,00 por mês em um fundo de renda fixa, durante 30 meses consecutivos, a uma taxa de 2,0% ao mês. Determinar o montante dessa aplicação no final do 30º **mês**, de acordo com os conceitos de:

a) Séries de pagamentos com termos vencidos ou postecipados;

b) Séries de pagamentos com termos antecipados.

Respostas: a) $ 48.681,70; b) $ 49.655,33.

36. Uma pessoa aplica $ 5.000,00 por mês, durante os 10 primeiros meses consecutivos, a uma taxa de 1,25% ao mês. Segundo o conceito de séries de pagamentos com termos vencidos, determinar:

a) o valor do montante no final do 15º mês;

b) o valor presente dessa aplicação (valor no início do 1º mês).

Respostas: a) $ 56.298,81; b) $ 46.727,63.

37. Qual o valor financiado que pode ser liquidado em 18 prestações mensais, à taxa de 4% ao mês, sendo as 9 primeiras prestações de$ 4.000,00 e as 9 restantes de $ 3.000,00?

Resposta: $ 45.413,23.

38. Um empréstimo de $ 50.000,00 deve ser liquidado em 12 prestações iguais. Sabendo-se que a primeira prestação vence no final do 4º mês e que a taxa de juros cobrada pela instituição financeira é de 5% ao mês, determinar o valor da prestação.

Resposta: $ 6.530,48.

39. Quanto terá no final do 13º mês uma pessoa que aplicar 13 parcelas mensais, iguais e consecutivas de $ 2.000,00 cada uma, à taxa de 3% ao mês, sendo que a aplicação da primeira parcela ocorre *hoje*?

Resposta: $ 32.172,65.

40. O financiamento de um veículo deverá ser amortizado em 20 parcelas mensais e iguais. Sabendo-se que o valor de cada parcela é de $ 3.500,00 e que a taxa cobrada pela instituição financeira é de 4% ao mês, calcular o valor da prestação única, com vencimento no 10º mês, que poderia substituir o plano inicial.

Resposta: $ 70.409,51.

41. Em quantas prestações trimestrais de $ 8.000,00 poderei liquidar uma dívida de $ 60.848,64, à taxa de 10% ao trimestre, sabendo que as prestações são pagas no final de cada trimestre?

Resposta: 15 prestações.

42. Determinar quantas aplicações bimestrais e iguais de $ 10.000,00 são necessárias para ter um montante de $ 177.129,83, considerando-se uma taxa de 5% ao bimestre, e de acordo com o conceito de termos vencidos.

Resposta: 13 aplicações.

43. Paulo propõe a aplicar, no final de cada mês, durante 100 meses, parcelas iguais de $ 1.000,00. Determinar a que taxa anual deverão ser feitas essas aplicações para que ele tenha $ 607.287,73 no final do 100º mês.

Resposta: 42.576% ao ano.

44. Um cliente aplica trimestralmente $ 100.000,00 em Certificados de Depósitos Bancários. Sabendo-se que o rendimento oferecido pelo banco é de 10% ao trimestre, e que o primeiro título adquirido vence a 360 dias da data da aquisição, o segundo a 270 dias, o terceiro a 180 dias e o último a 90 dias da data da aplicação, calcular o montante a ser resgatado.

Resposta: $ 510.510,00.

45. Uma pessoa aplica $ 2.000,00 no final de cada mês, durante 30 meses. Além dessas parcelas mensais, essa pessoa ainda aplica 3 parcelas extras no valor de $ 12.000,00 cada uma, a primeira no final do 10º mês, a segunda no final do 20º mês e a terceira no final do 30º mês. Calcular o montante no final do 30º mês, sabendo-se que a taxa de juros é de 2,50% ao mês.

Resposta: $ 134.829,82.

46. Uma pessoa obtém um financiamento, para a compra de um veículo, a ser liquidado em 18 meses, com carência de 4 meses. Sabendo-se que o valor das sete primeiras prestações é de $ 14.000,00 cada uma e das sete últimas de $ 20.000,00 cada uma, e que a taxa cobrada pela financeira é de 4,25% ao mês, calcular o valor financiado.

Resposta: $ 145.736,23.

47. Um veículo foi adquirido para ser pago em 24 parcelas iguais, mensais e consecutivas de $ 3.836,66. Sabendo-se que o valor à vista desse veículo é de $ 60.000,00, que a primeira prestação é devida no ato da assinatura do contrato e a última no final do 23º mês, calcular a taxa de juros cobrada no financiamento.

Resposta: 4,15% ao mês.

48. Um terreno está sendo oferecido por $ 1.200.000,00 à vista, ou $ 200.000,00 de entrada e mais 24 prestações mensais de $ 65.000,00 cada uma. Considerando uma taxa de juros de 3,5% ao mês, mostrar qual o plano economicamente melhor.

Resposta: É o plano à vista.

49. Uma imobiliária está oferecendo as seguintes opções de pagamentos para a venda de um terreno:

Plano A: 10 parcelas de $ 10.000,00 + 10 de $ 12.500,00 + 10 de $ 15.000,00.

Plano B: $ 25.000,00 de entrada + 30 de $ 11.000,00.

Plano C: 10 prestações trimestrais de $ 35.000,00, sendo a primeira paga no ato da assinatura do contrato.

Admitindo uma taxa de juros de 3% ao mês, apontar qual o melhor e qual o pior dos três planos dados para o comprador potencial.

Resposta: O melhor é o A e o pior é o C.

50. "A Homogênea" é uma loja de eletrodomésticos que vende seus produtos a prazo, cobrando uma taxa de 4,5% ao mês, qualquer que seja o plano escolhido. Sabendo-se que num dos planos uma geladeira pode ser adquirida por $ 848,34 de entrada e mais 2 prestações semestrais de mesmo valor, calcular quais seriam os valores dos pagamentos para os seguintes planos:

Plano A: 10 prestações iguais sem entrada.

Plano B: $ 200,00 de entrada mais 6 prestações bimestrais.

Plano C: 5 prestações iguais, sem entrada, sendo a primeira paga no final de 90 dias (2 meses de carência).

Respostas: Plano A: 10 de $ 252,76.

Plano B: $ 200,00 de entrada + 6 de $ 403,68.

Plano C: 5 de $ 497,51.

51. Admitindo que um banco possua um plano de "aplicações programadas" em dólares (US$), e que pague juros de 10% ao ano para essas aplicações, determinar quantos dólares necessito depositar no dia em que minha filha completar 7 anos de idade, para que ela possa retirar US$ 2.000,00 por ocasião dos seus 21º, 22º, 23º, 24º e 25º aniversários, encerrando-se a conta após este último saque.

Resposta: US$ 2.196,10.

52. Uma pessoa ganha hoje o equivalente a 25 salários mínimos por mês. Preocupado com a subsistência da família após sua aposentadoria, o que ocorrerá dentro de 10 anos, essa pessoa resolve aplicar, a partir de hoje, 10% do seu rendimento mensal em um "fundo de renda fixa", para começar a sacar, mensalmente, a partir do primeiro mês após ter-se aposentado, parcelas iguais durante 15 anos. Sabendo-se que nesse fundo tanto as aplicações como os resgates são feitos em salários mínimos e que o fundo paga juros de 0,833% ao mês, calcular o valor a ser sacado mensalmente. Para facilitar a determinação dos pontos de referência, vamos admitir

que "hoje" é 15 de janeiro de 1993 e que, portanto, a aposentadoria se efetivará no dia 15 de janeiro de 2003, sendo a primeira parcela sacada do fundo em 15 de fevereiro de 2003.

Resposta: 5,54649 salários mínimos.

53. A Financeira do Brasil S.A. concede um financiamento ao Sr. João Ribeiro para aquisição de um trator, para ser liquidado num prazo de 24 meses, em 12 prestações iguais de $ 20.000,00, como segue: as 6 primeiras pagas mensalmente a partir do final do 7º mês até o final do 12Q mês e as 6 últimas pagas mensalmente a partir do final do 19º mês até o final do 24º mês. Sabendo-se que a taxa de juros cobrada é de 4% ao mês, calcular o valor financiado.

Resposta: $ 134.612,06.

54. Uma pessoa aplica $ 5.000,00 por mês durante os 10 primeiros meses consecutivos; a uma taxa de 38,478% ao ano. Segundo o conceito de termos vencidos, calcular o montante no final do 20º mês.

Resposta: $ 74.323,16.

55. Um veículo pode ser adquirido por $ 300.000,00, com 30% de entrada e o restante financiado em até 36 meses. Hélio, que está interessado na aquisição, não possui recursos para pagar a entrada exigida. Mas, como conseguiu fazer um bom saldo médio em um banco, obtém os $ 90.000,00 para a entrada por meio de uma operação de crédito pessoal, para ser liquidada em 6 prestações iguais; na financeira, consegue o financiamento necessário para completar o valor do veículo, optando por um plano com prazo de 36 meses, sendo 30 de amortização e 6 de carência (ou seja, a primeira prestação será paga no final do 7º mês). Sabendo-se que o banco cobra uma taxa de 5% ao mês e a financeira 4,5%, determinar o plano de liquidação da dívida total.

Resposta: 6 prestações iniciais de $ 17.731,57 (banco) mais 30 de $ 16.789,03 (financeira).

56. Uma empresa está pretendendo adquirir, à vista, uma máquina no valor de $ 1,5 milhão, cuja vida útil estimada é de 10 anos. De acordo com estudos elaborados pelos seus técnicos, essa máquina deverá gerar uma receita líquida (já considerados todos os custos, inclusive depreciação) de $ 42.000,00 por mês, nos primeiros 12 meses, de $ 50.000,00 por mês, no ano seguinte, de $ 60.000,00 por mês, no terceiro ano e de $ 55.000,00 durante os 12 meses do 4º ano.

Ao fim de 4 anos de uso, essa máquina deverá ser vendida no mercado, e de acordo com pesquisa elaborada, poderá alcançar um preço de aproximadamente 1/3 do seu custo histórico. Entretanto, essa empresa somente fará essa aquisição se o empreendimento render-lhe pelo menos o equivalente a 2,5% ao mês sobre o investimento realizado. Com base nos dados apresentados, verificar se a máquina deve ou não ser adquirida.

Resposta: Deve ser adquirida.

57. Rodrigo tomou $ 300.000,00 emprestados, a uma taxa de 56,25% ao ano, para serem liquidados em 10 prestações iguais, vencíveis no final de cada semestre. No fim do 3º ano, ou seja, logo após ter pago a 6ª prestação, Rodrigo resolve liquidar de uma só vez, no ato, o valor atual da dívida remanescente. Calcular esse valor.

Resposta: $ 198.425,81.

58. Bonifácio resolve aplicar mensalmente num "fundo de renda fixa" que garante uma rentabilidade de 2,75% ao mês, importâncias iguais que deverão proporcionar um montante de $ 700.000,00 no final de 20 meses. Sabendo-se que as aplicações serão feitas no final de cada mês, calcular o saldo deste fundo imediatamente após o pagamento da 13ª parcela.

Resposta: $ 410.874,56.

59. Messias obtém um financiamento de $ 240.000,00 para pagamento em 36 prestações mensais, iguais, vencíveis no final de cada mês. Sabendo-se que a taxa de juros é de 4% ao mês, calcular qual o percentual do valor financiado que ainda resta amortizar, após o pagamento da 6ª prestação; idem após o da 18ª e o da 30ª.

Respostas: 91% após o pagamento da 6ª.

67% após o pagamento da 18ª.

28% após o pagamento da 30ª.

60. Determinar quantos dólares (US$) eu deveria ter aplicado em 20 de dezembro de 1985 para que pudesse fazer retiradas de parcelas iguais de US$ 1.000 nos dias 20 de dezembro dos anos de 1991, 1992, 1993, 1994 e 1995, considerando uma taxa de juros de 12% ao ano, nas seguintes hipóteses:

a) após a retirada de 20 de dezembro de 1995, minha conta seria zerada;

b) após a última retirada, ainda me restariam 2.500 dólares.

Respostas: a) US$ 2.045,45; b) US$ 2.850,38.

61. A loja "A Heterogênea" financia uma compra no valor de $ 41.156,45, sem entrada, para pagamento em 18 prestações, sendo 9 de $ 3.000,00 e 9 de $ "X", pagas alternadamente, ou seja, $ 3.000,00 no final do 1º mês, $ "X" no final do 2º mês, $ 3.000,00 no 3º, $ "X" no 4º, e assim sucessivamente. Sabendo-se que a taxa cobrada pela loja é de 10% ao bimestre, calcular o valor da prestação da série de $ "X" cada uma.

Resposta: $ 4.000,00.

5.8.2 Sobre séries de pagamentos variáveis

1. Uma dívida foi liquidada em 4 prestações anuais de $ 37.551,02, $ 12.500,00, $ 113.800,00 e $ 97.300,00, respectivamente, vencíveis no final de cada ano. Sabendo-se que a taxa de juros cobrada foi de 40% a.a., calcular o valor da dívida.

Resposta: $ 100.000,00.

2. Qual o montante, no final de 4 anos, proporcionado pela aplicação de 48 parcelas realizadas no final de cada mês, crescentes de acordo com uma progressão aritmética de razão igual a $ 200,00, sabendo-se que a taxa de juros é de 3% ao mês e que o valor da primeira prestação é igual à razão da PA.

Resposta: $ 396.937,65.

3. Sabendo-se que o montante de $ 120.419,26 é proporcionado pela aplicação de parcelas mensais crescentes à razão de $ 475,00, à taxa de 2,5% ao mês, calcular o número de parcelas mensais, sabendo-se que o valor da primeira prestação é igual a razão da PA, que a primeira aplicação é feita no início do primeiro mês (momento "zero") e que a última é aplicada 30 dias antes do dia em que se calculou o montante acima.

Resposta: 20 parcelas.

4. A loja de automóveis Finauto Ltda. está vendendo um veículo "zero km", com $ 25.000,00 de entrada e mais 36 parcelas mensais crescentes segundo uma PA de razão igual a $ 500,00.

Sabendo-se que o valor da primeira prestação é de $ 4.700,00 e que a taxa cobrada pela loja é de 5% ao mês, calcular o valor-base à vista do carro.

Resposta: $ 206.082,06.

5. A Sra. Luísa obtém um empréstimo de $ 65.512,75 para ser liquidado em 12 prestações variáveis, que crescem segundo uma progressão aritmética, com vencimentos no final de cada mês. Sabendo-se que a taxa de juros cobrada no empréstimo é de 4,5% ao mês e que a primeira prestação é igual a $ 3.000,00 mais a razão da PA, calcular a razão dessa PA.

Resposta: $ 700,00.

6. Uma construtora está vendendo apartamentos por $ 1.500.000,00 à vista ou financiado, com recursos próprios, em 60 prestações mensais decrescentes, com $ 150.000,00 de entrada. Sabendo-se que as prestações decrescem linearmente a uma razão de $ 1.000,00 por mês e que a taxa de juros implícita no cálculo das prestações é de 3% ao mês, calcular o valor da primeira e da última prestação.

Respostas: $ 69.846,91 (primeira); $ 10.846,91 (última).

7. Uma dívida de $ 180.000,00 deverá ser liquidada em 10 prestações trimestrais, decrescentes segundo uma progressão aritmética de razão igual a $ 4.668,74, a serem pagas no final de cada trimestre. Sabendo-se que o valor da última prestação coincide com o valor da razão da PA, calcular a taxa de juros cobrada na operação.

Resposta: 10% ao trimestre.

8. Dois irmãos, Carlos e Norberto, resolvem fazer aplicações mensais num "fundo de renda fixa" que lhes assegura uma rentabilidade de 2,5% ao mês. Carlos propõe-se a aplicar $ 250,00 no final do 1º mês, $ 500,00 no final do 2º, $ 750,00 no final do 3º, e assim sucessivamente, até o 30º mês. Norberto aplicará as mesmas importâncias que Carlos, mas considerando os valores da série em sentido inverso, ou seja, $ 250,00 no final do 30º mês, $ 500,00 no final do 29º mês e assim por diante. Calcular os montantes das duas aplicações no final do 30º mês.

Respostas: $ 150.002,71 (montante das aplicações de Carlos); $ 190.243,24 (montante das aplicações de Norberto).

9. A revendedora "Carga Pesada S.A." está apresentando um plano *sui generis* para financiamento de um caminhão em 35 pagamentos mensais, sem entrada: prestações crescentes à razão de $ 1.500,00 por mês, da 1ª até a 18ª prestação, e decrescentes, à mesma razão, da 18ª até a 35ª. Sabendo-se que as prestações devem ser pagas no final de cada mês, que a taxa de juros cobrada é de 4% ao mês, que o valor da 1ª prestação, que é de $ 15.500,00, é igual ao valor da última (35ª), calcular o valor financiado (valor-base à vista).

Resposta: $ 511.306,77.

10. Armando obtém um empréstimo de $ 187.500,00, para pagamento em 15 parcelas mensais, crescentes de acordo com uma progressão aritmética. Sabendo-se que a taxa de juros cobrada pela instituição financeira é de 4,5% ao mês, que os vencimentos ocorrem no final de cada mês, que as prestações mensais são constituídas pela soma dos termos de uma série uniforme e de uma série em gradiente crescente, e que a razão dessa série é igual a 10% do valor do termo da série uniforme, calcular o valor da 1ª e da última prestação, e o valor da razão da progressão aritmética constituída pelas prestações.

Respostas: $ 11.175,75 (1ª prestação); $ 25.399,47 (última prestação); $ 1.015,98 (razão da PA).

6

SISTEMAS DE AMORTIZAÇÃO

Um sistema de amortização nada mais é do que um plano composto por pagamentos periódicos para liquidação de um empréstimo ou de um financiamento, de curto ou de longo prazo. O plano pode ser formado por apenas um pagamento ou por uma série de parcelas iguais ou diferentes, com periodicidade diária, quinzenal, mensal, trimestral, anual ou em períodos variáveis. Assim, embora uma dívida qualquer possa ser quitada de infinitas maneiras, apenas alguns desses planos têm sido utilizados de maneira generalizada no mundo financeiro. A seguir vamos apresentar e analisar os sistemas de amortização mais utilizados no Brasil e no mundo, que, não por coincidência, são também os mais citados nos livros e publicações que tratam de finanças.

6.1 SISTEMA DE PRESTAÇÕES IGUAIS (SPI)

O sistema de amortização em prestações iguais ou uniformes é seguramente o mais utilizado no mundo. E tanto no Brasil, como em vários outros países, esse plano também é conhecido por Sistema Francês de Amortização. Mas apenas no Brasil é chamado de Sistema Price ou Tabela Price.

Nesta edição é imperioso que se faça uma correção na história contida nas edições anteriores deste livro. Nelas afirmei: **"De acordo com o Professor Mário Geraldo Pereira,[1] a denominação 'Tabela Price' se deve ao nome do matemático, filósofo e teólogo inglês Richard Price, que viveu no século XVIII e que incorporou a teoria dos juros compostos às amortizações de empréstimos (ou financiamentos)."** Na verdade, parte dessa afirmação não tem fundamento: Richard Price nada teve a ver com a dedução da fórmula que calcula o valor das prestações de uma série de prestações iguais. Com base em longa pesquisa que fizemos, comprova-se que essa fórmula já era utilizada por volta dos séculos XII ou XIII, época em que as tabelas existiam na forma manuscrita; no ano de 1582 aparece a primeira tabela impressa, como se comprova no livro ***Magic is no Magic***

– ***The Wonderful Word of Simon Stevin,*** de autoria de Jozef T. Devreese e Guido Vanden Berghe; em 1726 o Banco da Inglaterra já utilizava essa mesma forma de cálculo, como também se pode comprovar através do trabalho ***Tables of Interest, Discount, Annuities, Etc.***, de autoria de John Smart; posteriormente, por volta de 1752, essas tabelas aparecem no livro ***The Doctrine of Chances***, *de autoria do* grande matemático e estatístico Abraham de Moivre; e quase vinte anos depois é que essas mesmas tabelas vão aparecer na primeira edição da obra escrita por Richard Price: ***Observations on Reversionary Payments and Annuities***. Na página 334 desse livro, consta que o próprio Richard Price, ao se referir às tabelas publicadas no apêndice do seu livro, assim escreveu (o texto já está traduzido para facilitar a compreensão do leitor): **"Estas tabelas podem ser encontradas na maioria dos livros que tratam de juro composto e anuidades; mas tem sido, neste trabalho, tantas vezes necessário consultá-las, que foi necessário poupar o leitor do trabalho de recorrer a outros livros por cauda delas".** Mais claro que isso, só isso!

Sobre essa parte histórica, ainda são necessárias duas observações importantes. A primeira é em defesa do professor e pesquisador Mário Geraldo Pereira,[1] que foi meu mestre na primeira metade da década de 60 do século passado na Universidade de São Paulo, curso de Ciências Econômicas, na cadeira Matemática Financeira. Nessa época as fontes de pesquisa se limitavam aos livros existentes nas bibliotecas, o que diferia muito das condições atuais, em que dispomos dos recursos ilimitados da internet, fato este que nos permitiu descrever com maiores detalhes parte da verdadeira história da chamada "Tabela Price". A outra observação diz respeito a algo que sempre me intrigou: por que a partir do período entre os anos 1937 e 1942 a fórmula para se obter o valor das prestações de uma série de pagamentos iguais passou a ser conhecida no Brasil como "Price". Aqui provavelmente o filósofo e teólogo Richard Price teve alguma coisa a ver com esse nome. A partir de alguma edição posterior à de 1771 ele passou a se referir a prestações mensais; e para tanto apenas elaborou tabelas em que a taxa utilizada era resultante da divisão da taxa anual por 12. E essas tabelas se tornaram populares entre nós somente meio século depois e denominadas Tabela Price. Assim, seguramente Richard Price não deu nenhuma contribuição importante para a dedução da fórmula utilizada universalmente para amortizar um empréstimo ou um financiamento em prestações iguais e sucessivas.

Vamos voltar ao sistema de prestações iguais (SPI). Essas prestações são calculadas com base na fórmula deduzida no Capítulo 5, dentro do conceito de termos vencidos ou postecipados, a saber:

$$R = P \times \frac{(1+i)^n \times i}{(1+I)^n - 1} \quad \text{ou} \quad R = P \times \text{FRC}\ (i, n)$$

Nesse sistema, as prestações podem ser mensais, trimestrais, semestrais ou anuais; basta que sejam iguais, periódicas, sucessivas e de termos postecipados. Também é importante que se esclareça que a Tabela Price não implica necessariamente taxas de juros de 1% ao mês (ou de 12% ao ano, como normalmente é indicado), podendo ser definida para qualquer taxa.

---

[1] PEREIRA, Mário Geraldo. *Plano básico de amortização pelo sistema francês e respectivo fator de conversão.* Dissertação (Doutorado) – FCEA, São Paulo, 1965.

O valor de cada prestação ou pagamento é composto por duas parcelas distintas: uma de capital (chamada de amortização) e outra de juros. A parcela de juros é obtida multiplicando-se a taxa de juros (mensal, trimestral, semestral ou anual) pelo saldo devedor existente no período imediatamente anterior (mês, trimestre, semestre ou ano); a parcela de amortização é determinada pela diferença entre o valor da prestação e o valor da parcela de juros. Assim, o valor da parcela de juros referente à primeira prestação de uma série de pagamentos mensais é igual à taxa mensal multiplicada pelo valor do capital emprestado ou financiado (que corresponde ao saldo devedor inicial).

Exemplo:

Calcular os valores das parcelas de juros e de amortização referentes à primeira prestação, de um empréstimo de $ 8.530,20, à taxa de 3% ao mês, para ser liquidado em 10 prestações iguais.

Solução:

a) Valor da prestação

$$R = 8.530,20 \times \frac{(1,03)^{10} \times 0,03}{(1,03)^{10} - 1} = 8.530,20 \times 0,11723 = 1.000,00$$

em que o fator ou coeficiente 0,11723 é indicado simbolicamente pela expressão FRC(3%, 10), normalmente encontrada nas tabelas publicadas na maioria dos livros de matemática financeira.

b) Valor da parcela de juros (*J*)

$$J = P \times i = 0,03 \times 8.530,20 = 255,91$$

c) Valor da parcela de amortização (*A*)

$$A = R - J = 1.000,00 - 255,91 = 744,09$$

Para que possamos determinar os valores das parcelas de juros e das parcelas de amortização correspondentes às demais prestações, é necessário fazer como segue:

J_t = parcela de juros referente ao período de ordem t ($t = 1, 2, 3,..., n$)

A_t = parcela de amortização referente ao período de ordem t ($t = 1, 2, 3,..., n$)

P_t = Saldo devedor referente ao período de ordem t ($t = 0, 1, 2, 3,..., n - 1$)

Assim, o valor da parcela de juros referente à primeira prestação será representado por J_1, da segunda por J_2, da quinta por J_5 e assim sucessivamente; idem para as parcelas de amortização. Quanto ao saldo devedor, o saldo inicial será representado por P_0; o saldo devedor no final do primeiro período, após a dedução da primeira amortização (A_1), será representado por P_1; o saldo devedor no final do segundo período após a dedução da segunda amortização por P_2; e assim por diante.

Voltemos ao exemplo em pauta para calcular as parcelas de juros e amortização referentes à segunda prestação.

$$J_2 = i \times P_1$$

$$P_1 = P_0 - A_1 = 8.530,20 - 744,09 = 7.786,11$$

$$J_2 = 0{,}03 \times 7.786{,}11 = 233{,}58$$
$$A_2 = R - J_2 = 1.000{,}00 - 233{,}58 = 766{,}42$$

Para a terceira prestação:

$$J_3 = i \times P_2$$
$$P_2 = P_1 - A_2 = 7.786{,}11 - 766{,}42 = 7.019{,}69$$
$$J_3 = 0{,}03 \times 7.019{,}69 = 210{,}59$$

Operando da mesma forma para as demais prestações, teremos os valores resumidos na Tabela 6.1 para a série de 10 prestações, que vamos denominar *plano de pagamento do empréstimo.*

Tabela 6.1 Plano de pagamento do empréstimo: sistema francês

t	Saldo devedor (P_t)	Amortização (A_t)	Juros (J_t)	Prestação (R)
0	8.530,20	–	–	–
1	7.786,11	744,09	255,91	1.000,00
2	7.019,69	766,42	233,58	1.000,00
3	6.230,28	789,41	210,59	1.000,00
4	5.417,19	813,09	186,91	1.000,00
5	4.579,71	837,48	162,52	1.000,00
6	3.717,10	862,61	137,39	1.000,00
7	2.828,61	888,49	111,51	1.000,00
8	1.913,47	915,14	84,86	1.000,00
9	970,87	942,60	57,40	1.000,00
10	–	970,87	29,13	1.000,00
TOTAL	**–**	**8.530,20**	**1.469,80**	**10.000,00**

Observa-se através da tabela acima que as parcelas de amortização crescem exponencialmente à razão de 1,03. Conhecidos o valor do empréstimo, a taxa de juros e o número de prestações, poder-se-á deduzir uma série de relações matemáticas importantes. Vamos inicialmente apresentar tais relações para em seguida aplicá-las ao exemplo dado.

1. Valor da prestação:

$$R = P_0 \times \text{FRC } (i, n)$$

2. Valor do saldo devedor de ordem *t:*

$$P_t = R \times \text{FVA } (i, n - t)$$

3. Valor do saldo devedor de ordem $t - 1$:

$$P_{t-1} = R \times \text{FVA } (i, n - t + 1)$$

4. Valor da parcela de juros de ordem *t:*

$$J_t = i \times P_{t-1} = i \times R \times \text{FVA}\ (i, n - t + 1)$$

5. Valor da primeira parcela de amortização:

$$A_1 = R - i \times P_0$$

6. Valor da parcela de amortização de ordem *t:*

$$A_t = A_1\ (1 + i)^{t-1}$$

7. Valor das amortizações acumuladas até o período de ordem *t* (a partir da 1ª):

$$\sum_{h=1}^{t} A_h = R\left[\text{FVA}\ (i, n) - \text{FVA}\ (i, n - t)\right]$$

8. Valor das amortizações acumuladas entre os períodos de ordem *t* e *t* + *k*:

$$\sum_{h=t+1}^{t} A_h = R\left[\text{FVA}\ (i, n - t) - \text{FVA}\ (i, n - t - k)\right],$$

em que *k* representa o número de parcelas de amortizações compreendidas no intervalo considerado.

9. Valor dos juros acumulados até o período de ordem *t* (a partir da 1ª):

$$\sum_{h=1}^{t} J_h = R \times t - \sum_{h=1}^{t} A_h = R \times t - R\left[\text{FVA}\ (i, n) - \text{FVA}\ (i, n - t)\right]$$

$$\sum_{h=1}^{t} J_h = R\left[t - \text{FVA}\ (i, n) + \text{FVA}\ (i, n - t)\right]$$

10. Valor dos juros acumulados entre os períodos de ordem *t* e *t* + *k*:

$$\sum_{h=t+1}^{t+k} J_h = R \times k - \sum_{h=t+1}^{t+k} A_h = R \times k - R\left[\text{FVA}\ (i, n - t) - \text{FVA}\ (i, n - t - k)\right]$$

$$\sum_{h=t+1}^{t+k} J_h = R\left[k - \text{FVA}\ (i, n - t) + \text{FVA}\ (i, n - t - k)\right]$$

Vamos agora verificar se a partir das fórmulas discriminadas podemos realmente obter os dados transcritos na Tabela 8.1. Para tanto, vamos partir dos dados contidos no enunciado do problema anterior, ou seja, $P_0 = 8.530{,}20$, $n = 10$ e $i = 3\%$.

Exemplos:

1. Calcular o valor do saldo devedor existente no final do 6º mês (após o pagamento da 6ª prestação).

Solução: $P_t = R \times \text{FVA}\ (i, n - t)$

$P_6 = R \times \text{FVA}\ (3\%, 10 - 6)$

$$R = P_0 \times \text{FRC}\ (i, n) = 8.530{,}20 \times \text{FRC}\ (3\%,10)$$
$$R = 8.530{,}20 \times 0{,}11723 = 1.000{,}00$$
$$P_6 = 1.000{,}00 \times \text{FVA}\ (3\%,4) = 1.000{,}00 \times 3{,}71710 = 3.717{,}10,$$

valor esse que confere com o transcrito na Tabela 6.1.

2. Calcular o valor da parcela de juros correspondente à 4ª prestação.

Solução:

$$J_1 = i \times R \times \text{FVA}\ (i, n - t + 1)$$
$$J_4 = 0{,}03 \times 1.000{,}00 \times \text{FVA}\ (3\%,\ 10 - 4 + 1) = 30{,}00 \times \text{FVA}(3\%,7)$$
$$J_4 = 30{,}00 \times 6{,}23028 = 186{,}91$$

que também coincide com o valor da parcela de juros correspondente ao plano de pagamentos conhecido.

3. Calcular o valor da parcela de amortização correspondente à 5ª prestação.

Solução:

$$A_t = A_1\ (1 + i)\ t - 1$$
$$A_1 = R - i \times P_0 = 1.000{,}00 - 0{,}03 \times 8.530{,}20 = 744{,}09$$
$$A_5 = 744{,}09 \times (1{,}03)^4 = 744{,}09 \times 1{,}12551 = 837{,}48$$

Tanto o valor de A_1 quanto o valor de A_5 conferem com os valores que se encontram na Tabela 6.1.

Nota: Podemos observar, pelos valores contidos na coluna "Amortização (A_t)", da tabela mencionada, que as parcelas de amortização crescem a uma taxa de 3%, ou seja,

$$P_2 = P_1\ (1{,}03),\ P_3 = P_2\ (1{,}03),\ P_4 = P_3\ (1{,}03),\ ...,\ P_{10} = P_9\ (1{,}03)$$

Facilmente pode-se deduzir que $P_3 = P_1\ (1{,}03)^2$, $P_4 = P_1\ (1{,}03)^3$, ... $P_{10} = P_1\ (1{,}03)^9$

4. Calcular o valor das amortizações acumuladas até o 4º mês, ou seja, a soma das parcelas correspondentes às quatro primeiras prestações.

Solução:

$$\sum_{h=1}^{t} A_h = R\left[\text{FVA}\ (i, n) - \text{FVA}\ (i, n - t)\right]$$

$$\sum_{h=1}^{4} A_h = 1.000{,}00\left[\text{FVA}\ (3\%,\ 10) - \text{FVA}\ (3\%,\ 10 - 4)\right]$$

$$\sum_{h=1}^{4} A_h = 1.000{,}00\ (8{,}53020 - 5{,}41719) = 3.113{,}01$$

Vamos conferir com os valores contidos no plano de pagamentos do empréstimo.

$$\sum_{h=1}^{4} A_h = A_1 + A_2 + A_3 + A_4 = 744{,}09 + 766{,}42 + 789{,}41 + 813{,}09 = 3.113{,}01$$

5. Calcular o valor de juros acumulados até a 4ª prestação.

Solução:

$$\sum_{h=1}^{t} J_h = t \times R - \sum_{h=1}^{t} A_h$$

$$\sum_{h=1}^{4} J_h = 4 \times 1.000{,}00 - \sum_{h=1}^{4} A_h = 4.000{,}00 - 3.113{,}01 = 886{,}99$$

Vamos conferir com os valores da Tabela 8.1.

$$\sum_{h=1}^{4} J_h = J_1 + J_2 + J_3 + J_4 = 255{,}91 + 223{,}58 + 210{,}59 + 186{,}91 = 886{,}99$$

6. Calcular o valor dos juros acumulados entre o sexto e o nono mês, ou seja, entre a sexta e a nona prestação.

Nota: Ao mencionar "entre a sexta e a nona prestação", entende-se a sexta exclusive e a nona inclusive.

Solução:

$$\sum_{h=t+1}^{t+k} J_h = R \times k - \sum_{h=t+1}^{t+k} A_h$$

Vamos solucionar esse problema por partes , ou seja, primeiramente determinaremos o valor acumulado das amortizações e posteriormente o valor dos juros.

$$\sum_{h=t+1}^{t+k} A_h = R\left[\text{FVA}\,(i, n-t) - \text{FVA}\,(i, n-t-k)\right]$$

$k = 3$ e $t = 6$

$$\sum_{h=6+1}^{6+3} A_h = 1.000{,}00\left[\text{FVA}\,(3\%, 10-6) - \text{FVA}\,(3\%, 10-6-3)\right]$$

$$\sum_{h=7}^{9} A_h = 1.000{,}00\left[\text{FVA}\,(3\%, 4) - \text{FVA}\,(3\%, 1)\right]$$

$$\sum_{h=7}^{9} A_h = 1.000{,}00\,(3{,}71710 - 0{,}97087) = 1.000{,}00 \times 2{,}74623 = 2.746{,}23$$

Vamos conferir com o plano de pagamentos:

$$\sum_{h=7}^{9} A_h = A_7 + A_8 + A_9 = 889{,}49 + 915{,}14 + 942{,}60 = 2.746{,}23$$

Valor dos juros:

$$\sum_{h=7}^{9} A_h = k \times R - \sum_{h=7}^{9} A_h = 3 \times 1.000{,}00 - 2.746{,}23 = 253{,}77$$

Conferindo:

$$\sum_{h=7}^{9} J_h = J_7 + J_8 + J_9 = 111{,}51 + 84{,}36 + 57{,}40 = 253{,}77$$

Outros exemplos

1. Calcular o saldo devedor de um empréstimo de \$ 100.000,00, feito em 24 prestações mensais e iguais, à taxa de 3,5% ao mês, após o pagamento da 13ª prestação.

Solução: $P_t = R \times \text{FVA}\,(i, n-t)$

$$P_{13} = R \times \text{FVA}\,(3{,}5\%,\, 24 - 13)$$

$$R = P_0 \times \text{FRC}\,(i\,,n) = 100.000{,}00 \times \text{FRC}\,(3{,}5\%,\, 24)$$

$$R = 100.000{,}00 \times 0{,}06227 = 6.227{,}00$$

$$P_{13} = 6.227{,}00 \times \text{FVA}\,(3{,}5\%,\, 11) = 6.227{,}00 \times 9{,}00155 = 56.052{,}65$$

2. Calcular o valor da parcela de amortização referente à 12ª prestação do empréstimo referido no exemplo anterior.

Solução:

$$A_t = A_1\,(1 + i)^{t-1}$$

$$A_{12} = A_1\,(1{,}035)^{11}$$

$$A_1 = R - i \times P_0 = 6.227{,}00 - 0{,}035 \times 100.000{,}00 = 6.227{,}00 - 3.500{,}00 = 2.727{,}00$$

$$A_{12} = 2.727{,}00\,(1{,}035)^{11} = 2.727{,}00 \times 1{,}45997 = 3.981{,}34$$

3. Calcular o valor dos juros acumulados entre a 84ª e 96ª prestação, correspondentes a um empréstimo de $ 3.500 mil, à taxa de 1% ao mês, para pagamento em 120 prestações mensais e iguais.

Solução:

$$\sum_{h=t+1}^{t+k} J_h = k \times R - \sum_{h=t+1}^{t+k} A_h = R\left[k - \text{FVA}\,(i, n - t) + \text{FVA}\,(i, n - t - k)\right]$$

Inicialmente, solucionar o problema por partes, como segue (em $ 1.000,00).

a) Valor das prestações

$$R = P_0 \times \text{FRC}\,(i, n - t) = 3.500{,}00 \times \text{FRC}\,(1\%,\, 120)$$

$$R = 3.500{,}00 \times 0{,}001435 = 50{,}225 \text{ mil}$$

b) Valor das amortizações acumuladas

$$\sum_{h=t+1}^{t+k} A_h = R\left[\text{FVA}\,(i, n - t) - \text{FVA}\,(i, n - t - k)\right]$$

$$n = 120 \qquad t = 84 \qquad k = 12$$

$$\sum_{h=85}^{96} A_h = 50{,}225\left[\text{FVA}\,(1\%,\, 36) - \text{FVA}\,(1\%,\, 24)\right]$$

$$\sum_{h=85}^{96} A_h = 50{,}225\,(30{,}10751 - 21{,}24339) = 50{,}225 \times 8{,}86412 = 445{,}200 \text{ mil}$$

c) Valor dos juros acumulados

$$\sum_{h=85}^{94} J_h = \text{k} \times R - \sum_{h=85}^{94} A_h = 12 \times 50{,}225 - 445{,}200 = 157{,}500 \text{ mil}$$

Utilizando a fórmula racionalizada

$$\sum_{h=t+1}^{t+k} J_h = R\left[k - \text{FVA}\,(i, n - t) + \text{FVA}\,(i, n - t - k)\right]$$

$$\sum_{h=86}^{95} J_h = 50{,}225\,(12 - 30{,}10751 + 21{,}24339) = 157{,}500 \text{ mil}$$

4. Um empréstimo de \$ 200.000,00 é concedido para ser pago em 20 prestações trimestrais. Sabendo-se que a taxa de juros é de 10% ao trimestre, calcular:

a) o saldo devedor após o pagamento da 10ª prestação;

b) o valor total das amortizações feitas até a época do pagamento acima.

Solução:

a) Saldo devedor após o pagamento da 10ª prestação

$$P_t = R \times \text{FVA}\,(i, n - t)$$

$$R = P_0 - \text{FRC}\,(i, n) = 200.000{,}00 \times \text{FRC}\,(10\%, 20)$$

$$R = 20.000{,}00 \times 0{,}11746 = 23.492{,}00$$

$$P_{10} = 23.492{,}00 \times \text{FVA}\,(10\%, 10)$$

$$P_{10} = 23.492{,}00 \times 6{,}14457 = 144.348{,}24$$

b) Valor total das amortizações feitas até a 10ª prestação (inclusive)

$$\sum_{h=1}^{t} A_h = R\left[\text{FVA}\,(i, n) - \text{FVA}\,(i, n - t)\right]$$

$$\sum_{h=1}^{10} A_h = 23.492{,}00\left[\text{FVA}\,(10\%, 20) - \text{FVA}\,(10\%, 10)\right]$$

$$\sum_{h=1}^{10} A_h = 23.492{,}00\,(8{,}51356 - 6{,}14457) = 23.492{,}00 \times 2{,}36899 = 55.652{,}31$$

Observação:

A solução deste problema poderia ser obtida mais facilmente subtraindo-se do valor financiado o valor do saldo devedor existente após o pagamento da 10ª prestação. Assim, temos:

$$\sum_{h=1}^{10} A_h = P_0 - P_{10} = 200.000{,}00 - 144.384{,}24 = 55.651{,}75$$

(A pequena diferença no resultado deve-se a problema de arredondamento.)

5. No dia 31-07-2014 uma empresa firmou um contrato de financiamento de capital de giro no valor de \$ 1.500.000,00, para ser liquidado em 18 prestações mensais e iguais de \$ 116.094,93, com vencimento para o último dia de cada mês. Sabendo-se que a empresa encerra seus balanços no dia 31 de dezembro de cada ano, determinar o total de juros pagos e contabilizados nos exercícios de 2014, 2015 e 2016.

Solução:

a) Determinação da taxa de juros

$$P_0 = R \times \text{FVA}\,(i, n) \quad \Rightarrow \quad \text{FVA}\,(i, n) = \frac{P_0}{R}$$

$$\text{FVA}\,(i, 18) = \frac{1.500.000{,}00}{116.094{,}93} = 12{,}92046$$

Por tentativa e erro, ou com o auxílio de uma calculadora financeira, obtém-se: i= 3,75%.

b) Juros pagos e contabilizados em 2014

Nesse ano foram pagas 5 prestações. Portanto, $t = 5$

$$\sum_{h=1}^{t} J_h = R\left[t - \text{FVA}(i, n) + \text{FVA}(i, n-t)\right]$$

$$\sum_{h=1}^{5} J_h = 116.094{,}93\left[5 - \text{FVA}(3{,}75\%, 18) + \text{FVA}(3{,}75\%, 13)\right]$$

$$\sum_{h=1}^{5} J_h = 116.094{,}93\left[5 - 12{,}92046 + 10{,}14236)\right]$$

$$\sum_{h=1}^{5} J_h = 116.094{,}93 \times 2{,}22190 = 257.951{,}33$$

c) Juros pagos e contabilizados em 2015

Em 2015 foram pagas 12 prestações (da 6ª inclusive até a 17ª inclusive). Para $t = 5$ e $k = 12$.

$$\sum_{h=t+1}^{t+k} J_h = R\left[k - \text{FVA}(i, n-t) + \text{FVA}(i, n-t-k)\right]$$

$$\sum_{h=6}^{17} J_h = 116.094{,}93\left[12 - \text{FVA}(3{,}75\%, 13) + \text{FVA}(3{,}75\%, 1)\right]$$

$$\sum_{h=6}^{17} J_h = 116.094{,}93\,(12 - 10{,}14236 + 0{,}96386)$$

$$\sum_{h=6}^{17} J_h = 116.094{,}93 \times 2{,}82150 = 327.561{,}85$$

d) Juros pagos e contabilizados em 2016

Apenas uma prestação foi paga e contabilizada em 2016. O valor dos juros referentes à última prestação pode ser obtido por diferença como segue:

$$\text{JUROS TOTAIS} = 18 \times 116.094{,}93 - 1.500.000{,}00 = 589.708{,}74$$

Parcelas de juros referentes à 18ª prestação:

$$J_{18} = \text{Juros totais} - \text{juros pagos em 2014 e 2015.}$$
$$J_{18} = 589.708{,}74 - 257.951{,}33 - 327.561{,}85 = 4.195{,}56.$$

Vamos conferir esse resultado utilizando a fórmula específica:

$$J_t = P_{t-1} \times i \Rightarrow J_{18} = P_{17} \times i$$

$$P_t = R \times \text{FVA}(i, n-t)$$

$$P_{17} = 116.094{,}93 \times \text{FVA}(3{,}75\%, 1) = 116.094{,}93 \times 0{,}96386 = 111.899{,}26$$

$$J_{18} = P_{17} \times i = 111.899{,}26 \times 0{,}0375 = 4.196{,}22 \cong 4.195{,}56$$

6.2 SISTEMA DE AMORTIZAÇÃO CONSTANTE (SAC)

Este sistema é extremamente simples. Sua denominação deriva da sua principal característica, ou seja, as amortizações periódicas são todas iguais ou constantes. O SAC consiste em um plano de amortização de uma dívida em prestações periódicas, sucessivas e decrescentes em progressão aritmética, dentro do conceito de termos vencidos, em que o valor de cada prestação é composto por uma parcela de juros e outra de capital, chamada de amortização.

Os valores das prestações são facilmente calculados.

A parcela de capital é obtida dividindo-se o valor do empréstimo (ou financiamento) pelo número de prestações, enquanto o valor da parcela de juros é determinado multiplicando-se a taxa de juros pelo saldo devedor existente no período imediatamente anterior.

Exemplo:

Elaborar um plano de pagamentos, com base no Sistema de Amortização Constante, correspondente a um empréstimo de $ 100.000,00, à taxa de 3% ao mês, a ser liquidado em 10 prestações mensais.

Solução:

$$\text{Amortização constante} = A = \frac{P_0}{n} = \frac{100.000,00}{10} = 10.000,00$$

1ª prestação = $R_1 = A + J_1 = 10.000,00 + 0,03 \times 100.000,00$

$R_1 = 10.000,00 + 3.000,00 = 13.000,00$

2ª prestação = $R_2 = A + J_2 = 10.000,00 + 0,03 \times 90.000,00$

$R_2 = 10.000,00 + 2.700,00 = 12.700,00$,

em que o valor de $ 90.000,00 refere-se ao saldo devedor existente no período imediatamente anterior, após o pagamento da 1ª parcela de amortização de $ 10.000,00.

3ª prestação = $R_3 = A + J_3 = 10.000,00 + 0,03 \times 80.000,00$

$R_3 = 10.000,00 + 2.400,00 = 12.400,00$.

e assim sucessivamente até a 10ª prestação.

A Tabela 6.2 apresenta o plano global de pagamentos com os valores das prestações desdobrados em amortizações e juros.

Tabela 6.2 Plano de pagamento do empréstimo: sistema SAC.

t	Saldo devedor (P_t)	Amortizações constantes (A)	Juros (J_t)	Prestações (R_t)
0	100.000,00	–	–	–
1	90.000,00	10.000,00	3.000,00	13.000,00
2	80.000,00	10.000,00	2.700,00	12.700,00
3	70.000,00	10.000,00	2.400,00	12.400,00
4	60.000,00	10.000,00	2.100,00	12.100,00
5	50.000,00	10.000,00	1.800,00	11.800,00
6	40.000,00	10.000,00	1.500,00	11.500,00
7	30.000,00	10.000,00	1.200,00	11.200,00
8	20.000,00	10.000,00	900,00	10.900,00
9	10.000,00	10.000,00	600,00	10.600,00
10	–	10.000,00	300,00	10.300,00
TOTAL	**–**	**10.000,00**	**16.500,00**	**116.500,00**

Analisando a Tabela 6.2, podemos verificar que as prestações decrescem a uma razão constante de $ 300,00, razão essa dada pela multiplicação da taxa pela amortização constante, ou seja, 0,03 × 10.000,00 = 300,00.

No SAC, as seguintes relações são importantes:

1. Valor da amortização constante

   $A = \frac{P_0}{n}$, em que P_0 é o valor do empréstimo ou financiamento (saldo devedor inicial) e n o número de pagamentos ou prestações.

2. Valor do saldo devedor de ordem t.

   $P_t = A\,(n - t)$

3. Valor do saldo devedor de ordem $t - 1$.

   $P_{t-1} = P_1 + A = A\,(n - t) + A = A\,(n - t + 1)$

4. Valor da parcela de juros de ordem t.

   $J_t = i \times P_{t-1} = i \times A\,(n - t + 1)$

5. Valor da prestação de ordem t.

   $R_t = A + J_t = A + i \times P_{t-1} = A + i \times A\,(n - t + 1)$

   $R_t = A\,[\,1 + i\,(n - t + 1)]$

6. Razão da Progressão Aritmética decrescente representada pelos valores das prestações.

   $r = i \times A$

7. Valor da prestação de ordem t (em função de R_1 e r).

   $R_1 = R_1 - (t - 1)\,r$

8. Soma das amortizações acumuladas do 1° período até o período de ordem t.

   $A = t \times A$, ou seja, a soma das amortizações é obtida pela multiplicação do número de prestações existentes até o período t pelo valor da amortização constante.

9. Soma das amortizações compreendidas entre os períodos de ordem t (exclusive) e $t + k$ (inclusive).

   $A = k \times A$, ou seja, a soma das amortizações é obtida multiplicando-se o número de prestações existentes entre os dois períodos pelo valor da amortização constante.

10. Soma dos juros acumulados do 1º período até o período de ordem t.

$$\sum_{h=1}^{t} J_h = i \times A \times t \times \frac{(2n - t + 1)}{2}$$

11. Soma dos juros compreendidos entre os períodos de ordem t (exclusive) e $t + k$ (inclusive).

$$\sum_{h=t+1}^{t+k} J_h = i \times A \times k \times \frac{[2(n-t)-k+1]}{2} = i \times A \times k\left(n - t - \frac{k-1}{2}\right)$$

12. Soma das prestações acumuladas do 1º período até o período de ordem t.

$$\sum_{h=1}^{t} R_h = A \times t + i \times A \times t \times \frac{(2n-t+1)}{2} = A \times t\left[1 + i \times \frac{(2n-t+1)}{2}\right]$$

13. Soma das prestações compreendidas ente os períodos de ordem t (exclusive) e $t + k$ (inclusive).

$$\sum_{h=t+1}^{t+k} R_h = A \times k + i \times A \times k \times \frac{[2\,(n-t)-k+1]}{2} =$$

$$= A \times k\left\{1 + i \times \frac{[2\,(n-t)-k+1]}{2}\right\} = A \times k\left[1 + i\left(n - t - \frac{k-1}{2}\right)\right]$$

Podemos verificar agora que os valores determinados com base nas relações dadas realmente conferem com aqueles estampados na tabela representativa do plano de pagamentos, correspondente ao exemplo anterior.

1. **Determinar o saldo devedor após o pagamento da 8ª prestação (saldo devedor de ordem $t = 8$).**

$P_t = A\,(n - t)$

$P_8 = 10.000{,}00 \times (10 - 8) = 20.000{,}00$

2. **Determinar o valor da parcela de juros correspondente à 5ª prestação (juros de ordem $t = 5$).**

$J_t = i \times A\,(n - t + 1)$

$J_5 = 0{,}03 \times 10.000{,}00\,(10 - 5 + 1) = 1.800{,}00$

3. **Determinar o valor da 7ª prestação (prestação de ordem $t = 7$).**

$R_t = A\,[\,1 + i\,(n - t + 1)$

$R_7 = 10.000{,}00\,[\,1 + 0{,}03\,(10 - 7 + 1) = 11.200{,}00$

Esse valor também pode ser determinado a partir do valor da 1ª prestação e da razão r:

$R_1 = A + i \times P_0 = 10.000{,}00 + 0{,}03 \times 100.000{,}00 = 13.000{,}00$

$r = i \times A = 0{,}03 \times 10.000{,}00 = 300{,}00$

$R_t = R_1 - (t - 1)\,r = 13.000{,}00 - (7 - 1) \times 300{,}00 = 11.200{,}00$

4. **Determinar a soma das amortizações correspondentes às quatro primeiras prestações:**

$$\sum_{h=1}^{t} A_h = t \times A$$

$$\sum_{h=1}^{4} A_h = 4 \times A = 4 \times 10.000{,}00 = 40.000{,}00$$

5. **Determinar a soma das amortizações compreendidas entre a 3ª (exclusive) e a 8ª prestação (inclusive).**

$$\sum_{h=1}^{t} A_h = k \times A = 5 \times 10.000{,}00 = 50.000{,}00$$

6. **Determinar a soma dos juros correspondentes às seis primeiras prestações.**

$$\sum_{h=1}^{t} J_h = i \times A \times t \times \frac{(2n - t + 1)}{2}$$

$$\sum_{h=1}^{6} J_h = 0{,}03 \times 10.00000 \times 6 \ \frac{(2 \times 10 - 6 + 1)}{2} = 13.500{,}00$$

Vamos conferir aplicando os valores contidos no plano de pagamentos transcrito anteriormente.

$$\sum_{h=1}^{6} J_h = J_1 + J_2 + ... + J_6 = 3.000{,}00 + 2.700{,}00 + 2.400{,}00 + 2.100{,}00 + 1.800{,}00 + 1.500{,}00 = 13.500{,}00$$

7. **Determinar a soma dos juros compreendidos entre a 5ª prestação (exclusive) e a 8ª (inclusive).**

$$\sum_{h=t+1}^{t+k} J_h = i \times A \times k \times \frac{[2\,(n - t) - k + 1]}{2} =$$

$$\sum_{h=6}^{8} J_h = 0{,}03 \times 10.000{,}00 \times 3 \times \frac{[2\,(10 - 5) - 3 + 1]}{2} = 3.600{,}00$$

Vamos conferir:

$$\sum_{h=6}^{8} J_h = J_6 + J_7 + J_8 = 1.500{,}00 + 1.200{,}00 + 900{,}00 = 3.600{,}00$$

8. **Determinar a soma das três primeiras prestações.**

$$\sum_{h=1}^{t} R_h = A \times t \left[1 + i \times \frac{(2n - t + 1)}{2}\right]$$

$$\sum_{h=1}^{3} R_h = 10.000{,}00 \times 3 \left[1 + 0{,}03 \times \frac{(2 \times 10 - 3 + 1)}{2}\right] = 38.100{,}00$$

Conferindo:

$$\sum_{h=1}^{3} R_h = R_1 + R_2 + R_3 = 13.000{,}00 + 12.700{,}00 + 12.400{,}00 = 38.100{,}00$$

9. Determinar a soma das prestações compreendidas entre a 2ª (exclusive)

$$\sum_{h=t+1}^{t+k} R_h = A \times k \left\{ 1 + i \times \frac{[2(n-t) - k + 1]}{2} \right\}$$

$$\sum_{h=3}^{6} R_h = 10.000{,}00 \times 4 \left\{ 1 + \frac{0{,}03[2(10-2) - 4 + 1]}{2} \right\} = 47.800{,}00$$

Conferindo:

$$\sum_{h=3}^{6} R_h = R_3 + R_4 + R_5 + R_6 = 12.400{,}00 + 12.100{,}00 + 11.800{,}00 + 11.500{,}00 = 47.800{,}00$$

10. Determinar a soma das prestações compreendidas entre a 5ª e a 7ª, ambas incluídas.

Observação: Quando o problema é apresentado dessa forma, a prestação de ordem *t* passa, automaticamente, a ser a 4ª (no caso do exemplo).

$$\sum_{h=5}^{7} R_h = 10.000{,}00 \times 3 \left\{ 1 + \frac{0{,}03[2(10-4) - 3 + 1]}{2} \right\} = 34.500{,}00$$

Conferindo:

$$\sum_{h=5}^{7} R_h = R_5 + R_6 + R_7 = 11.800{,}00 + 11.500{,}00 + 11.200{,}00 = 34.500{,}00$$

Vamos apresentar e resolver outros exemplos, a fim de que possamos melhor entender e fixar os conceitos dados.

1. Um apartamento é vendido por $ 1.500.000,00, sendo $ 300.000,00 de entrada e o restante em 60 prestações mensais, à taxa de 2,5% ao mês, pelo Sistema de Amortização Constante. Calcular:

a) o valor da 1ª e da última prestação;

b) o valor do decréscimo mensal das prestações;

c) o valor das parcelas de juros referentes à 37ª e à 38ª prestações;

d) o somatório da 41ª até a 50ª prestação (ambos os limites incluídos);

e) o total de juros a ser pago até a liquidação do débito.

Solução:

a) Valor da 1ª e da última prestação

$$R_t = A\,[1 + i\,(n - t + 1)]$$

$$A = \frac{P_0}{n}$$

P_0 = valor financiado = valor do imóvel – entrada

$P_0 = 1.500{,}00 - 300.000{,}00 = 1.200.000{,}00$

$$A = \frac{1.200.000,00}{60} = 20.000,00$$

$$R_1 = 20.000,00\,[1 + 0,025\,(60 - 1 + 1)] =$$

$$R_1 = 20.000,00 \times 2,5 = 50.000,00$$

$$R_{60} = 20.000,00\,[1 + 0,025\,(60 - 60 + 1)] =$$

$$R_{60} = 20.000,00 \times 1,025 = 20.500,00$$

Observação: O valor de R_1 também poderia ser obtido a partir da seguinte equação:

b) Valor do decréscimo mensal das prestações

$$r = i \times A = 0,025 \times 20.000,00 = 500,00$$

c) Valor das parcelas de juros referentes à 37ª e à 38ª prestações

$$J_t = i \times A\,(n - t + 1)$$

$$J_{37} = 0,025 \times 20.000,00\,(60 - 37 + 1) = 12.000,00$$

$$J_{39} = 0,025 \times 20.000,00\,(60 - 38 + 1) = 11.500,00$$

Observação: Como o valor de qualquer prestação é igual ao valor da anterior deduzida da razão, poderíamos achar o valor da 38ª prestação como segue:

$$J_{38} = J_{37} - r = 12.000,00 - 500,00 = 11.500,00$$

d) Somatório da 41ª até a 50ª prestação (ambos os limites incluídos)

$$\sum_{h=t+1}^{t+k} R_h = A \times k \left\{ 1 + i \times \frac{[2(n-t) - k + 1]}{2} \right\}$$

$$\sum_{h=41}^{50} R_h = 20.000,00 \times 10 \left\{ 1 + \frac{0,025\,[2(60 - 40) - 10 + 1)]}{2} \right\} = 277.500,00$$

e) Total dos juros a ser pago até a liquidação do débito

$$\sum_{h=1}^{t} J_h = i \times A \times t \times \frac{(2n - t + 1)}{2}$$

$$\sum_{h=1}^{60} J_h = 0,25 \times 20.000,00 \times 60 \times \frac{(2 \times 60 - 60 + 1)}{2} = 915.000,00$$

Observação: Os valores das parcelas de juros decrescem de acordo com uma progressão aritmética; neste caso, temos uma PA de 60 termos, de razão igual a \$ 500,00, cujo primeiro termo é igual a \$ 30.000,00 e o último é igual a \$ 500,00. Para encontrar a solução deste item, podemos utilizar a fórmula que nos dá a soma de uma PA, como segue:

$$S_{PA} = \frac{(a_1 + a_n)n}{2}, \text{ em que}$$

$$a_1 = \text{primeiro termo} = R_1 = 30.000,00$$

a_n = último termo = R_{60} = 500,00

n = número de termos = 60

$$S_{PA} = \frac{(30.000,00 + 500,00)}{2} \times 60 = 915.000,00$$

Igualmente, podemos obter o valor de qualquer prestação ou de qualquer parcela de juros a partir da fórmula geral $a_n = a_1 - (n - 1)\, r$, definida para uma progressão aritmética decrescente. Adaptando a fórmula citada às nossas variáveis, teremos:

Exemplo:

$$R_t = R_1 - (t - 1)\, r$$
$$J_t = J_1 - (t - 1)\, r$$

Calcular a parcela de juros referente à 37ª prestação (cuja solução conhecemos).

$$J_{37} = 30.000,00 - (37 - 1) \times 500,00 = 12.000,00$$

2. Uma empresa de crédito imobiliário concede um empréstimo de \$ 2.700.000,00, cobrando uma taxa de 1% ao mês. Sabendo-se que o valor da 1ª prestação é de \$ 42.000,00 e que o sistema de amortização é o SAC, determinar o número de prestações mensais e o somatório do valor das prestações do plano.

Solução:

a) Número de prestações mensais

Sabendo que

$$P_0 = 2.700.000,00;\ R_1 = 42.000,00;\ i = 1\%$$

$$R_1 = A + J_1 = \frac{P_0}{n} + i \times P_0, \text{ temos:}$$

$$R_1 = 42.000,00 = \frac{2.700.000,00}{n} + 0,01 \times 2.700.000,00 \Rightarrow n = 180$$

b) Somatório do valor das prestações do plano

$$\sum_{h=1}^{t} R_h = A \times t \left[1 + i \times \frac{(2n - t + 1)}{2}\right]$$

$$\sum_{h=1}^{180} R_h = \frac{2.700.000,00}{180} \times 180 \left[1 + \frac{0,01(2 \times 180 - 180 + 1)}{2}\right] = 5.143.500,00$$

De acordo com o conceito de PA:

1º termo: $R_1 = 42.000,00$

último termo = $R_{180} = R_1 - (t - 1)\, r$

$$r = i \times A = 0,01 \times \frac{2.700.000,00}{180} = 150,00$$

$$R_{180} = 42.000,00 - (180 - 1) \times 150,00 = 15.150,00$$

$$S_{PA} = \frac{(R_1 + R_{180})\, n}{2} = \frac{(42.000,00 + 15.150,00) \times 180}{2} = 5.143.500,00$$

3. Em agosto de 2010 um mutuário adquiriu uma casa financiada pela Caixa Econômica Federal em 120 prestações mensais, pelo sistema SAC. Sabendo-se que o valor financiado foi de $ 350.000,00, que a taxa de juros contratual foi de 10,47% ao ano (equivalente a 0,8333% ao mês, conforme estabelecido no contrato) e que a primeira prestação foi paga no mês de setembro desse mesmo ano, calcular:

a) o valor das amortizações pagas até dezembro de 2012 (inclusive);

b) o valor da prestação a vencer em dezembro de 2014 e a respectiva parcela de juros;

c) o total dos juros pagos durante o ano de 2013.

Solução:

a) Valor das amortizações pagas até dezembro de 2012 (inclusive)

$$\sum_{h=1}^{t} Ah = t \times A$$

t = número de prestações pagas de setembro/2010 (inclusive) a dezembro/2012 = 28

$$A = \frac{P0}{n} = \frac{350.000,00}{120} = 2.916,67$$

$$\sum_{h=1}^{28} Ah = 28 \times 2.916,67 = 81.666,76$$

b) Valor da prestação a vencer em dezembro de 2014 e a respectiva parcela de juros

Número de ordem da prestação de dezembro/2014 = t = 52

$$R_t = A\ [\ 1 + i\ (n - t + 1)]$$

$$R_{52} = 2.916,67\ [\ 1 + 0,008333\ (120- 52 + 1)] = 4.493,69$$

$$J_{52} = R_{52} - A = 4.593,69 - 2.916,67 = 1.677,02$$

c) Total dos juros pagos durante o ano de 2012

Número de ordem da prestação de dezembro/2011 = t = 16

$$\sum_{h=t+1}^{t+k} J_h = i \times A \times k \times \frac{\left[2(n - t) - k + 1\right]}{2}$$

$$\sum_{h=17}^{28} J_h = 0,008333 \times 2.916,67 \times 12 \times \frac{\left[2(120 - 16) - 12 + 1\right]}{2} = 28.728,05$$

4. Com base nos dados do exercício anterior, determinar qual o valor da comissão que a Caixa Econômica deveria cobrar do financiado, na data do contrato, a fim de que obtivesse uma receita equivalente a uma taxa de juros de 1% ao mês.

Solução:

O valor da comissão é a diferença entre o valor financiado e o valor atual da série de 120 prestações decrescentes, à taxa de 1% ao mês. Esse valor atual é obtido com base na fórmula vista quando tratarmos das "Séries de Pagamentos Variáveis em Progressão Aritmética Decrescente".

Comissão = $P_0 - [R \times \text{FVA}(i, n) + G \times \text{FVAg}^{(-)}(i, n)]$, em que

P_0 = valor financiado = 350.000,00

R = valor do termo da série de prestações iguais = 2.916,67

G = razão do decréscimo da $PA = r = i \times A$ = 0,008333 × 2.916,67 = 24,30

Substituindo, temos:

Comissão = 350.000,00 – [2.916,67 × FVA (1%, 120) – 24,30 × FVAg$^{(-)}$ (1%, 120)]

Comissão = 350.000,00 – (2.916,67 × 69,70052 + 24,30 × 5029,94780)

Comissão = 350.000,00 – (203.293,42 + 122.227,73) = 350.000,00 – 325.521,15 = 24.478,85

O valor dessa comissão equivale a uma taxa de 6,994% sobre o valor financiado de R$ 350.000,00. Essa taxa é conhecida por TAC (Taxa de Abertura de Crédito).

6.3 SISTEMA DE AMORTIZAÇÃO MISTO (SAM)

Este sistema foi criado pelo antigo BNH em maio de 1979, e constituiu-se num misto entre o Sistema Francês de Amortização (Tabela Price) e o Sistema de Amortização Constante, originando-se daí a sua denominação. O SAM é um plano de pagamentos composto por prestações cujos valores são resultantes da média aritmética dos valores das prestações dos planos SAC e Price, correspondentes aos respectivos prazos; os valores das parcelas de amortização e juros resultam da mesma regra. O exemplo a seguir facilita o entendimento.

Exemplo:

Elaborar um plano de pagamentos com base no Sistema de Amortização Misto, correspondente a 1 empréstimo de $ 12.000,00, a uma taxa de 2% ao mês, a ser liquidado em 12 prestações mensais.

Solução:

Para obter os valores do plano solicitado, temos primeiramente de determinar os correspondentes valores para os planos definidos pelos sistemas SAC e Price, e a seguir calcular as suas respectivas médias aritméticas. Com os conhecimentos já adquiridos, temos condições de elaborar o plano de pagamentos, completo, resumido na Tabela 6.3.

Observando os planos transcritos na Tabela 6.3, podemos verificar que tanto os valores das prestações, como os respectivos valores dos saldos devedores, das amortizações e dos juros do Sistema de Amortização Misto (SAM) se constituem nas médias aritméticas dos correspondentes valores dos Sistemas Price e SAC.

Analisando essa tabela podemos verificar que as prestações do SAM decrescem a uma razão constante de $ 10,00, razão essa igual à metade da razão do decréscimo do SAC.

Para determinar qualquer valor de um plano de pagamentos, de acordo com o SAM, sem desenvolver um quadro semelhante ao apresentado, é necessário que se conheçam as relações seguintes.

1. Valor da prestação de ordem t.

$$R_t^{(M)} = \frac{R^{(P)} + R_t^{(C)}}{2} = 1/2\left[R^{(P)} + R_t^{(C)}\right], \text{ em que:}$$

$R_t^{(M)}$ = prestação de ordem t do Sistema Misto.

$R^{(P)}$ = prestação do Sistema Price (constante).

$R_t^{(C)}$ = prestação de ordem t do Sistema de Amortização Constante.

Portanto, (M) indica tratar-se do Sistema Misto, (P) do Price, (C) do SAC.

$$R_t^{(M)} = 1/2\left\{P_0 \times \text{FRC}(i, n) - A^{(c)}\left[1 + i(n - t + 1)\right]\right\}$$

2. Valor da prestação de ordem t (em função de R_1 e r).

$$R_t^{(M)} = R_1^{(M)} - (t-1)\, r^{(M)}$$

$$r^{M} = \frac{r^{(c)}}{2}$$

3. Valor da parcela de amortização de ordem t.

$$A_t^{(M)} = 1/2\left[A_t^{(P)} + A^{(C)}\right]$$

$$A_t^{(M)} = 1/2\left[A_1^{(P)}(1+i)^{t-1} + \frac{P_0}{n}\right]$$

4. Saldo devedor em ordem t.

$$P_t^{(M)} = 1/2\left[P_t^{(P)} + P_t^{(C)}\right]$$

$$P_t^{(M)} = 1/2\left[R^{(P)} \times \text{FVA}\,(i, n-t+1) + A^{(C)}(n-t)\right]$$

5. Saldo devedor de ordem $t - 1$.

$$P_{t-1}^{(M)} = 1/2\left[P_{t-1}^{(P)} + P_{t-1}^{(C)}\right]$$

$$P_{t-1}^{(M)} = 1/2\left[R^{(P)} \times \text{FVA}\,(i, n-t+1) + A^{(C)}(n-t+1)\right]$$

6. Valor da parcela de juros de ordem t.

$$J_t^{(M)} = i \times P_{t-1}^{(M)} = i \times 1/2\left[R^{(P)} \times \text{FVA}\,(i, n-t+1) + A^{(C)}(n-t+1)\right]$$

ou

$$J_t^{(M)} = 1/2\left[J_t^{(P)} + J_t^{(C)}\right],$$ para os casos em que as parcelas de juros de ordem t dos Sistemas Price e SAC são conhecidas

7. Soma das amortizações acumuladas do primeiro período até o período de ordem t.

$$\sum_{h=1}^{t} A_h^{(M)} = 1/2\left[\sum_{h=1}^{t} A_h^{(P)} + \sum_{h=1}^{t} A_h^{(C)}\right]$$

$$\sum_{h=1}^{t} A_h^{(M)} = 1/2\left\{R^{(P)} \times \left[\text{FVA}\,(i, n) - \text{FVA}\,(i, n-t)\right] + t \times A^{(C)}\right\}$$

8. Soma das amortizações compreendidas entre os períodos de ordem t (exclusive) e $t + k$ (inclusive).

$$\sum_{h=t+1}^{t+k} A_h^{(M)} = 1/2\left[\sum_{h=t+1}^{t+k} A_h^{(P)} + \sum_{h=t+1}^{t+k} A_h^{(C)}\right]$$

$$\sum_{h=t+1}^{t+k} A_h^{(M)} = 1/2\left\{R^{(P)} \times \left[\text{FVA}\,(i, n-t) - \text{FVA}\,(i, n-t-k)\right] + k \times A^{(C)}\right\}$$

9. Soma dos juros acumulados do 1º período de ordem t.

$$\sum_{h=1}^{t} J_h^{(M)} = 1/2\left[\sum_{h=1}^{t} J_h^{(P)} + \sum_{h=1}^{t} J_h^{(C)}\right]$$

$$\sum_{h=1}^{t} J_h^{(M)} = 1/2\left\{R^{(P)} \times t - R^{(P)}\left[\text{FVA}\,(i, n) - \text{FVA}\,(i, n-t)\right] + i \times \text{A} \times t\,\frac{(2n-t+1)}{2}\right\}$$

$$\sum_{h=1}^{t} J_h^{(M)} = 1/2 \left\{ R^{(P)} \left[t - \text{FVA}\,(i, n) - \text{FVA}\,(i, n-t) \right] + i \times \text{A} \times t \times \frac{(2n - t + 1)}{2} \right\}$$

10. Soma dos juros compreendidos entre os períodos de ordem t e $t + k$.

$$\sum_{h=t+1}^{t+k} J_h^{(M)} = 1/2 \left[\sum_{h=t+1}^{t+k} J_h^{(P)} + \sum_{h=t+1}^{t+k} J_h^{(C)} \right]$$

$$\sum_{h=t+1}^{t+k} J_h^{(M)} = 1/2 \left\{ R^{(P)} \times k - R^{(P)} \left[\text{FVA}\,(i, n-t) - \text{FVA}\,(i, n-t-k) \right] + \right.$$

$$\left. + i \times \text{A}^{(C)} \times k \left(n - t - \frac{k-1}{2} \right) \right\}$$

$$\sum_{h=t+1}^{t+k} J_h^{(M)} = 1/2 \left\{ R^{(P)} \left[k - \text{FVA}\,(i, n-t) + \text{FVA}\,(i, n-t-k) \right] + \right.$$

$$\left. + i \times \text{A}^{(C)} \times k \left(n - t - \frac{K-1}{2} \right) \right\}$$

11. Soma das prestações acumuladas até o período de ordem t.

$$\sum_{h=1}^{t} R_h^{(M)} = 1/2 \left[\sum_{h=1}^{t} R_h^{(P)} + \sum_{h=1}^{t} R_h^{(C)} \right]$$

$$\sum_{h=1}^{t} R_h^{(M)} = 1/2 \left\{ t \times P_0 \times \text{FRC}\,(i, n) + t \times A^{(C)} \left[1 + i\,(2n - t + 1) \right] \right\}$$

$$\sum_{h=1}^{t} R_h^{(M)} = 1/2 \times t \left\{ P_0 \times \text{FRC}\,(i, n) + t \times A^{(C)} \left[1 + i \frac{(2n - t + 1)}{2} \right] \right\}$$

12. Soma das prestações acumuladas até o período de ordem t (em função de R_1 e r).

$$\sum_{h=1}^{t} R_h^{(M)} = t \left[R_1^{(M)} - \frac{(t-1)\,r^{(M)}}{2} \right]$$

13. Soma das prestações compreendidas entre os períodos t e $t + k$.

$$\sum_{h=t+1}^{t+k} R_h^{(M)} = 1/2 \left[\sum_{h=t+1}^{t+k} R_h^{(P)} + \sum_{h=t+1}^{t+k} R_h^{(C)} \right]$$

$$\sum_{h=t+1}^{t+k} R_h^{(M)} = 1/2 \left\{ k \times P_0 \times \text{FRC}\,(i, n) + k \times A^{(C)} \left[1 + i \left(n - t - \frac{k-1}{2} \right) \right] \right\}$$

$$\sum_{h=t+1}^{t+k} R_h^{(M)} = 1/2 \times k \left\{ P_0 \times \text{FRC}\,(i, n) + A^{(C)} \left[1 + i \left(n - t - \frac{k-1}{2} \right) \right] \right\}$$

14. Soma das prestações compreendidas entre os períodos t e $t + k$.

$$\sum_{h=t+1}^{t+k} R_h^{(M)} = k \left[R_1^{(M)} - \frac{(2t + k - 1)\,r^{(M)}}{2} \right]$$

Vamos agora "conferir" as relações apresentadas, a partir de questões formuladas com base nos dados do exercício anterior, ou seja, P_0 = $ 12.000,00, i = 2% ao mês e n = 12, e cujas respostas podem ser encontradas no quadro representativo do plano de pagamentos (Tabela 6.3).

1. Calcular o valor da 10ª prestação.

$$R_t^{(M)} = 1/2 \left\{P_0 \times \text{FRC}\,(i, n) + A^{(C)}\left[1 + i\left(n - t + 1\right)\right]\right\}$$

$$R_{10}^{(M)} = 1/2 \left\{12.000{,}00 \times \text{FRC}\,(2\%, 12) + 1.000{,}00\left[1 + 0{,}02\left(12 - 10 + 1\right)\right]\right\}$$

$$R_{10}^{(M)} = 1/2\,(1.134{,}72 + 1.060{,}00) = 1.097{,}36,$$ que confere com o valor estampado no plano de pagamentos (Tabela 6.3).

2. Sabendo-se $R_1^{(M)}$ = $ 1.187,36 e que $r^{(c)}$ = $ 20,00, calcular o valor da 7ª prestação do plano de pagamentos elaborado de acordo com o SAM.

$$R_t^{(M)} = R_1^{(M)} - (t - 1)\,r^{(M)}$$

Como $r^{(M)} = \dfrac{r^{(C)}}{2}$, temos: $r^{(M)} = \dfrac{20}{2} = 10$

$$R_t^{(M)} = 1.187{,}36 - 6 \times 10 = 1.127{,}36,$$ que também coincide com o valor transcrito na Tabela 6.3.

3. Determinar o valor da parcela de amortização correspondente à 4ª prestação.

$$A_t^{(M)} = 1/2\left[A_1^{(P)}\left(1 + i\right)^{t-1} + \frac{P_0}{n}\right]$$

$$A_1^{(P)} = R^{(P)} - i \times P_0$$

$$R^{(P)} = P_0 \times \text{FRC}\,(i, n) = 12.000{,}00 \times \text{FRC}\,(2\%, 12)$$

$$A_1^{(P)} = 1.134{,}72 - 0{,}02 \times 12.000{,}00 = 894{,}72$$

$$A_4^{(M)} = 1/2\left[894{,}72\,(1{,}02)^3 + \frac{12.000{,}00}{12}\right] = 1/2\,(948{,}48 + 1.000{,}00) = 974{,}74$$

4. Calcular o saldo devedor após o pagamento da 9ª prestação.

$$P_t^{(M)} = 1/2\,[R^{(P)} \times \text{FVA}\,(i\,, n - t) + A^{(c)}\,(n - t)]$$

$$P_9^{(M)} = 1/2\,[1.134{,}72 \times \text{FVA}\,(2\%, 3) + 1.000{,}00 \times 3]$$

$$P_9^{(M)} = 1/2\,(1.134{,}72 \times 2{,}88388 + 3.000{,}00) = 3.136{,}20,$$

valor esse que coincide com o estampado na Tabela 6.3. A pequena diferença deve-se, obviamente, a problemas de arredondamento.

5. Determinar o valor da parcela de juros referente à 6ª prestação.

$$J_t^{(M)} = i \times 1/2\,[R^{(P)} \times \text{FVA}\,(i, n - t + 1) + A^{(c)}\,(n - t + 1)\,]$$

$$J_t^{(M)} = 0{,}02 \times 1/2\,[1.134{,}72 \times \text{FVA}\,(2\%, 7) + 1.000{,}00 \times 7\,]$$

$$J_t^{(M)} = 0{,}02 \times 1/2\,(1.134{,}72 \times 6{,}47199 + 7.000{,}00) = 143{,}44$$

6. Calcular o valor acumulado das amortizações correspondentes às quatro primeiras prestações.

$$\sum_{h=1}^{t} A_h^{(M)} = 1/2 \left\{ R^{(P)} \left[\text{FVA}(i, n) - \text{FVA}(i, n-t) \right] + t \times A^{(C)} \right\}$$

$$\sum_{h=1}^{4} A_h^{(M)} = 1/2 \left\{ 1.134{,}72 \left[\text{FVA}(2\%, 12) - \text{FVA}(2\%, 8) \right] + 4 \times 1.000{,}00 \right\}$$

$$\sum_{h=1}^{4} A_h^{(M)} = 1/2 \left[1.134{,}72 \,(10{,}57534 - 7{,}32548 + 4.000{,}00 \right] = 3.843{,}84$$

Vamos conferir com os dados da Tabela 6.3.

$$\sum_{h=1}^{4} A_h^{(M)} = A_1^{(M)} + A_2^{(M)} + A_3^{(M)} + A_4^{(M)} = 947{,}36 + 956{,}30 + 965{,}44 + \\ + 974{,}74 = 3.843{,}84$$

7. Determinar o valor acumulado das amortizações compreendidas entre a 3ª prestação (exclusive) e a 6ª (inclusive).

$$\sum_{h=t+1}^{t+k} A_h^{(M)} = 1/2 \left\{ R^{(P)} \left[\text{FVA}(i, n-t) - \text{FVA}(i, n-t-k) \right] + k \times A^{(C)} \right\}$$

$$\sum_{h=4}^{6} A_h^{(M)} = 1/2 \left\{ 1.134{,}72 \left[\text{FVA}(2\%, 9) - \text{FVA}(2\%, 6) \right] + 3 \times 1.000{,}00 \right\}$$

$$\sum_{h=4}^{6} A_h^{(M)} = 1/2 \left[1.134{,}72 \,(8{,}16224 - 5{,}60143) + 3.000{,}00 \right] = 2.952{,}90$$

Conferindo:

$$\sum_{h=4}^{6} A_h^{(M)} = A_4^{(M)} + A_5^{(M)} + A_6^{(M)} = 974{,}74 + 984{,}23 + 993{,}92 = 2.952{,}89$$

8. Calcular a soma dos juros acumulados até o 5º mês.

$$\sum_{h=1}^{t} J_h^{(M)} = 1/2 \left\{ R^{(P)} \left[t - \text{FVA}(i, n) + \text{FVA}(i, n-t) \right] + i \times A \times t \times \frac{(2n - t + 1)}{2} \right\}$$

$$\sum_{h=1}^{5} J_h^{(M)} = 1/2 \left\{ 1.334{,}72 \left[5 - \text{FVA}(2\%, 12) + \text{FVA}(2\%, 7) \right] + \right.$$

$$\left. + 0{,}02 \times 1.000{,}00 \times 5 \; \frac{(2 \times 12 - 5 + 1)}{2} \right\}$$

$$\sum_{h=1}^{5} J_h^{(M)} = 1/2 \left[1.134{,}72 \,(5 - 10{,}57534 + 6{,}47199) + 1.000{,}00 \right]$$

$$\sum_{h=1}^{5} J_h^{(M)} = 1.008{,}72$$

Vamos conferir:

$$\sum_{h=1}^{5} J_h^{(M)} = J_1 + ... + J_5 = 240{,}00 + 221{,}06 + 201{,}92 + 182{,}62 + 163{,}13 = 1.008{,}73$$

9. Calcular a soma dos juros correspondentes à 9ª, 10ª e 11ª prestações.

$$\sum_{h=t+1}^{t+k} J_h^{(M)} = 1/2 \left\{ R^{(P)} \left[k - \text{FVA}\,(i, n-t) + \text{FVA}\,(i, n-t-k) \right] + \right.$$

$$\left. + i \times A^{(C)} \times k \left[n - t - \frac{K-1}{2} \right] \right\}$$

$t = 8$ e $k = 3$

$$\sum_{h=9}^{11} J_h^{(M)} = 1/2 \left\{ 1.134{,}72 \left[3 - \text{FVA}\,(2\%, 4) + \text{FVA}\,(2\%, 1) \right] + \right.$$

$$\left. + 0{,}02 \times 1.000{,}00 \times 3 \left[12 - 8 - \frac{3-1}{2} \right] \right\}$$

$$\sum_{h=9}^{11} J_h^{(M)} = 1/2 \left[1.134{,}72\,(3 - 3{,}80773 + 0{,}98039) + 180{,}00 \right] = 187{,}96$$

Conferindo:

$$\sum_{h=9}^{11} J_h^{(M)} = J_9^{(M)} + J_{10}^{(M)} + J_{11}^{(M)} = 83{,}20 + 62{,}72 + 42{,}03 = 187{,}95$$

10. Calcular a soma do total das prestações do plano.

$$\sum_{h=1}^{t} R_h^{(M)} = 1/2 \times t \left\{ P_0 \times \text{FRC}\,(i, n) + A_h^{(C)} \left[1 + i \times \frac{(2n - t + 1)}{2} \right] \right\}$$

$$\sum_{h=1}^{12} R_h^{(M)} = 1/2 \times 12 \left\{ 12.000{,}00 \times \text{FRC}\,(2\%, 12) + 1.000{,}00 \times \right.$$

$$\left. \times \left[1 + 0{,}02 \times \frac{(2 \times 12 - 12 + 1)}{2} \right] \right\}$$

$$\sum_{h=1}^{12} R_h^{(M)} = 6\,(12.000{,}00 \times 0{,}09456 + 1.130{,}00) = 13.588{,}32,$$

valor esse que confere com o valor estampado na tabela representativa do plano de pagamentos.

11. Determinar a soma das 4 prestações compreendidas entre a 7ª (exclusive) e a 11ª (inclusive).

$$\sum_{h=t+1}^{t+k} R_h^{(M)} = 1/2 \times k \left\{ P_0 \times \text{FRC}\,(i, n) + A^{(C)} \left[1 + i \times \left(n - t - \frac{k-1}{2} \right) \right] \right\}$$

$t = 7$ e $k = 4$

$$\sum_{h=8}^{11} R_h^{(M)} = 1/2 \times 4 \left\{ 1.134{,}72 + 1.000{,}00 \left[1 + 0{,}02 \times \left(12 - 7 - \frac{4-1}{2} \right) \right] \right\}$$

$$\sum_{h=8}^{11} R_h^{(M)} = 2\,(1.134{,}72 + 1.070{,}00) = 4.409{,}44$$

Conferindo:

$$\sum_{h=8}^{11} R_h^{(M)} = R_8^{(M)} + R_9^{(M)} + R_{10}^{(M)} + R_{11}^{(M)} = 1.117{,}36 + 1.107{,}36 +$$

$$+ 1.097{,}36 + 1.087{,}36 = 4.409{,}44$$

Tabela 6.3 Planos de pagamento: uma comparação dos Sistemas Francês, SAC e SAM

SISTEMA FRANCÊS SAC SAM

	SISTEMA FRANCÊS				SAC				SAM			
t	P_t	A_t	J_t	R	P_t	A	J_t	R_t	P_t	A_t	J_t	R_t
0	12.000,00	–	–	–	12.000,00	–	–	–	12.000,00	–	–	–
1	11.105,28	894,72	240,00	1.134,72	11.000,00	1.000,00	240,00	1.240,00	11.052,64	947,36	240,00	1.187,36
2	10.192,67	912,61	222,11	1.134,72	10.000,00	1.000,00	220,00	1.220,00	10.096,34	956,30	221,06	1.177,36
3	9.261,80	930,87	203,85	1.134,72	9.000,00	1.000,00	200,00	1.200,00	9.130,90	965,44	201,92	1.167,36
4	8.312,32	949,48	185,24	1.134,72	8.000,00	1.000,00	180,00	1.180,00	8.156,16	974,44	182,62	1.157,36
5	7.343,85	968,47	166,25	1.134,72	7.000,00	1.000,00	160,00	1.160,00	7.171,93	984,23	163,13	1.147,36
6	6.356,01	987,84	146,88	1.134,72	6.000,00	1.000,00	140,00	1.140,00	6.178,01	993,92	143,44	1.137,36
7	5.348,41	1.007,60	127,12	1.134,72	5.000,00	1.000,00	120,00	1.120,00	5.174,21	1.003,80	123,56	1.127,36
8	4.320,66	1.027,75	106,97	1.134,72	4.000,00	1.000,00	100,00	1.100,00	4.160,34	1.013,87	103,49	1.117,36
9	3.262,35	1.048,31	86,41	1.134,72	3.000,00	1.000,00	80,00	1.080,00	3.136,18	1.024,16	83,20	1.107,36
10	2.203,08	1.079,27	65,45	1.134,72	2.000,00	1.000,00	60,00	1.060,00	2.101,54	1.034,64	62,72	1.097,36
11	1.112,42	1.090,66	44,06	1.134,72	1.000,00	1.000,00	40,00	1.040,00	1.056,21	1.045,33	42,03	1.087,36
12	–	1.112,42	22,30	1.134,72	–	1.000,00	20,00	1.020,00	–	1.056,21	21,15	1.077,36
TOTAL		**12.000,00**	**1.616,64**	**13.616,64**	–	**12.000,00**	**1.560,00**	**13.560,00**	–	**12.000,00**	**1.588,32**	**13.588,32**

6.4 ANÁLISE COMPARATIVA DOS SISTEMAS PRICE, SAC E SAM

Vamos analisar, numérica e graficamente, as diferenças entre os três sistemas de amortização. Para tanto, elaboremos um plano de pagamentos para cada sistema, baseado nos seguintes dados:

- valor do empréstimo: $ 120.000,00;
- número de prestações mensais: 120;
- taxa de juros: 2% ao mês.

Os valores correspondentes aos três planos são apresentados na Tabela 6.4. Por razões de ordem prática, transcrevemos somente os valores necessários para evidenciar o que estamos querendo mostrar.

Com base na Tabela 6.4 e na Figura 6.1, podemos verificar que o valor das prestações correspondentes ao SAC decresce linearmente de $ 3.400,00 até $ 1.020,00, e que o valor das prestações Sistema Price é constante, igual a $ 2.645,77. Com relação às amortizações, ocorre o inverso: no SAC elas são constantes, iguais a $ 1.000,00, e no Sistema Price elas crescem exponencialmente de $ 245,77 até $ 2.593,89. Obviamente, as prestações e as amortizações desses dois planos igualam-se em determinado ponto. A Figura 6.1 mostra que as prestações se igualam por volta da prestação nº 39, e as amortizações por volta da amortização nº 72.

Vamos provar analiticamente:

a) Ponto em que as prestações se igualam

$R^{(P)} = 2.645,77$ (constante)

$R^{(C)} = A^{(C)} [1 + i(n - t + 1)]$

Fazendo $R^{(P)} = R_1^{(C)}$, temos:

$R^{(P)} = A^{(C)} [1 + i(n - t + 1)]$

$2.6455,77 = 1.000,00 [1 + 0,02 (120 - t + 1)] = 3.420,00 - 20t$

$$t = \frac{774,23}{20} = 38,7$$

Esse número pode ser comprovado pelos dados contidos na Tabela 6.4.

Para $t = 38$, a prestação correspondente ao SAC ainda é superior à correspondente ao Sistema Price; para $t = 39$, a prestação do SAC já é ligeiramente inferior.

b) Ponto em que as amortizações são iguais

$A_t^{(P)} = A_1^{(P)} (1 + i)^{t-1}$

$A^{(C)} = \$ 1.000,00$ (constante)

Fazendo $A^{(C)} = A_t^{(P)}$, temos:

$1.000,00 = 245,77 (1,02)^{t-1}$

$(1,02)^{t-1} = 4,06884$

$t - 1 = 70,9 \Rightarrow t = 71,9$

Tabela 6.4 Sistemas Price, SAC e SAM

	SISTEMA PRICE				SAC				SAM			
t	P_t	A_t	J_t	R	P_t	A	J_t	R_t	P_t	A_t	J_t	R_t
0	120.000,00	–	–	–	120.000,00	–	–	–	120.000,00	–	–	–
1	119.754,23	245,77	2.400,00	2.645,77	119.000,00	1.000,00	2.400,00	3.400,00	119.377,12	622,89	2.400,00	3.022,89
2	119.503,54	250,69	2.395,08	2.645,77	118.000,00	1.000,00	2.380,00	3.380,00	118.751,77	625,35	2.387,54	3.012,89
10	117.308,87	293,72	2.352,05	2.645,77	110.000,00	1.000,00	2.220,00	3.220,00	113.654,44	646,86	2.286,03	2.932,89
20	114.028,40	358,04	2.287,73	2.645,77	100.000,00	1.000,00	2.020,00	3.020,00	107.014,20	679,02	2.153,87	2.832,89
30	110.029,52	436,45	2.209,32	2.645,77	90.000,00	1.000,00	1.820,00	2.820,00	100.014,76	718,23	2.014,66	2.732,89
38	106.208,54	511,37	2.134,40	2.645,77	82.000,00	1.000,00	1.660,00	2.660,00	94.104,27	755,69	1.897,20	2.652,89
39	105.686,94	521,60	2.124,17	2.645,77	81.000,00	1.000,00	1.640,00	2.640,00	93.343,47	760,80	1.882,09	2.642,89
40	105.154,91	532,03	2.113,74	2.645,77	80.000,00	1.000,00	1.620,00	2.620,00	92.577,46	766,02	1.866,87	2.632,89
50	99.212,78	648,55	1.997,22	2.645,77	70.000,00	1.000,00	1.420,00	2.420,00	84.606,39	824,28	1.708,61	2.532,89
60	91.969,37	790,57	1.855,20	2.645,77	60.000,00	1.000,00	1.220,00	2.220,00	75.984,69	895,29	1.537,60	2.432,89
70	83.139,69	963,70	1.682,07	2.645,77	50.000,00	1.000,00	1.020,00	2.020,00	66.569,85	981,85	1.351,04	2.332,89
71	82.156,71	982,98	1.662,79	2.645,77	49.000,00	1.000,00	1.000,00	2.000,00	65.578,36	991,49	1.331,40	2.322,89
72	81.154,07	1.002,64	1.643,13	2.645,77	48.000,00	1.000,00	980,00	1.980,00	64.577,04	1.001,32	1.311,57	2.312,89
80	72.376,35	1.174,75	1.471,02	2.645,77	40.000,00	1.000,00	820,00	1.820,00	56.188,18	1.087,38	1.145,51	2.232,89
90	59.255,91	1.432,01	1.213,76	2.645,77	30.000,00	1.000,00	620,00	1.620,00	44.627,96	1.216,01	916,88	2.132,89
100	43.262,16	1.745,62	900,15	2.645,77	20.000,00	1.000,00	420,00	1.420,00	31.631,08	1.372,81	660,08	2.032,89
110	23.765,87	2.127,90	517,87	2.645,77	10.000,00	1.000,00	220,00	1.220,00	16.882,94	1.563,95	368,94	1.932,89
120	–	2.593,89	51,88	2.645,77	–	1.000,00	20,00	1.020,00	–	1.796,95	35,94	1,832,89
TOTAL		**120.000,00**	**197.492,40**	**317.492,40**	**–**	**120.000,00**	**145.200,00**	**265.200,00**	**–**	**120.000,00**	**171.346,20**	**291.346,20**

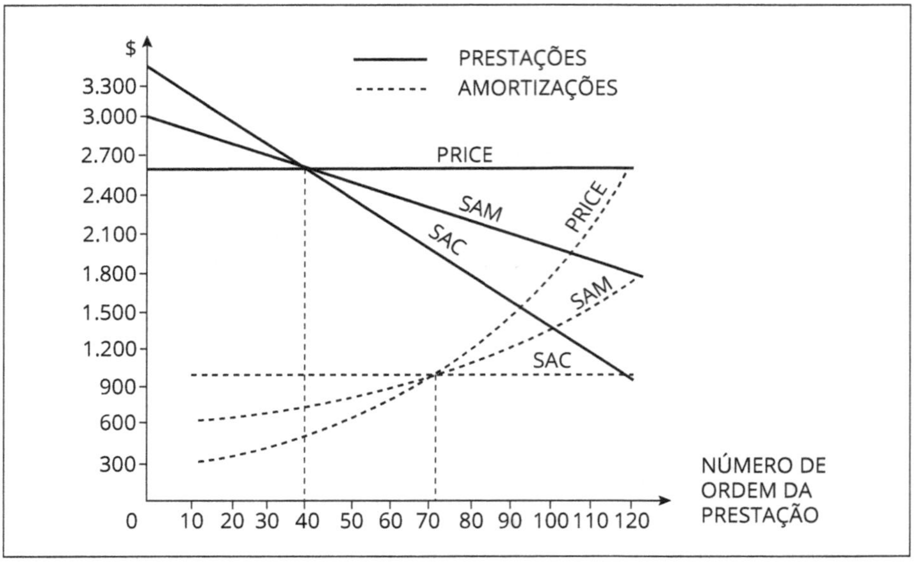

Figura 6.1 Valor das prestações e das amortizações.

Através da Tabela 6.4 podemos verificar que, para $t = 71$, a amortização correspondente ao Sistema Price é inferior à do SAC, e que, para $t = 72$, o valor da amortização do Sistema Price supera ligeiramente à do SAC.

Com relação ao SAM, praticamente não há nada a comentar, visto que os valores correspondentes a esse sistema situam-se sempre num ponto intermediário entre os valores do SAC e do Sistema Price. As suas prestações decrescem linearmente, enquanto as amortizações correspondentes crescem de forma exponencial (visto serem estas resultantes da média aritmética entre um valor constante e um outro que cresce exponencialmente).

No que se refere ao comportamento dos saldos devedores, para os três sistemas, podemos verificar, com base na Figura 6.2, que no SAC os saldos devedores decrescem mais rapidamente, atingindo 50% do saldo ($ 60.000,00, no caso do exemplo) após o pagamento de 50% das prestações (igual a 60 prestações, no exemplo); no Sistema Price, a metade do saldo devedor é liquidada após o pagamento da 90ª prestação, que representa 75% ao total: quanto ao SAM, somente após o pagamento da 77ª prestação (cerca de 64% do total) é que se conseguirá liquidar cerca de 50% do saldo devedor.

Vamos demonstrar analiticamente:

a) Para o SAC

50% do saldo devedor = $ 60.000,00

$P_t^{(c)} = A\ (n - t)$

$60.000,00 = 1.000,00\ (120 - t) \Rightarrow t = 60$

b) Para o Sistema Price

$P_t^{(P)} = R^{(P)} \times \text{FVA}\ (i, n - t)$

$60.000,00 = 2.645;77 \times \text{FVA}\ (2\%, 120 - t)$

$120 - t = 30,52 \Rightarrow t = 89,48$

c) Para o SAM

$P_t^{(M)} = 1/2 \left[P_t^{(P)} + P_t^{(C)} \right]$

$P_t^{(M)} = 1/2 \left[R^{(P)} \times \text{FVA}\ (i, n - t) + A\ (n - t) \right]$

$60.000,00 = 1/2 \left[2.645,77 \times \text{FVA}\ (2\%, 120 - t) + 1.000,00 \times (120 - t) \right]$

Por tentativa e erro chega-se a $t = 76,45$.

Por fim, a Figura 6.3 torna visível aquilo que já foi mostrado na Tabela 6.4: o total de juros cobrado com base no SAC é bem menor que o cobrado através do Sistema Price, estando o SAM numa posição intermediária. As parcelas mensais de juros, para os três planos, decrescem obviamente na razão direta do decréscimo dos saldos devedores respectivos, mostrado na Figura 6.2.

Vejamos agora como se deslocam os pontos de intersecção entre os valores das prestações, quando fazemos variar o prazo e a taxa.

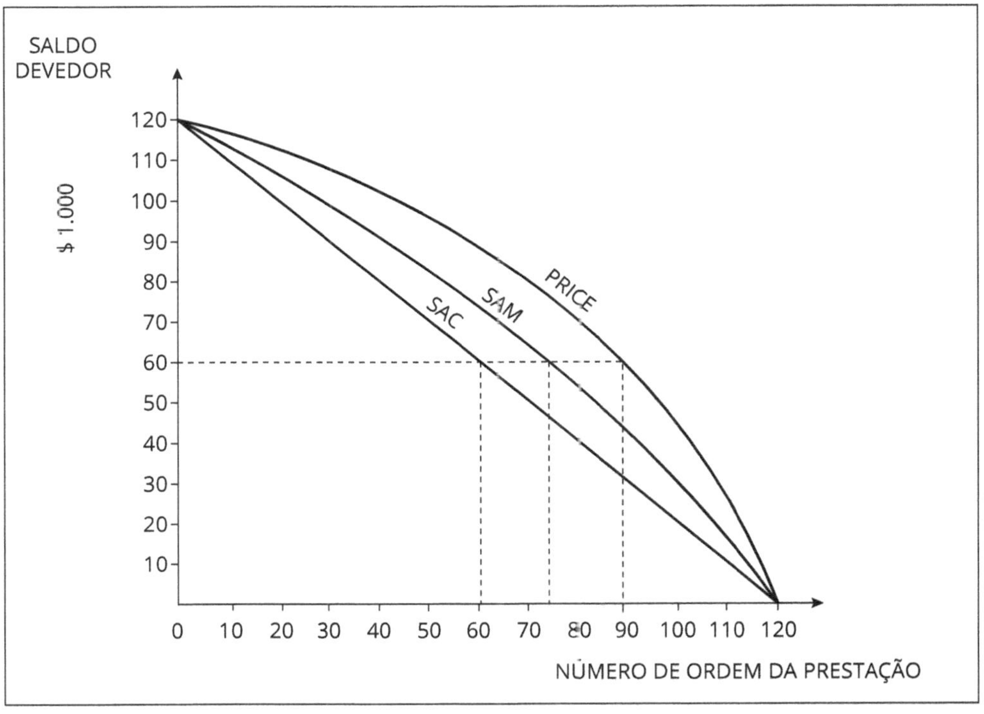

Figura 6.2 Saldos devedores no início de cada mês.

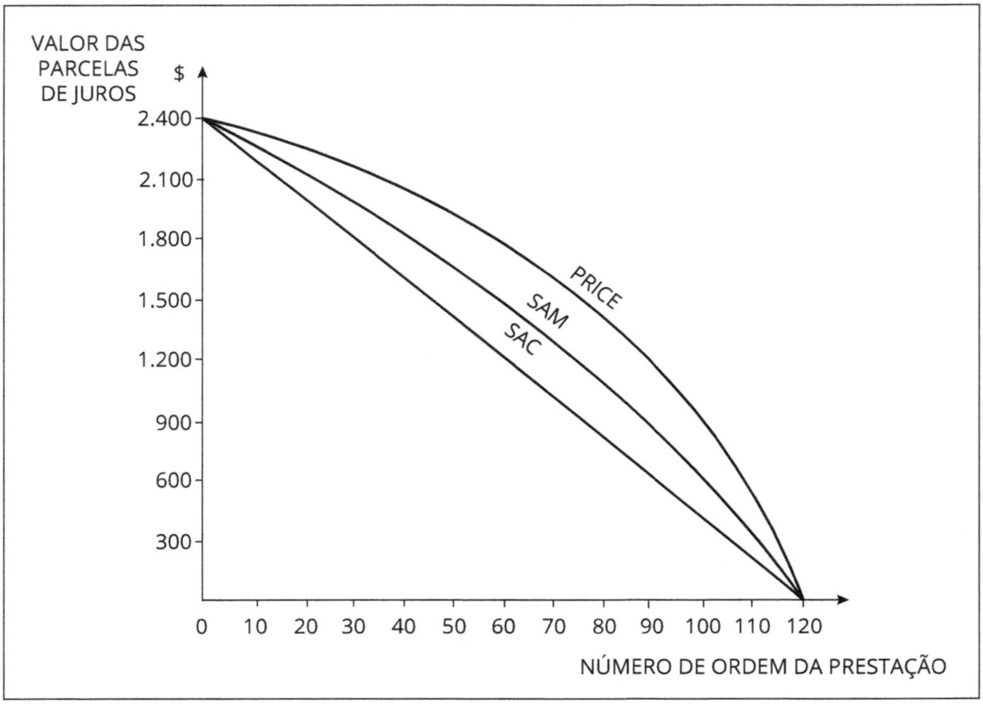

Figura 6.3 Valor das parcelas de juros.

a) Fixando-se o prazo e variando a taxa

Para $n = 120$, temos:

i (%)	PONTO DE INTERSECÇÃO (*t*)
15,000	7,7
10,000	11,0
5,000	20,7
2,000	38,7
1,000	48,8
0,500	54,6
0,050	59,9
0,010	60,4
0,001	60,5

Como podemos verificar, o número de ordem das prestações, onde se cruzam as retas representativas das prestações dos três planos, para diversas taxas consideradas, cresce à medida que decrescem as taxas de juros.

Embora não esteja demonstrado, pode-se provar que o ponto de intersecção tende para o prazo médio, à medida que i tende para zero. No caso do exemplo dado, o prazo médio é de 60,5, obtido como segue:

$$\text{Prazo médio} = \frac{n+1}{2} = \frac{120+1}{2} = 60{,}5$$

Para um plano de 50 prestações iguais, o prazo médio é de 25,5; se fosse de 20, o prazo médio seria de 10,5, e assim sucessivamente.

Observação: A fórmula $\frac{n+1}{2}$ é válida somente para séries de prestações iguais, periódicas e sucessivas, quando $i = 0$; em nosso mercado financeiro é muito utilizada para a determinação do prazo médio, embora a taxa de juros seja diferente de zero.

b) Fixando-se a taxa e variando o prazo

Para $i = 2\%$, temos:

n	Ponto de intersecção (t)	*t/n* (%)
5	3,0	60,0
10	5,3	53,0
20	9,9	49,5
50	21,4	42,8
100	35,0	35,0
120	38,7	32,3
200	47,1	23,6
300	50,2	16,7
500	51,0	10,2
1.000	51,0	5,1
2.000	51,0	2,6

Por esses dados verificamos que, quanto maior o número de prestações, menos distante fica, em termos relativos, o ponto de intersecção do ponto de origem. É importante notar que, à medida que cresce o prazo, o ponto de intersecção cresce tendendo a um limite, que no caso do exemplo é o 51. Prova-se que, à medida que n tende para o infinito, o ponto de intersecção t tende para um limite dado pela expressão $\frac{1+i}{i}$.

Assim, para uma taxa de 4% ao mês, esse limite será de 26; se a taxa fosse de 1% ao mês, o limite seria de 101, e assim por diante.

6.5 PROBLEMAS PROPOSTOS

1. Uma grande área foi adquirida para ser posteriormente vendida em lotes de \$ 240.000,00 cada um, à vista, ou em 60 prestações mensais sem entrada. Sabendo-se que a taxa de juros utilizada para determinação das prestações é de 2% ao mês, e que a empresa loteadora financia

tanto pela Tabela Price como pelo Sistema de Amortização Constante (SAC), calcular o valor da 1ª prestação para ambos os planos e o da última para o SAC.

Respostas: $ 6.904,31 (1ª prestação pela Tabela Price); $ 8.800,00 (1ª prestação pelo SAC); $ 4.080,00 (última prestação pelo SAC).

2. Uma pessoa adquiriu de uma construtora um apartamento no valor de $ 1.500.000,00 pagando $ 300.000,00 de entrada. O restante foi financiado a 3% ao mês, para ser amortizado em 36 meses, segundo o Sistema Francês de Amortização (Tabela Price). Indaga-se:

a) Qual o valor da parcela de juros referente à 18ª prestação?

b) Qual o saldo devedor após o pagamento da 24ª prestação?

c) Qual o total de juros correspondentes às prestações que se vencem do 20º mês (exclusive) ao 30º mês (inclusive)?

Respostas: a) $ 23.619,04; b) $ 547.117,35; c) $ 156.983,67.

3. Montar um plano de amortização de uma dívida de $ 100.000,00 em 4 prestações anuais, a uma taxa de 50% ao ano, decompondo cada prestação em parcelas de principal e de juros, de acordo com o Sistema Francês de Amortização (Tabela Price).

4. A Caixa Econômica concede um financiamento de $ 864.000,00 para a compra de uma casa. Esse financiamento deverá ser liquidado em 120 prestações mensais, calculadas de acordo com o Sistema de Amortização Constante (SAC). Sabendo-se que a taxa de juros é de 10/12% ao mês (não considerar a correção monetária), calcular:

a) o valor da 1ª, 37ª e 103ª prestações;

b) o total dos juros correspondentes a todo plano (120 prestações);

c) o total dos juros correspondentes às prestações número 48 (exclusive) até a número 60 (inclusive).

Respostas: a) $ 14.400,00; $ 12.240,00; $ 8.280,00; b) $ 435.600,00; c) $ 47.880,00.

5. Um empréstimo deverá ser amortizado, de acordo com o Sistema Francês de Amortização, em 24 parcelas mensais. Sabendo-se que:

- o valor da amortização da primeira prestação é de $ 12. 793,42, e da última é de $ 31.532,13;
- o saldo devedor após o pagamento da 7ª prestação é de $ 398.953,89;
- a soma das amortizações da 1ª até a 7ª prestação (ambas incluídas) é de $ 101.046,11.

Calcular: a) a taxa de juros;

b) o valor do empréstimo;

c) o valor da prestação.

Resposta: Não é dada, pois, se fosse, facilitaria muito a solução.

6. O Sr. Norivaldo adquire uma casa no valor de $ 1.800.000,00, pagando $ 360.000,00 de entrada. O saldo será financiado pela construtora para pagamento em 72 prestações mensais, através do Sistema de Amortização Misto (SAM), cobrando uma taxa de juros de 2% ao mês.

Calcular: a) O valor da primeira prestação.

b) O saldo devedor após o pagamento da 44ª prestação.

c) O valor da parcela de juros correspondentes à 9ª prestação.

d) A soma das amortizações referentes às prestações compreendidas entre a 57ª (exclusive) e a 66ª prestação (inclusive).

e) O total dos juros a ser pago.

Respostas: a) $ 43.355,32; b) $ 683.393,33; c) $ 26.418,04; d) $ 227.384,92; e) $ 1.170.383,04.

7. Um terreno é colocado à venda por $ 60.000,00 de entrada e mais 20 prestações trimestrais, calculadas de acordo com o Sistema de Amortização Misto (SAM). Sabendo-se que a taxa de juros é de 10% ao trimestre e que o valor da 1ª prestação é $ 80.237,89, calcular o valor-base à vista do terreno.

Resposta: $ 660.000,00.

8. Sabendo-se que um valor pode ser financiado em 180 prestações mensais, à taxa de 0,8333% ao mês, tanto pelo Sistema Francês (ou Tabela Price) como pelo SAC, determinar algebricamente:

a) em que ponto o valor da prestação, calculado com base no SAC, torna-se igual ao calculado com base na Tabela Price;

b) idem, com relação à parcela de amortização.

Respostas: a) Por volta da prestação número 69; b) Entre as prestações números 100 e 101.

7

CLASSIFICAÇÃO DAS TAXAS DE JUROS

7.1 INTRODUÇÃO

Nos mercados financeiros, brasileiro e mundial, mesmo entre os professores, técnicos e executivos, reina muita confusão quanto ao conceito e à classificação das taxas de juros, principalmente no que se refere às taxas nominal, efetiva e real. Para endossar esse fato, vou citar uma experiência marcante que vivi ao participar de dois encontros com a presença de aproximadamente 14 professores de matemática financeira em cada um, realizados na Editora Atlas nos meses de março e maio de 2002; a maioria dos professores, além de atuantes em várias universidades, eram também autores de livros. O objetivo do encontro era discutir alguns conceitos básicos da matemática financeira, cujo entendimento entre nós, infelizmente, não era unânime. Embora nossas reuniões tenham sido extremamente proveitosas, não conseguimos chegar a um mesmo entendimento em relação a todas as questões apresentadas e discutidas. E para surpresa de muitos dos nossos leitores, não conseguimos entrar num acordo quanto aos conceitos de taxa nominal e taxa efetiva. E uma das razões para isso era, e ainda é, a insistência em se classificar as taxas de juros como nominal ou efetiva nos casos em que o período de capitalização dos juros não coincide com o período a que se refere a taxa. Exemplo: taxa de juros de 12% ao ano com capitalização mensal dos juros. Nesse caso se dividiria a taxa anual por 12 e a taxa mensal obtida de 1% seria capitalizada por 12 meses, resultando numa taxa de 12,68% ao ano, sendo esta denominada efetiva e a taxa de 12% de nominal.

A origem dessa classificação remonta ao século XVII ou XVIII, ou antes, quando a taxa combinada entre as partes sempre se referia ao período de um ano. Para se calcular a taxa para períodos inferiores, o costume que ainda perdura na maioria dos países é o de se dividir a taxa anual pelo número de períodos unitários contidos em um ano, obtendo-se com isso a taxa semestral, trimestral, mensal, diária, por hora, por minuto, por segundo e até se chegar a uma taxa imaginária, a taxa instantânea. Essas taxas cada vez menores, se capitalizadas pelo número de períodos unitários, gradativamente maiores, resultariam em taxas anuais crescentes, as quais seriam tanto maiores quanto maior fosse o número de períodos unitários de capitalização contidos em um ano, como nos mostra a tabela a seguir, construída com base em uma taxa de juros de 12% ao ano. E foi a partir desse entendimento que surgiu o conceito de capitalização contínua (ou capitalização instantânea), ou seja, uma taxa infinitamente pequena, que, capitalizada por um número infinito de períodos unitários, resultaria em uma taxa máxima.

Unidade de Tempo	Número de Unidades	Taxa Anual Efetiva (%)
Ano	1	12,00000
Semestre	2	12,36000
Trimestre	4	12,55088
Mês	12	12,68250
Dia	365	12,74746
Hora	8.760	12,74959
Minuto	525.600	12,74968
Instantânea	Infinitas	12,74969

As taxas anuais resultantes, comumente chamadas de efetivas, transcritas na última coluna, foram obtidas a partir da seguinte equação:

$$\text{Taxa anual efetiva} = (1 + \frac{i}{n})^n - 1$$

em que ***i*** é a taxa anual de juros e ***n*** o número de unidades de tempo contidos em um ano. Assim, para uma taxa de juros de 12% ao ano, com capitalização mensal, a taxa efetiva anual seria obtida como segue:

$$\text{Taxa anual efetiva} = (1 + \frac{0{,}12}{12})^{12} - 1 = 0{,}1268250 \text{ ou } 12{,}68250\%$$

Quanto à taxa efetiva anual com capitalização instantânea, ela é calculada com base na seguinte equação:

$$\text{Taxa anual} = (e^i - 1)$$

em que ***i*** é a taxa anual de juros e ***e*** o chamado "número de Euler", o qual é dado pela seguinte expressão:

$$e = \lim_{n \to \infty} \left(1 + \frac{1}{n}\right)^n = 2{,}718281828\ldots$$

Substituindo na fórmula, temos que:

$$\text{Taxa anual} = 2{,}718281828^{0,12} - 1 = 0{,}1274969 = 12{,}74969\%$$

Essa taxa, resultante da capitalização instantânea de uma taxa de 12% ao ano, é a taxa efetiva máxima para o período de um ano.

Nos programas dos diversos cursos de matemática financeira constata-se uma verdadeira "poluição" de taxas de juros, o que dificulta o entendimento por parte do aluno. Além das taxas nominal e efetiva, mencionam-se várias outras como real, aparente, equivalente, *proporcional*, a *simples* (ou linear), a *composta* (ou exponencial), sem se falar nas taxas de desconto "por fora" (ou comercial, ou bancário) e "por dentro" (ou racional).

Portanto, como se vê, as causas da confusão reinante são antigas e numerosas. Neste capítulo vamos nos concentrar nas providências que entendemos necessárias para amenizar ou até mesmo solucionar esse grave problema. E a medida principal reside justamente numa conceituação simples e clara das taxas mencionadas. Esse é o nosso propósito!

7.2 CONCEITO E CLASSIFICAÇÃO DAS TAXAS DE JUROS

Como vimos no Capítulo 1, taxa de juros deve ser entendida como uma relação matemática entre o valor dos juros e o valor do capital inicial, ou seja, é o resultado da divisão do valor dos juros pelo valor do capital emprestado; e como o valor dos juros depende do valor do capital inicial e do prazo da operação, a taxa resultante dessa relação refere-se ao prazo estipulado. Exemplo: um empréstimo de \$ 1.000,00 deverá ser quitado por \$ 1.320,00 no final de 297 dias; dividindo-se o valor dos juros de \$ 320,00 pelo capital inicial de \$ 1.000,00 obtém-se a taxa de juros de 32% definida para o período de 297 dias.

Entendo que as taxas de juros, em princípio, podem ser classificadas em nominal, efetiva e real independentemente do período unitário a que a taxa se refere, se diária, mensal ou anual. Também é importante deixar claro que os dois regimes de capitalização de juros, o simples e o composto, não têm nenhuma influência na classificação que proponho.

7.2.1 Taxas nominal, efetiva e real

A palavra nominal diz respeito ao que está nominado, ao que está escrito. No mundo financeiro corresponde ao valor monetário escrito em um título de crédito ou especificado em um contrato de empréstimo ou financiamento. Assim, se uma duplicata for emitida por \$ 500,00, diz-se que o seu valor nominal é de \$ 500,00 porque esse é o valor que está escrito no título; e se em um contrato de financiamento estiver especificado que o valor financiado é de \$ 20.000,00, esse é o valor nominal financiado. Da mesma forma, se em um título de crédito constar que o mesmo paga juros de 15% ao ano, essa é a taxa nominal de juros; e se no caso de um empréstimo estiver escrito no contrato que a taxa de juros é de 3% ao mês, essa é a taxa nominal de juros, independentemente do período de tempo a que se refere.

A partir dessas considerações podemos caracterizar mais facilmente a classificação das taxas de juros em função do capital inicial tomado como base de cálculo, como conceituado a seguir.

> *Taxa nominal:* é a taxa de juros calculada com base no valor nominal do empréstimo ou da aplicação, ou seja, com base no valor explicitado no contrato e ou no título; se conhecida, é a taxa que incide sobre o valor nominal do empréstimo ou da aplicação;

Taxa efetiva: é a taxa de juros calculada com base no valor efetivamente emprestado ou aplicado e no valor efetivamente recebido ou resgatado, o qual leva em conta eventuais despesas do contrato, como taxas de administração, comissões, impostos e outras. No caso de empréstimos ou financiamentos, é a taxa aplicada sobre o valor contratado, excluídas as comissões e outras despesas cobradas na data da operação que reduzem o valor efetivamente emprestado, ou somadas aos valores pagos ao longo do contrato. Já nas aplicações financeiras, é a taxa calculada sobre o valor aplicado, adicionado das taxas, comissões e outras despesas cobradas no ato da operação, ou deduzidas dos valores recebidos ao longo da operação ou por ocasião do resgate, como imposto, taxas e outros.

Taxa real: é a taxa calculada com base no valor efetivamente emprestado ou aplicado, corrigido monetariamente pela inflação do período, contado desde dia do empréstimo ou da aplicação até o dia do seu vencimento ou resgate. Obviamente o cálculo dessa taxa só é possível no vencimento ou resgate da operação quando a taxa de inflação já é conhecida.

Os exemplos a seguir esclarecem melhor essa classificação.

Exemplo de uma operação de empréstimo:

Um mutuário contrata um empréstimo no valor de $ 1.000,00 para ser quitado por $ 1.250,00 ao final de um ano. Sabendo-se que o banco desconta do valor emprestado 2,13% referente ao IOF (Imposto sobre Operações Financeiras) e mais 2% como despesa de cadastro, e que a taxa de inflação no período foi de 6,35%, calcular as taxas anuais nominal, efetiva e real.

Solução:

Valor nominal financiado: $ 1.000,00

Valor do IOF + cadastro: (2,13% + 2,00%) × 1.000,00 = 41,30

Valor efetivamente recebido pelo mutuário: $ 1.000,00 – 41,30 = 958,70

Valor efetivamente recebido e corrigido: 958,70 × 1,0635 = 1.019,58

As taxas anuais são obtidas como segue:

$$\text{Taxa nominal de juros: } \frac{1.250,00}{1.000,00} - 1 = 1,2500 - 1,0000 = 0,25 \text{ ou } 25,00\%$$

$$\text{Taxa efetiva de juros: } \frac{1.250,00}{958,70} - 1 = 1,3038 - 1,0000 = 0,3038 \text{ ou } 30,38\%$$

$$\text{Taxa real de juros: } \frac{1.250,00}{1.019,58} - 1 = 1,2260 - 1,0000 = 0,2260 \text{ ou } 22,60\%$$

A taxa real de juros também poderia ser obtida a partir da seguinte equação:

$$r = \frac{1 + ef}{1 + inf} - 1$$

em que **r** representa a taxa real de juros, *ef* a taxa efetiva de juros e *inf* a taxa de inflação.

Substituindo nessa equação as respectivas variáveis pelos seus valores correspondentes, temos que:

$$r = \frac{1,3038}{1,0635} - 1 = 0,2260 \text{ ou } 22,60\%$$

A partir das taxas anuais, pode-se determinar as taxas mensais, como mostramos a seguir:

Com base no critério de juros compostos (ou capitalização composta)

Taxa nominal de juros: $1,2500^{1/12} - 1 = 0,0188$ ou 1,88% ao mês

Taxa efetiva de juros: $1,3038^{1/12} - 1 = 0,0224$ ou 2,24% ao mês

Taxa real de juros: $1,2260^{1/12} - 1 = 0,0171$ ou 1,71% ao mês

Com base no critério de juros simples (ou capitalização simples)

Taxa nominal de juros: $\frac{25,00\%}{12} = 2,08\%$ ao mês

Taxa efetiva de juros: $\frac{30,38\%}{12} = 2,53\%$ ao mês

Taxa real de juros: $\frac{22,60\%}{12} = 1,88\%$ ao mês

Observação: No meu entendimento, em um futuro não muito remoto as taxas de juros definidas para períodos inferiores a um ano, calculadas com base no critério de juros simples, deixarão de ser utilizadas no Brasil e nos demais países. Obviamente, a taxa de referência para efeito de comparação continuará sendo a anual.

Exemplo de uma aplicação financeira

Uma aplicação em LTN (Letra do Tesouro Nacional) no valor de \$ 18.058,30 deverá ser resgatada por \$ 20.000,00 ao final de 305 dias. Sabendo-se que a instituição financeira escolhida para intermediar essa operação cobra uma comissão antecipada de 0,85% (0,5% de custódia e 0,35% de administração), que o rendimento obtido paga imposto de renda de 20% descontado no resgate e que a inflação no período foi de 5,84%, calcular as taxas anuais nominal, efetiva e real.

Solução:

Valor das comissões cobradas no ato: 0,85% × 18.058,30 = 153,50

Valor desembolsado: 18.058,30 + 153,50 = 18.211,70

Valor do imposto de renda: (20.000,00 – 18.058,30) × 20% = 388,34

Valor líquido resgatado: 20.000,00 – 388,34 = 19.611,66

Valor desembolsado corrigido pela inflação do período: 18.211,70 × 1,0584 = 19.275,26

As taxas anuais são obtidas como segue:

Taxa nominal: $\left(\frac{20.000,00}{18.058,30}\right)^{365/305} - 1 = 0,1300$ ou 13,00% ao ano

Taxa efetiva: $\left(\frac{19.611,66}{18.211,70}\right)^{365/305} - 1 = 0,0927$ ou 9,27% ao ano

Taxa real: $\left(\frac{19.611,66}{19.275,26}\right)^{365/305} - 1 = 0,0209$ ou 2,09% ao ano.

É importante lembrar que, se não houver cobrança de nenhum encargo além da taxa de juros, e se a inflação for zero, as taxas nominal, efetiva e real serão iguais.

Para se calcular as taxas mensais de acordo com os regimes de capitalização simples e composta, basta repetir os cálculos feitos anteriormente para o exemplo de uma operação de empréstimo.

7.2.2 Taxa contratual de juros

Analisando-se mais friamente a classificação das taxas de juros descrita no item anterior, não podemos deixar de mencionar o sentido ambíguo da palavra nominal nesse contexto, tal como caracterizada naquele item. Entendendo que taxa nominal é a taxa que está escrita em um documento qualquer, seja ele um contrato ou um título de crédito, é razoável supor que a taxa escrita no documento possa ser a taxa efetiva, como acontece em vários países do mundo onde a divulgação dessa taxa é obrigatória nos contratos financeiros ou comerciais, como ocorre no Brasil no caso do CET (Custo Efetivo Total) e na região do Euro no caso da TAEG (Taxa Anual Efetiva Global).

Em função desse fato, acredito ser de bom senso adotar o nome de "taxa contratual" em substituição ao nome "taxa nominal". Dessa forma, fica entendido que taxa contratual de juros é a taxa fixada pelos agentes financeiros e comerciais, independentemente de outros encargos cobrados na operação ou da correção monetária dos valores contratados.

7.2.3 CET – Custo Efetivo Total

O CET nada mais é do que a taxa efetiva de juros cobrada em uma operação de empréstimo ou financiamento, calculada com base no regime de capitalização composta. A sua divulgação tornou-se obrigatória no nosso país a partir da Resolução 3517 de 6/12/2007 do Banco Central do Brasil. Essa taxa é uma cópia fiel da TAEG (Taxa Anual Efetiva de Encargos Globais) implantada em Portugal através do Decreto-lei 359 de 1° de setembro de 1991 e adotada por todos os 19 países integrantes da zona do Euro.

O CET é calculado com base em uma equação relativamente complexa, especificada no anexo da Resolução 3.517. Ele consiste em uma taxa efetiva de juros cobrada em operações de empréstimos ou financiamentos para pagamento em uma ou mais prestações iguais ou diferentes. Deve ser expresso na forma de taxa percentual anual (ano de 365 dias) e inclui todas as taxas e despesas relativas à operação, isto é, engloba a taxa contratual de juros, tarifas, tributos, seguros e outras despesas cobradas do cliente, definidas na data do contrato.

Embora tecnicamente correta, a referida equação apresenta algumas dificuldades de cálculo nos casos das operações para liquidação em parcelas iguais ou diferentes, visto que os prazos a decorrer entre as datas do contrato e dos vencimentos de cada uma das prestações devem ser informados em quantidades de dias efetivos; nos casos de pagamento único não há nenhum problema. Vamos apresentar alguns exemplos para melhor entendimento dessa questão.

7.2.3.1 *Exemplo com pagamento único*

Um empréstimo no valor de $ 50.000,00 deverá ser pago no final de 83 dias. Sabendo-se que a taxa de juros cobrada pelo banco é de 27,5% ao ano **e que o mutuário deve pagar uma TAC (taxa de abertura de crédito) no valor de $ 600,00, além do IOF de $ 535,83, calcular o valor de resgate desse empréstimo e o CET.**

Solução:

Valor de resgate: $50.000,00 \times 1,275^{83/365} = 52.839,99$

Valor líquido recebido pelo mutuário: $50.000,00 - 600,00 - 535,83 = 48.864,17$

$$\text{CET} = \text{Taxa efetiva anual} = \left(\frac{52.839,99}{48.864,17}\right)^{\frac{365}{83}} - 1 = 0,4106 \text{ ou } 41,06\%$$

7.2.3.2 *Exemplo com séries de pagamentos iguais*

Um cliente de um banco adquire um empréstimo no valor de $ 10.000,00 para pagamento em 24 prestações mensais. Sabendo-se a taxa contratual de juros é de 2% ao mês e que na data do contrato será descontado o valor do IOF de $ 288,10 e mais uma taxa de cadastro de $ 300,00, calcular o valor das prestações e o CET correspondente.

Para a solução desse caso, vamos admitir que as prestações tenham seus vencimento em um dia certo de cada mês, ou seja, todo dia 10, ou todo dia 20, e assim por diante. Caso utilizássemos a fórmula original do CET teríamos que considerar a diferença efetiva de dias entre a data do contrato e a do vencimento de cada parcela, o que seria extremamente trabalhoso. Para simplificar o cálculo, vamos considerar que o ano é simplesmente constituído por 12 meses, independentemente do número efetivo de dias que compõem cada mês. Posto isto, vamos aos cálculos.

Solução:

Para o cálculo do valor das prestações vamos utilizar fórmula tradicional, ou seja:

$$R = P \times \frac{(1+i)^n \times i}{(1+i)^n - 1}$$

Para obtenção do valor das prestações, basta substituir as variáveis especificadas na equação pelos respectivos valores informados, como segue:

$$R = 10.000,00 \times \frac{(1,02)^{24} \times 0,02}{(1,02)^{24} - 1} = 528,71$$

Valor recebido pelo financiado = VL = 10.000,00 − 288,10 − 300,00 = 9.411,90

Uma vez conhecidos o valor líquido recebido pelo financiado, o número de prestações e o valor das prestações, facilmente podemos resolver a equação a seguir, em que **e** é a taxa efetiva mensal de juros.

$$\text{VL} = R \times \frac{(1+e)^n - 1}{(1+e)^n \times e}$$

Substituindo, temos que:

$$9.411{,}90 = 528{,}71 \times \frac{(1+e)^{24} - 1}{(1+e)^{24} \times e}$$

Resolvendo-se essa equação através de uma calculadora financeira ou de uma planilha Excel, obtém-se **e** = 2,5423%; e como essa taxa é mensal, basta calcular a taxa equivalente ao ano para se obter o CET, como segue:

$$CET = 1{,}025423^{12} - 1 = 0{,}3516 \text{ ou } 35{,}16\% \text{ ao ano.}$$

Observação: Caso se utilizasse a planilha Excel, função financeira XTIR, que leva em conta o número efetivo de dias entre duas datas, a taxa anual efetiva seria praticamente a mesma. Admitindo-se que o referido contrato tivesse sido assinado no dia 20/2/2016, com prestações vencendo nos dias 20 de cada um dos meses subsequentes, o CET seria de 35,21; caso fosse utilizada a fórmula original do CET, a taxa também seria de 35,21%.

7.3 SUGESTÕES PARA A SOLUÇÃO DE QUESTÕES POLÊMICAS SOBRE TAXA DE JUROS

A solução prática para o problema da informação das taxas de juros nos contratos me parece bastante simples, não havendo nenhuma necessidade de se recorrer à tradicional classificação em nominal e efetiva. Essa classificação de taxas, confusa e desnecessária, é baseada no entendimento secular de que a taxa de juros para períodos inferiores a um ano deveria ser obtida pela divisão da taxa anual pelo número de unidades de tempo contidos no período de um ano, sendo a taxa resultante dessa divisão capitalizada pelo referido número de períodos unitários, exatamente como mostramos na introdução deste capítulo. Ora, não seria mais lógico, e muito mais simples, estabelecer que a taxa anual informada no contrato representasse a taxa-limite permitida para o cálculo dos juros cobrados na operação, independentemente do número de capitalizações feitas durante o ano? O conhecimento de cálculos financeiros, aliado aos recursos técnicos existentes, nos permite obter com enorme facilidade a taxa periódica de juros, que, capitalizada pelo número de períodos unitários de tempo contidos em um ano, reproduz a taxa anual informada. As taxas periódicas podem ser obtidas facilmente através da seguinte equação:

$$i_p = (1 + i_a)^{1/n} - 1$$

em que i_p é a taxa para o período escolhido, i_a a taxa anual na forma unitária e **n** o número de períodos unitários contidos em um ano.

Exemplo:

Calcular as taxas semestral, trimestral, mensal, diária e horária, equivalentes a 12% ao ano.

Solução:

Como 1 ano é composto por 12 meses, 2 semestres, 4 trimestres, 365 dias e 8.760 horas, tem-se que:

Taxa semestral: $i_{sem} = (1{,}12)^{1/2} - 1 = 0{,}05830052$ ou 5,830052%

Taxa trimestral: $i_{tri} = (1{,}12)^{1/4} - 1 = 0{,}02411369$ ou 2,411369%

Taxa mensal: $i_m = (1{,}12)^{1/12} - 1 = 0{,}00948879$ ou 0,948879%

Taxa diária: $i_d = (1{,}12)^{1/365} - 1 = 0{,}00031054$ ou 0,0310054%

Taxa horária: $i_h = (1{,}12)^{1/8760} - 1 = 0{,}00001294$ ou 0,001294%

Assim, com base nesse critério, podemos deduzir que existe uma taxa teórica infinitamente pequena que, se capitalizada por um número infinitamente grande de períodos de tempo, resulta numa taxa anual de 12%; este é o raciocínio que norteia o conceito de capitalização instantânea.

A partir desse entendimento, poder-se-ia eliminar definitivamente a preocupação do judiciário com a capitalização de juros para períodos inferiores a um ano, cuja restrição é responsável pela existência de milhões de processos que lotam as prateleiras dos tribunais de justiça do nosso país; e até mesmo o Art. 75 da Lei 11.977 de 7 de julho de 2007 poderia ser eliminado, visto que, ao permitir a capitalização de juros com periodicidade mensal, ele nos leva a entender que para períodos menores que um mês a capitalização não seria permitida. Ora, a capitalização anual, mensal, diária ou instantânea, feita como se propõe neste item, jamais ultrapassará a taxa contratual informada. Portanto, o critério proposto respeita a lógica e não prejudica nem beneficia qualquer das partes envolvidas na operação.

Em resumo, proponho o seguinte critério:

1. Utilizar a expressão **taxa contratual de juros** para representar a taxa de juros cobrada pela instituição financeira nas operações de empréstimos, financiamentos e aplicações de recursos, sem levar em conta quaisquer outros acréscimos ou deduções previstos no contrato.
2. A taxa de juros utilizada para o cálculo das prestações deve ser explicitada no contrato e compatível com o período unitário dos seus vencimentos nos empréstimos ou financiamentos para pagamento em parcelas iguais. Assim, se as prestações forem mensais, a taxa de juros a ser utilizada para o cálculo tem que ser mensal; se forem trimestrais, a taxa de juros utilizada tem que ser trimestral; e assim por diante. Essa regra, utilizada universalmente, é rígida e não tem exceção! Em obediência a essa regra, caso a taxa contratual de juros seja informada em termos anuais, obrigatoriamente também deverá constar no contrato a taxa equivalente para o período unitário de pagamento das prestações, ou seja, se as prestações forem mensais, também deverá ser informada a taxa mensal, a qual, se capitalizada durante 12 meses, reproduz a taxa anual informada, como já detalhamos no início deste item. Dessa forma, para uma taxa contratual de 48% ao ano, a sua taxa mensal equivalente deverá ser obtida como segue:

   $$\text{Taxa mensal} = i_m = (1{,}48)^{1/12} - 1 = 0{,}0332 \text{ ou } 3{,}32\%$$

   Neste caso deverá constar no contrato a seguinte informação: "Taxa contratual de juros: 48,0% ao ano (equivalente 3,32% ao mês)".

   Caso se tratasse de um financiamento concedido através do Sistema Financeiro da Habitação (SFH), uma taxa contratual de 11% ao ano seria assim informada:

   "Taxa contratual de juros: 11% ao ano (equivalente a 0,8735% ao mês)"

3. Assim como acontece nos casos do CET e da TAEG, também vamos considerar o ano constituído por 365 dias.

Vamos utilizar esses conceitos no capítulo em que trataremos das operações realizadas no mercado financeiro. Acredito sinceramente que a médio prazo boa parte das propostas aqui apresentadas será adotada não só no Brasil, como em vários outros países.

8

MÉTODOS DE AVALIAÇÃO DE FLUXOS DE CAIXA

Entre os métodos mais conhecidos, destacam-se o do valor presente líquido (VPL) e o da taxa interna de retorno (TIR), largamente utilizados nas análises de aplicações financeiras e de projetos de investimentos. Esses métodos consistem basicamente em se comparar a soma algébrica dos valores presentes de cada um dos fluxos futuros de caixa (pagamentos ou recebimentos), com o valor do fluxo de caixa inicial (recebimento ou pagamento) ocorrido "hoje", onde esses valores presentes são calculados de acordo com o regime de capitalização composta e com base em dada taxa de juros.

Como historicamente a utilização do método do valor presente líquido antecedeu ao da taxa interna de retorno, vamos abordá-lo em primeiro lugar.

8.1 VALOR PRESENTE LÍQUIDO

O valor presente líquido (VPL) é uma técnica de análise de fluxos de caixa que consiste em calcular o valor presente de uma série de pagamentos (ou recebimentos) iguais ou diferentes a uma taxa conhecida, e deduzir deste o valor do fluxo inicial (valor do empréstimo, do financiamento ou do investimento), ou seja:

$$VPL = \sum_{j=1}^{n} \frac{FC_j}{(1+i)^j} - FC_0 = \frac{FC_1}{(1+i)^1} + \frac{FC_2}{(1+i)^2} + \ldots + \frac{FC_n}{(1+i)^n} - FC_0$$

em que FC_j representa os valores dos fluxos de caixa de ordem "j", sendo $j = 1, 2, 3, \ldots, n$; FC_0 representa o fluxo inicial e "i" a taxa de juros da operação financeira ou a taxa de retorno do projeto de investimentos.

Essa técnica, criada inicialmente para análise de projetos de investimentos, foi bastante difundida numa época em que os instrumentos disponíveis para cálculos eram extremamente precários. Assim, um empresário, ao analisar a conveniência da compra de um equipamento, fixava a taxa mínima de retorno desejada, e com base nesta calculava o valor presente das receitas líquidas estimadas para os próximos meses ou anos, que seriam geradas pela utilização do novo equipamento; se o valor presente das receitas, deduzido o valor de compra do equipamento, resultasse num valor positivo, o empresário faria o investimento, visto que, nesse caso, a taxa efetiva de retorno seria seguramente maior que a taxa mínima de retorno fixada; se a diferença fosse negativa, o equipamento não seria adquirido.

Para melhor entendimento desse conceito, vamos resolver o problema a seguir.

Uma grande empresa está analisando a conveniência da compra de uma frota de caminhões no valor de $ 103 milhões. Segundo os técnicos dessa empresa, a utilização desse equipamento nos próximos cinco anos deverá gerar receitas líquidas estimadas em $ 30, $ 35, $ 32, $ 28 e $ 20 milhões, respectivamente. Sabendo-se que no final do 5° ano se espera vender essa frota por $ 17 milhões, verificar qual a decisão da empresa para taxas de retorno, fixadas em 15% e 18% ao ano.

Esquematicamente, temos o seguinte fluxo de caixa (em milhões de $):

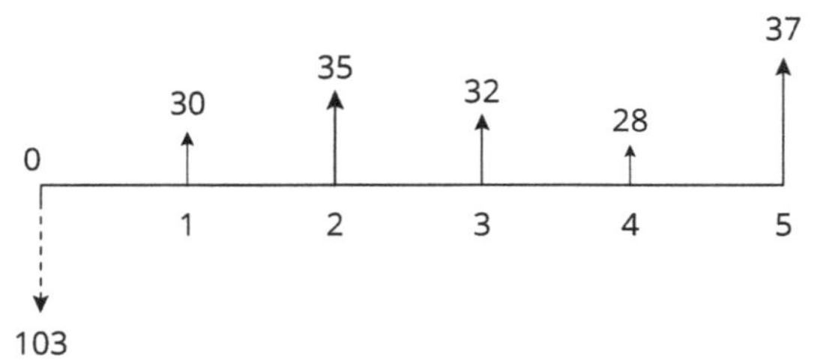

Observação: Fluxo do 5º ano = preço de venda dos caminhões + receita do ano = 17 + 20 = 37.

a) Solução para taxa de retorno de 15% ao ano

$$VPL = \frac{30}{1,15^1} + \frac{35}{1,15^2} + \frac{32}{1,15^3} + \frac{28}{1,15^4} + \frac{37}{1,15^5} - 103,00$$

$$VPL = 26,09 + 26,47 + 21,04 + 16,01 + 18,40 - 103,00$$

$$VPL = 108,01 - 103,00 = 5,01$$

Como o valor presente líquido é positivo, isso significa que a taxa efetiva de retorno é superior à taxa mínima fixada em 15%. Portanto, o investimento deverá ser feito.

b) Solução para taxa de retorno de 18% ao ano

$$VPL = \frac{30}{1,18^1} + \frac{35}{1,18^2} + \frac{32}{1,18^3} + \frac{28}{1,18^4} + \frac{37}{1,18^5} - 103,00$$

$$VPL = 25,42 + 25,14 + 19,48 + 14,44 + 16,17 - 103,00$$

$$VPL = 100,65 - 103,00 = -2,35$$

Como nessa hipótese o valor presente líquido é negativo, o investimento não deverá ser feito, visto que a taxa efetiva de retorno é menor que 18%.

No Brasil, com o desenvolvimento do mercado financeiro e de capitais e com o advento de calculadoras mais sofisticadas, esse método de análise foi adaptado às operações financeiras e comumente utilizado de forma distorcida em relação às suas origens. Vamos explicar melhor com o auxílio do exemplo a seguir.

Um empréstimo de $ 23.000,00 será liquidado em três prestações mensais e sucessivas de $ 12.000,00, $ 5.000,00 e $ 8.000,00. Considerando uma taxa de juros de 4% ao mês, calcular o valor presente líquido.

O fluxo de caixa é representado esquematicamente como segue:

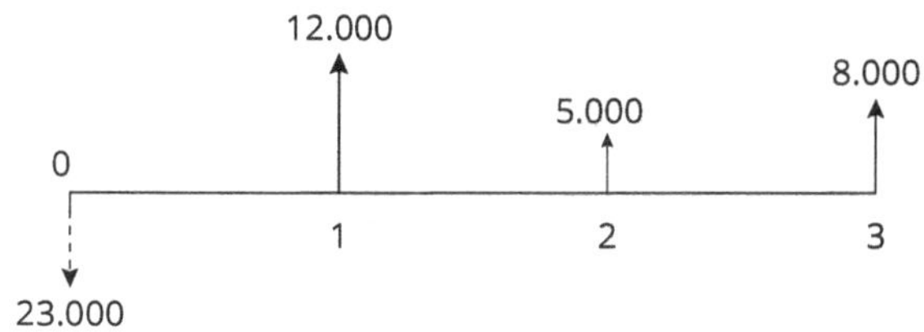

$$VPL = \frac{12.000,00}{1,04^1} + \frac{5.000,00}{1,0,4^2} + \frac{8.000,00}{1,04^3} - 23.000,00$$

$$VPL = 11.538,46 + 4.622,78 + 7.111,97 - 23.000,00 = 273,21$$

Visto ser o valor presente líquido positivo, isso significa que a taxa de juros cobrada no empréstimo é superior a 4% ao mês.

Na prática, entretanto, como a taxa do empréstimo ou do financiamento é quase sempre conhecida, o método do valor presente líquido, que se encontra programado em diversas marcas e tipos de calculadoras, passou a ser utilizado apenas para determinar o valor presente dos fluxos futuros de caixa, isto é, o valor do empréstimo ou do financiamento, bastando para isso considerar o fluxo inicial igual a zero, como nos mostra o exemplo que se segue.

Um imóvel é financiado para pagamento em 18 prestações mensais iguais e sucessivas de $ 325.000,00 e mais três prestações semestrais (prestação-reforço ou prestação-balão) de $ 775.000,00, $ 875.000,00 e $ 975.000,00. Calcular o valor financiado, sabendo-se que a taxa cobrada pelo banco foi de 0,85% ao mês.

Representação esquemática do fluxo de caixa (em $ 1.000):

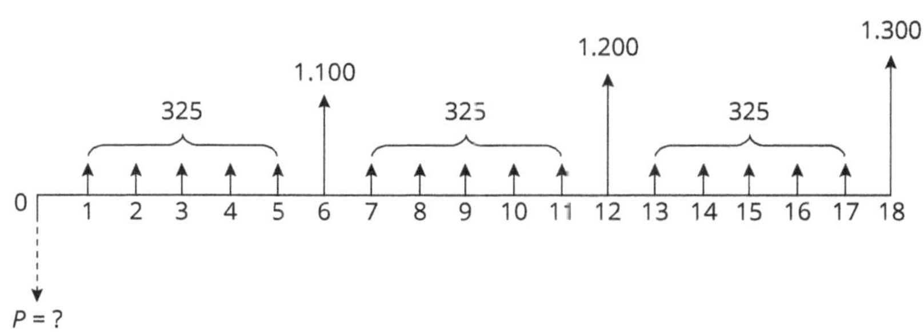

Observação: Na representação gráfica, os valores dos fluxos do 6º, 12º e 18º meses são iguais ao valor das prestações mensais mais os respectivos valores das prestações semestrais.

$$VPL = 325.000,00 \times \frac{1,0085^{18} - 1}{1,0085^{18} \times 0,0085} + \frac{775.000,00}{1,0085^{6}} + \frac{875.000,00}{1,0085^{12}} + \frac{975.000,00}{1,0085^{18}} - 0$$

$$VPL = 5.403.229,84 + 736.624,72 + 790.491,53 + 837.217,64 - 0$$

$$VPL = 7.767.563,73$$

Como se vê, a técnica do valor presente líquido passou a ser utilizada para se determinar apenas o valor presente da operação nos casos em que são conhecidas a taxa de juros e os valores dos pagamentos ou recebimentos futuros.

Vejamos mais alguns exemplos sobre VPL.

1. Um apartamento foi colocado à venda pelo valor de \$ 5 milhões à vista ou em dois anos de prazo, com \$ 800.000,00 de entrada, mais 12 prestações mensais de \$ 180.000,00 e mais 12 de \$ 281.860,00. Admitindo-se que você esteja interessado em adquiri-lo e que tenha recursos para comprá-lo até mesmo à vista, qual seria a sua decisão, se você tivesse também a opção de aplicar seus recursos em um Fundo de Renda Fixa, a uma taxa de 1% ao mês?

Diagrama do fluxo de caixa

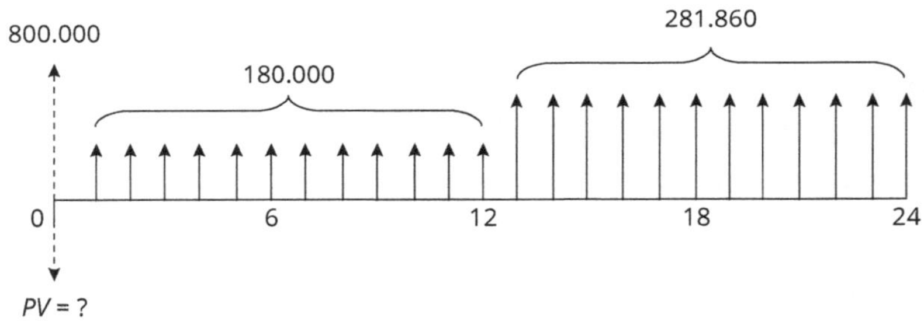

Solução para taxa de 1% ao mês

$$VPL = 800.000,00 + 180.000,00 \times \frac{1,01^{12} - 1}{1,01^{12} \times 0,01} + 281.860,00 \times$$

$$\times \frac{1,01^{12} - 1}{1,01^{12} \times 0,01} \times \frac{1}{1,01^{12}} - 0$$

$$VPL = 800.000,00 + 2.025.913,94 + 2.815.305,00 = 5.641.218,94$$

Nesse caso, o VPL representa o valor presente dos pagamentos no plano de venda a prazo. E como esse valor é maior que os \$ 5 milhões pedidos à vista, é evidente que esta última opção é a mais aconselhável. Se nesse caso a compra fosse feita a prazo, a aplicação de \$ 4,2 milhões (\$ 5 milhões menos a entrada de \$ 800.000,00) não seria suficiente para que você, sacando mensalmente para quitar os valores das prestações, liquidasse todas elas.

2. Uma empresa industrial está analisando a conveniência de adquirir equipamentos para a montagem de mais de uma unidade de produção. O valor desses equipamentos é de $ 500 milhões, com vida útil prevista para dez anos e valor de revenda estimado em $ 25 milhões no final desse prazo. As receitas líquidas anuais (não considerando as depreciações) geradas por esse investimento adicional são estimadas, em valores não inflacionados, em $ 200 milhões por ano, durante os primeiros dois anos; $ 210 milhões por ano, nos três anos seguintes; $ 95 milhões, no 6º ano; $ 195 milhões, para os três seguintes e $ 180 milhões para o décimo. No final do 6º ano de uso, está prevista uma reforma geral no equipamento no valor de $ 105 milhões, despesa essa não considerada na determinação da receita líquida estimada para esse ano. Sabendo-se que a empresa só fará esse investimento se a taxa de retorno for no mínimo de 30% ao ano, analisar se a compra desses equipamentos é ou não aconselhável.

Diagrama dos fluxos líquidos de caixa (em $ milhões):

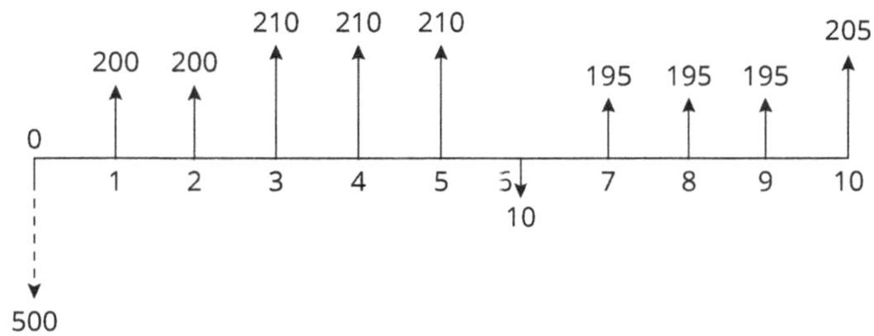

Observação: O fluxo correspondente ao 6º ano é dado pela diferença entre o valor da reforma de $ 105 milhões e a receita líquida de $ 95 milhões; e o valor do fluxo do 10º ano, pela soma do valor de revenda do equipamento mais o valor da receita líquida desse ano.

$$\text{VPL} = 200 \times \text{FVA}\,(30\%, 2) + 210 \times \text{FVA}\,(30\%, 3) \times \frac{1}{(1{,}30)^2} -$$

$$- \frac{10}{(1{,}30)^6} + 195 \times \text{FVA}\,(30\%, 3) \times \frac{1}{(1{,}30)^6} + \frac{205}{(1{,}30)^{10}} - 500{,}00$$

$$\text{VPL} = 272{,}19 + 225{,}67 - 2{,}07 + 73{,}37 + 14{,}87 - 500{,}00 = 84{,}03$$

Como o VPL é positivo, isso significa que o valor presente das receitas líquidas é maior que o investimento inicial. Portanto, a compra desse equipamento é aconselhável.

8.2 TAXA INTERNA DE RETORNO

A taxa interna de retorno é a taxa que equaliza o valor presente de um ou mais pagamentos (saídas de caixa) com o valor presente de um ou mais recebimentos (entradas de caixa). Como normalmente temos um fluxo de caixa inicial (no momento "zero") que representa o valor do investimento, ou do empréstimo ou do financiamento, e diversos fluxos futuros de caixa representando os valores das receitas, ou das prestações, a equação que nos dá a taxa interna de retorno (TIR) pode ser escrita como segue:

$$FC_0 = \sum_{j=1}^{n} \frac{FC_j}{(1+i)^j} = \frac{FC_1}{(1+i)^1} + \frac{FC_2}{(1+i)^2} + \ldots + \frac{FC_n}{(1+i)^n}$$

e de onde se deduz que:

$$FC_0 = \sum_{j=1}^{n} \frac{FC_j}{(1+i)^j} = 0$$

O exemplo 1 a seguir deixa claro esse conceito.

1. Determinar a taxa interna de retorno correspondente a um empréstimo de $ 1.000,00 a ser liquidado em três pagamentos mensais de $ 300,00, $ 500,00 e $ 400,00. O fluxo de caixa correspondente a essa operação, tomando-se como referência o doador de recursos, é representado como segue:

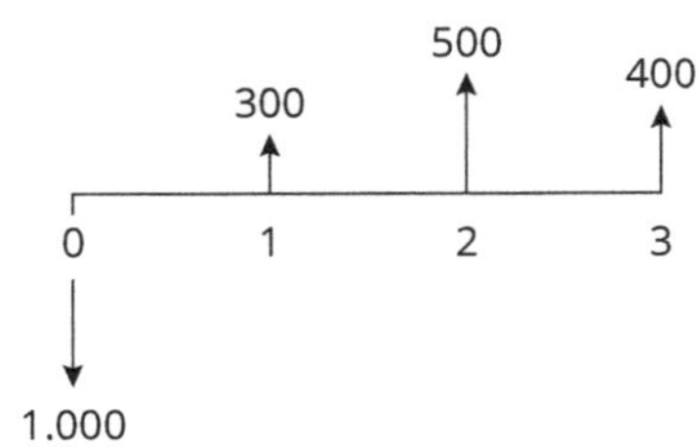

A solução desse problema implica resolver a seguinte equação matemática:

$$1.000,00 = \frac{300,00}{(1+i)^1} + \frac{500,00}{(1+i)^2} + \frac{400,00}{(1+i)^3}$$

em que i é denominado taxa interna de retorno. A solução dessa equação somente pode ser obtida pelo processo iterativo, ou seja, por "tentativa e erro". Assim, vamos admitir inicialmente uma taxa qualquer que julgamos próxima da taxa procurada. Digamos, 6%. Com base nessa taxa, vamos calcular o valor presente dos três pagamentos.

$$P = \frac{300,00}{(1,06)^1} + \frac{500,00}{(1,06)^2} + \frac{400,00}{(1,06)^3} = 1.063,86$$

Como o valor presente desses pagamentos é superior a $ 1.000,00, deduz-se logo que a TIR é maior que 6%. Vejamos para 11%:

$$P = \frac{300,00}{(1,11)^1} + \frac{500,00}{(1,11)^2} + \frac{400,00}{(1,11)^3} = 968,56$$

Portanto, a TIR é uma taxa situada entre 6% e 11%. A partir daqui, como temos duas taxas de referência, o mais indicado é utilizarmos o processo de interpolação linear (ver explicações sobre esse método no item 4 do Apêndice A), como segue:

$$(1.063,86 - 968,56) : (6\% - 11\%)$$

$$(1.000,00 - 968,56) : (x - 11\%)$$

em que x é a taxa interna de retorno procurada. A partir daí, podemos escrever:

$$x - 11\% = \frac{31{,}44 \times (-5\%)}{95{,}30} = -1{,}65\%$$

$$x = 11\% - 1{,}65\% = 9{,}35\%$$

Vamos verificar o valor presente para essa taxa:

$$P = \frac{300{,}00}{(1{,}0935)^1} + \frac{500{,}00}{(1{,}0935)^2} + \frac{400{,}00}{(1{,}0935)^3} = 998{,}42$$

A taxa procurada é um pouco menor que essa. A solução é proceder à nova interpolação, tomando como base a taxa anterior. Vejamos:

$$(998{,}42 - 968{,}56) : (9{,}35\% - 11\%)$$
$$(1.000{,}00 - 998{,}42) : (x - 9{,}35\%)$$

$$x = 9{,}35\% = \frac{158 \times (-1{,}65\%)}{29{,}86} = -0{,}09\%$$

$$x = 9{,}35\% - 0{,}09\% = 9{,}26\%$$

E para essa taxa temos o seguinte valor presente:

$$P = \frac{300{,}00}{(1{,}0926)^1} + \frac{500{,}00}{(1{,}0926)^2} + \frac{400{,}00}{(1{,}0926)^3} = 1.000{,}09$$

Rigorosamente, a taxa ainda não é essa. É pouco superior. Uma nova interpolação entre 9,26% e 9,35% nos dará 9,265%. E, calculando-se o valor presente dos três pagamentos, a essa taxa, obteremos o valor de $ 999,99, ou seja, com uma diferença de apenas $ 0,01. Portanto, podemos aceitar essa taxa como a taxa interna de retorno do nosso problema.

Observação: Além do processo de interpolação linear descrito, também é muito utilizado o método iterativo de Newton-Raphson, que permite uma convergência mais rápida à taxa desejada. Entretanto, esse processo é bem mais complexo, porque exige a utilização de derivadas. Sobre esse método, ver: FARO, Clóvis de. *Matemática Financeira*, 9. ed. São Paulo, Atlas, 1985, Cap. 6.

Vamos agora apresentar uma série de exemplos com as respectivas soluções. Embora as respostas para cada um deles tenham sido obtidas através de calculadoras adequadas (ver Capítulo 13, item 13.4), vamos indicar ao leitor como a solução pode ser matematicamente conseguida.

2. Uma dívida no valor de $ 3.000,00 deverá ser quitada no prazo de nove meses, em prestações mensais, de acordo com o seguinte plano: a primeira de $ 400,00, a segunda $ 790,00, três iguais de $ 620,00 cada uma a serem pagas do quarto ao sexto mês, e a última de $ 880,00 a ser liquidada no final do nono mês, como mostra o esquema a seguir. Determinar a taxa mensal de juros cobrada nessa operação.

Esquematicamente:

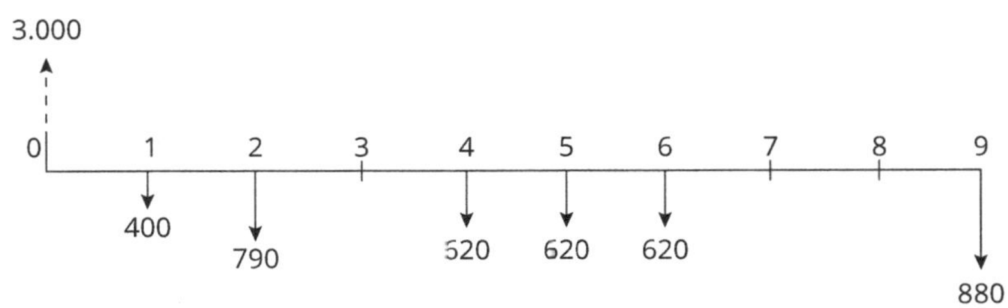

$$3.000,00 = \frac{400,00}{(1+i)^1} + \frac{790,00}{(1+i)^2} + 620,00 \times \frac{(1+i)^3 - 1}{(1+i)^3 \times i} \times \frac{1}{(1+i)^3} + \frac{880,00}{(1+i)^9}$$

Por tentativa e erro, utilizando-se interpolação linear como fizemos no primeiro exemplo, ou com o auxílio de calculadoras adequadas, obtém-se $i = 5{,}94\%$ (ou 5,94304% com cinco casas decimai). Realmente, se calcularmos o valor presente das seis prestações mencionadas, à taxa de 5,94304% ao mês, vamos obter o valor $ 3.000,00, o que comprova que essa taxa é a taxa interna de retorno da operação.

3. Um equipamento no valor de $ 70 milhões é integralmente financiado, para pagamento em sete parcelas mensais; as três primeiras de $ 10 milhões, as duas seguintes de $ 15 milhões, a 6ª de $ 20 milhões e a 7ª de $ 30 milhões. Determinar a taxa interna de retorno dessa operação.

Esquematicamente, temos o seguinte fluxo (em $ milhões):

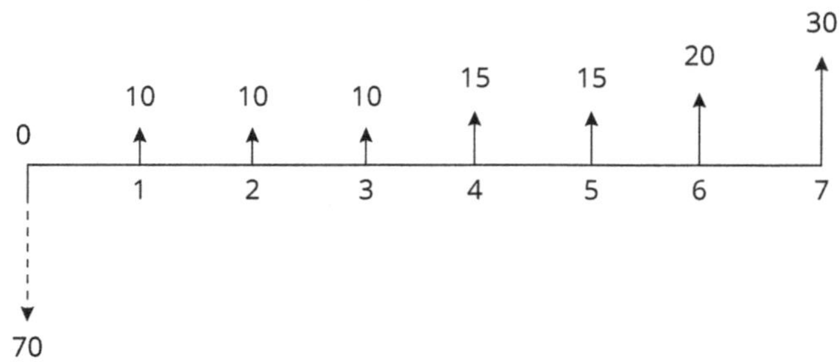

Solução:

$$70 = 10 \times \frac{(1+i)^3 - 1}{(1+i)^3 \times i} + \frac{15}{(1+i)^4} + \frac{15}{(1+i)^5} + \frac{20}{(1+i)^6} + \frac{30}{(1+i)^7}$$

Com a utilização de uma calculadora adequada, ou por tentativa e erro, utilizando-se interpolação linear como fizemos no primeiro exemplo, obtém-se $i = 10{,}40\%$ ao mês (ou 10,39749% com cinco casas decimais).

4. Um consumidor adquire um eletrodoméstico pelo sistema de crediário para pagamento em seis prestações mensais de $ 735,70. Sabendo-se que o valor financiado foi de $ 2.450,00 e que a primeira prestação será paga no final do 5º mês (4 meses de carência), determinar a taxa de juros cobrada pela loja.

Esquematicamente, temos o seguinte fluxo de caixa:

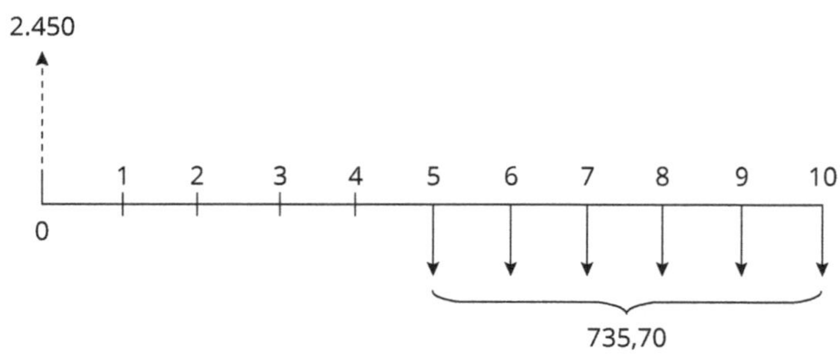

Solução:

$$2.450,00 = 735,70 \times \frac{(1+i)^6 - 1}{(1+i)^6 \times i} \times \frac{1}{(1+i)^4}$$

Por tentativa e erro, ou com o auxílio de calculadora adequada, obtém-se 8,30%, que é a taxa mensal de juros cobrada pela loja e que corresponde à taxa interna de retorno do fluxo de caixa representativo dessa operação.

5. Um empréstimo no valor de $ 2.000,00 deverá ser quitado em três prestações de $ 550,00, $ 670,00 e $ 940,00, com vencimentos a 42, 57 e 85 dias, respectivamente. Calcular a taxa mensal de juros cobrada nessa operação, de acordo com o critério de juros compostos.

Esquematicamente, temos o seguinte fluxo de caixa:

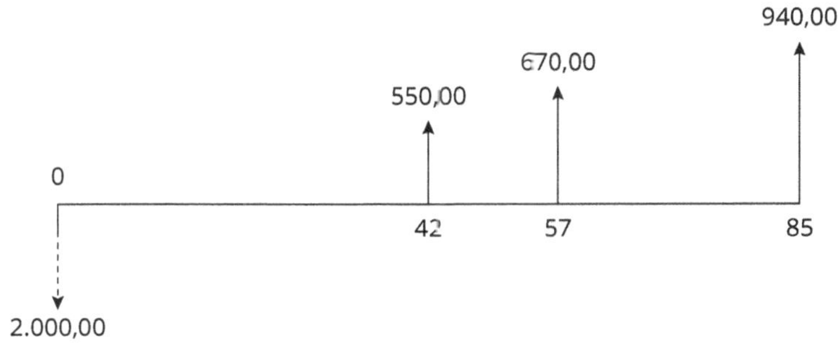

Solução:

$$2.000,00 = \frac{550,00}{(1+i)^{42}} + \frac{670,00}{(1+i)^{57}} + \frac{940,00}{(1+i)^{85}}$$

em que i, nesse caso, é uma taxa diária. Por tentativa e erro, ou com o auxílio de uma calculadora financeira, obtém-se i = TIR = 0,11816%. Para se determinar a taxa mensal, fazer como segue:

$$i_m = (1{,}0011816)^{30} - 1 = 3{,}60621\%$$

6. Uma debênture de valor nominal correspondente a $ 1.000,00, emitida no dia 10-03-2016, paga juros trimestralmente à razão de 2,874% (equivalente a 12% ao ano) mais correção monetária. Sabendo-se que essa debênture foi emitida com dois anos de prazo, que os juros são pagos no dia 10 dos meses de junho, setembro, dezembro e março de cada ano e que a mesma foi negociada no dia 02-05-2016 por $ 952,50 calcular a taxa efetiva anual dessa transação.

Esquematicamente, temos o seguinte fluxo de caixa:

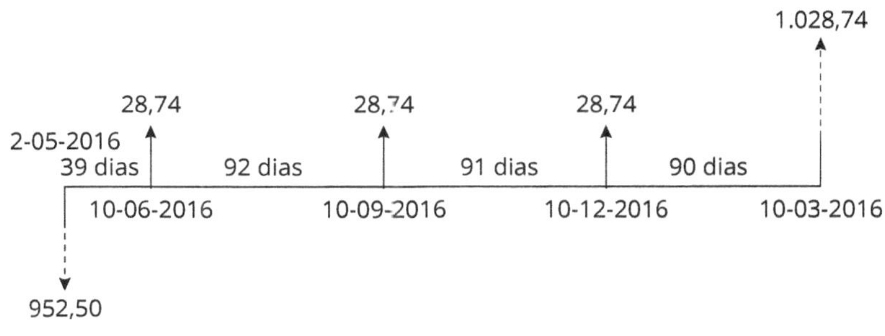

Solução:

$$952{,}50 = \frac{28{,}74}{(1+i)^{39}} + \frac{28{,}74}{(1+i)^{131}} + \frac{28{,}74}{(1+i)^{222}} + \frac{1.028{,}74}{(1+i)^{312}}$$

Por tentativa e erro, utilizando-se interpolação linear, ou através de calculadoras, obtém-se i = TIR 0,05300%, que é uma taxa diária. Para se obter a anual, fazer:

$$i_a = (1{,}00053)^{360} - 1 = 21{,}01562\%$$

7. Os técnicos de uma empresa industrial estão analisando duas opções apresentadas para a compra de uma máquina: uma, de valor equivalente a US$ 100.000 com vida útil prevista de cinco anos, e outra, com o dobro de capacidade da primeira, vida útil de dez anos e custo correspondente a US$ 175.000, ambas com valor de revenda zero no fim do período de vida útil. A menor tem capacidade para atender à produção prevista para os próximos cinco anos; como a partir do 6º ano a produção deverá crescer substancialmente, a compra da menor hoje implicará a necessidade de compra de duas do mesmo porte no final do 5º ano com custo unitário idêntico ao atual. Comprando a menor, as receitas líquidas anuais geradas (já descontados todos os custos, diretos e indiretos de fabricação, com exceção da depreciação) para os próximos dez anos são estimadas em US$ 55.000 ao ano para os cinco primeiros anos, US$ 70.000 para os dois seguintes e US$ 95.000 para os três últimos. Adquirindo a maior, as receitas líquidas anuais estão estimadas em US$ 58.000 para os próximos dois anos, US$ 65.000 para os três seguintes e US$ 95.000 para os cinco últimos. Determinar qual a melhor opção.

Os diagramas representativos dos fluxos de caixa das duas hipóteses são os seguintes:

a) Máquina menor (em US$ 1.000)

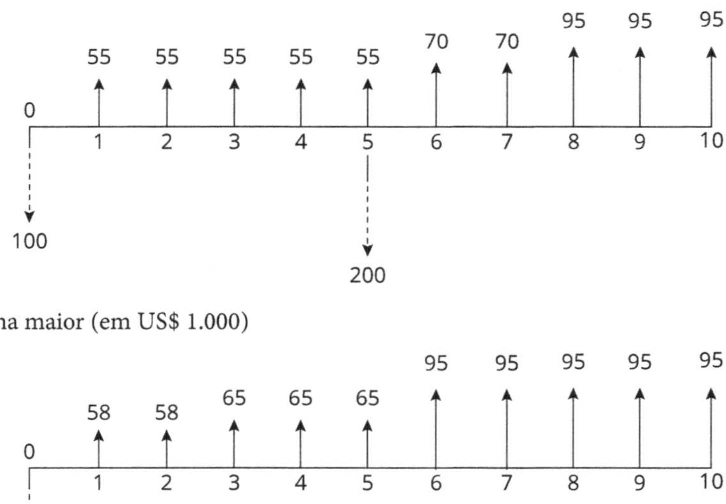

b) Máquina maior (em US$ 1.000)

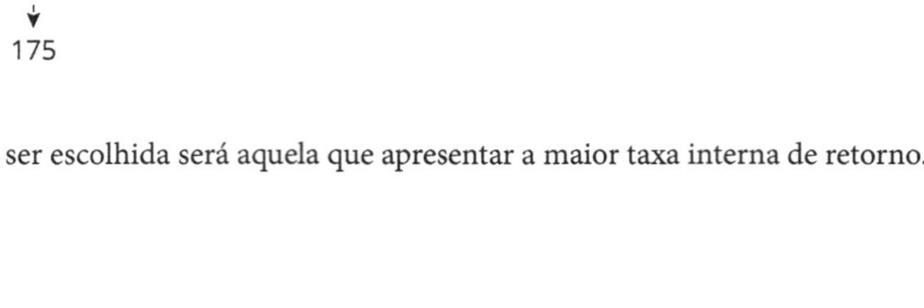

Solução:

A opção a ser escolhida será aquela que apresentar a maior taxa interna de retorno.

a) TIR para a máquina de menor porte

$$10.000 = 55.000 \times \frac{(1+i)^5 - 1}{(1+i)^5 \times i} - \frac{200.000}{(1+i)^5} + 70.000 \times \frac{(1+i)^2 - 1}{(1+i)^2 \times i} \times$$

$$\times \frac{1}{(1+i)^5} + 95.000 \times \frac{(1+i)^3 - 1}{(1+i)^3 \times i} \times \frac{1}{(1+i)^7}$$

Pelo processo de tentativa e erro (ou através de calculadoras adequadas), obtém-se i = TIR = 42,42% ao ano.

b) TIR para a máquina de maior porte

$$175.000 = 58.000 \times \frac{(1+i)^2 - 1}{(1+i)^2 \times i} + 65.000 \times \frac{(1+i)^3 - 1}{(1+i)^3 \times i} \times \frac{1}{(1+i)^2} +$$

$$+ 95.000 \times \frac{(1+i)^5 - 1}{(1+i)^5 \times i} \times \frac{1}{(1+i)^5}$$

Resolvendo essa equação pelos processos mencionados, obtém-se i = TIR = 36,49% ao ano. Portanto, como a TIR correspondente à opção *a* é maior do que a TIR referente à opção *b*, é mais aconselhável a aquisição das máquinas de menor porte.

8.3 PROBLEMAS PROPOSTOS

1. Uma pequena indústria pretende adquirir equipamentos no valor de US$ 55.000, que deverão proporcionar receitas líquidas de US$ 15.500, no primeiro ano, US$ 18.800 no segundo, US$ 17.200 nos 3º, 4º e 5º anos, e US$ 13.500 no 6º ano. Sabendo-se que o valor de revenda dos equipamentos no final do 6º ano é estimado em US$ 9.000, e que a empresa somente fará tal aquisição se a taxa efetiva de retorno for superior a uma taxa mínima estabelecida, verificar qual a decisão da empresa para as taxas de retorno de 21% e 25%. Utilizar o conceito de valor presente líquido.

Respostas: para uma taxa mínima de 21% a empresa comprará os equipamentos, visto que VPL = 2.183,99 (positivo); para 25%, como VPL = – 3.182,14 (negativo), a compra não seria efetivada.

2. Um empréstimo de $ 210.000,00 deverá ser liquidado em cinco prestações mensais e consecutivas de $ 31.000,00, $ 37.500,00, $ 47.200,00, $ 55.400,00 e $ 61.300,00, respectivamente. Determinar a taxa mensal de juros (TIR) cobrada nessa operação.

Resposta: 3,11% ao mês.

3. Um apartamento está sendo oferecido por $ 550.000,00 à vista ou $ 100.000,00 de entrada mais cinco prestações mensais e consecutivas de $ 30.000,00, mais sete mensais seguintes de $ 50.000,00. Determinar a taxa de juros (TIR) implícita nesse plano.

Resposta: 1,49% ao mês.

4. Um empréstimo de $ 730.000,00 deverá ser pago em quatro prestações conforme segue:

Nº	Prazo (em dias)	Valor (em $)
1	65	154.000,00
2	87	189.500,00
3	115	232.400,00
4	178	355.000,00

Determinar a taxa interna de retorno dessa operação.

Resposta: 0 198% ao dia ou 6,1% ao mês.

5. Um sítio foi colocado à venda para pagamento em dois anos, sendo $ 75 mil de entrada, mais seis prestações mensais sucessivas de $ 10 mil cada, mais oito seguintes de $ 15 mil e mais dez últimas de $ 22 mil. Admitindo que você dispusesse de recursos, quanto ofereceria à vista, considerando o custo médio do dinheiro para os próximos dois anos em 2%, 2,5% e 3,0% ao mês?

Resposta: para 2%: $ 432,5 mil; para 2,5%: $ 404,9 mil; para 3%: $ 380,0 mil.

9

EQUIVALÊNCIA DE CAPITAIS

Dois ou mais capitais, com vencimentos em prazos diferentes, são ditos equivalentes em uma data qualquer tomada como base de cálculo se os seus respectivos valores atuais nessa data forem iguais, obtidos com base em uma mesma taxa de juros. Embora se possa escolher qualquer data como base de comparação – chamada data focal –, normalmente se utiliza a data do contrato ou do dia em que se inicia a contagem do tempo; essa data se constitui no "momento zero" da reta do tempo, e que costumeiramente chamamos simplesmente de "hoje".

A equivalência de capitais pode ser calculada com base no regime de capitalização simples ou composta. Vamos tratar inicialmente do cálculo feito com base na teoria de juros compostos, porque este é o critério utilizado de forma generalizada no mundo. E, como veremos mais adiante, o cálculo baseado na capitalização simples tem pouca ou nenhuma importância no mundo dos negócios financeiros devido à falta de consistência matemática e financeira desse regime de capitalização.

9.1 EQUIVALÊNCIA DE CAPITAIS NO REGIME DE CAPITALIZAÇÃO COMPOSTA

9.1.1 Considerando-se pagamentos individuais (simples ou único)

Dois ou mais capitais de valores V_1, V_2, V_3, ..., V_n, com vencimentos nas datas t_1, t_2, t_3, ...,t_n, contados a partir da data de referência t_0, e considerada a taxa de juros *i*, são equivalentes se os seus valores atuais forem iguais, ou seja:

$$\frac{V_1}{(1+i)^{t_1}} = \frac{V_2}{(1+i)^{t_2}} = \frac{V_3}{(1+i)^{t_3}} = \dots = \frac{V_n}{(1+i)^{t_n}},$$

em que *i* representa a taxa periódica de juros (mensal, trimestral, anual) e *t* o prazo (em meses, trimestres, anos).

Exemplo:

Dados os capitais \$ 15.208,16 e \$ 17.107,11 vencíveis de hoje a 5 e 8 meses, respectivamente, verificar se são equivalentes, na data de hoje, considerada a taxa de juros de 4% ao mês.

Solução:

Esses capitais serão equivalentes se:

$$\frac{15.208{,}16}{1{,}04^5} = \frac{17.107{,}11}{1{,}04^8}$$

Efetuando-se os cálculos, tem-se que:

$$\frac{15.208{,}16}{1{,}21665} = 12.500{,}00$$

$$\frac{17.107{,}11}{1{,}36857} = 12.500{,}00$$

Portanto, esses dois capitais são equivalentes na data de hoje, ou seja, na data focal t_0. E se dois ou mais capitais forem equivalentes em uma determinada data, também o serão em quaisquer outras datas, considerada a mesma taxa. Vamos comprovar essa afirmação calculando o valor atualizado dos dois capitais no final de 12 meses (a partir de hoje), como segue:

Solução:

Para determinar o valor do capital de \$ 15.208,16, no final de 12 meses, basta capitalizá-lo por mais 7 meses, à taxa de 4% ao mês; e para o de \$ 17.107,11, por mais 4 meses. Portanto, temos:

$$15.208{,}16 \times (1{,}04)^7 = 15.208{,}16 \times 1{,}31593 = 20.012{,}90$$
$$17.107{,}11 \times (1{,}04)^4 = 17.107{,}11 \times 1{,}16986 = 20.012{,}90$$

Aliás, demonstramos o óbvio, pois, como esses capitais são equivalentes hoje, iguais a \$ 12.500,00, também o serão em qualquer momento do tempo, capitalizados ou descapitalizados à mesma taxa. Para o final de 12 meses, poderíamos ter feito:

$$12.500{,}00 \times (1{,}04)^{12} = 12.500{,}00 \times 1{,}60103 = 20.012{,}90$$

9.1.2 Considerando-se séries de pagamentos iguais ou diferentes

Como extensão da equivalência de capitais para pagamentos simples ou únicos, temos a equivalência de capitais para séries de pagamentos, sejam elas compostas por um fluxo de pagamentos (ou recebimentos) de valores iguais ou diferentes e com vencimentos periódicos (mesmo intervalo de tempo entre os termos) e não periódicos.

Diz-se que duas séries de pagamentos A e B são equivalentes quando o valor atual dos termos da série A, na data de referência t_0, for igual ao valor atual dos termos da série B nessa mesma data, considerada determinada taxa de juros i. Isso também é verdade para três ou mais séries de planos de pagamentos.

Exemplo:

Verificar se os dois planos especificados a seguir são equivalentes para as taxas de juros de 2% e 3% ao mês.

Plano A: 10 pagamentos mensais, iguais e consecutivos de \$1.000,00.

Plano B: 1 pagamento de $ 4.500,00 no final de 5 meses e outro de $ 6.434,56 no final de 11 meses.

Solução:

Para 2% ao mês

Plano A: $P_A = R \times FVA\,(i, n) = 1.000{,}00 \times FVA\,(2\%, 10)$

$P_A = 1.000{,}00 \times 8{,}98259 = 8.982{,}59$

Plano B: $$P_B = \frac{4.500{,}00}{(1{,}02)^5} + \frac{6.434{,}56}{(1{,}02)^{11}} = \frac{4.500{,}00}{1{,}10408} + \frac{6.434{,}56}{1{,}24337}$$

$P_B = 4.075{,}79 + 5.175{,}10 = 9.250{,}89$

Portanto, como P_A é diferente de P_B, esses dois planos não são equivalentes à taxa de 2% ao mês.

Para 3% ao mês

Plano A: $P_A = 1.000{,}00 \times FVA(3\%, 10) = 1.000{,}00 \times 8{,}53020$

$P_A = 8.530{,}20$

Plano B: $$P_B = \frac{4.500{,}00}{1{,}03^5} + \frac{6.434{,}56}{1{,}03^{11}} = \frac{4.500{,}00}{1{,}15927} + \frac{6.434{,}56}{1{,}38423}$$

$P_B = 3.881{,}74 + 4.648{,}46 = 8.530{,}20$

Como $P_A = P_B$, os planos A e B são equivalentes à taxa de 3% ao mês.

Vejamos agora um exemplo muito frequente envolvendo a escolha do melhor plano de pagamentos para liquidação de um empréstimo ou financiamento, como segue:

Um banco oferece várias opções de pagamentos para liquidação de um empréstimo no valor de $ 100.000,00, conforme nos mostra a Tabela 9.1 transcrita a seguir. Sabendo-se que a taxa utilizada pelo banco é de 4% ao mês para todos os planos, e que todos eles são equivalentes na data do contrato, escolher a melhor alternativa do ponto de vista econômico.

Tabela 9.1 Planos equivalentes de séries diferentes de pagamentos

Nº de meses	A	B	C	D	E	F
1	7.899,33	–	–	–	10.764,62	4.708,76
2	7.899,33	–	–	–	10.380,17	5.136,94
3	7.899,33	–	–	24.658,56	9.995,72	5.565,02
4	7.899,33	–	–	–	9.611,27	5.993,10
5	7.899,33	–	–	–	9.226,82	6.421,18
6	7.899,33	–	–	24.658,56	8.842,37	6.849,26
7	7.899,33	13.482,25	–	–	8.457,92	7.277,34
8	7.899,33	13.482,25	–	–	8.073,47	7.705,42

Nº de meses	*A*	*B*	*C*	*D*	*E*	*F*
9	7.899,33	13.482,25	–	24.658,56	7.689,02	8.133,50
10	7.899,33	13.482,25	–	–	7.304,57	8.561,58
11	7.899,33	13.482,25	–	–	6.920,12	8.989,66
12	7.899,33	13.482,25	–	24.658,56	6.535,67	9.417,74
13	7.899,33	13.482,25	–	–	6.151,22	9.845,82
14	7.899,33	13.482,25	–	–	5.766,77	10.273,90
15	7.899,33	13.482,25	–	24.658,56	5.382,32	10.701,98
16	7.899,33	13.482,25	–	–	4.997,87	11.130,06
17	7.899,33	13.482,25	–	–	4.613,42	11.558,14
18	7.899,33	13.482,25	202.581,65	24.658,56	4.228,97	11.986,22
TOTAL	**142.187,94**	**161.782,00**	**202.581,65**	**147.951,36**	**134.942,31**	**150.255,72**

Resumo:

Plano A: 18 pagamentos mensais e iguais.

Plano B: 12 pagamentos mensais e iguais, com carência de 6 meses.

Plano C: 1 só pagamento.

Plano D: 6 pagamentos trimestrais iguais.

Plano E: 18 pagamentos mensais decrescentes em PA.

Plano F: 18 pagamentos mensais crescentes em PA.

Solução:

Ora, todos os planos apresentados são equivalentes, visto que os respectivos valores atuais são iguais a \$ 100.000,00 na data do empréstimo, considerada a taxa de 4% ao mês.

Assim, do ponto de vista econômico não se pode afirmar, como muitos seriam levados a fazê-lo, que o Plano E, por apresentar o menor somatório de prestações (e, portanto, o menor somatório de juros), é o melhor entre todos eles, e que o Plano C, pelas razões inversas, o pior deles. Valores monetários somente podem ser comparados quando referenciados numa mesma data.

No caso do nosso exemplo, apenas do ponto de vista financeiro é possível ter um plano melhor do que outro, dependendo da situação peculiar de cada tomador do empréstimo. Assim, se o tomador for uma empresa que está iniciando sua atividade produtiva, o mais adequado pode ser um plano com carência (o B ou o C); se for uma pessoa com situação financeira folgada, poderá escolher o Plano E; se for alguém que esteja prevendo uma folga progressiva em seu orçamento, o Plano F poderá ser o mais aconselhável; muitos certamente escolherão o Plano A, por ser o mais prático e usual.

Com base nos exemplos apresentados, podemos concluir:

No regime de capitalização composta, se dois ou mais conjuntos de capitais são equivalentes em uma determinada data, <u>o serão em quaisquer outras datas</u>, considerada a mesma taxa de juros.

9.2 EQUIVALÊNCIA DE CAPITAIS NO REGIME DE CAPITALIZAÇÃO SIMPLES

Como já salientamos, a análise da equivalência de capitais baseada no regime de capitalização simples tem pequena ou nenhuma importância por duas razões fundamentais:

a) utilização extremamente limitada do critério de juros simples no mundo dos negócios financeiros;

b) inconsistência matemática e financeira dos planos de pagamentos (ou recebimentos) calculados com base nesse critério, que, se utilizado, comprovadamente provoca distorções incontornáveis, como mostraremos no próximo item.

9.2.1 Plano composto por dois capitais individuais (simples ou único)

Exemplo:

Dados os capitais $ 10.000,00 e $ 11.000,00, vencíveis de hoje a 5 e 8 meses, respectivamente, verificar se são equivalentes, na data de hoje, considerada a taxa de juros de 4% ao mês.

Solução:

Esses capitais serão equivalentes se:

$$\frac{10.000,00}{1 + 0,04 \times 5} = \frac{11.000,00}{1 + 0,04 \times 8}$$

Efetuando-se os cálculos, tem-se que:

$$\frac{10.000,00}{1,20} = 8.333,33$$

$$\frac{11.000,00}{1,32} = 8.333,33$$

Portanto, esses dois capitais são equivalentes na data de hoje, ou seja, na data focal t_0.

No caso do regime de capitalização simples, contrariamente ao que ocorre no regime de capitalização composta, se dois ou mais capitais forem equivalentes em uma determinada data, dificilmente o serão em outra data qualquer, considerada a mesma taxa de juros. Vamos comprovar essa afirmação calculando o valor atualizado dos dois capitais no final de 12 meses, exatamente como fizemos no exemplo apresentado para juros compostos, como segue:

Solução:

O valor atualizado dos dois capitais no final de 12 meses pode ser feito de duas maneiras:

1 – Adicionando ao capital de $ 10.000,00 juros referentes ao prazo de 7 meses e ao capital de $ 11.000,00 os juros de 4 meses, à taxa de 4% ao mês, como segue:

$$10.000,00 \times (1 + 0,04 \times 7) = 10.000,00 \times 1,28 = 12.800,00$$

$$11.000,00 \times (1 + 0,04 \times 4) = 11.000,00 \times 1,16 = 12.760,00$$

2 – Adicionando ao capital de $ 8.333,33 (valor atual dos dois capitais na data focal t_0) juros referentes a 12 meses, à mesma taxa de 4% ao mês, ou seja:

$$8.333,33 \times (1 + 0,04 \times 12) = 8.333,33 \times 1,48 = 12.333,33$$

Assim, para a data focal t_{12}, obtêm-se 3 valores diferentes.

9.2.2 Plano composto por séries de pagamentos

Vamos admitir duas séries de pagamentos compostas pelos fluxos A e B, como segue:

FLUXO A

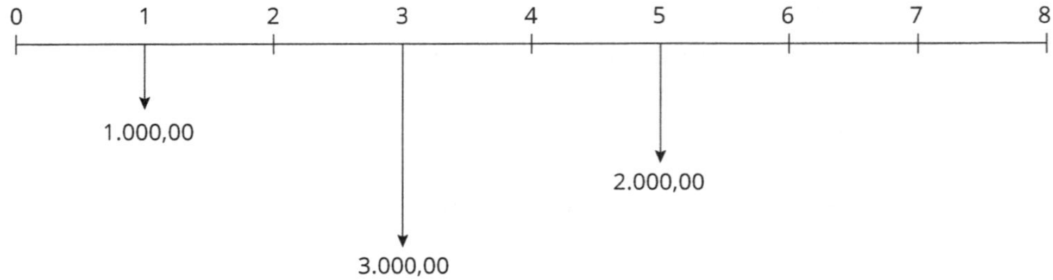

FLUXO B

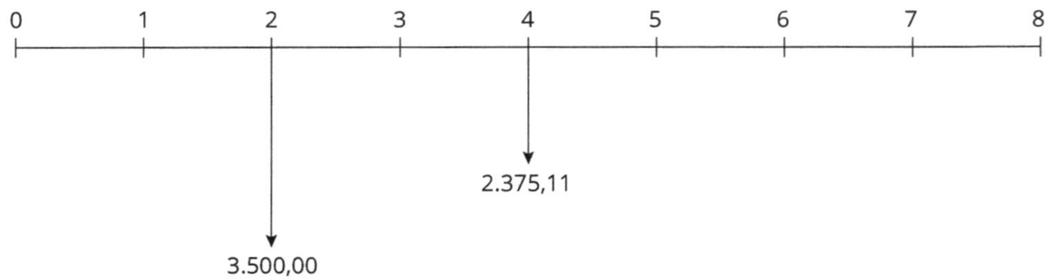

Admitindo-se uma taxa de juros de 5% ao mês, temos os seguintes resultados:

- Data focal ZERO

$$\text{Fluxo A} = \frac{1.000,00}{1,05} + \frac{3.000,00}{1,15} + \frac{2.000,00}{1,25} = 952,38 + 2.608,70 + 1.600,00 = 5.161,08$$

$$\text{Fluxo B} = \frac{3.500,00}{1,10} + \frac{2.375,11}{1,20} = 3.181,82 + 1.979,26 = 5.161,08$$

- Data focal 3

$$\text{Fluxo A} = 1.000,00 \times 1,10 + 3.000,00 + \frac{2.000,00}{1,10} = 1.100,00 + 3.000,00 + 1.818,18 = 5.918,18$$

$$\text{Fluxo B} = 3.500,00 \times 1,05 + \frac{2.375,11}{1,05} = 3.675,00 + 2.262,01 = 5.937,01$$

- Data focal 7

$$\text{Fluxo A} = 1.000,00 \times 1,30 + 3.000,00 \times 1,20 + 2000 \times 1,10 = 1.300,00 + 3.600,00 + 2.200,00$$

$$= 7.100,00$$

$$\text{Fluxo B} = 3.500 \times 1{,}25 + 2.375{,}11 \times 1{,}15 = 4.375{,}00 + 2.731{,}38 = 7.106{,}38$$

Esse exemplo mostra que os dois fluxos apresentados, considerando o regime de capitalização simples, são equivalentes apenas na data focal ZERO. Com base neste estudo, poder-se-ia concluir inicialmente que **"se dois ou mais fluxos forem equivalentes em uma determinada data, e considerada a mesma taxa, não o seriam em nenhuma outra"**. Entretanto, com a ajuda valiosa do Prof. Clóvis de Faro, uma das maiores autoridades deste país na área de finanças, autor de diversos livros, artigos e trabalhos sobre o tema, comprova-se que existe pelo menos mais uma data além da mencionada. Partindo do mesmo exemplo, podemos verificar que os fluxos A e B também são equivalentes na data focal $n = 8{,}0211$. Esse número foi obtido a partir da seguinte equação:

$$1.000{,}00 \times \{(n-1) \times 0{,}05 + 1\} + 3.000{,}00 \times \{(n-3) \times 0{,}05 + 1\} + 2.000{,}00 \times \{(n-5) \times 0{,}05 + 1\} =$$
$$3.500{,}00 \times \{(n-2) \times 0{,}05 + 1\} + 2.375{,}11 \times \{(n-4) \times 0{,}05 + 1\}$$

Por tentativa e erro, obtém-se $n = 8{,}0211$, que iguala os dois fluxos.

Não consegui demonstrar a existência da equivalência para mais de duas datas. Espero que outros estudiosos possam dar continuidade a este estudo, confirmando a minha conclusão atual e provisória, ou comprovando a sua existência para outras datas focais. Por enquanto, para o regime de capitalização simples, fico com a seguinte convicção: **"se dois ou mais fluxos forem equivalentes em uma determinada data, e a uma determinada taxa, apenas o serão em mais uma data"**.

Por não atender à condição plena de equivalência de capitais, qualquer modelo matemático baseado no regime de capitalização simples apresentará sempre inconsistência econômica e financeira; e, se utilizado para o cálculo de operações de empréstimo, financiamento ou investimento, seguramente apresentará distorções incontornáveis.

9.3 DISTORÇÕES DECORRENTES DA UTILIZAÇÃO DE JUROS SIMPLES

Vamos mostrar neste item porque o regime de capitalização simples normalmente não é utilizado para o cálculo de operações de empréstimos, financiamento e aplicações financeiras, tanto no mercado brasileiro como nos demais países do mundo. A razão maior, como já enfatizamos, está ligada à falta de consistência matemática e financeira desse critério.

Inicialmente vamos analisar casos que envolvem pagamento simples ou único, ou seja, operações de empréstimos ou de aplicação de recursos, em que o capital inicial mais os juros são pagos ou recebidos, de uma só vez, no dia do seu vencimento. Posteriormente, vamos analisar os casos referentes a séries de pagamentos iguais ou uniformes.

9.3.1 Casos envolvendo pagamento único ou simples

Para facilitar a comparação entre os critérios de juros simples e compostos, vamos utilizar o mesmo exemplo para os dois critérios, como segue:

9.3.1.1 *Utilizando-se o critério de juros compostos*

Para melhor entendimento dessa questão, vamos a um exemplo:

Calcular os valores de emissão (valor presente) para os prazos de 6, 12, 18 e 24 meses, sabendo-se que o valor de resgate do título é de $ 100,00 e que taxa anual de juros é 26,824% (equivalente a 2% ao mês).

Solução:

A solução é obtida com base na conhecida fórmula do montante: $S = P \times (1 + i)^n$, em que ***S*** é o valor de resgate, ***P*** o valor de emissão, ***i*** a taxa de juros e ***n*** o prazo. A partir dessa expressão, obtém-se facilmente a fórmula para o cálculo do valor de emissão, ou seja:

$$P = \frac{S}{(1 + i)^n}$$

Os valores de emissão para os prazos indicados são os seguintes:

- Valor de emissão para 6 meses = $\frac{100,00}{1,02^6} = 88,80$
- Valor de emissão para 12 meses = $\frac{100,00}{1,02^{12}} = 78,85$
- Valor de emissão para 18 meses = $\frac{100,00}{1,02^{18}} = 70,02$
- Valor de emissão para 24 meses = $\frac{100,00}{1,02^{24}} = 62,17$

Admitindo-se que a taxa de juros se mantivesse constante em 2% ao mês ao longo de 24 meses e que o mercado assegurasse total liquidez para o título durante todo esse período, o título emitido por $ 62,17 e prazo de 24 meses teria o mesmo valor de negociação 6 meses após a sua emissão, quer o cálculo fosse feito com base no valor de resgate ou no valor de emissão; e se o título fosse negociado 12 ou 18 meses depois da sua emissão, esse fato se comprovaria, como mostramos a seguir:

Valor de negociação 6 meses depois:

- Com base no valor de emissão: $62,17 \times 1,02^6 = 70,02$
- Com base no valor de resgate: $\frac{100,00}{1,02^{18}} = 70,02$

Valor de negociação 12 meses depois:

- Com base no valor de emissão: $62,17 \times 1,02^{12} = 78,85$
- Com base no valor de resgate: $\frac{100,00}{1,02^{12}} = 78,85$

Os cálculos feitos com base no critério de juros compostos são sempre consistentes do ponto de vista matemático e financeiro.

9.3.1.2 Utilizando-se o critério de juros simples

Considerando-se o mesmo exemplo do item anterior, a solução seria obtida com base na fórmula $S = P \times (1 + i \times n)$, que nos dá o montante calculado com base no regime de capitalização simples. A partir dessa expressão, obtém-se facilmente a fórmula para o cálculo do valor de emissão, ou seja:

$$P = \frac{S}{1 + i \times n}$$

De forma idêntica ao que fizemos para juros compostos, os valores de emissão para os prazos de 6 a 24 meses seriam obtidos como segue:

- Valor de emissão para 6 meses = $\frac{100{,}00}{1 + 0{,}02 \times 6} = 89{,}29$
- Valor de emissão para 12 meses = $\frac{100{,}00}{1 + 0{,}02 \times 12} = 80{,}65$
- Valor de emissão para 18 meses = $\frac{100{,}00}{1 + 0{,}02 \times 18} = 73{,}53$
- Valor de emissão para 24 meses = $\frac{100{,}00}{1 + 0{,}02 \times 24} = 67{,}57$

No caso da utilização de juros simples, a consistência matemática inexiste. Supondo que a taxa de juros se mantivesse constante em 2% ao mês ao longo de 24 meses e que mercado assegurasse total liquidez para o título durante todo esse período, os valores de negociação para o título emitido por $ 67,57 e prazo de 24 meses seriam diferentes caso a base de cálculo fosse alterada, como mostramos a seguir:

Valor de negociação 6 meses depois:

- Com base no valor de emissão: $67{,}57 \times (1 + 0{,}02 \times 6) = 75{,}68$
- Com base no valor de resgate: $\frac{100{,}00}{1 + 0{,}02 \times 18} = 73{,}53$

Valor de negociação 12 meses depois:

- Com base no valor de emissão: $62{,}17 \times (1 + 0{,}02 \times 12) = 77{,}09$
- Com base no valor de resgate: $\frac{100{,}00}{1 + 0{,}02 \times 12} = 80{,}65$

O comprador do título adquirido por $ 65,57 no dia da sua emissão espera vendê-lo 6 meses depois por $ 75,68 para ganhar 2% ao mês; entretanto, o novo comprador, para ganhar 2% ao mês até o vencimento, só estaria disposto a pagar $ 73,53. Essa falta de consistência financeira inviabiliza a utilização do critério de juros simples. Mudando a base de cálculo, muda o valor de negociação do título. E tudo isso acontece por uma simples razão: no regime de capitalização simples a taxa de juros incide sempre sobre o capital inicial!

9.3.2 Casos envolvendo séries de pagamentos iguais ou uniformes

Como já sabemos que todas as operações financeiras calculadas com base no regime de capitalização composta são sempre consistentes do ponto de vista matemático e financeiro, serão analisados apenas casos envolvendo a capitalização simples.

Vamos partir do seguinte exemplo:

Calcular o valor presente e o montante de uma série de pagamentos composta por 4 prestações mensais iguais de $ 100,00 considerando um juros de 10% ao mês.

Propositalmente escolhemos uma taxa de juros elevada para tornar mais visíveis as distorções que queremos mostrar.

a) Montante de uma série de pagamentos iguais no momento 4 (data focal t_4):

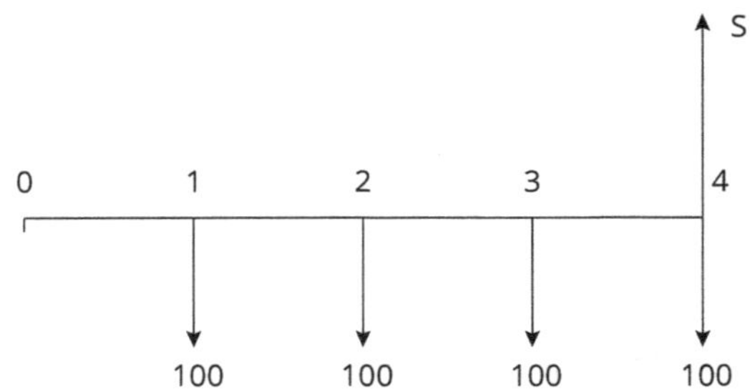

Solução:

O montante total, de acordo com o fluxo acima, corresponde à soma dos montantes de cada uma das parcelas, consideradas individualmente. Assim, sabendo-se que o montante nos casos de pagamento único é obtido através da fórmula $\boldsymbol{S = P\,(1 + i \times n)}$, temos que:

Montante da primeira:	$S_1 = 100 \times (1 + 0{,}10 \times 3) = 130{,}00$
Montante da segunda:	$S_2 = 100 \times (1 + 0{,}10 \times 2) = 120{,}00$
Montante da terceira:	$S_3 = 100 \times (1 + 0{,}10 \times 1) = 110{,}00$
Montante da quarta:	$S_4 = 100 \times (1 + 0{,}10 \times 0) = \underline{100{,}00}$
MONTANTE TOTAL:	$S_t = \ldots\ldots\ldots\ldots\ldots\ldots = 460{,}00$

b) Valor presente de uma série de pagamentos iguais no momento zero (data focal t_0)

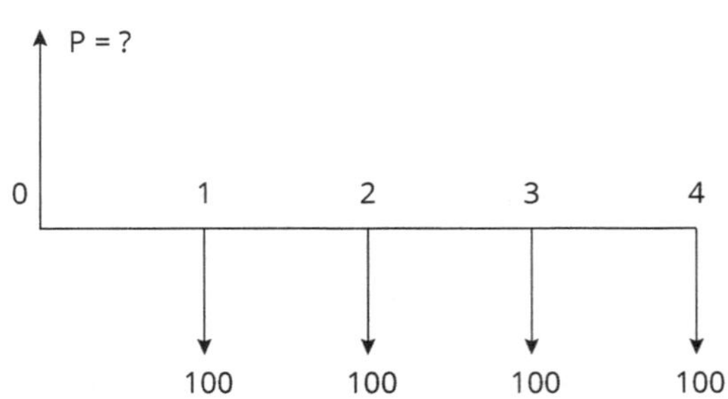

O valor presente total, de acordo com o fluxo de caixa acima, corresponde à soma dos valores presentes de cada uma das parcelas, consideradas individualmente. Assim, sabendo-se que valor presente nos casos de pagamento único é obtido com base na fórmula $P = \frac{S}{1 + i \times n}$ temos que:

- Valor presente da primeira: $P_1 = \frac{100{,}00}{1 + 0{,}10 \times 1} = 90{,}91$
- Valor presente da segunda: $P_2 = \frac{100{,}00}{1 + 0{,}10 \times 2} = 83{,}33$
- Valor presente da terceira: $P_3 = \frac{100{,}00}{1 + 0{,}10 \times 3} = 76{,}92$
- Valor presente da quarta: $P_4 = \frac{100{,}00}{1 + 0{,}10 \times 4} = 71{,}43$
- Valor presente total: $P_t = \ldots\ldots\ldots\ldots = 322{,}59$

Vamos demonstrar que também para os casos de séries de pagamentos iguais, os cálculos feitos com base no critério de juros simples são inconsistentes. Assim, partindo-se do valor presente da série, no valor de $ 322,59, e utilizando-se o conceito de pagamento único, não se obtém o seu montante de $ 460,00, ou seja:

$$S = P\,(1 + i \times n) = 322{,}59 \times (1 + 0{,}10 \times 4) = 451{,}63.$$

Igualmente, partindo-se do montante da série, no valor de $ 460,00, não se chega ao valor presente de $ 322,59, ou seja:

$$P = \frac{460{,}00}{1 + 0{,}10 \times 4} = 328{,}57$$

Afinal de contas, o valor presente da série é de $ 328,57 ou de $322,59? E o montante ou valor futuro, é de $ 451,63 ou de $ 460,00? E isso acontece porque no regime de capitalização simples os capitais não são equivalentes em dois ou mais momentos diferentes do tempo. Exemplos com prazos maiores agravam substancialmente essa distorção.

O desconhecimento generalizado da inconsistência matemática e financeira dos critérios de cálculo baseados em juros simples tem sido o grande responsável pela enorme polêmica envolvendo a matemática financeira e o judiciário. Para evidenciar esse fato, vamos considerar o exemplo de um financiamento para ser quitado em prestações iguais cujo valor é calculado com base no critério de juros simples. Embora sejam conhecidos três ou mais modelos, vamos utilizar aquele que resulta na maior distorção e cuja fórmula tem sido recomendada por magistrados e utilizada de forma generalizada pelos nossos peritos judiciais e assistentes técnicos; ela apareceu pela primeira vez no Brasil na década de 1930 numa obra póstuma do professor Rodolpho Baptista de S. Thiago (1937) e posteriormente reproduzida no livro do professor Luiz A. F. Cavalheiro editado nessa mesma década. Essa fórmula, cujas variáveis já são conhecidas do nosso leitor, é a seguinte:

$$R = P \times \frac{(1 + i \times n)}{\left(1 + \frac{n-1)}{2} \times i\right) \times n}$$

Exemplo: calcular o valor das prestações correspondente a um financiamento de $ 100.000,00 para ser amortizado em 240 prestações mensais iguais, considerando-se uma taxa de juros de 1% ao mês.

Solução:

$$R = 100.000,00 \times \frac{(1 + 0,01 \times 240)}{\left(1 + \frac{240 - 1)}{2} \times 0,01\right) \times 240} = 645,41$$

Para evidenciar as distorções oriundas da utilização desse critério, vamos admitir que esse financiamento tivesse sido concedido pelo banco a um cliente, e que este possuísse nesse mesmo banco uma conta de poupança no valor de $ 100.000,00, que credita mensalmente juros de 0,5%, além da TR (taxa referencial de juros). Vamos supor ainda que esse cliente, sabedor das distorções causadas pela utilização do critério adotado, autorizasse o banco a quitar o valor das prestações através de saques mensais realizados na conta de poupança. Posto isso, pergunta-se: como ficariam os saldos das duas contas no final de 240 meses após o saque na conta de poupança e consequente quitação do valor da última prestação?

Resposta: o saldo da conta de empréstimo estaria zerado; entretanto, o saldo da conta de poupança apresentaria um saldo credor no valor de $ 32.816,38, embora a taxa mensal de juros cobrada no financiamento tivesse sido o dobro da taxa paga na conta de poupança; caso o prazo do financiamento fosse de 360 meses, o saldo credor da poupança seria de $ 143.027,83 após o pagamento da última prestação. Isso é um absurdo!

Observações:

1. Como a TR corrige mensalmente tanto os valores das prestações quanto dos saldos devedores da operação de financiamento, e também corrige os saldos credores da poupança, em termos relativos sua influência é nula.
2. Não publicamos a planilha mostrando a evolução dos saldos credores da poupança devido ao espaço que ocuparia e porque a sua elaboração é relativamente simples. Entendemos que o leitor possa fazê-lo.

10

TAXA MÉDIA E PRAZO MÉDIO

10.1 OBSERVAÇÕES INTRODUTÓRIAS

Os assuntos *taxa média* e *prazo médio*, principalmente este último, não têm merecido a atenção dos diversos autores e estudiosos da matéria, no tocante à profundidade com que deveriam ser tratados. A importância do conhecimento desses dois conceitos tem crescido substancialmente nos últimos anos, à medida que se desenvolvem o mercado financeiro e o mercado de capitais, no Brasil. Em decorrência desse desenvolvimento, as operações se tornam mais complexas, exigindo controles mais sofisticados e mais seguros.

Neste capítulo vamos tratar dos conceitos de taxa média e de prazo médio para operações de desconto simples (ou comercial, ou bancário), de juros simples e de juros compostos. Pela sua maior importância, vamos desenvolver e analisar, com maior profundidade, os conceitos de taxa média e de prazo médio para operações feitas a juros compostos.

10.2 TAXA MÉDIA E PRAZO MÉDIO PARA OPERAÇÕES DE DESCONTO SIMPLES (OU BANCÁRIO OU COMERCIAL)

Para facilitar o entendimento, vamos admitir o seguinte exemplo.

Calcular a taxa média e o prazo médio correspondentes a uma operação de desconto bancário de 3 títulos no valor de $ 5.000,00, $ 2.000,00 e $ 8.000,00, de prazos de 4, 5 e 3 meses, respectivamente, descontados, na ordem dada, às taxas de 3%, 4% e 5% ao mês.

De início, podemos ficar na dúvida se calculamos primeiramente a taxa média e depois o prazo médio, ou vice-versa, o que parece ser indiferente – e realmente o é. Entretanto, como o valor nominal e o prazo são duas características inerentes a todos os títulos, vamos, sempre, calcular primeiramente a taxa média. Essa razão é mais palpável no caso de juros compostos.

10.2.1 Cálculo da taxa média

A determinação da taxa média é feita com base num cálculo em que as taxas de descontos são ponderadas pelos prazos e pelos valores nominais dos títulos apresentados para desconto, como segue:

$$\text{Taxa média} = \bar{d} = \frac{\sum_{h=1}^{m} S_h \times d_h \times n_h}{\sum_{h=1}^{m} S_h \times n_h}$$

sendo que $h = 1, 2, \dots, m$ representa cada um dos títulos apresentados. Os símbolos já são conhecidos, isto é, S representa o valor nominal ou de resgate do título, d a taxa de desconto e n o prazo. Observem que o numerador da fórmula fornece o valor dos descontos.

Com base na fórmula dada, a solução do problema é a seguinte:

$$\bar{d} = \frac{\sum_{h=1}^{m} S_h \times d_h \times n_h}{\sum_{h=1}^{m} S_h \times n_h} = \frac{5.000{,}00 \times 0{,}03 \times 4 + 2.000{,}00 \times 0{,}04 \times 5 + 8.000{,}00 \times 0{,}05 \times 3}{5.000{,}00 \times 4 + 2.000{,}00 \times 5 + 8.000{,}00 \times 3}$$

$$= \frac{2.200{,}00}{54.000{,}00} = 0{,}04074, \text{ ou } 4{,}074\% \text{ ao mês}$$

Essa taxa média significa que, se os três títulos apresentados fossem descontados a uma taxa única de 4,074% ao mês, produziriam um valor de desconto igual ao que seria obtido, caso esses mesmos títulos fossem descontados às taxas de 3%, 4% e 5%, respectivamente. Vamos comprovar:

a) Valor do desconto calculado com base nos valores nominais, prazos e taxas, especificados para cada título:

1º título:	$D_1 = S_1 \times d_1 \times n_1$	$= 5.000{,}00 \times 0{,}03 \times 4 =$	600,00
2º título:	$D_2 = S_2 \times d_2 \times n_2$	$= 2.000{,}00 \times 0{,}04 \times 5 =$	400,00
3º título:	$D_3 = S_3 \times d_3 \times n_3$	$= 8.000{,}00 \times 0{,}05 \times 3 =$	1.200,00
Total:	$D_T = D_1 + D_2 + D_3 =$	....	2.200,00

b) Valor do desconto calculado com base nos valores nominais e nos prazos especificados para cada título, e nas taxas médias:

$D_1 =$	$5.000{,}00 \times 0{,}04074 \times 4 =$	814,80
$D_2 =$	$2.000{,}00 \times 0{,}04074 \times 5 =$	407,40
$D_3 =$	$8.000{,}00 \times 0{,}04074 \times 3 =$	977,76
$D_T =$	....	$2.199{,}96 \cong 2.200{,}00$

10.2.2 Cálculo do prazo médio

O prazo médio, a rigor, também é determinado por meio de uma ponderação dupla, isto é, ponderado pelos valores nominais dos títulos e pelas respectivas taxas, como segue:

$$\text{Prazo médio} = \bar{n} = \frac{\sum_{h=1}^{m} S_h \times d_h \times n_h}{\sum_{h=1}^{m} S_h \times n_h}$$

Entretanto, como a taxa média é conhecida a *priori*, a expressão anterior pode ser escrita como segue:

$$\bar{n} = \frac{\sum_{h=1}^{m} S_h \times \bar{d}_h \times n_h}{\sum_{h=1}^{m} S_h \times \bar{d}}$$

Propriedade dos somatórios: O somatório do produto de uma variável vezes uma constante é igual à constante multiplicada pelo somatório da variável. Assim, podemos escrever:

$$\bar{n} = \frac{\bar{d}}{\bar{d}} \times \frac{\sum_{h=1}^{m} S_h \times n_h}{\sum_{h=1}^{m} S_h} = \frac{\sum_{h=1}^{m} S_h \times n_h}{\sum_{h=1}^{m} S_h}$$

No caso do nosso exemplo, temos:

$$\bar{n} = \frac{\sum_{h=1}^{m} S_h \times n_h}{\sum_{h=1}^{m} S_h} = \frac{5.000{,}00 \times 4 + 2.000{,}00 \times 5 + 8.000{,}00 \times 3}{5.000{,}00 + 2.000{,}00 + 8.000{,}00} =$$

$$= \frac{54.000{,}00}{15.000{,}00} = 3{,}6 \text{ meses}$$

Para comprovar que o prazo médio assim obtido está correto, é necessário que o valor do desconto total, calculado com base nesse prazo médio, na taxa média e nos valores nominais especificados para cada título, seja igual ao desconto total, já conhecido, de $ 2.200,00. Vamos verificar:

$D_1 = 5.000{,}00 \times 0{,}04074 \times 3{,}6 = 733{,}32$

$D_2 = 2.000{,}00 \times 0{,}04074 \times 3{,}6 = 293{,}33$

$D_3 = 8.000{,}00 \times 0{,}04074 \times 3{,}6 = 1.173{,}31$

$D_T = \ldots\ldots\ldots\ldots\ldots\ldots \quad 2.199{,}96 \cong 2.200{,}00$

Portanto, o desconto total é igual ao somatório dos valores nominais dos títulos, multiplicado pela taxa média, vezes o prazo médio, ou seja:

$$D_T = \sum_{h=1}^{m} S_h \times \bar{d}_h \times \bar{n} \quad \text{ou} \quad D_T = \bar{d} \times \bar{n} \sum_{h=1}^{m} S_h$$

essa idêntica à utilizada para o cálculo do desconto para um só título, ou seja, $D = S \times d \times n$.

Exemplos:

1. Calcular a taxa média e o prazo médio dos seguintes títulos descontados:

Nº ORDEM (*h*)	TAXA MENSAL DE DESC. (%)	PRAZO (EM DIAS)	VALOR DO TÍTULO	VALOR DO DESCONTO ($D = S \times d \times n$)
1	3,2	147	105.000,00	16.464,00
2	4,1	68	47.800,00	4.442,21
3	3,6	113	62.740,00	8.507,54
4	4,5	96	95.650,00	13.773,60
TOTAL			**311.190,00**	**43.187,35**

a) Taxa média

$$\bar{d} = \frac{\sum_{h=1}^{m} S_h \times d_h \times n_h}{\sum_{h=1}^{m} S_h \times n_h}$$

$$\bar{d} = \frac{105.000 \times 0{,}032 \times \frac{147}{30} + 47.800 \times 0{,}041 \times \frac{68}{30} + 62.740 \times 0{,}036 \times \frac{113}{30} + 95.650 \times 0{,}045 \times \frac{96}{30}}{105.000 \times \frac{147}{30} + 47.800 \times \frac{68}{30} + 62.740 \times \frac{113}{30} + 95.650 \times \frac{96}{30}}$$

$$\bar{d} = \frac{43.187{,}35}{1.165.247{,}33} = 0{,}03706 \text{ ou } 3{,}706\%$$

b) Prazo médio

$$\bar{n} = \frac{\sum_{h=1}^{m} S_h \times n_h}{\sum_{h=1}^{m} S_h} = \frac{1.165.247{,}33}{311.190{,}00} = 3{,}745 \text{ meses ou } 112{,}3 \text{ dias}$$

Somente para conferir, calculemos o valor do desconto total em função da taxa média *e* do prazo médio:

$$D_T = \bar{d} \times \bar{n} \times \sum_{h=1}^{m} S_h = 0{,}03706 \times 3{,}745 \times 311.190{,}00 = 43.189{,}97$$

A pequena diferença em relação ao valor anteriormente determinado, de $ 43.187,35, é devido a problemas de arredondamentos.

2. Sabendo-se que o desconto bancário ou comercial de 3 títulos, de valores iguais a $ 12.700,00, $ 15.500,00 e$ 6.900,00, com prazos de, respectivamente, 3, 5 e 7 meses, resultou num valor líquido de $ 28.800,00, creditado na conta do cliente, calcular a taxa média de desconto.

Solução:

$$\bar{n} = \frac{\sum_{h=1}^{m} S_h \times n_h}{\sum_{h=1}^{m} S_h} = \frac{12.700,00 \times 3 + 15.500,00 \times 5 + 6.900 \times 7}{12.700 + 15.500,00 + 6.900,00} =$$

$$= \frac{163.900,00}{35.100,00} = 4,670 \text{ meses}$$

$$D_T = \bar{d} \times \bar{n} \times \sum_{h=1}^{m} S_h \Rightarrow \bar{d} = \frac{D_T}{\bar{n} \times \sum_{h=1}^{m} S_h}$$

$$D_T = \sum_{h=1}^{m} S_h - VL = 35.100,00 - 28.800,00 = 6.300,00$$

$$\bar{d} = \frac{6.300,00}{4,670 \times 35.100,00} = 0,03843 \text{ ou } 3,843\% \text{ ao mês}$$

10.3 TAXA MÉDIA E PRAZO MÉDIO PARA OPERAÇÕES A JUROS SIMPLES

O critério a ser utilizado, no caso de juros simples, é praticamente idêntico ao utilizado no desconto bancário; a diferença fundamental reside no fato de que, em vez de valores de resgate, que são valores futuros, vamos lidar com valores atuais. A taxa média resulta da ponderação das taxas dadas pelos valores atuais aplicados e pelos prazos respectivos, como segue:

$$\bar{i} = \frac{\sum_{h=1}^{m} P_h \times i_h \times n_h}{\sum_{h=1}^{m} P_h \times n_h}$$

em que o numerador nos dá o valor total dos juros.

Da mesma forma que no caso do desconto bancário, o prazo médio é obtido por uma ponderação simples, isto é, os prazos são ponderados apenas pelo valor atual das aplicações ou dos títulos, isto é:

$$\bar{n} = \frac{\sum_{h=1}^{m} P_h \times n_h}{\sum_{h=1}^{m} P_h}$$

Assim, também nesse caso, o prazo médio pode ser determinado independentemente do conhecimento da taxa média, o que, como veremos, não é possível no regime de capitalização composta.

Uma vez determinados o prazo médio e a taxa média, o valor dos juros correspondentes a duas ou mais aplicações pode ser obtido como segue:

$$J_T = \sum_{h=1}^{m} J_h = \sum_{h=1}^{m} P_h \times \bar{i} \times \bar{n} \quad \text{ou} \quad J_T = \bar{i} \times \bar{n} \sum_{h=1}^{m} P_h,$$

fórmulas essas deduzidas de maneira idêntica à dedução feita no item anteriormente analisado.

Exemplos:

1. O escritório de prestação de serviços "A. Giotta Ltda." empresta dinheiro a três pessoas diferentes, cujos valores, taxas de juros e prazos foram os seguintes:

h	Valor Emprestado	Taxa Mensal de Juros Cobrada	Prazo do Empréstimo (Mês)
1	12.000,00	7,0%	3
2	7.000,00	8,0%	4
3	10.000,00	9,0%	5

Calcular a taxa média e o prazo médio correspondentes a essas três operações, sabendo-se que o valor emprestado mais os juros serão pagos nos respectivos vencimentos, e que o regime de capitalização dos juros é o simples.

Solução:

a) Taxa média

$$\bar{i} = \frac{\sum_{h=1}^{m} P_h \times i_h \times n_h}{\sum_{h=1}^{m} P_h \times n_h}$$

$$= \frac{12.000,00 \times 0,07 \times 3 + 7.000,00 \times 0,08 \times 4 + 10.000,00 \times 0,09 \times 5}{12.000,00 \times 3 + 7.000,00 \times 4 + 10.000,00 \times 5}$$

$$\bar{i} = \frac{9.260,00}{114.000,00} = 0,08123 \text{ ou } 8,123\% \text{ ao mês}$$

em que $ 9.260,00 representa o total dos juros correspondentes aos três empréstimos.

b) Prazo médio

$$\bar{n} = \frac{\sum_{h=1}^{m} P_h \times n_h}{\sum_{h=1}^{m} P_h} - \frac{114.000{,}00}{12.000{,}00 - 7.000{,}00 + 10.000{,}00} =$$

$$= \frac{114.000{,}00}{29.000{,}00} = 3{,}391 \text{ meses}$$

Vamos comprovar:

$$J_T = \bar{i} \times \bar{n} \times \sum_{h=1}^{m} P_h = 0{,}08123 \times 3{,}931 \times 29.000{,}00 = 9.260{,}14 \cong 9.260{,}00$$

2. Quatro capitais, nos valores de \$ 20.000,00, \$ 40.000,00, \$ 60.000,00 e \$ 80.000,00, foram emprestados, a juros simples, pelos prazos de 15, 4, 10 e 7 meses, respectivamente. Sabendo-se que o principal mais os encargos serão pagos nos respectivos vencimentos e que o somatório dos montantes dessas quatro operações é de \$ 302.000,00, calcular a taxa média e o prazo médio correspondentes a essas aplicações.

Solução:

a) Prazo médio

$$\bar{n} = \frac{\sum_{h=1}^{m} P_h \times n_h}{\sum_{h=1}^{m} P_h} = \frac{20.000{,}00 \times 15 + 40.000{,}00 \times 4 + 60.000{,}00 \times 10 + 80.000{,}00 \times 7}{20.000{,}00 + 40.000{,}00 + 60.000{,}00 + 80.000{,}00} =$$

$$\bar{n} = \frac{1.620.000{,}00}{200.000{,}00} = 8{,}1 \text{ meses}$$

b) Taxa média

$$J_T = \bar{i} \times \bar{n} \times \sum_{h=1}^{m} P_h \Rightarrow i = \frac{J_T}{\bar{n} \times \sum_{h=1}^{m} P_h}$$

$$J_T = \sum_{h=1}^{m} S_h - \sum_{h=1}^{m} P_h = 302.000{,}00 - 200.000{,}00 = 102.000{,}00$$

Portanto, temos:

$$\bar{i} = \frac{102.000{,}00}{8{,}1 \times 200.000{,}00} = 0{,}06296 \text{ ou } 6{,}296\% \text{ ao mês}$$

Com base nesse problema, podemos verificar:

$$\sum_{h=1}^{m} S_h = \sum_{h=1}^{m} P_h + J_r$$

$$\sum_{h=1}^{m} S_h = \sum_{h=1}^{m} P_h + \bar{i} \times \bar{n} \times \sum_{h=1}^{m} P_h$$

$$\sum_{h=1}^{m} S_h = \sum_{h=1}^{m} P_h (1 + \bar{i} \times \bar{n})$$

3. O Sr. Manoel emprestou um total de $ 100.000,00 para diversas pessoas, por prazos diferentes, cobrando taxas de juros simples que oscilaram entre 5 e 7% ao mês. Sabendo-se que a taxa média das operações efetuadas foi de 6,348% e que o somatório dos montantes (capital + juros) a serem recebidos pelo Sr. Manoel, no vencimento de cada operação, é de $ 164.937,50 calcular o prazo médio dessas operações.

Solução:

$$\sum_{h=1}^{m} S_h = \sum_{h=1}^{m} P_h \,(1 + \bar{i} \times \bar{n})$$

$$164.937,50 = 100.000,00\,(1 + 0,06348 \times \bar{n})$$

$$1 + 0,06348 \times \bar{n} = 1,649375$$

$$\bar{n} = \frac{0,649375}{0,06348} = 10,230 \text{ meses ou } 306,9 \text{ dias}$$

10.4 TAXA MÉDIA E PRAZO MÉDIO PARA OPERAÇÕES A JUROS COMPOSTOS

Todas as funções financeiras, como já vimos, implicam a existência de quatro variáveis, das quais três são conhecidas. Assim, para determinar o montante de uma aplicação, é necessário que se conheça o valor aplicado, a taxa de juros e o prazo.

Vamos admitir que o valor atual e o valor futuro sejam sempre conhecidos. Assim, para determinar o prazo, é necessário que a taxa tenha sido dada, e vice-versa, de forma que, conhecida a taxa, determina-se o prazo; ou, conhecido o prazo, determina-se a taxa.

Os problemas relacionados com taxas médias e prazos médios são solucionados com base nessa mesma regra, isto é, conhecida a taxa média, facilmente se determinará o prazo médio, e vice-versa. Mas, qual dessas variáveis determinar primeiro?

Entendemos que se deve determinar primeiramente a taxa média, conservando, para o seu cálculo, os prazos de cada operação de captação ou aplicação de recursos, visto que o prazo é uma característica inerente, normalmente imutável, a todo compromisso de pagamento ou recebimento, oriundo de uma operação financeira.

Vamos considerar, inicialmente, que cada operação financeira corresponda a um só pagamento.

10.4.1 Taxa média

Vamos apresentar e analisar três exemplos de cálculo da taxa média, mostrando qual o critério de cálculo, sem a preocupação inicial com o seu conceito; por razões didáticas.

1º exemplo

Calcular a taxa média correspondente a três aplicações, efetuadas na mesma data, nos valores de $ 16.700,00, $ 9.200,00 e $ 12.500,00, aplicadas às taxas de 6,0%, 5,0% e 3,5% ao mês, respectivamente, sendo os prazos de 8 meses para as três operações.

Solução:

a) Cálculo individual do montante e dos juros

h	Aplicação (Valor Atual)	Taxa (%)	Prazo (Meses)	Montante (Valor Futuro)	Juros
1	16.700,00	6,0	8	26.617,26	9.917,26
2	9.200,00	5,0	8	13.592,59	4.392,59
3	12.500,00	3,5	8	16.460,11	3.960,11
TOTAL	**38.400,00**	–	–	**56.669,96**	**18.269,96**

b) Cálculo da taxa média

Quando os prazos são os mesmos para todas as operações, como neste caso, a solução é obtida indistintamente com a aplicação de uma das seguintes equações:

b1) Determinação do valor atual (ou presente) dos montantes individuais

$$\frac{26.617,26}{(1+\bar{i})^8} + \frac{13.592,59}{(1+\bar{i})^8} + \frac{16.460,11}{(1+\bar{i})^8} = 38.400,00$$

$$\frac{26.617,27 + 13.592,59 + 16.460,11}{(1+\bar{i})^8} = \frac{56.669,96}{(1+\bar{i})^8} = 38.400,00$$

b2) Determinação do montante dos valores presentes individuais

$$16.700,00\,(1+\bar{i})^8 + 9.200,00\,(1+\bar{i})^8 + 12.500,00\,(1+\bar{i})^8 = 56.669,96$$

$$(16.700,00 + 9.200,00 + 12.500,00)\,(1+i)^8 = 38.400,00\,(1+i)^8 = 56.669,96$$

Facilmente percebemos que ambas as equações são idênticas; resolvendo qualquer uma delas, vamos encontrar $\bar{i}$ = 4,985111%, que é a taxa média correspondente às três operações dadas. Portanto, se em vez de aplicarmos os três capitais dados às taxas de 6,0%, 5,0% e 3,5%, respectivamente, pelo prazo de 8 meses, aplicássemos esses mesmos capitais à taxa média encontrada e pelo mesmo prazo, obteríamos o mesmo montante global, ou o mesmo total de juros.

O cálculo da taxa, como indicado, pode ser feito por "tentativa e erro" (com o auxílio de máquinas convencionais), ou através de calculadoras que possuam a função potência y^x ou x^Y.

2º exemplo

Calcular a taxa média correspondente a três aplicações, efetuadas na mesma data, nos valores de $ 33.000,00, $ 7.000,00 e $ 20.000,00, aplicados às taxas de 3%, 5% e 4% ao mês, respectivamente, pelos prazos de 5, 14 e 27 meses, na ordem dada.

Solução:

a) Cálculo individual do montante e dos juros

h	Aplicação (Valor Atual)	Taxa (%)	Prazo (Meses)	Montante (Valor Futuro)	Juros
1	33.000,00	3	5	38.256,04	5.256,04
2	7.000,00	5	14	13.859,52	6.859,52
3	20.000,00	4	27	57.667,37	37.667,37
TOTAL	**60.000,00**	–	–	**109.782,93**	**49.782,93**

b) Representação esquemática do fluxo de caixa

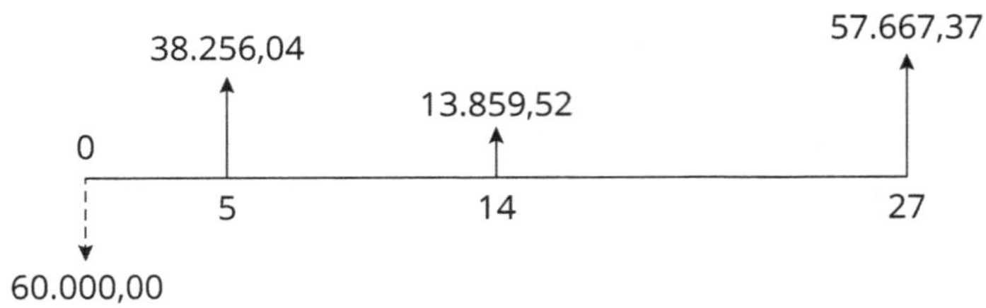

Com base na matemática financeira, como vimos no capítulo que trata da equivalência de capitais e de planos de pagamentos, os valores monetários somente podem ser comparados quando referenciados a um mesmo momento do tempo. De forma análoga, a taxa média somente pode ser determinada quando os valores atuais, ou os valores futuros de cada termo de uma série de dois ou mais pagamentos, estiverem referenciados a um mesmo momento do tempo. No caso do 1º exemplo, tanto os valores atuais como os valores futuros estão referenciados a um mesmo momento do tempo, ou seja, os valores atuais referem-se à data do contrato (momento "zero"), e os valores futuros, a um momento 8 meses após.

No 2º exemplo, os valores futuros estão referenciados a momentos distintos de tempo, enquanto os valores atuais se referem, todos, à mesma data, como estabelece o enunciado do problema. Assim, os valores atuais, que correspondem aos valores aplicados, podem ser somados algebricamente, de acordo com os fundamentos da matemática financeira, o que não ocorre com os valores futuros (ou montantes de cada uma das aplicações). A taxa média, neste caso, é obtida a partir da seguinte equação:

$$\frac{38.256{,}04}{(1+\bar{i})^5} + \frac{13.859{,}52}{(1+\bar{i})^{14}} + \frac{57.667{,}37}{(1+\bar{i})^{27}} = 60.000{,}00$$

Através de calculadoras financeiras, ou por tentativa e erro, determina-se que i = 3,929487%. Essa taxa é conhecida por "taxa interna de retorno", amplamente analisada no Capítulo 8.

A equação:

$$33.000{,}00\ (1+\bar{i})^5 + 7.000{,}00\ (1+\bar{i})^{14} + 20.000{,}00\ (1+\bar{i})^{27} = 109.782{,}93$$

leva-nos a obter uma taxa média diferente, igual a 3,991590%, mas sem sentido, visto que os valores futuros, referenciados em momentos distintos do tempo, não podem ser somados.

3º exemplo

No final de 24 meses, a partir de *hoje*, um investidor vai resgatar o montante de quatro aplicações, cujos valores, taxas de juros e prazos são os seguintes:

Ordem	Momento da Aplicação	Valor	Taxa de Juros Contratada	Prazo a Decorrer até o Resgate
1ª	hoje	300.000,00	3,5% ao mês	24 meses
2ª	5 meses depois da 1ª	80.000,00	4,7% ao mês	19 meses
3ª	3 meses depois da 2ª	170.000,00	5,9% ao mês	16 meses
4ª	7 meses depois da 3ª	30.000,00	4,1% ao mês	9 meses

Calcular a taxa média correspondente às quatro aplicações.

Solução:

a) Cálculo individual do montante e dos juros

h	Aplicação (Valor Atual)	Taxa (%)	Prazo (Meses)	Montante (Valor Futuro)	Juros
1	300.000,00	3,5	24	684.998,55	384.998,55
2	80.000,00	4,7	19	191.459,51	111.459,51
3	170.000,00	5,9	16	425.387,07	255.387,07
4	30.000,00	4,1	9	43.070,29	13.070,29
TOTAL	**580.000,00**	–	–	**1.344.915,42**	**764.915,42**

b) Representação esquemática do fluxo de caixa

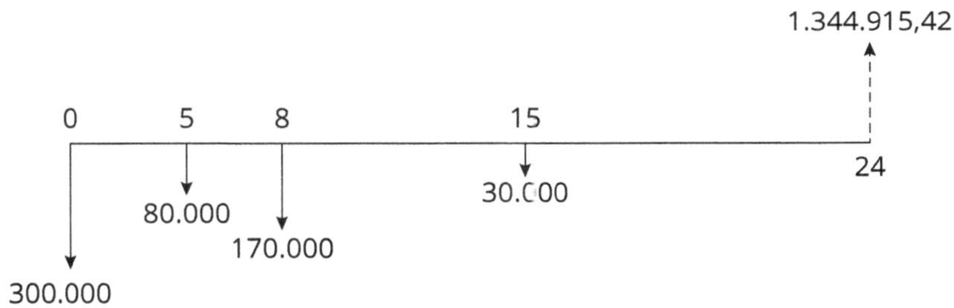

c) Cálculo da taxa média

Como podemos verificar, neste 3º exemplo os valores atuais estão referenciados a momentos distintos do tempo, ao passo que os valores futuros estão todos referenciados a uma mesma data, exatamente o oposto do exemplo anterior. A taxa média, neste caso, é obtida como segue:

$$300.000,00\,(1+\bar{i})^{24} + 80.000,00\,(1+\bar{i})^{19} + 170.000,00\,(1+\bar{i})^{16} + +$$
$$30.000,00\,(1+\bar{i})^{9} = 1.344.915,42$$

Resolvendo essa equação, temos que $\bar{i}$ = 4,174269% ao mês. Se equacionássemos de forma indevida, isto é,

$$\frac{684.998,55}{(1+\bar{i})^{24}} + \frac{191.459,51}{(1+\bar{i})^{19}} + \frac{425.387,07}{(1+\bar{i})^{16}} + \frac{43.070,29}{(1+\bar{i})^{9}} = 580.000,00,$$

obteríamos uma taxa média igual a 4,316485% que, como já foi salientado, não tem nenhum sentido.

Após a apresentação e a análise dos três exemplos dados, estamos em condições de conceituar taxa média para operações a juros compostos. Assim, conceitua-se como taxa média a taxa através da qual se obtém o valor atual (ou valor futuro) de dois ou mais pagamentos, idêntico ao valor atual (ou ao valor futuro) obtido com base em duas ou mais taxas distintas; se os valores atuais de cada termo estiverem referenciados a um mesmo momento do tempo, a taxa média deverá ser obtida com base na descapitalização desses pagamentos; se, ao contrário, os valores futuros é que estiverem referenciados a uma mesma data, a taxa média deverá ser determinada a partir de capitalização dos mesmos.

Como a diferença entre os valores de 2 ou mais termos e os seus valores atuais ou futuros nos dá o total de juros, isso implica afirmar que a taxa média é aquela por meio da qual se obtém um total de juros idêntico ao determinado por meio de duas ou mais taxas, respeitada a condição quanto ao momento do tempo tomado como referência. Essa observação sobre os juros é feita com o objetivo de destacar a coerência entre os critérios utilizados para a determinação da taxa média, quer se trate de operações de desconto bancário, de juros simples ou de juros compostos.

10.4.2 Prazo médio

No item 10.3, em que tratamos da taxa média e do prazo médio para operações de juros simples, demonstramos que:

$$J_T = \sum_{h=1}^{m} J_h = \bar{i} \times \bar{n} \times \sum_{h-1}^{m} P_h$$

que é idêntica à fórmula $J = P \times i \times n$, utilizada para o cálculo de juros nos casos de um só pagamento. Como o montante é igual à soma do capital mais os juros, ou seja, $S = P + J$, podemos escrever:

$$\sum_{h=1}^{m} S_h = \sum_{h=1}^{m} P_h + \bar{i} \times \bar{n} \times \sum_{h=1}^{m} P_h = \sum_{h=1}^{m} P_h (1 + \bar{i} \times \bar{n})$$

ou

$$\bar{n} = \frac{\sum_{h=1}^{m} S_h - \sum_{h=1}^{m} P_h}{\bar{i} \times \sum_{h=1}^{m} P_h}$$

ou seja, conhecidos os somatórios dos montantes, os somatórios dos valores atuais e a taxa média, facilmente se determinará o prazo médio.

Analogamente, no regime de capitalização composta, o prazo médio é uma função dos valores futuros, dos valores atuais e da taxa média. Assim,

$$\sum_{h=1}^{m} S_h = \sum_{h=1}^{m} P_h (1 + \bar{i})^{\bar{n}}$$

Posto isso, vamos calcular os prazos para os três exemplos apresentados anteriormente.

No primeiro exemplo, não há necessidade de cálculo, porque todas as aplicações são feitas no mesmo prazo, de 8 meses.

No caso do segundo exemplo, temos os seguintes dados:

$$\sum_{h=1}^{3} P_h = 60.000,00; \sum_{h=1}^{3} S_h = 109.782,93 \text{ e } \bar{i} = 3,929487\% \text{ ao mês}$$

Portanto, podemos escrever:

$$109.782,93 = 60.000,00\ (1,03929487)^{\bar{n}}$$

A solução dessa equação é dada por $\bar{n}$ = 15,675 meses, ou 470,3 dias. Esse resultado significa que, se aplicarmos os três valores dados à taxa de 3,929487% ao mês, e pelo prazo de 15,675 meses, vamos obter um total de juros igual ao obtido de acordo com os dados originais do problema, isto é, de \$ 49.782,93.

Com relação ao terceiro exemplo, temos:

$$1.344.915,42 = 580.000,00\ (1,04174269)^{\bar{n}}$$

A solução é dada por $\bar{n}$ = 20,566 meses, ou 617,0 dias.

Finalmente, podemos conceituar prazo médio como sendo aquele que, conhecida a taxa média, possibilita a obtenção do valor atual (ou valor futuro) de dois ou mais pagamentos, idêntico ao valor atual (ou valor futuro) determinado com base em dois ou mais prazos distintos. Como a diferença entre os valores de dois ou mais pagamentos e os seus valores atuais ou futuros nos dá o total de juros, isso implica afirmar que o prazo médio é aquele que possibilita a obtenção de um total de juros idêntico ao determinado com base em dois ou mais prazos distintos.

10.4.3 Prazo médio para uma série de pagamentos iguais

Vamos partir do seguinte exemplo:

Calcular o prazo médio de uma operação de financiamento no valor de \$ 200.000,00, para pagamento em 18 prestações iguais, mensais e sucessivas de \$ 15.163,37 cada uma.

Solução:

Inicialmente temos de determinar a taxa média. Nesse caso, a taxa média é a própria taxa da operação, determinada como segue:

$$P = R \times \text{FVA}\ (i, n)$$

$$200.000,00 = 15.163,37 \times \text{FVA}\ (i, 18)$$

$$\text{FVA}\ (i, 18) = 13,18968 \Rightarrow i = 3,5\%\ \text{ao mês}$$

O cálculo do prazo médio é feito de acordo com o critério já analisado, a saber:

$$\sum_{h=1}^{18} S_h = n \times R = 18 \times 15.163,37 = 272.940,66$$

$$\sum_{h=1}^{18} P_h = 200.000,00$$

$$272.940,66 = 200.000,00\ (1,035)^{\bar{n}} \Rightarrow \bar{n} = 9,038\ \text{meses}$$

Vamos supor que, nesse exemplo, em vez de 3,5%, a taxa de juros fosse de 3% ao mês. Assim, teríamos os seguintes valores:

Valor da prestação: $R = P \times \text{FRC}(i, n)$

$$R = 200.000{,}00 \times \text{FRC}(3\%, 18) = 14.541{,}74$$

$$\sum_{h=1}^{18} S_h = n \times R = 18 \times 14.541{,}74 = 261.751{,}32$$

Prazo médio: $261.751{,}32 = 200.000{,}00\ (1{,}03)^{\overline{n}} \Rightarrow \overline{n} = 9{,}103$ meses

Admitindo taxas de juros cada vez menores para o mesmo valor financiado e para o mesmo número de pagamentos, obtemos os seguintes prazos médios:

TAXA (%)	R	$n \times R$	$\overline{n}$ (meses)
2,50	13.934,02	250.812,36	9,168
2,00	13.340,42	240.127,56	9,234
1,50	12.761,16	229.700,88	9,300
1,00	12.196,41	219.535,38	9,366
0,50	11.646,35	209.634,30	9,433
0,10	11.216,97	201.905,46	9,487
0,01	11.121,67	200.190,06	9,499
0,00	11.111,11	200.000,00	9,500

Pelo quadro percebemos claramente que o prazo médio cresce em função do decréscimo da taxa de juros, tendendo para um limite, igual a 9,5 meses; o valor das prestações também decresce, tendendo ao valor \$ 11 .111,11, que é o resultado da divisão do valor financiado pelo número de prestações, quando $i = 0$. O prazo médio limite nada mais é que o popular prazo médio, determinado pela expressão $\frac{n+1}{2}$, que no exemplo dado é igual a $\frac{18+1}{2} = 9{,}5$. O prazo médio assim calculado, como demonstramos, somente é verdadeiro quando $i = 0$.

10.4.4 Taxa média e prazo médio para séries de pagamentos iguais

O critério, em essência, é o mesmo já visto, apenas que, em vez de dois ou mais pagamentos, teremos duas ou mais séries de pagamentos iguais, mas cada uma delas com número de prestações e taxas diferentes.

Vamos apresentar dois exemplos.

1º exemplo

As seguintes operações foram realizadas por uma financeira, em certo dia:

Nº DE ORDEM	VALOR FINANCIADO	TAXA MENSAL	Nº PRESTAÇÕES (n)	VALOR DA PRESTAÇÃO (R)	Σ PRESTAÇÕES ($n \times R$)
1	250.000,00	6,125%	6	51.040,50	306.243,00
2	110.200,00	5,295%	10	14.476,57	144.765,70
3	80.000,00	3,854%	12	8.452,12	101.425,44
4	340.800,00	4,235%	15	31.157,73	467.365,95
TOTAL	**781.000,00**	–	–	–	**1.019.800,09**

Determinar a taxa média e o prazo médio dessas quatro operações, sabendo que as prestações de cada plano são iguais, mensais e sucessivas.

Solução:

a) Cálculo da taxa média

A taxa média é aquela utilizada para a obtenção de um valor atual de todas as prestações dos quatro planos igual ao valor financiado de $ 781.000,00.

O cálculo da taxa média para séries de pagamentos pode ser obtido de duas maneiras:

1º) Com base na soma das prestações referenciadas num mesmo momento do tempo, como segue:

- do 1º ao 6º mês: 51.040,50 + 14.476,57 + 8.452,12 + 31.157,73 = 105.126,92;
- do 7º ao 10º mês: 14.476,57 + 8.452,12 + 31.157,73 = 54.086,42;
- do 11º ao 12º mês: 8.452,12 + 31.157,73 = 39.609,85;
- do 13º ao 15º mês: 31.157,73.

Esquematicamente, temos o seguinte fluxo de caixa:

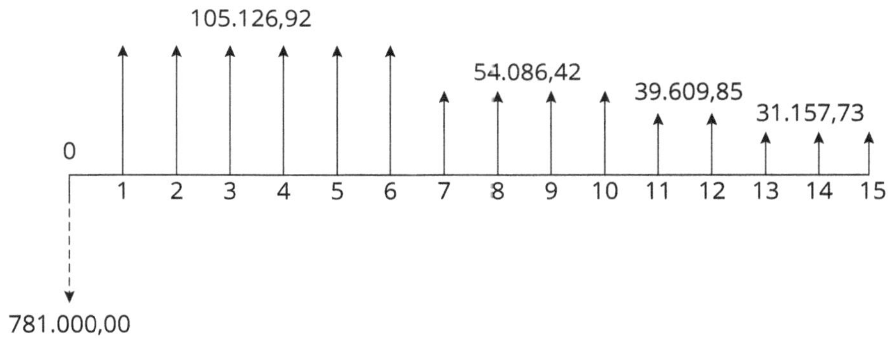

Esse fluxo é resultante da soma dos fluxos individuais, representados pelas quatro operações dadas.

A taxa média é calculada com base na seguinte equação:

$$\frac{105.126,92}{(1+\bar{i})^1} + ... + \frac{105.126,92}{(1+\bar{i})^6} + \frac{54.086,42}{(1+\bar{i})^7} + ... + \frac{54.086,42}{(1+\bar{i})^{10}} +$$

$$+ \frac{39.609,85}{(1+\bar{i})^{11}} + \frac{39.609,85}{(1+\bar{i})^{12}} + \frac{31.157,73}{(1+\bar{i})^{13}} + \frac{31.157,73}{(1+\bar{i})^{14}} + \frac{31.157,73}{(1+\bar{i})^{15}} =$$

$$= 781.000,00$$

Por meio de calculadoras adequadas, determina-se que $i = 4,706459\%$ ao mês; o cálculo feito por máquinas convencionais, nesse caso, seria extremamente penoso, mesmo para um valor aproximado.

2º) Quando as séries são compostas por pequeno número de planos diferentes, como neste caso, é mais fácil obter a taxa média a partir da seguinte relação:

$$51.140,50 \times FVA\,(\bar{i}, 6) + 14.476,57\,(\bar{i}, 10) + 8.452,12\,(\bar{i}, 12) +$$
$$+ 31.157,73 \times FVA\,(\bar{i}, 15) = 781.000,00$$

$$51.040,50\ \frac{(1+\bar{i})^6 - 1}{(1+\bar{i})^6 \times \bar{i}} + 14.476,57\ \frac{(1+\bar{i})^{10} - 1}{(1+\bar{i})^{10} \times \bar{i}} + 8.452,12$$

$$\frac{(1+\bar{i})^{12} - 1}{(1+\bar{i})^{12} \times \bar{i}} + 31.157,73\ \frac{(1+\bar{i})^{15} - 1}{(1+\bar{i})^{15} \times i} = 781.000,00$$

Portanto, dessa maneira a taxa média é obtida a partir do cálculo do valor atual de cada plano; obviamente, chega-se ao mesmo resultado, ou seja, $\bar{i} = 4{,}706459\%$.

b) Cálculo do prazo médio

O prazo médio é facilmente determinado a partir do critério já conhecido, ou seja:

$$\sum_{h=1}^{m} S_h = \sum_{h=1}^{4} n_h \times R_h = 1.019.800,09 \text{ (somatório dos valores das prestações)}$$

$$\sum_{h=1}^{m} P_h = \sum_{h=1}^{4} P_h = 781.000,00$$

Como $\sum_{h=1}^{m} S_h = \sum_{h=1}^{m} P_h (1+\bar{i})^n$, podemos escrever

$$1.019.800,09 = 781.000,00\,(1,04706459)^{\bar{n}}$$

A partir dessa expressão, determina-se que $\bar{n} = 5{,}801$ meses.

2º exemplo

Três irmãos decidem fazer, individualmente, aplicações mensais em um "fundo de renda prefixada", com o propósito de resgatar o montante global no final de 18 meses. O primeiro deles aplicará, a partir de hoje, 18 parcelas mensais, iguais e consecutivas de $ 5.000,00 cada uma; depois de 6 meses, a partir de hoje, o segundo irmão iniciará a aplicação de 12 parcelas, de $ 10.000,00 cada uma, sendo que o terceiro, que fará 6 aplicações mensais de$ 25.000,00 cada uma, somente aplicará a 1ª parcela 6 meses depois. Sabendo-se que as aplicações deverão render 5%, 4% e 3%, respectivamente, na ordem dada, calcular a taxa média e o prazo médio dessas aplicações.

Solução:

a) Cálculo dos montantes individual e global e dos somatórios dos valores aplicados

O montante de cada uma das aplicações é obtido com o emprego da expressão $S = R \times (1 + i) \times FAC\,(i, n)$, utilizada para séries de pagamentos iguais, de termos antecipados:

1º irmão: $S_1 = 5.000,00 \times 1,05 \times FAC\,(5\%, 18) = 5.000,00 \times 1,05 \times 28,13238 = 147.695,00$

2º irmão: $S_2 = 10.000,00 \times 1,04 \times FAC\,(4\%, 12) = 10.000,00 \times 1,04 \times 15,02581 = 156.268,42$

3º irmão: $S_3 = 25.000,00 \times 1,03 \times FAC\,(3\%, 6) = 25.000,00 \times 1,03 \times 6,46841 = 166.561,56$

Montante global = $\sum_{h=1}^{3} S_h = 470.524{,}98$

Somatório das aplicações = $\sum_{h=1}^{m} P_h = \sum_{h=1}^{3} n_h R_h = 18 \times 5.000{,}00 + 12 \times 10.000{,}00 + 6 \times 25.000{,}00$

$= 90.000{,}00 + 120.000{,}00 + 150.000{,}00 = 360.000{,}00$

b) Cálculo da taxa média

A solução mais fácil é obtida utilizando-se um caminho semelhante ao mostrado no exercício anterior, dado pela seguinte equação:

$$5.000{,}00\,(1+\bar{i})\,\text{FAC}\,(\bar{i}, 18) + 10.000{,}00\,(1+\bar{i})\,\text{FAC}\,(\bar{i}, 12) +$$

$$+ 25.000{,}00\,(1+\bar{i}) \times \text{FAC}\,(\bar{i}, 6) = 470.524{,}98$$

ou

$$(1+\bar{i})\,[5.000{,}00 \times \text{FAC}\,(\bar{i}, 18) + 10.000{,}00\,\text{FAC} \times (\bar{i}, 12) +$$

$$+ 25.000{,}00 \times \text{FAC}\,(\bar{i}, 6)] = 470.524{,}98$$

ou

$$(1+\bar{i}) \left[5.000{,}00\,\frac{(1+\bar{i})^{18}-1}{\bar{i}} + 10.000{,}00\,\frac{(1+\bar{i})^{12}-1}{\bar{i}} + \right.$$

$$\left. + 25.000{,}00\,\frac{(1+\bar{i})^{6}-1}{\bar{i}} \right] = 470.524{,}98$$

Por tentativa e erro, ou usando calculadoras adequadas, determina-se que $\bar{i} = 4{,}278286\%$ ao mês.

c) Cálculo do prazo médio

$$\sum_{h=1}^{3} S_h = 470.524{,}98$$

$$\sum_{h=1}^{m} P_h = \sum_{h=1}^{3} P_h\, n_h \times R_h = 360.000{,}00$$

$$470.524{,}98 = 360.000{,}00 \times 1{,}04278286^{\bar{n}}$$

Por logaritmo obtém-se $\bar{n} = 6{,}39$ meses.

10.4.5 Noção de plano médio

O conceito de plano médio é inspirado no conceito de prazo médio. Assim, da mesma forma que determinamos um prazo médio correspondente a dois ou mais termos, ou a duas ou mais séries de pagamentos distintas, determinamos também o plano médio, que pode ser entendido como o plano constituído por n prestações iguais, periódicas e consecutivas, equivalente a duas ou mais séries de pagamentos distintas. Assim, no caso do primeiro exemplo dado no item 10.4.4, o plano médio é obtido como segue:

a) Dados:

$$\text{Somatório das prestações} = \sum_{h=1}^{m} n_h \times R_h = 1.019.800{,}09$$

$$\text{Somatório dos valores financiados} = \sum_{h=1}^{m} P_h = 781.000{,}00$$

Taxa média = 4.706459%

b) Cálculo do plano médio

É obtido a partir da seguinte equação:

$$\frac{\sum_{h=1}^{m} n_h \times R_h}{\bar{\bar{n}}} = \sum_{h=1}^{m} P_h \times \text{FRC}\,(\bar{i}, \bar{\bar{n}}), \text{ em que } \bar{\bar{n}} \text{ representa o plano médio}$$

$$\frac{\sum_{h=1}^{m} n_h \times R_h}{\bar{\bar{n}}} = \sum_{h=1}^{m} P_h \times \frac{(1+\bar{i})^{\bar{\bar{n}}} \times i}{(1+\bar{i})^{\bar{\bar{n}}} - 1}$$

Como essa equação é baseada na fórmula $R = P \times \text{FRC}\,(i, n)$, a expressão

$$\frac{\sum_{h=1}^{m} n_h \times R_h}{\bar{\bar{n}}}$$

representa a prestação média e $\bar{\bar{n}}$ o número médio de pagamentos, daí o nome plano médio.

Substituindo, temos:

$$\frac{1.019.800{,}09}{\bar{\bar{n}}} = 781.000{,}00 \times \text{FRC}\,(4{,}706459\%, \bar{\bar{n}})$$

ou

$$1{,}305762 = \bar{\bar{n}} \times \frac{(1{,}04706459)^{\bar{\bar{n}}} \times 0{,}04706459}{(1{,}04706459)^{\bar{\bar{n}}} - 1}$$

Resolvendo essa equação, obtém-se $\bar{\bar{n}} = 11{,}066$. Portanto, o plano médio, teórico, é constituído por 11,066 prestações iguais, mensais e consecutivas cujo valor é obtido como segue:

$$\frac{1.019.800{,}09}{11{,}066} = 92.156{,}16 \text{ cada uma.}$$

No caso do segundo exemplo, temos:

$$\sum_{h=1}^{3} S_h = 470.524,98$$

$$\sum_{h=1}^{3} P_h = 360.000,00$$

$$\bar{i} = 4,278286\%$$

$$\text{Plano médio} = \frac{470.524,98}{\bar{\bar{n}}} = 360.000,00 \times \text{FRC}\,(4,278286\%, \bar{\bar{n}})$$

ou

$$1,307014 = \bar{\bar{n}} \times \text{FRC}\,(4,278286\%, \bar{\bar{n}})$$

Solução: $\bar{\bar{n}} = 12,306$

$$\text{Aplicação média mensal} = \frac{470.524,98}{12,306} - 38.235,41$$

10.4.6 Cálculo da taxa média pela ponderação dupla

O critério apresentado, o da "taxa interna de retorno", permite a obtenção de um valor exato para a taxa média, embora seja, por vezes, extremamente trabalhoso, ou quase impossível de ser aplicado, dependendo do equipamento existente para o seu cálculo. Mas, existem outros métodos que permitem a obtenção de taxas médias com excelente aproximação. Entre esses critérios, temos o da ponderação dupla, praticamente idêntico ao critério apresentado no item 10.3, em que tratamos do cálculo da taxa média para operações de juros simples. A única diferença é que, em vez de considerarmos a taxa mensal (ou uma taxa correspondente a qualquer outra unidade de tempo informada), vamos trabalhar com uma taxa de juros, correspondente à unidade de tempo mais próxima possível do prazo médio da operação. Mas, como o prazo médio é uma função da taxa média, e esta não é conhecida, determinaremos um prazo médio "auxiliar", calculado com base na ponderação simples dos prazos dados, pelos respectivos valores aplicados e/ou captados. Esse artifício é utilizado, como veremos, com a finalidade de obter uma taxa média próxima e até mesmo coincidente com a taxa exata, determinada com base na "taxa interna de retorno".

A fórmula para o cálculo da taxa média de juros ponderada é a seguinte:

$$\bar{i} = \frac{\sum_{h=1}^{m} P_h \times i_h^* \times n_h}{\sum_{h=1}^{m} P_h \times n_h}$$

em que i^* é a taxa correspondente ao prazo médio auxiliar, cujo cálculo é mostrado no exemplo a seguir.

Esse critério pode ser utilizado, particularmente, para a determinação das taxas médias correspondentes às operações de captação de recursos, efetuadas pelas instituições financeiras, através da venda de títulos de renda fixa. Nesses casos, a obtenção da taxa média com base no critério da "taxa interna de retorno" praticamente só seria possível através de computadores, visto que as operações são em grande número e os prazos são expressos em termos de dias.

Exemplos:

1. Calcular a taxa média e o prazo médio das seguintes operações de venda de certificados de depósitos bancários realizadas em certo dia:

h	Prazo (em Dias)	Valor de Venda	Valor de Resgate	Taxa para 270 Dias (%)
1	185	200.000,00	244.638,95	34,183
2	210	55.000,00	68.585,95	32,820
3	248	400.000,00	528.892,31	35,540
4	263	350.000,00	470.665,64	35,540
5	290	20.000,00	26.226,14	28,702
6	300	150.000,00	204.439,40	32,137
7	321	30.000,00	40.754,44	28,394
8	360	280.000,00	411.600,00	33,502
TOTAL	–	**1.485.000,00**	**1.995.802,83**	–

O prazo, o valor de venda e o valor de resgate são dados do problema.

a) Cálculo das taxas individuais correspondentes ao prazo médio auxiliar (última coluna)

$$\text{Prazo médio auxiliar} = \frac{\sum_{h=1}^{m} P_h \times n_h}{\sum_{h=1}^{m} P_h}$$

As taxas de juros transcritas na última coluna do quadro foram calculadas para 270 dias, como segue:

$$= \frac{200.000,00 \times 185 + 55.000,00 \times 210 + ... + 280.000,00 \times 360}{200.000,00 + 55.000,00 + ... + 280.000,00} =$$

$$= \frac{401.030.000,00}{1.485.000,00} = 270 \text{ dias.}$$

As taxas de juros transcritas na última coluna do quadro foram calculadas para 270 dias, como exemplificado a seguir:

$$i_1^* = \left(\frac{244.638,95}{200.000,00}\right)^{270/185} - 1 = 0,34183 \text{ ou } 34,183\%$$

$$i_2^* = \left(\frac{68.585,95}{55.000,00}\right)^{270/210} - 1 = 0,32820 \text{ ou } 32,820\%$$

$$i_3^* = \left(\frac{411.600,00}{280.000,00}\right)^{270/360} - 1 = 0,33502 \text{ ou } 35,502\%$$

b) Cálculo da taxa média

$$\bar{i} = \frac{\sum_{h=1}^{m} P_h \times i_h^* \times n_h}{\sum_{h=1}^{m} P_h \times n_h}$$

$$\bar{i} = \frac{200.000,00 \times 0,34183 \times 185 + 55.000,00 \times 0,32820 \times 201 + ... + 280.000,00 \times 0,33502 \times 360}{200.000,00 \times 185 + 55.000,00 \times 210 + ... + 280.000,00 \times 360}$$

$$\bar{i} = \frac{137.135.694,00}{401.030.000,00} = 0,34196, \text{ ou } 34,196\% \text{ para } 270 \text{ dias}$$

Taxa média mensal = $1,34196^{30/270} - 1 = 0,03322$, ou 3,322%

Taxa média anual = $1,34196^{360/270} - 1 = 0,48020$, ou 48,020%

A taxa média calculada com base no critério da "taxa interna de retorno" é de 3,322193% ao mês, ou de 48,021024% ao ano. Portanto, os dois critérios, no caso deste exemplo, conduziram praticamente ao mesmo resultado.

Se em vez de considerarmos as taxas para 270 dias optarmos por 30 ou 360 dias, as taxas médias anuais serão, respectivamente, de 48,013% e 48,024%.

c) Cálculo do prazo médio

É obtido a partir da equação conhecida, ou seja:

$$\sum_{h=1}^{m} S_h = \sum_{h=1}^{m} P_h (1 - i)^{\bar{n}}$$

$$1.995.802,83 = 1.485.000,00\ (1,03322)^{\bar{n}}$$

Resultado do cálculo: $\bar{n}$ = 9,046 meses ou 271,4 dias.

2. Três notas de venda, de uma instituição financeira, apresentam os seguintes dados correspondentes à venda de títulos de renda fixa:

h	Prazo (Dias)	Valor Aplicado	Valor de Resgate	Taxa Anual
1	30	19.335,51	20.000,00	50%
2	60	87.842,23	95.000,00	60%
3	180	28.644,59	40.000,00	95%
TOTAL	–	**135.822,33**	**155.000,00**	–

Calcular a taxa média e o prazo médio aplicando os dois critérios conhecidos.

Solução:

a) Critério da "taxa interna de retorno"

a1) Taxa média

$$\frac{20.000,00}{(1+\bar{i})^{30}} + \frac{95.000,00}{(1+\bar{i})^{60}} + \frac{40.000,00}{(1+\bar{i})^{180}} = 135.822,38$$

$\bar{i} =$ 0,155929% ao dia ou 4,786138% ao mês ou 75,245166% ao ano

a2) Prazo médio

$$155.000,00 = 135.822,38\,(1,04786138)^{\bar{n}}$$

$\bar{n} = 2,825$ meses ou 84,8 dias

b) Critério da ponderação dupla

b1) Prazo médio auxiliar

$$\bar{n} \text{ auxiliar} = \frac{\sum_{h=1}^{m} P_h \times n_h}{\sum_{h=1}^{m} P_h}$$

$$\bar{n} \text{ auxiliar} = \frac{19.335,51 \times 30 + 87.842,28 \times 60 + 28.644,59 \times 180}{19.335,51 + 87.842,28 + 28.644,59}$$

$$\bar{n} \text{ auxiliar} = \frac{11.006.628,30}{135.822,38} = 81,04 \cong 81 \text{ dias}$$

Como as taxas anuais são conhecidas, o cálculo da taxa equivalente para 81 dias, de acordo com o regime de capitalização composta, pode ser determinado como segue:

$$i_1^* = 1,50^{81/360} - 1 = 0,09552$$

$$i_2^* = 1,60^{81/360} - 1 = 0,11154$$

$$i_3^* = 1,95^{81/360} - 1 = 0,16214$$

b3) Taxa média

$$\bar{i} = \frac{\sum_{h=1}^{m} P_h \times i^* \times n_h}{\sum_{h=1}^{m} P_h \times n_h}$$

$$\bar{i} = \frac{19.335,51 \times 0,09552 \times 30 + 87.842,28 \times 0,11154 \times 60 + 28.644,59 \times 0,16214 \times 180}{19.335,51 \times 30 + 87.842,28 \times 60 + 28.644,59 \times 180}$$

$$\bar{i} = \frac{1.479.281,60}{11.006.628,38} = 0,13440 \text{ ou } 13,440\% \text{ para 81 dias}$$

Taxa média mensal = $(1,13440)^{30/81} - 1 = 0,04781$ ou 4,781%
Taxa média anual = $(1,04781)^{12} - 1 = 0,75148$ ou 75,148%

b4) Prazo médio

$$155.000,00 = 135.822,38\,(1,04781)^{\bar{n}}$$
$$\bar{n} = 2,828 \text{ meses, ou } 84,8 \text{ dias}$$

Se tivéssemos utilizado a taxa anual em lugar da taxa para 81 dias, a taxa média obtida seria de 4,817% ao mês, ou de 75,866% ao ano.

Os dois exemplos desenvolvidos demonstram que a taxa será tanto mais próxima da exata quanto mais próximo do prazo médio estiver o prazo médio auxiliar. Esse prazo médio auxiliar, que é facilmente obtido, como vimos, deve ser calculado a *priori* e utilizado em seguida como um dado do problema (supondo que os cálculos não sejam feitos por computadores); vários tipos e marcas de calculadoras financeiras, disponíveis no mercado, têm capacidade suficiente para resolver este tipo de problema.

Os exemplos desenvolvidos justificam plenamente a utilização do critério da ponderação dupla, o qual pode ser adotado como um ótimo substituto do critério da "taxa interna de retorno". Para a determinação diária dos custos de captação de recursos nas instituições financeiras, esse critério pode ser utilizado com segurança, visto que as operações, normalmente, são realizadas em grande número, e as taxas, no dia, variam dentro de um intervalo relativamente estreito; em consequência, o grau de dispersão em torno da média é reduzido, o que assegura a exatidão do cálculo.

11

OPERAÇÕES FINANCEIRAS REALIZADAS NO MERCADO

11.1 INTRODUÇÃO

Este capítulo destina-se ao estudo das principais modalidades operacionais realizadas no mercado financeiro brasileiro. Após a descrição de cada modalidade, serão apresentados e resolvidos alguns exercícios especiais. Antes disso, porém, devemos abordar alguns conceitos relacionados com a inflação, tendo em vista a enorme importância desse fenômeno sobre as operações financeiras realizadas no Brasil.

11.1.1 Inflação e correção monetária

A inflação caracteriza-se por aumentos persistentes e generalizados dos preços dos bens e serviços à disposição da sociedade; quando ocorre o fenômeno inverso, tem-se a deflação. Com o objetivo de minimizar ou mesmo neutralizar as distorções causadas pela inflação na economia, foi institucionalizado no Brasil o princípio da correção monetária. Através desse princípio, os valores monetários (preços de bens e serviços, salários, empréstimos, financiamentos, aplicações financeiras, impostos etc.) poderiam ser reajustados com base na inflação ocorrida no período anterior, medida por um índice de preços calculado por uma entidade credenciada, normalmente pela FGV (Fundação Getulio Vargas) ou pelo IBGE (Instituto Brasileiro de Geografia e Estatística).

11.1.2 O que é um indexador

Indexador, tal como usado pelo mercado financeiro, pode ser entendido como sendo qualquer valor ou índice utilizado para atualizar o valor da unidade monetária, depreciado em decorrência da elevação sistemática dos níveis gerais de preços.

Indexar significa atrelar valores a um determinado índice de preços. E um índice de preços nada mais é do que uma sucessão de números representativos da evolução histórica dos preços de uma mercadoria ou de um serviço, ou de um conjunto de mercadoria e serviços, ou ainda dos preços do dinheiro cobrados nas operações de crédito ou de aplicação de recursos. Entre os indexadores mais utilizados atualmente pelo mercado estão o IPCA, o IGP-M, o IGP-DI, as taxas Selic e CDI, a TR, os preços das moedas de outros países e outros indicadores. E todos esses índices apresentam uma característica comum: são acumulados de maneira exponencial, ou seja, o índice correspondente a um determinado mês ou ano é obtido pela aplicação da variação percentual do período corrente pelo índice acumulado até o período imediatamente anterior.

O primeiro indexador de uso generalizado surgido no mercado foi a ORTN (Obrigação Reajustável do Tesouro Nacional), criada pela Lei nº 4.357, de 16 de julho de 1964. Embora fosse um título de crédito, durante toda sua existência foi muito mais importante como indexador do que como título. Para obtenção de seu valor, ao longo do tempo, foram utilizadas sucessivas e complexas fórmulas de cálculo, quase todas baseadas no Índice de Preços por Atacado (IPA), calculado pela FGV. O valor da ORTN foi calculado até novembro de 1972 com base no IPA de até sete meses anteriores ao mês de referência. A partir dessa data, a equipe do ex-ministro Delfim Netto introduziu uma inovação importante na fórmula: o valor da ORTN passaria a sofrer influência da inflação projetada para o ano seguinte. Essa fórmula durou pouco e foi rapidamente substituída. A partir de maio de 1976, entretanto, em plena era Simonsen, a inflação futura voltou a ter peso no cálculo do indexador: 20% do valor da ORTN seria influenciado por uma inflação esperada de 15% ao ano e 80% pela inflação passada medida pelo IPA referente aos últimos cinco meses. Essa fórmula engenhosa tinha o dom de achatar a correção monetária. Com a volta de Delfim Netto ao governo, tivemos novas modificações na fórmula de cálculo. E a partir de março de 1980 já era possível conhecer a correção monetária com até dois meses de antecedência.

Esse critério, inadmissível nos dias atuais, não trouxe grandes problemas para o mercado porque as taxas de inflação eram baixas e estáveis e porque a noção de rendimento real não era tão disseminada quanto hoje. Novas mudanças nas fórmulas de cálculo – como a adoção do IGP-DI da FGV em março de 1983, em substituição ao IPA – ainda foram processadas até a extinção desse título em março de 1986, ocasião em que se criou a OTN (Obrigação do Tesouro Nacional); em relação ao anterior, a única mudança nesse título ocorreu no nome: foi excluída a expressão "Reajustável". Durante todo o período em que esteve em vigor o "Plano Cruzado" – de março de 1986 a fevereiro do ano seguinte–, esse novo indexador teve seus valores mensais fixados com base em critérios polêmicos, de validade duvidosa. Principalmente em decorrência desse fato, outros títulos e índices passaram a ser utilizados como indexadores para a atualização de valores monetários, entre os quais a famigerada LBC (Letra do Banco Central), criada em 15 de maio de 1986, posteriormente substituída pela LFT (Letra Financeira do Tesouro); esses títulos, no meu entendimento, causaram danos irreparáveis à economia brasileira, sendo um dos grandes responsáveis pela aceleração do processo inflacionário no final dos anos 1980 e começo de 1990. Em janeiro de 1989, com a implantação do "Plano Verão", o governo extinguiu a OTN e proibiu a indexação. Durou pouco. No mês de maio desse ano criou o BTN (Bônus do Tesouro Nacional), com valor de Cr$ 1,00 retroativo ao mês de fevereiro, que seria utilizado pelos agentes do mercado financeiro como o principal indexador da economia até sua extinção em fevereiro de 1991. Além do BTN, vários outros indexadores passaram a ser utilizados nessa época, destacando-se o IGP-M (Índice Geral de Preços do Mercado), calculado pela FGV a partir de junho de 1989 a pedido da Febraban (Federação Brasileira de Bancos), a taxa CDI (taxa média de variação dos negócios realizados com Certificados de Depósitos interbancários) e a Taxa ANBID (taxa média dos negócios realizados com Certificados de Depósitos Bancários – CDB – calculada pela Associação Nacional dos Bancos de Investimentos e Desenvolvimento). Com exceção do IGP-M, todos os indexadores relacionados tinham variações diárias. Em fevereiro de 1991, o governo decide novamente acabar com a indexação para prazos inferiores a um ano, extinguindo o BTN. Obviamente, não deu certo. Criou então a chamada Taxa Referencial de Juros, popularmente conhecida por TR. Tratava-se de uma taxa mensal calculada com base nas taxas médias praticadas pelo mercado em negócios com CDB e RDB com rendimentos prefixados, realizados nos seis primeiros dias úteis de cada mês de referência, excluído um rendimento real de 2%; a taxa equivalente ao dia, considerando-se o número de dias úteis contidos no mês, foi denominada TRD (Taxa Referencial Diária). Esse novo indexador diário, sem dúvida o mais importante no período contado desde sua criação até sua extinção em maio de 1993, somente não teve utilização mais ampla devido a uma decisão equivocada do STF (Supremo Tribunal Federal), que considerou a TR uma taxa de juro e não um indexador. Em janeiro de 1992, o governo criou mais um indexador diário: a Ufir (Unidade Fiscal de Referência), que, como o próprio nome já diz, seria utilizada para efeitos do fisco, ou seja, para atualizar impostos; também era utilizada para atualizar valores de ativos e passivos, de pessoas físicas ou jurídicas, para controle do patrimônio e incidência do imposto de renda; o valor inicial da Ufir, de Cr$ 597,06, foi obtido a partir do último valor publicado para o BTN, de Cr$ 126,8621, atualizado pela variação do INPC (Índice Nacional de Preços ao Consumidor) , do IBGE. Portanto, o governo apenas mudou o nome do indexador de BTN para Ufir e limitou sua utilização. Em maio de 1993, o Banco Central extinguiu a TR diária e alterou o cálculo da TR mensal. Essa nova TR consistia numa média móvel das taxas praticadas pelo mercado financeiro em negócios realizados com CDB/RDB referentes a três dias úteis consecutivos, excluído um rendimento real de 1,8%; essa nova TR seria utilizada apenas para atualizar valores nas respectivas datas-bases, ou seja, se um empréstimo fosse contratado no dia 5 de um certo mês, somente no dia 5 do mês seguinte esse empréstimo assumiria a variação integral representada pela TR. Em 27 de julho de 1994, o Banco Central processou mais uma mudança no critério de cálculo da TR: passou a ser calculada com base na média das taxas praticadas pelo mercado com CDB/RDB, correspondente ao dia de referência, excluído um rendimento real de 1,2%. As duas últimas modificações introduzidas no cálculo desse indexador aumentaram ainda mais o grau de confusão existente. Em março de 1994 o governo criou mais um indexador, a URV (Unidade Real de Valor), com valor inicial de Cr$ 647,50, correspondente a 1 dólar comercial na data de 1/3/1994, e que no dia 1º de julho de 1994 se transformou em moeda, sendo denominado de REAL.

11.1.3 Construção de um indexador e sua utilização

Um índice de preços é construído a partir de uma determinada data tomada como base para o seu cálculo. Assim, o IGPM, por exemplo, tem como base de cálculo o mês de agosto de 1994, em que o seu valor foi fixado em 100; no mês de dezembro de 2015 o seu valor a atingiu 617,044, o que significa que nesse período a sua variação foi de 517,044%.

Para efeito de construção de um índice de preços, considera-se normalmente o valor inicial como sendo 100, como faz o IBGE e a FGV; mas, também poderia ser 1 ou qualquer outro número. Como exemplo, vamos construir um índice baseado na variação do IPCA referente ao ano de 2015, considerando 100 como seu valor inicial. Assim, temos que:

Mês	Variação (%)	Índice
Dezembro -14	–	100,000
Janeiro -15	1,24	101,240
Fevereiro	1,22	102,475
Março	1,32	103,828
Abril	0,71	104,565
Maio	0,74	105,339
Junho	0,79	106,171
Julho	0,62	106,829
Agosto	0,22	107,064
Setembro	0,54	107,642
Outubro	0,82	108,525
Novembro	1,01	109,621
Dezembro	0,96	110,673

Para se obter a variação referente ao ano de 2015, basta fazer como segue:

$$\text{Variação/2015} = \frac{110{,}673}{100{,}000} - 1 = 0{,}10673 \text{ ou } 10{,}673\%$$

A partir desse exemplo, podemos apresentar uma fórmula genérica para atualização monetária de valores e que será utilizada ao longo de todo este capítulo. A fórmula é a seguinte:

$$P_c = \frac{P}{I_0} \times I_v$$

em que P_c é o valor inicial corrigido, P o valor inicial da mercadoria, serviço, empréstimo ou financiamento, I_0 o indexador correspondente à data inicial (data do contrato ou da negociação) e I_v o indexador da data do vencimento, pagamento ou resgate.

Nos casos em que somente a variação do indexador é conhecida, a atualização se fará como segue:

$$P_c = P \times (1 + v_1) \times (1 + v_2) \times (1 + v_3) \times \ldots\ldots\ldots \times (1 + v_n)$$

em que v representa a variação (diária, mensal ou anual) do indexador, escrito na forma decimal ou unitária, e os índices 1, 2, 3, ... , n o número de ordem do período unitário (dia, mês ou ano).

Para facilitar o entendimento, vamos resolver o exemplo a seguir baseado nos dados contidos na tabela construída com base no comportamento do IPCA referente ao ano de 2015.

Um empréstimo no valor de $ 5.000,00 obtido no mês de julho de 2015 deverá ser quitado no mês novembro desse mesmo ano. Calcular o seu valor corrigido pela variação do IPCA utilizando os dois critérios especificados.

Solução:

a) pela divisão do índice do vencimento pelo índice inicial

$$P_c = 5.000{,}00 \times 109{,}621 \,/\, 106{,}829 = 5.130{,}67$$

b) pela acumulação das variações mensais

$$P_c = 5.000{,}00 \times 1{,}0022 \times 1{,}0054 \times 1{,}0082 \times 1{,}0101 = 5.130{,}67$$

11.1.4 Indexadores utilizados neste capítulo

Atualmente os principais indexadores utilizados no mercado financeiro são a TR (Taxa Referencial de juros), o CDI (Certificado de Depósito Interbancário) e a Taxa Selic, todos eles calculados e publicados diariamente pelo Banco Central do Brasil; entre os indexadores construídos com base na variação dos preços de mercadorias e serviços, apenas o IGPM da FGV e o IPCA do IBGE aparecem com maior frequência.

11.2 APLICAÇÕES FINANCEIRAS COM RENDA FIXA

Vamos considerar como aplicações financeiras de renda fixa todas aquelas realizadas com títulos e valores mobiliários, inclusive cadernetas de poupança e fundos de investimentos. Denomina-se renda fixa por garantir ao aplicador determinado rendimento, definido no dia da aplicação, isto é, o investidor seguramente receberá no vencimento um valor maior que o desembolsado. As aplicações com renda fixa podem ser prefixadas e pós-fixadas; é prefixada quando o valor de resgate é conhecido no dia da aplicação, e pós-fixada quando esse valor somente é determinado no dia (ou alguns dias antes) do vencimento. Quanto aos títulos com renda pós – fixadas, o rendimento somente é conhecido no dia da venda ou do resgate, visto que o seu valor é corrigido monetariamente pela variação de um indexador, normalmente o IPCA, o IGPM ou por um índice construído com base na TR, na taxa Selic, no CDI ou pela variação cambial. De modo geral, os rendimentos das aplicações feitas por pessoas físicas e jurídicas sofrem a incidência do imposto de renda na fonte, salvo os proporcionados pela caderneta de poupança para pessoas físicas que são isentas; algumas outras aplicações podem eventualmente gozar de isenção a título de incentivo fiscal, como acontece atualmente com a LCI (Letra de Crédito Imobiliário) e com a LCA (Letra de Crédito do Agronegócio). Não vamos tratar neste livro das aplicações financeiras com renda variável, cujo exemplo típico é o investimento em ações.

As alíquotas do imposto de renda incidentes sobre os rendimentos obtidos nas aplicações em renda fixa são definidas pela seguinte tabela:

Prazo	Alíquota
Até 180 dias	22,5%
De 181 a 360 dias	20,0%
De 361 a 720 dias	17,5%
Acima de 720 dias	15,0%

Os exemplos apresentados e resolvidos a seguir facilitarão o entendimento do leitor.

11.2.1 Aplicações em títulos da dívida pública federal

Basicamente existem três modalidades de títulos emitidos pelo Tesouro Nacional, quais sejam:

- LTN (Letra de Tesouro Nacional), com rendimento prefixado;
- NTN (Nota do Tesouro Nacional), com juros calculados sobre o valor de emissão corrigido pelo IPCA (ou pelo IGPM);
- LFT (Letra Financeira do Tesouro), com rendimentos definidos com base na taxa Selic calculada diariamente pelo Banco Central do Brasil.

Recentemente esses títulos passaram a ser denominados respectivamente de Tesouro prefixado, Tesouro IPCA e Tesouro Selic.

A) Operações com Letras do Tesouro Nacional (LTN) – Tesouro prefixado

As Letras do Tesouro Nacional são títulos emitidos com valor unitário de resgate pré-fixado em R$ 1.000,00; assim, o seu valor de compra ou venda varia em função do prazo a decorrer até o seu vencimento e da taxa de juros contratada no momento da operação. Vamos a um exemplo:

Calcular o valor de aquisição de uma LTN com vencimento no dia 1/4/2015, sabendo-se que a taxa contratada na operação foi de 8,49% ao ano e que a operação foi realizada no dia 30/4/2013.

Solução:

Como se trata de um de um problema de pagamento único, a sua solução é obtida através da utilização da fórmula do montante, construída com base no regime de capitalização composta, ou seja: $S = P \times (1 + i)^{n}$. Sendo o valor de resgate da LTN de 1.000,00, a taxa de juros de 8,49%, o prazo a decorrer até o seu vencimento de 701 dias e considerando-se o ano constituído por 360 dias, tem-se:

$$\text{Valor de aquisição: } P = \frac{1.000,00}{1,0849^{701/360}} = \frac{1.000,00}{1,171957} = 853,27$$

Caso considerássemos o ano constituído por 365 dias, o valor seria ligeiramente maior, como segue:

$$\text{Valor de aquisição: } P = \frac{1.000,00}{1,0849^{701/365}} = \frac{1.000,00}{1,169412} = 855,13$$

Entretanto, no Brasil, para o cálculo do valor de negociação dos títulos da dívida pública federal, o prazo da operação é representado em quantidade de dias úteis, sendo o ano constituído por 252 dias úteis. No caso desse exemplo, o prazo de 701 dias corridos contém 486 dias úteis. Assim, o valor correto desse título é assim obtido:

$$\text{Valor de aquisição: } P = \frac{1.000,00}{1,0849^{486/252}} = \frac{1.000,00}{1,170177} = 854,57$$

O valor presente R$ 854,57 se constitui no chamado "preço unitário" ou simplesmente PU. Em resumo, o PU nada mais é do que o preço de uma LTN na data da sua negociação, cujo valor de resgate foi fixado em R$ 1000,00 na data do seu vencimento.

Para a negociação desse título foram fixadas algumas regras operacionais: o PU deve ser informado com 6 casas decimais e as taxas indicativas do rendimento com 4 decimais. Nos próximos exemplos vamos seguir essas regras.

Para que o leitor entenda claramente não somente o cálculo do PU como também da rentabilidade obtida em decorrência da venda da LTN antes do seu vencimento, vamos apresentar um exemplo real com três negociações, como mostramos a seguir:

Uma LTN emitida no dia 4/3/2011, com vencimento em 1/7/2013, foi negociada em três datas distintas com os seguintes dados:

Data	Taxa Indicativa	Prazo em Dias Corridos	Prazo em Dias Úteis	PU
3/5/2011	12,8200%	790	543	771,117283
3/5/2012	8,2512%	424	290	912,798767
3/5/2013	7,5747%	59	40	988,477171

Fonte: Anbima

Conferir os valores dos PU de cada negociação com base na fórmula especificada e calcular as taxas de rentabilidade obtidas pelo possuidor do título, admitindo-se que o mesmo tenha sido negociado em 3 de maio de 2012 e 2013.

Solução:

- Cálculo do PU em 3/5/2011

$$PU = \frac{1.000,00}{1,1282^{543/252}} = \frac{1.000,00}{1,296820} = 771,117283$$

- Cálculo do PU em 3/5/2012

$$PU = \frac{1.000,00}{1,082512^{290/252}} = \frac{1.000,00}{1,095532} = 912,798767$$

- Cálculo do PU em 3/5/2013

$$PU = \frac{1.000,00}{1,075747^{40/252}} = \frac{1.000,00}{1,011657} = 988,477171$$

Rentabilidades obtidas pelos compradores do título:

a) O comprador que adquiriu o título no dia 3/5/2011 por R$ 771,117283 teria obtido uma rentabilidade bruta (antes das taxas de custódia, de negociação e do imposto de renda) de 12,82% ao ano caso permanecesse com o título até o seu vencimento; caso tivesse vendido essa LTN no dia 3/5/2012 por R$ 912,798767, sua rentabilidade bruta teria sido de 18,37% no período de 1 ano; e a rentabilidade bruta do novo comprador, caso permanecesse com o título até o seu vencimento, seria equivalente a 8,2512% ao ano.

b) O comprador que adquiriu o título no dia 3/5/2012 por R$ 912,798767 teria obtido uma rentabilidade bruta de 8,2512% ao ano caso permanecesse com o título até o seu vencimento; caso tivesse vendido essa LTN no dia 3/5/2013 por R$ 988,477171, sua rentabilidade bruta no período teria sido de 8,29% no período de 1 ano; e a rentabilidade bruta do novo comprador, caso permanecesse com o título até o seu vencimento, seria equivalente a 7,5747% ao ano.

Observação importante: No caso deste exemplo, as taxas indicativas se reduziram gradativamente de 3/5/2011 até 3/5/2013; caso ocorresse o inverso, ou seja, o aumento gradativo das taxas, o aplicador poderia sofrer uma redução significativa na sua rentabilidade se efetuasse a venda do título antes do seu vencimento. Vamos evidenciar esse fato através dos dois exemplos a seguir.

Primeiro: LTN com dois anos de prazo (504 dias úteis) a decorrer até o seu vencimento, adquirida no dia da sua emissão com taxa indicativa de 7,5% ao ano; supondo que um ano depois (252 dias úteis) o comprador tenha vendido esse título a uma taxa indicativa de 9,5% ao ano, calcular os respectivos PU de compra e venda nas datas mencionadas.

Solução:

$$\text{Preço de compra: PU} = \frac{1.000,00}{1,075^{504/252}} = \frac{1.000,00}{1,155625} = 865,332612$$

$$\text{Preço de venda: PU} = \frac{1.000,00}{1,095^{252/252}} = \frac{1.000,00}{1,095} = 913,242009$$

Como a taxa indicativa subiu, o comprador inicial obteve uma rentabilidade bruta de 5,54%, inferior à taxa de compra; quanto ao segundo comprador, caso resgate sua aplicação no vencimento, obterá uma rentabilidade bruta de 9,5%

Segundo: LTN com três anos de prazo (756 dias úteis) a decorrer até o seu vencimento, adquirida no dia da sua emissão com taxa indicativa de 7,5% ao ano; supondo que um ano depois (252 dias úteis) o comprador tenha vendido esse título, com prazo a decorrer de dois anos (504 dias úteis), a uma taxa indicativa de 9,5% ao ano, calcular os respectivos PU de compra e venda nas datas mencionadas.

Solução:

$$\text{Preço de compra: PU} = \frac{1.000,00}{1,075^{756/252}} = \frac{1.000,00}{1,242297} = 804,960570$$

$$\text{Preço de venda: PU} = \frac{1.000,00}{1,095^{504/252}} = \frac{1.000,00}{1,199025} = 834,010967$$

Nesse caso, a rentabilidade bruta do comprador inicial foi de apenas 3,61%, menos da metade da taxa indicativa do dia da compra; quanto ao segundo comprador, caso resgate sua aplicação no vencimento, obterá uma rentabilidade bruta anual de 9,5%.

Moral da história: em momentos de expectativa de alta das taxas de juros, se a intenção do comprador for aplicar recursos em LTN por um prazo relativamente curto, deve adquirir títulos com vencimentos compatíveis com o tempo que estima resgatá-lo.

B) Operações com Letras Financeiras do Tesouro (LFT) – Tesouro Selic

A LFT é um título *sui generis* no mundo. Sua remuneração resulta da acumulação diária dos rendimentos calculados com base na taxa Selic (Sistema Especial de Liquidação e Custódia do Banco Central do Brasil). Esses títulos podem ser negociados com ágio ou deságio; a negociação com ágio tem sido a mais comum nos últimos anos. O valor da LFT, como veremos, é bem mais estável que o da LTN.

Para que o leitor tenha ideia de como é feito o cálculo da acumulação diária dos rendimentos de uma LFT, vamos supor que, durante quatro dias úteis consecutivos, a taxa Selic tivesse os seguintes valores: 7,25%, 7,31%, 7,29% e 7,45%. Um valor inicial de R$ 1.000,00 acumularia o seguinte valor no final do quarto dia:

$$1.000{,}00 \times 1{,}0725^{1/252} \times 1{,}0731^{1/252} \times 1{,}0729^{1/252} \times 1{,}0745^{1/252} = 1.001{,}122712$$

Para efeito de negociação, todas as LFT são calculadas como se tivessem sido emitidas por R$ 1.000,00 no dia 1/7/2000. Para o cálculo do chamado Valor Nominal Atualizado (VNA), basta multiplicar por 1.000,00 o índice da taxa Selic acumulado desde aquela data até o dia da negociação; esse índice pode ser obtido no site do Banco Central do Brasil: www.bcb.org.br/?selicdia.

O *site* da Anbima fornece o VNA para os últimos 5 dias úteis contados a partir da data atual. Assim, no dia 23 de maio de 2013, além do VNA desse dia, fornece também os valores dos dias 17, 20, 21 e 22.

O ágio ou deságio é representado por uma taxa indicativa; se essa taxa é positiva, significa que LFT está sendo negociada com deságio; caso seja negativa, a negociação está sendo feita com ágio.

A fórmula para o cálculo do preço unitário (PU) de uma LFT é a seguinte:

$$PU = VNA \times \frac{1}{(1 + taxa)^{\frac{du}{252}}}$$

em que ***taxa*** é uma taxa anual indicativa de ágio ou deságio e ***du*** o número de dias úteis entre o dia da negociação inclusive e o dia do vencimento exclusive.

Para melhor entendimento, vamos apresentar alguns exemplos:

Primeiro exemplo:

Calcular o PU de uma LFT adquirida no dia 23 de maio de 2013 e vencimento no dia 7/3/2014, sabendo-se que a taxa indicativa dessa operação foi de – 0,0314%.

Solução:

Como a taxa é negativa, significa que esse título foi negociado com ágio.

O valor nominal atualizado de uma LFT desde 1/7/2000 até dia 23 de maio de 2013 é de 5.596,869123 (obtido no site da Anbima); o número de dias úteis entre o dia da negociação e o dia do vencimento é de 200.

Substituindo na equação, temos:

$$PU = 5.596,869123 \times \frac{1}{(1-0,000314)^{\frac{200}{252}}} = 5.596,869123 \times 1,000249 =$$

$$= 5.598,262743 \text{ (truncado na 6ª casa decimal).}$$

Observação: a expressão $\frac{1}{(1+taxa)^{\frac{du}{252}}}$ nos fornece a cotação do título; assim, no caso do nosso exemplo, como 1,000249 = 100,0249%, significa que o título foi negociado com cotação de 100,0249% do seu valor nominal atualizado, ou seja, com ágio de 0,0249%.Em resumo, temos que: PU = VNA × COTAÇÃO; a cotação é apresentada com 4 casas decimais, sendo o seu valor truncado na quarta casa decimal, ou seja, não é arredondado.

Segundo exemplo:

Calcular o PU de uma LFT também adquirida no dia 23 de maio de 2013 e vencimento no dia 1/3/2018, sabendo-se que a taxa indicativa dessa operação foi de – 0,0495% e que da data da negociação até o seu vencimento tem 1.199 dias úteis.

Solução:

Embora a LFT tenha vencimento diferente do título negociado no exemplo anterior, o seu VNA é o mesmo porque todos são atualizados pela Selic diária desde a data de 1/7/2000. Assim, seu PU vai depender somente da cotação, como segue:

$$COTAÇÃO = \frac{1}{(1-0,000495)^{\frac{1199}{252}}} = 1,002358539 = 100,2358\% \text{ (truncado na 4ª casa decimal),}$$

que significa que o título foi com ágio de 0,2358% em relação ao seu valor nominal atualizado.

$$PU = 5.596,869123 \times 100,2358\% = 5.610,066540$$

Terceiro exemplo:

Segundo dados da Anbima, uma LFT adquirida no dia 23 de janeiro de 2006, e vencimento no dia 1/3/2018, foi negociada a uma taxa de 0,2182% (portanto, com deságio). Sabendo-se que até o seu vencimento teríamos 1985 dias úteis, calcular o PU dessa LFT.

Solução:

VNA = 2.600,114045 (obtido no *site* do Banco Central)

$$Cotação = \frac{1}{(1+0,002182)^{\frac{1985}{252}}} = 0,982977 = 98,2977\%$$

$$PU = 2.600,114045 \times 98,2977\% = 2.555,8523$$

Quarto exemplo:

Uma LFT, com vencimento em 7/6/2013, foi negociada em três datas distintas com os seguintes dados:

Data	Taxa Indicativa	Prazo em Dias Úteis	VNA	PU
3/5/2011	- 0,0004%	528	4.659,742126	4.659,779403
3/5/2012	- 0,0735%	274	5.185,532828	5.189,676068
3/5/2013	- 0,0191%	25	5.574,715575	5.574,815919

Fonte: Anbima e Banco Central

Conferir os valores dos PU de cada negociação com base na fórmula especificada e calcular as taxas de rentabilidade obtidas pelo possuidor do título, admitindo-se que esse título tenha sido negociado em 3 de maio de 2012 e 2013.

Solução:

- Cálculo do PU em 3/5/2011

$$\text{Cotação} = \frac{1}{(1 - 0{,}000004)^{\frac{528}{252}}} = 1{,}000008 = 100{,}0008\%$$

$$\text{PU} = 4.659{,}742126 \times 100{,}0008\% = 4.659{,}779403$$

- Cálculo do PU em 3/5/2012

$$\text{Cotação} = \frac{1}{(1 - 0{,}000735)^{\frac{274}{252}}} = 1{,}000799 = 100{,}0799\%$$

$$\text{PU} = 5.185{,}532828 \times 100{,}0799\% = 5.189{,}676068$$

- Cálculo do PU em 3/5/2013

$$\text{Cotação} = \frac{1}{(1 - 0{,}000191)^{\frac{25}{252}}} = 1{,}000018 = 100{,}0018\%$$

$$\text{PU} = 5.574{,}715575 \times 100{,}0018\% = 5.574{,}815919$$

Como se comprova, os PU calculados batem com os PU informados pela Anbima.

Rentabilidades obtidas pelos compradores do título

Vamos admitir três hipóteses:

1. O primeiro comprador adquiriu o título por R$ 4.659,779403 no dia 3/5/2011 e o revendeu por R$ 5.189,676068 no dia 3/5/2012: obteve uma rentabilidade bruta de 11,37% no ano;
2. O segundo comprador o revendeu um ano depois, em 3/5/2013, por R$ 5.574,815919: obteve uma rentabilidade bruta de 7,42%;

3. O primeiro comprador revendeu o título dois anos depois, ou seja, em 3/5/2013: rentabilidade bruta de 19,64% em dois anos.

Observação importante: No caso deste exemplo, as taxas de rentabilidade bruta obtidas no período foram obviamente menores do que as taxas diárias Selic acumuladas em cada período, como transcrevemos a seguir:

- Selic acumulada de 13/5/2011 até 13/5/12: 11,89%
- Selic acumulada de 13/5/2012 até 13/5/13: 7,99%
- Selic acumulada de 13/5/2011 até 13/5/13: 20,18%

Essa diferença é explicada pela existência de ágio nas três operações feitas; caso as negociações tivessem sido ao par (ou seja, por 100% do VNA), as rentabilidades brutas seriam iguais às variações da taxa Selic nos períodos considerados no exemplo.

Moral da história: se a intenção do comprador for adquirir LFT para revendê-la em qualquer momento antes do seu vencimento, irá obter uma rentabilidade bruta pouco diferente da variação da taxa Selic no período; será menor se houver ágio e maior se houver deságio.

Assim, como mencionado no início, a rentabilidade da LFT é a mais estável entre todos os títulos emitidos pelo Tesouro Nacional. E esse título é realmente *sui generis* no mundo; devido às suas características, pode ser considerado como uma autêntica *jabuticaba*.

C) Operações com Notas do Tesouro Nacional (NTN) – Tesouro IPCA

Existem dois tipos de NTN:

- a que paga juros semestralmente e o principal no final, ambos corrigidos pelo IPCA;
- a que paga o principal no final corrigido pelo IPCA, acrescido de um rendimento definido por um deságio no momento da compra, denominada **NTN-B Principal**.

Inicialmente vamos tratar desta última, que é mais simples.

Todas NTN-B são emitidas tendo como base de cálculo um valor de R$ 1.000,00 atualizado pela variação do IPCA desde 15/7/2000. Assim, no dia 15 de maio de 2013, independentemente do dia do vencimento, todas NTN-B terão o mesmo VNA (Valor Nominal Atualizado), obtido pela multiplicação do índice acumulado de variação do IPCA no referido período pelo valor R$ 1000,00. Como o índice de variação do IPCA nesse período corresponde a 2,286990128, o VNA da NTN-B no dia 15/5/2013 corresponde a 2.286,990128.

O cálculo do PU de uma NTN-B Principal é semelhante ao critério utilizado para se obter o PU de uma LTN; em ambos, o valor de negociação do título é representado pelo seu valor presente (ou valor atual), calculado com base em uma taxa de juro definida no momento da compra/venda e no prazo a decorrer (em dias úteis) a até o seu vencimento; a diferença fundamental é que no caso da LTN o valor de resgate está fixado em R$ 1.000,00 e no caso da NTN-B Principal o valor de resgate é o valor R$1.000,00 corrigido pela variação do IPCA desde 15/07/2000 até o dia do seu vencimento. Outra diferença relevante diz respeito à taxa de juro; enquanto na LTN a taxa utilizada é uma taxa efetiva de juro, na NTN-B Principal é uma taxa real de juros, ou seja, aplicada sobre o valor de negociação corrigido pelo IPCA. Assim, as fórmulas para os cálculos dos PU nas duas modalidades podem ser assim definidos:

Caso da LTN: $$PU = \frac{1.000,00}{(1 + taxa)^{du/252}}$$

Caso da NTN-B: $$PU = \frac{1.000,00 \times \text{variação IPCA}}{(1 + taxa_R)^{du/252}}$$

em que é a taxa real de juros definida para 1 ano (252 dias úteis). O exemplo a seguir facilita o entendimento.

Vamos supor que uma LTN e uma NTN-B tenham sido adquiridas no dia 15/5/2013 para serem resgatadas no dia vencimento, exatamente dois anos depois. Os demais dados da aquisição foram os seguintes:

- **Taxa efetiva de juros da LTN: 8% ao ano (equivalente a 16,64% em dois anos)**
- **Taxa real de juros da NTN-B: 2,5% ao ano;**
- **Índice da variação acumulada do IPCA desde 15/7/2000 até o dia da negociação: 2,286990128.**

Calcular os PU de compra desses dois títulos.

Solução:

LTN: $$PU = \frac{1.000,00}{(1,08)^{\frac{504}{252}}} = 857,3388$$

NTN-B: $$PU = \frac{1.000,00 \times 2,286990128}{(1,025)^{504/252}} = 2.176,7901$$

Observação: para que esses dois títulos proporcionem a mesma rentabilidade nos respectivos vencimentos, é necessário que a variação do IPCA, acrescida da taxa real de juros de 2,5% ao ano, resulte em uma taxa de 16,64% no período de 2 anos, ou seja:

Valor de resgate da NTN-B = 2.176,7901 × 1,1664 = 2.539,01

À semelhança das negociações com LFT, os cálculos dos PU das NTN-B também são feitos com base em cotações. E nesse caso a cotação é obtida como segue:

$$\text{Cotação} = \frac{1}{(1 + taxa_R)^{du/252}} = \frac{1}{(1,025)^{504/252}} = 0,951814 \text{ ou } 95,1814\%$$

$$PU = 2.286,990128 \times 0,951814 = 2.176,7892$$

Lembrete: a cotação, em porcentagem, deve ser truncada na quarta casa decimal e o VNA na sexta.

Vamos agora apresentar alguns exemplos reais.

Primeiro exemplo:

Calcular o PU de uma NTN-B Principal com vencimento em 15/5/2015, adquirida no dia 15/5/2008 a uma taxa de juros de 7,37% ao ano, sabendo-se que o número de dias úteis entre essas duas datas é de 1762.

Solução:

Para se calcular o PU, é necessário saber o Valor Nominal Atualizado desse título no dia da sua aquisição. E, para tanto, precisamos do índice acumulado de variação do IPCA desde 15/7/2000 até a data de negociação no dia 15/5/2008. Conforme dados divulgados pelo IBGE, esse índice é de 1,726926459. Portanto, tem-se que:

$$VNA = 1.000,00 \times 1,726926459 = 1.726,926459$$

$$\text{Cotação: } \frac{1}{(1,0737)^{1762/252}} = 0,608225 \text{ ou } 60,8225\%$$

$$PU = VNA \times \text{Cotação} = 1726,926459 \times 60,8225\% = 1.050,359846$$

Segundo exemplo:

Calcular o PU de uma NTN-B Principal com vencimento em 15/8/2024, adquirida no dia 15/5/2008 a uma taxa de juros de 6,70% ao ano, sabendo-se que o número de dias úteis entre essas duas datas é de 4085.

Solução:

O Valor Nominal Atualizado desse título no dia da sua aquisição é o mesmo do exemplo anterior, ou seja, de 1.726,926459.

$$\text{Cotação: } \frac{1}{(1,0670)^{4085/252}} = 0,349498 \text{ ou } 34,9498\%$$

$$PU = VNA \times \text{Cotação} = 1.726,926459 \times 34,9498\% = 603,5573$$

Terceiro exemplo:

Calcular o VNA e a taxa indicativa de juros de uma NTN-B Principal com vencimento em 15/5/2035 adquirida em 21/6/2013 por R$ 715,86 (valor do PU indicado com duas casas decimais pelo Tesouro Direto), sabendo-se que o número de dias úteis entre essas duas datas é de 5.499.

Solução:

- Cálculo do VNA em 21/6/2013

Quando a negociação não ocorre nos dias 15 de cada mês, o VNA deve ser calculado com base no IPCA projetado pelo mercado. Sabendo-se que o VNA do dia 15/6/2013 é de 2.295,450323 e supondo que mercado tivesse estimado em 0,23% a variação do IPCA para o mês de junho, teríamos o seguinte VNA projetado:

$$VNA = 2.295,4502323 \times 1,0023^{60/30} = 2.296,505259$$

Nessa expressão, 60 representa o número de dias corridos entre o dia 15 do mês em curso e a data da negociação, e 30, o número de dias corridos entre o dia 15 de junho e o dia 15 do mês seguinte.

- Cálculo da taxa indicativa

Como PU = VNA cotação, tem-se que:

$$715{,}86 = 2.296{,}505259 \times \frac{1}{(1 + taxa_R)^{5499/252}}$$

Resolvendo-se essa equação, obtém-se uma taxa de 5,49% ao ano, que coincide com a taxa indicativa informada pelo Tesouro Direto nesse dia.

Rentabilidade do título decorrente de venda antes do vencimento (rentabilidade bruta)

Os exemplos a seguir visam mostrar ao leitor, para diferentes vencimentos dos títulos, qual o impacto causado na rentabilidade da aplicação em NTN-B Principal, quando eles são negociados em momentos de alta e de baixa das taxas básicas de juros praticadas pelo mercado.

Para elaboração do primeiro quadro, consideramos que os títulos foram adquiridos em 4/7/2011, época que a meta da taxa Selic, de 12,5% ao ano, foi a maior nos últimos quatro anos; e para a venda escolhemos a data de 4/1/2013, época em que a meta da taxa Selic foi a menor da história, ou seja, de 7,25%; o prazo entre essas duas datas é de 570 dias corridos ou 393 dias úteis (cerca de 19 meses).

	Compra em 4/7/2011		Venda em 24/1/2013		Rentabilidade (%)	
Vencimento	**Taxa (%)**	**PU**	**Taxa (%)**	**PU**	**No Período**	**Ao Ano**
15/5/2015	6,79	1.596,39	1.93	2.143,47	34,27	20,80
15/8/2024	6,18	937,82	3.50	1.507,39	60,73	35,57
15/5/2035	5,93	521,87	3.87	963,33	84,59	48,15

Fonte: Tesouro Direto

Os dados contidos nesse quadro mostram com muita clareza que o rendimento bruto obtido no período foi excepcional; esse quadro também evidencia que, quanto maior o prazo até o vencimento, maiores as oscilações nas taxas de rentabilidade.

Para elaboração do segundo quadro fizemos o inverso: meta da taxa Selic menor na época da compra (de 7,25% em 24/1/2013), e a maior, de 8,0% em 20/6/2013, época da venda; o prazo entre as duas datas é de 147 dias corridos ou 100 dias úteis (menos de 5 meses).

	Compra em 24/1/2013		Venda em 20/6/2013		Rentabilidade (%)	
Vencimento	**Taxa (%)**	**PU**	**Taxa (%)**	**PU**	**No Período**	**Ao Ano**
15/5/2015	1,93	2.143,47	4,98	2.094,40	−2,29	−1,47
15/8/2024	3,50	1.507,39	5,80	1.227,49	−18,57	−12,34
15/5/2035	3,87	963,33	5,80	671,07	−30,34	−20,69

Fonte: Tesouro Direto.

Nesse caso, ocorreu o inverso: as perdas foram significativas para quem vendeu os títulos 147 dias depois da compra.

Observações:

1. O preço de compra (PU) de qualquer título em determinado dia é sempre ligeiramente maior que o seu PU de venda nesse mesmo dia; como nos nossos exemplos estamos considerando os mesmos preços para compra e venda, isso significa que as rentabilidades efetivas foram menores para as operações transcritas no primeiro quadro e os prejuízos foram maiores nas operações mostradas no segundo quadro.

2. Em todos os exemplos apresentados neste trabalho, a rentabilidade é bruta, ou seja, antes da dedução do imposto de renda e das taxas de administração e custódia cobradas nas operações; caso essas despesas fossem consideradas no cálculo, as rentabilidades efetivas seriam ainda menores no caso dos exemplos estampados no primeiro quadro e os prejuízos ainda maiores nos exemplos do segundo quadro; vamos evidenciar esse fato no item seguinte.

Rentabilidade líquida das aplicações em títulos do Tesouro Nacional

As taxas de rentabilidade líquida mostradas neste item foram obtidas através da calculadora disponibilizada no site do Tesouro Direto. Os cálculos foram feitos considerando-se as taxas indicativas e os PU informados no referido site. Os quadros a seguir mostram os resultados para os títulos e vencimentos mais negociados na atualidade. As rentabilidades informadas valem somente para os títulos adquiridos no dia 15 de julho de 2013 e resgatados no dia dos respectivos vencimentos.

Data da negociação: 15/7/2013

LTN

			Prazo		Rent. Anual Líquida (%)	Inflação Estimada (%)	Rent. Anual Real (%)
Vencimento	Taxa (%)	PU (R$)	Dias Úteis	Dias Corr.			
1/1/2014	8,88	960,62	119	169	6,02	5,60	0,40
1/1/2015	9,73	871,91	372	534	7,22	5,00	2,11
1/1/2016	10,57	780,35	622	899	8,26	4,50	3,60

LFT

			Prazo		SELIC	Rent. Anual Líquida (%)	Inflação Estimada (%)	Rent. Anual Real (%)
Vencimento	Taxa (%)	PU (R$)	Dias Úteis	Dias Corr.	Estimada (%)			
7/3/2014	– 0,03	5.660,61	163	234	9,00	6,31	5,60	0,67
7/3/2015	– 0,04	5.663,24	416	599	8,50	6,18	5,00	1,12
7/3/2016	– 0,05	5.669,81	917	1.330	8,00	6,05	4,50	1,48

NTN-B

			Prazo		Inflação Estimada (%)	Rent. Anual Líquida (%)	Rent. Anual Real (%)
Vencimento	**Taxa (%)**	**PU (R$)**	**Dias Úteis**	**Dias Corr.**			
15/5/2015	4,19	2.134,68	462	668	5,00	6,97	1,88
15/5/2024	5,39	1.288,64	2.719	3.956	4,50	8,41	3,74
15/5/2035	5,65	696,08	5.483	7.973	4,50	9,08	4,38

Fonte: Tesouro Direto

As taxas e os PU transcritos nessas tabelas correspondem às operações de compra de LTN, LFT e NTN-B Principal realizadas no dia 15/7/2013, os prazos e as rentabilidades anuais líquidas foram obtidos com o auxílio da calculadora disponível nesse mesmo site. Quanto às estimativas das taxas Selic e das taxas de inflação, foram feitas por mim. Calculamos a taxa real das aplicações feitas por entender que essa informação é de importância fundamental.

Analisando-se os dados contidos nessas tabelas, podemos tirar as seguintes conclusões:

- Para as taxas Selic e de inflação estimadas, todas as alternativas de aplicação consideradas neste trabalho conduzem a um rendimento real positivo (rentabilidade maior que a inflação);
- Para uma taxa de inflação de até 6% ao ano, as aplicações em LTN representam uma boa alternativa; caso a inflação anual fique na casa dos 4,5% nos próximos 2,5 anos, a rentabilidade real proporcionada pelo título com vencimento em 1/1/2016 será excelente;
- As taxas de rentabilidade líquida, efetiva e real, das aplicações em LFT e NTN-B Principal, dependem diretamente das taxas Selic e de inflação; a análise dos dados nos permite comprovar que realmente a aplicação em LFT é a mais conservadora; visto que normalmente a taxa Selic cresce em função do crescimento da inflação, esse título é o que oferece menor possibilidade de perda real, mesmo nas vendas realizadas antes do seu vencimento; em contrapartida, não deve proporcionar ganhos reais significativos;
- A NTN-B Principal, se levada até o seu vencimento, é a aplicação mais recomendável. Como a taxa de juros incide sobre o valor de emissão corrigido pela variação do IPCA, o rendimento líquido deverá ser sempre real, ou seja, acima da inflação. Entretanto, tendo em vista que esses títulos são normalmente emitidos com prazos mais longos, a venda antes do seu vencimento pode resultar em prejuízos ou ganhos consideráveis para o seu titular, principalmente se negociados poucos meses ou anos após a sua compra, como, aliás, já mostramos anteriormente. Os ganhos reais de uma aplicação em NTN-B com vencimento em 15/5/2024 podem chegar a quase 50% em pouco mais de 10 anos e a mais de 150% em menos 22 anos, se os recursos forem aplicados em títulos com vencimento em 15/5/2035.

11.2.2 Aplicações em outros títulos e valores

Neste item vamos tratar apenas das principais aplicações realizadas no mercado, oferecidas e geridas pelas instituições financeiras públicas e privadas, ou seja, os Certificados de Depósito Bancário (CDB), as Letras de Câmbio (LC), os fundos de investimentos e a caderneta de poupança. Alguns títulos emitidos por instituições financeiras e não financeiras não serão tratados neste livro por serem desconhecidos do grande público; e outros, como debêntures, devido à complexidade dos cálculos envolvidos para definição das parcelas de juros, resgates parciais e finais, fato agravado pela variedade de indexadores utilizados para atualização monetária desses valores. Também não vamos tratar das aplicações incentivadas como a LCI (Letra de Crédito Imobiliário) e a LCA (Letra de Crédito do Agronegócio), por entender que a isenção atual do imposto de renda é temporária, sem o qual o seu cálculo é idêntico ao do CDB ou LC.

Certificados de Depósito Bancários (CDB) e Letras de Câmbio (LC)

O CDB é um título emitido por bancos comerciais, de investimentos ou desenvolvimento, e pela Caixa Econômica Federal; é o instrumento mais utilizado para a captação de recursos destinados ao financiamento de capital de giro das empresas e às operações de crédito para pessoas físicas. O prazo mínimo de emissão tem variado muito nos últimos anos, sendo atualmente de 30 dias. O prazo máximo não é fixado. Os rendimentos obtidos pelos aplicadores são tributados de acordo a tabela especificada no item 11.2 deste capítulo. Já a LC é emitida pelas Sociedades de Crédito, Financiamento e Investimento, popularmente chamadas de "financeiras", com o objetivo de captar recursos destinados ao financiamento de bens e serviços para pessoas físicas e jurídicas; essas operações são conhecidas por "crédito direto ao consumidor"; os prazos de emissão e o regime de tributação são idênticos aos do CDB.

Esses títulos podem ser negociados com rendimentos prefixados e pós-fixados. Atualmente predomina a modalidade pós-fixada, em que os rendimentos são calculados com base em um percentual do CDI (Certificado de Depósito Interbancário), calculado e publicado diariamente pela Cetip (Central de Custódia e de Liquidação Financeira de Títulos Privados).

Para efeito de cálculo das principais variáveis dos exemplos apresentados vamos utilizar a seguinte simbologia:

- S = valor de resgate do título;
- P = valor da aplicação na data da sua efetivação;
- S_L = valor de resgate líquido: valor de resgate menos o imposto de renda;
- R_B = rendimento bruto: diferença entre o valor de resgate e o valor aplicado;
- $R_{L=}$ rendimento líquido: é o valor do rendimento bruto menos imposto de renda;
- n = prazo da aplicação (normalmente em número de dias);

- i_a = taxa anual utilizada pelo mercado para explicitar o rendimento bruto a ser pago, seja ele pré ou pós-fixado; neste livro vamos considerar que um ano seja composto por 365 dias corridos;
- i_L = taxa líquida: resulta da divisão do rendimento líquido obtido no período pelo valor da aplicação;
- a = *alíquota do* imposto de renda.

Exemplos com rendimentos prefixados

1º exemplo:

Uma pessoa aplica $ 40.000,00 num Certificado de Depósito Bancário (CDB), com 64 dias de prazo. Sabendo-se que o banco paga uma taxa de 13% ao ano, determinar o valor de resgate, o valor do imposto de renda e o valor de resgate líquido dessa aplicação.

Solução:

Sabendo-se que o valor de resgate é dado pela expressão $S = P\,(1 + i_a)^{n/365}$, temos que:

$$S = 40.000{,}00 \times (1{,}13)^{64/365} = 40.866{,}45$$

$$R_B = S - P = 40.866{,}45 - 40.000{,}00 = 866{,}45$$

$$IR = 22{,}5\% = 194{,}95$$

$$S_L = 40.866{,}45 - 194{,}95 = 40.671{,}50$$

2º exemplo:

A aplicação de $ 12.500,00 em CDB resulta num valor de resgate de $ 12.901,04 no final de 95 dias. Calcular o valor do imposto de renda, o valor de resgate líquido, a taxa anual bruta e a taxa anual líquida (já excluído o imposto de renda).

Solução:

$$R_B = S_B - P = 12.901{,}04 - 12.500{,}00 = 401{,}04$$

$$IR = 22{,}5\%\ 401{,}04 = 90{,}23$$

$$S_L = 12.901{,}04 - 90{,}23 = 12.810{,}81$$

$$\text{Taxa anual bruta} = i = \left(\frac{12.901{,}04}{12.500{,}00}\right)^{365/95} - 1 = 0{,}1290 \text{ ou } 12{,}90\%$$

$$\text{Taxa anual líquida} = i_L = \left(\frac{12.810{,}81}{12.500{,}00}\right)^{365/95} - 1 = 0{,}0990 \text{ ou } 9{,}90\%$$

3º exemplo:

Uma aplicação de $ 23.800,00 em LC (Letra de Câmbio) resultou em um resgate líquido (já descontado o imposto de renda) de $ 26.528,18 no final 375 dias. Calcular o valor de resgate e a taxa anual bruta de juros paga pelo banco nessa aplicação.

Solução:

$$\text{Rendimento líquido: } R_L = 26.528{,}18 - 23.800{,}00 = 2.728{,}18$$

Como $R_L = R_B - IR$ e $IR = a\,R_B$, temos que:

$$R_L = R_B - 0{,}175 \times R_B = R_B = R_B \times (1 - 0{,}175) = R_B \times 0{,}825$$

Portanto: $R_B = R_L / 0{,}825 = \dfrac{2.728{,}18}{0{,}825} = 3.306{,}88$

Conhecidos o valor da aplicação e o rendimento bruto, facilmente se obtêm o valor de resgate e a taxa bruta anual, como mostramos a seguir:

Valor de resgate: $S = P + R_B = 23.800{,}00 + 3.306{,}88 = 27.106{,}88$

Taxa anual bruta: $i = \left(\dfrac{27.106{,}88}{23.800{,}00}\right)^{\frac{365}{375}} - 1 = 0{,}1350$ ou $13{,}50\%$

4º exemplo:

Uma empresa aplica \$ 150.000,00 em CDB pelo prazo de 147 dias, a uma taxa de juros 13,5% ao ano. Necessitando de recursos, essa empresa vendeu esse título faltando 84 dias para o seu vencimento. Considerando que o comprador negociou esse título a uma taxa de juros de 14,5% ao ano, calcular:

a) o valor de resgate do CDB no final de 147 dias;

b) o valor de venda desse título 84 dias antes do vencimento, ou seja, 63 dias após a sua aquisição;

c) o valor do imposto de renda pago pelo vendedor;

d) o valor do imposto de renda a ser pago pelo novo comprador no dia do resgate do título.

Solução:

a) Valor de resgate: $S = 150.000{,}00 \times (1{,}135)^{147/365} = 157.848{,}43$

b) Valor de venda: $\dfrac{157.848{,}43}{1{,}1415^{84/365}} = 153.005{,}47$

c) Imposto de renda pago pelo vendedor: $22{,}5\% \times (153.005{,}47 - 150.000{,}00) = 676{,}23$

d) Imposto de renda pago pelo novo comprador: $22{,}5\% \times (157.848{,}43 - 153.005{,}47) = 1.089{,}67$

Exemplos com rendimentos pós-fixados

O rendimento desses títulos, como já salientado no início deste capítulo, é definido com base no CDI (Certificado de Depósito Interbancário), calculado e informado diariamente pela Cetip (Central de Custódia e Liquidação de Títulos Privados) e representa a taxa média ponderada dos negócios realizados no dia entre instituições financeiras com esse título. A ponderação é feita com base nos volumes negociados em cada transação; embora calculada diariamente, a taxa CDI (também conhecida apenas por taxa DI) é sempre definida para um ano de 252 dias úteis. Normalmente os bancos pagam entre 80 a 110% do CDI para os aplicadores em CDB.

O exemplo a seguir dará ao leitor uma ideia dos cálculos necessários para se chegar ao valor de resgate de um CDB remunerado com base no CDI.

Uma pessoa aplica \$ 10.000,00 em CDB. Sabendo-se que taxas médias do CDI referentes aos quatro primeiros dias úteis foram respectivamente de 13,76%, 13,75%, 13,73% e 13,29%, calcular o valor atualizado dessa aplicação no final do quarto dia útil. Atualizar esse valor considerando as hipóteses de pagamento de 100% e de 85% do CDI.

Para a solução desse exemplo, basta multiplicar o valor aplicado pelo índice correspondente às variações diárias acumuladas nos quatro dias úteis como especificado a seguir.

a) Rendimento correspondente a 100% do CDI:

- Índice acumulado = $1{,}1376^{1/252} \times 1{,}1375^{1/252} \times 1{,}1373^{1/252} \times 1{,}1329^{1/252} =$

$$= 1{,}00051172 \times 1{,}00051137 \times 1{,}00051067 \times 1{,}00049528 = 1{,}00203060$$

- Valor da aplicação no quarto dia útil = 10.000,00 × 1,00203060 = 10.020,31

b) Rendimento correspondente a 0,85% do CDI

Nesse caso o cálculo é mais trabalhoso, visto que o índice acumulado para os quatro dias úteis resulta da acumulação de 0,85% da variação diária de cada uma das taxas do CDI, como mostramos a seguir:

- Índice acumulado =

$$\left[\left(1{,}1376^{\frac{1}{252}} - 1\right) \times 0{,}85 + 1\right] \times \left[\left(1{,}1375^{\frac{1}{252}} - 1\right) \times 0{,}85 + 1\right] \times$$

$$\left[\left(1{,}1373^{\frac{1}{252}} - 1\right) \times 0{,}85 + 1\right] \times \left[\left(1{,}1329^{\frac{1}{252}} - 1\right) \times 0{,}85 + 1\right] = 1{,}00172581$$

- Valor da aplicação no quarto dia útil = 10.000,00 × 1,00172581 = 10.017,26

É notória a dificuldade que qualquer pessoa teria para acumular os fatores diários nos casos em que o rendimento fixado fosse diferente de 100% do CDI. O exemplo apresentado evidencia esse fato. Entretanto, no dia a dia do mercado financeiro, esse trabalho é extremamente facilitado pelas tabelas disponibilizadas pela Cetip; no site dessa entidade pode-se obter variações acumuladas para qualquer período de tempo contado desde a sua criação em 4/7/1994 até os dias atuais. Vamos apresentar alguns exemplos para comprovar essa afirmação.

1º exemplo:

No dia 2/2/2016 uma empresa aplica $ 100.000,00 em um CDB com vencimento em 2/2/2017. O prazo da operação é 366 dias corridos (ou 256 dias úteis). Calcular o valor de resgate bruto e líquido dessa aplicação considerando três hipóteses de rendimento: 90%, 100% e 105% do CDI. Os índices acumulados para o período – chamados fatores – foram obtidos no site da Cetip.

a) Rendimento de 90% do CDI:

- Índice acumulado no período (fator) = 1,12540844
- Valor de resgate bruto = 100.000,00 × 1,12540844 = 112.540,84
- Valor do imposto de renda = 17,5% × (1,12540884 – 100.000,00) = 2.194,65
- Valor de resgate líquido = 112.540,84 – 2.194,65 = 110.346,19

b) Rendimento de 100% do CDI:

- Índice acumulado no período (fator) = 1,12540844
- Valor de resgate bruto = 100.000,00 × 1,14027556 = 114.027,56
- Valor do imposto de renda = 17,5% × (114.027,56 – 100.000,00) = 2.454,82
- Valor de resgate líquido = 114.027,56 – 2.454,82 = 111.572,74

c) Rendimento de 105% do CDI:

- Índice acumulado no período (fator) = 1,14778232
- Valor de resgate bruto = 100.000,00 × 1,14778232 = 114.778,23
- Valor do imposto de renda = 17,5% × (114.778,23 - 100.000,00) = 2.586,19
- Valor de resgate líquido = 114.778,23 - 2.586,19 = 112.192,04

2º exemplo:

Uma pessoa aplicou $ 25.000,00 no dia 11 de dezembro de 2015 para resgatá-lo no dia 10 de fevereiro de 2017 (prazo de 427 dias corridos ou 294 dias úteis). Calcular o valor de resgate bruto e líquido dessa aplicação, considerando que o banco pagou rendimento correspondente a 87% do CDI. O fator acumulado foi obtido no site da Cetip.

Solução:

- Índice acumulado no período (fator) = 1,14190438
- Valor de resgate bruto = 25.000,00 × 1,14190438 = 28.547,61
- Valor do imposto de renda = 15% × (28.547,61 - 25.000,00) = 532,14
- Valor de resgate líquido = 28.547,61 - 532,14 = 28.015,47

Operações com cadernetas de poupança

Mais conhecida por "poupança", se constitui na aplicação mais popular no Brasil para pessoas físicas. Tradicionalmente paga juros de 0,5% ao mês (equivalente a 6,1678% ao ano) aplicado sobre o valor do depósito acrescido de correção monetária; essa correção é calculada com base na TR (Taxa Referencial de Juros); caso haja algum saque durante o mês, contado desde o dia do depósito até o dia anterior ao do crédito, valerá o menor saldo do mês para efeito de cálculo do rendimento. Nas aplicações feitas por pessoas físicas o rendimento é creditado mensalmente no dia do chamado "aniversário" ou data-base, isto é, no dia correspondente ao mesmo dia do mês em que feito o depósito. Assim, se o de depósito foi efetuado no dia 3 de um determinado mês, os rendimentos serão creditados nos dias 3 dos meses subsequentes; mas, há exceções: os depósitos efetuados nos dias 29, 30 ou 31 serão considerados como se tivessem sido feitos no dia 1 do mês seguinte.

Para efeito de cálculo é importante destacar que a TR referente ao dia do depósito corrige monetariamente o valor depositado desde o dia da sua efetivação até igual dia do mês seguinte. Assim, se a TR referente ao dia 15 de maio de um determinado ano foi de 0,2540%, um depósito no valor de $ 1.000,00 será corrigido para 1.002,54 (igual a 1.000,00 × 1,00254) no dia 15 de junho do mesmo ano; e sobre esse valor corrigido é que incidirá a taxa de juros de 0,5%.

No caso das aplicações feitas por pessoas jurídicas, os rendimentos são creditados trimestralmente, calculados à razão de 1,5% sobre o saldo médio do trimestre, corrigido pela TR acumulada nesse período; no caso de movimentação da conta durante o trimestre, os rendimentos serão calculados com base no menor saldo existente nesse trimestre.

De acordo com a legislação atual, os rendimentos obtidos por pessoas físicas são isentos do imposto de renda; mas, para pessoas jurídicas, incide a alíquota de 22,5% sobre o rendimento creditado no trimestre, com exceção das pessoas jurídicas sem fins lucrativos (como associações, condomínios e outras). Esse fato praticamente inviabiliza a caderneta de poupança para pessoas jurídicas não isentas.

A seguir vamos apresentar alguns exemplos para aplicações feitas por pessoas físicas e jurídicas, como segue.

a) Operações com pessoas físicas

1º exemplo

O Sr. W. Vilan abriu uma caderneta de poupança no dia 13/9/2016 com um depósito no valor de $ 4.500,00. Sabendo-se que a TR desse dia foi de 0,1902% (dado real), calcular os valores da correção e dos juros creditados em 13/10/2016.

Solução:

- Valor da correção: 0,1902% × 4.500,00 = 8,56
- Valor dos juros: 0,5% × (4.500,00 + 8,56) = 22,54
- Saldo da conta em 13/10/2016: 4.500,00 + 8,56 + 22,54 = 4.531,10

O saldo dessa conta também poderia ser obtido como segue:

- Saldo = 4.500,00 × 1,001902 × 1,005 = 4.531,10

Caso o Sr. Vilan tivesse sacado $ 1.500,00 em qualquer dia entre o dia do depósito e o dia anterior ao da data do crédito, o rendimento total seria calculado com base no valor de $ 3.000,00.

2º exemplo

Um poupador abriu uma poupança no dia 5 de setembro de 2016 com um depósito no valor de $ 8.000,00. Admitindo-se que não tenha havido nenhum saque nessa conta e que as TR para os dias 5 dos meses de setembro, outubro e novembro foram respectivamente de 0,1887%, 0,1869% e 0,1147% (dados reais), calcular o saldo dessa conta no dia 5 de dezembro de 2016.

Solução:

- Fator referente à TR acumulada nos três meses: 1,001887 × 1,001869 × 1,001147 = 1,004911
- Saldo em 5/12/2016 = 8.000,00 × 1,004911 × $1,005^3$ = 8.160,48

3º exemplo

Calcular o saldo de uma conta de poupança na data de 1/1/2017 correspondente à aplicação de $ 1.000,00 em 1/1/2002 (prazo de 15 anos ou 180 meses). Calcular também a taxa real de rendimento dessa aplicação, sabendo-se que a taxa de inflação medida pelo IPCA do IBGE nesse mesmo período foi de 163,44%.

Solução:

Índice acumulado da TR no período: 1,279915 (fonte: Banco Central do Brasil e dados da J. Dutra)

- Saldo em 1/1/2017 = 1.000,00 × 1,279915 × $1,005^{180}$ = 3.141,03
- Taxa efetiva de rendimento em 15 anos = $\dfrac{3.141,03}{1.000,00} - 1 = 2,1410$ ou 214,10%
- Taxa real de rendimento = $\dfrac{1 + \textit{taxa efetiva}}{1 + \textit{taxa de inflação}} - 1 = \dfrac{3,1410}{2,6344}$ 0,1923 ou 19,23%

Conclusão: o exemplo mostra no período considerado de 15 anos que a poupança proporcionou ao aplicador uma rentabilidade de 19,23% acima da inflação, ou seja, uma rentabilidade média equivalente a 1,48% ao ano.

b) Operação com pessoa jurídica

No dia 16/8/2016 uma empresa sem fins lucrativos aplicou $ 75.000,00 numa caderneta de poupança. Calcular o saldo dessa conta no dia 16/11/2016 especificando o valor da correção pela TR, o valor dos juros creditados e o valor do imposto de renda pago. As TR para os dias 16 dos meses de agosto, setembro e outubro de 2016 foram respectivamente (dados reais) de 0,1845%, 0,1524% e 0,1269%. A taxa de juro para o trimestre é de 1,5%.

Solução:

Supondo não ter havido novos depósitos nessa conta, nem saques, o saldo é calculado como segue:

- Saldo corrigido pela TR = 75.000,00 × 1,001845 × 1,001524 × 1,001269 = 75.348,38
- Saldo final no dia 16/11/2016 = 75.348,38 × 1,015 = 76.478,61
- Valor da correção = 75.348,38 - 75.000,00 = 348,38
- Valor dos juros: 76.478,61 - 75.348,38 = 1.130,23
- Rendimento total = 348,38 + 1.130,23 = 1.478,61
- Valor do imposto de renda = 1.478,61 × 22,5% = 332,69

Operações com fundos de investimentos em renda fixa

Existem centenas de fundos de investimentos que se distribuem numa ampla classificação feita de acordo com composição da carteira de investimentos e com a avaliação de risco. Vamos tratar apenas dos mais tradicionais em renda fixa, que seguramente servirão de modelo para o entendimento de qualquer outro tipo de fundo. Eles apresentam as seguintes características:

- são administrados por instituições financeiras e negociados com base em quotas;
- os recursos captados junto aos clientes são aplicados em títulos de renda fixa, públicos ou privados, com rendimentos pré ou pós-fixados, e parte até em ações;
- o aplicador adquire cotas do fundo, cuja rentabilidade reflete a rentabilidade média dos títulos que compõem a carteira;
- os resgates podem ser feitos em qualquer dia, mas, se efetuados em até 29 dias após a aplicação estão sujeitos ao pagamento de IOF; se um resgate for efetuado no dia seguinte ao da sua aplicação, o IOF consumirá 96% do rendimento obtido; caso o resgate seja efetuado no final de 29 dias, o IOF será de 3%; a partir de 30 dias não haverá cobrança de IOF;
- sobre o total dos rendimentos obtidos na aplicação, o investidor paga imposto de renda de acordo a tabela já conhecida; de acordo com a legislação atual esse tributo deve ser recolhido no último dia útil dos meses de maio e novembro; esse pagamento é processado pelo administrador do fundo através do resgate de cotas, cujo critério é conhecido por "come-cotas"; a alíquota utilizada é de 15% e o imposto assim pago

é compensado por ocasião dos resgates futuros, como mostraremos mais adiante através de exemplos;

- pelo trabalho de administrar o fundo a instituição cobra uma comissão chamada de *taxa de administração*, que varia normalmente entre 0,5% e 4% ao ano, cujo valor é descontado diariamente do valor da cota; esse valor corresponde a multiplicação da taxa diária sobre o valor atualizado da carteira de títulos, sendo a taxa diária resultante da divisão da taxa anual por 252 dias úteis.

1º exemplo:

Um investidor aplica \$ 6.000,00 em um fundo de renda fixa e 28 dias depois faz um resgate parcial no valor de \$ 3.700,00. Sabendo-se que o valor da cota era de \$ 3,498039 no dia da aplicação e de \$ 3,537567 no dia do resgate, calcular:

a) o número de cotas adquiridas;

b) o número de cotas resgatadas;

c) a valorização da cota no período;

d) o valor do IOF e do imposto de renda pagos;

e) o valor líquido creditado na conta do aplicador;

f) o saldo final em quantidade de cotas e em \$.

Solução:

a) Número de cotas adquiridas

$$\text{Nº de cotas} = \frac{6.000{,}00}{3{,}498039} = 1.715{,}2467 \text{ cotas}$$

b) Número de cotas resgatadas

$$\text{Nº de cotas} = \frac{3.700{,}00}{3{,}537567} = 1.045{,}9166 \text{ cotas}$$

c) Valorização da cota no período

$$\text{Valorização} = \frac{3{,}537567}{3{,}498039} - 1 = 0{,}0113 \text{ ou } 1{,}13\%$$

d) Valor do IOF e do imposto de renda

Custo das quotas resgatadas = 1.045,9166 × 3,498039 = 3.658,66

Rendimento bruto do resgate = 3.700,00 – 3.658,66 = 41,34

Valor do IOF = 3% 41,34 = 1,24

Valor do imposto de renda = 22,5% (41,34 – 1,24) = 9,02

e) Valor líquido creditado na conta do aplicador

Valor líquido = 3.700,00 – 1,24 – 9,02 = 3.689,74

f) Saldo final em quantidade de cotas e em \$.

Saldo em quantidade de cotas = 1.715,2467 – 1.045,9166 = 669,3301 cotas

Saldo em \$ = 669,3301 × 3,537567 = 2.367,80

2º exemplo:

No dia 26/10/2015 a Sra. Fabiana aplicou \$ 50.000,00 em fundo de renda fixa e exatamente um ano depois resgatou todo o saldo. Sabendo-se que ela não fez nenhuma outra aplicação

e nenhum resgate parcial nesse fundo, calcular o valor do resgate líquido efetuado no dia 26/10/2016 e comprovar que o critério de antecipação do imposto de renda adotado pela Receita Federal é justo. Os dados necessários para o cálculo são os seguintes:

a) Valor da cota no dia 26/10/2015: 5,675816;

b) Valor da cota no dia 26/10/2016: 6,460781;

c) Valor da cota no último dia útil de novembro de 2015: 5,749642;

d) Valor da cota no último dia útil de maio de 2016: 6,120024.

Solução:

a) Quantidade de cotas adquiridas em 26/10/2015

$$\text{N}^{\text{o}} \text{ de cotas adquiridas} = \frac{50.000{,}00}{5{,}675816} = 8.809{,}3060 \text{ cotas}$$

b) Posição do fundo no último dia útil do mês de novembro de 2015

Saldo atualizado da aplicação = 8.809,3060 × 5,749642 = 50.650,36

Rendimento obtido no período = 50.650,36 – 50.000,00 = 650,36

Valor do imposto de renda pago = 15% × 650,36 = 97,55

$$\text{Valor do imposto de renda pago em cotas} = \frac{97{,}55}{5{,}749642} = 16{,}9670 \text{ cotas}$$

Saldo do fundo em quantidade de cotas = 8.809,3060 – 16,9670
= 8.792,3390 cotas

Saldo do fundo em \$ = 8.792,3390 × 5,749642 = 50.552,80

c) Posição do fundo no último dia útil do mês de maio de 2016

Saldo da aplicação = 8.792,3390 × 6,120024 = 53.809,33

Rendimento obtido no período em \$ = 53.809,33 – 50.552,80 = 3.256,53

Valor do imposto de renda em \$ = 15% × 3.256,53 = 488,48

$$\text{Valor do imposto de renda em cotas} = \frac{488{,}48}{6{,}120024} = 79{,}8166 \text{ cotas}$$

Saldo do fundo em quantidade de cotas = 8.792,3390 – 79,8166
= 8.712,5224 cotas

Saldo do fundo em \$ = 8.712,5224 × 6,120024 = 53.320,85

d) Valor do resgate líquido da aplicação no dia 26/10/2016

No dia do resgate da aplicação é necessário calcular o valor do Imposto de Renda sobre o rendimento obtido no período contado desde o dia do pagamento da última parcela do Imposto de Renda semestral (efetuado no último dia útil do mês de maio de 2016), e em seguida calcular o valor do Imposto de Renda aplicando-se sobre o rendimento obtido nesse período a alíquota correspondente ao prazo total da operação. Como o prazo total da operação foi de 366 dias, a alíquota é de 17,5%. Mas como nos dois períodos semestrais anteriores foi aplicada a alíquota de 15% sobre os rendimentos obtidos, é necessário cobrar a diferença equivalente a 2,5%. O valor de resgate líquido dessa operação é obtido como segue:

Valor do Imposto de Renda referente ao último período:

Valor de resgate bruto (\$) = 8.712,5224 × 6,460781 = 56.289,70

Renda bruta no período (\$) = 56.289,70 – 53.320,85 = 2.968,85

Imposto de Renda (\$) = 2.968,85 × 17,5% = 519,55

Valor do Imposto de Renda adicional de 2,5% referente aos dois últimos semestres:

Valor cobrado em novembro de 2015 (alíquota de 15%) = 16,9670 cotas

Valor cobrado em maio de 2016 (alíquota de 15%) = 79,8166 cotas

Total de cotas cobradas à razão de 15% = 16,9670 + 79,8166 = 96,7836 cotas

A diferença a ser cobrada é obtida por simples "regra de três", como segue:

$$\text{IR adicional} = \frac{96{,}7836 \times 2{,}5\%}{15\%} = 16{,}1306 \text{ cotas}$$

Valor do IR adicional no dia 26/10/2016 = 16,1306 × 6,460781 = $ 104,22

Total do IR cobrado no dia do resgate = 519,55 + 104,22 = $ 623,77

Valor de resgate líquido em 26/10/2016 = 56.289,70 – 623,77 = $ 55.665,93

11.3 OPERAÇÕES COM EMPRÉSTIMOS E FINANCIAMENTOS

Neste capítulo vamos abordar algumas modalidades de empréstimos e financiamentos, tanto para pessoas físicas quanto jurídicas, entre elas empréstimos pessoais, financiamentos de bens e serviços, desconto de duplicatas, Finame, *leasing* e financiamento imobiliário para aquisição de moradias.

11.3.1 Empréstimos pessoais e crédito direto ao consumidor

São operações bastante populares e que estão entre as mais realizadas no nosso mercado financeiro. Embora simples na sua concepção, apresentam algumas dificuldades de cálculo por conta da complexidade desnecessária dos critérios utilizados para definição dos valores a pagar. Entre os vários complicadores não se pode deixar de mencionar o IOF (Imposto sobre Operações Financeiras), cujo valor, nos casos de empréstimos ou financiamentos para amortização em parcelas, tem sido calculado com base em dois ou mais critérios distintos; a alíquota média a ser aplicada sobre o valor emprestado ou financiado varia em função do prazo, da taxa de juros e do critério de amortização utilizado. Atualmente a alíquota básica desse imposto é de 3% para pessoas físicas e de 1,5% para pessoas jurídicas; além desse imposto também se cobra uma taxa adicional de 0,38%, à qual deve ser somada à alíquota média do IOF definida para a operação. Mas, para evitar polêmicas, vamos informar a alíquota média do IOF a ser aplicada em cada um dos exemplos apresentados.

Nos casos das operações feitas com pessoas físicas, o valor do IOF e do seu adicional são normalmente incluídos no valor total financiado ou emprestado. Assim, para se obter o valor creditado ou entregue ao tomador do empréstimo, basta subtrair as referidas parcelas do valor financiado; vamos chamar o valor resultante de valor líquido financiado.

Conhecido o valor líquido, basta resolver a equação a seguir para se obter o valor financiado ou emprestado:

$$VF = \frac{VL}{1 - (a + 0{,}0038)}$$

em que ***VF*** é o valor financiado, ***VL*** o valor líquido, ***a*** a alíquota do IOF correspondente ao prazo da operação e 0,0038 o percentual de 0,38% correspondente ao adicional.

Vamos apresentar alguns exemplos supondo inicialmente que não haja cobrança do IOF.

1º exemplo:

Uma loja está vendendo uma máquina de lavar roupas por $ 1.190,00 à vista ou financiada em 15 prestações mensais iguais, sendo a primeira paga no final do primeiro mês (pagamentos postecipados). Sabendo-se que a taxa de juros cobrada nessa operação é de 4,5% ao mês, calcular o valor das prestações.

Solução:

É obtida facilmente através da fórmula utilizada no mundo inteiro para obtenção do valor das prestações para uma série de pagamentos iguais, que apenas no Brasil é chamada de "Tabela Price", ou seja:

$$R = P \times \frac{(1+i)^n \times i}{(1+i)^n - 1}$$

Substituindo as variáveis contidas na fórmula pelos seus respectivos valores, temos que:

$$\text{Valor das prestações: } R = 1.190{,}00 \times \frac{1{,}045^{15} \times 0{,}045}{1{,}045^{15} - 1} = 110{,}81$$

2º exemplo:

Partindo dos mesmos dados do exemplo anterior, calcular o valor das prestações supondo a primeira parcela paga no ato da compra, ou seja, o valor das prestações igual ao valor da entrada (pagamentos iguais antecipados).

Solução:

Como a primeira prestação é paga no ato, o problema recai em um caso de séries de pagamentos iguais antecipados; para a sua solução, basta dividir por $(1 + i)$ a prestação calculada para pagamentos postecipados mostrada no exemplo anterior. Assim, o valor das prestações iguais com a primeira paga no ato é obtida como segue:

$$\text{Valor das prestações} = \frac{110{,}81}{1{,}045} = 106{,}03$$

3º exemplo:

O Sr. Ricardo comprou um veículo no valor de $ 53.500,00. Deu uma entrada correspondente a 20% desse valor e o restante foi financiado para pagamento em 36 prestações mensais iguais a uma taxa de juros de 2% ao mês. Calcular o valor das prestações.

Solução:

- Valor da entrada: 20% × 53.500,00 = 10.700,00
- Valor financiado: 53.500,00 – 10.700,00 = 42.800,00
- Valor das prestações: $R = 42.800{,}00 \times \frac{1{,}02^{36} \times 0{,}02}{1{,}02^{36} - 1} = 1.679{,}17$

4º exemplo:

O cliente de um banco necessita de um empréstimo no valor de $ 35.000,00 para ser quitado em 24 prestações mensais iguais. Sabendo-se que a taxa de juros cobrada nessa operação é de 4% ao mês e que as duas parcelas do IOF integram o valor financiado, calcular o valor das prestações mensais. Considerar que a alíquota do IOF é de 2,52% e o adicional de 0,38%.

Solução:

Valor financiado: $VF = \dfrac{VL}{1-(a+0{,}0038)} = \dfrac{35.000{,}00}{1-(0{,}0252+0{,}0038)} = 36.045{,}31$

Valor das prestações: $R = 36.045{,}31 \times \dfrac{1{,}04^{24} \times 0{,}04}{1{,}04^{24}-1} = 2.364{,}10$

Decomposição do valor financiado:

- Valor do IOF da operação: 2,52% × 36.045,31 = 908,34
- Valor do adicional: 0,38% × 36.045,31 = 136,97
- Valor total do IOF = 908,34 + 136,97 = 1.045,31
- Valor líquido financiado = 36.045,31 – 1.045,31 = 35.000,00

5º exemplo:

Com base nos dados do exemplo anterior, calcular a taxa efetiva mensal de juros paga pelo tomador do crédito, considerando o valor efetivamente recebido de $ 35.000,00.

Solução:

Para se calcular a taxa efetiva de juros a partir dos dados do exercício anterior, precisamos resolver a seguinte equação:

$$2.364{,}10 = 35.000{,}00 \times \frac{(1+i)^{24} \times i}{(1+i)^{24}-1}$$

ou seja, qual a taxa mensal de juros, que cobrada em um empréstimo de $ 35.000,00 para ser amortizado em 24 prestações mensais, resulta em uma prestação no valor de $ 2.364,10? A solução da equação especificada só é possível através de um processo iterativo de cálculo, ou seja, por tentativa e erro (ver explicações no anexo deste livro). Entretanto, através de um computador ou de uma calculadora financeira, a solução é obtida facilmente. Assim, com o auxílio de uma calculadora adequada, obtém-se a taxa mensal de juros de 4,29%, equivalente a 65,54% ao ano.

Observação: essa taxa se constitui no chamado CET (custo efetivo total).

6º exemplo:

Um empréstimo no valor líquido de $ 10.000,00, contratado a uma taxa de juros de 3% ao mês, deverá ser liquidado em 18 prestações mensais. Sabendo-se que a primeira prestação vence no final do 4º mês (carência de 3 meses) e que a alíquota do IOF para essa operação é de 2,22%, mais o adicional de 0,38% (total de 2,60%), calcular o valor das prestações.

Solução:

Valor financiado: $VF = VL + IOF = \dfrac{10.000{,}00}{1-0{,}026} = 10.266{,}94$

Valor do financiamento no final do 3º mês: $10.266{,}94 \times 1{,}03^3 = 11.218{,}96$

Valor das prestações mensais: $R = 11.218{,}96 \times \dfrac{1{,}03^{18} \times 0{,}03}{1{,}03^{18}-1} = 815{,}72$

Resumo da operação: o empréstimo de $ 10.000,00 será amortizado em 18 prestações mensais iguais de $ 815,72 cada uma, sendo a primeira paga no final do 4º mês (carência de três meses).

O valor efetivamente financiado ficou assim distribuído:

- Valor do IOF = 2,22% × 10.266,94 = 227,93

- Valor do adicional = 0,38% × 10.266,94 = 39,01
- Valor creditado ao financiado: 10.000,00

Obviamente a soma das três parcelas totaliza $ 10.226,94.

Observação: nos próximos exemplos, para simplificar, vamos admitir que não haja cobrança do IOF ou que o mesmo não esteja incluído no valor financiado.

7º exemplo

Calcular o valor das prestações correspondentes a um financiamento no valor de $ 43.000,00 a ser quitado em 12 prestações mensais iguais, contratado a uma taxa de juros de 2,5%, sabendo-se que juntamente com a prestação do 9º mês será paga uma prestação adicional – chamada de intermediária, balão ou reforço – no valor de $ 10.000,00.

Solução:

O caminho mais fácil é calcular o valor presente da prestação adicional na data do contrato, subtrair o valor encontrado do valor financiado e a seguir obter o valor das prestações, como segue:

- Valor presente do pagamento adicional: $\dfrac{10.000,00}{1,025^9} = 8.007,28$
- Valor a ser amortizado em 12 prestações: 43.000,00 – 8.007,28 = 34.992,72
- Valor das prestações: $P = 34.992,72 \times \dfrac{1,025^{12} \times 0,025}{1,025^{12} - 1} = 3.411,34$

8º exemplo:

Uma pessoa deseja adquirir um automóvel no valor de $ 85.000,00. Para tanto, ela pode dar 20% de entrada e pagar 36 prestações mensais iguais de $ 1.500,00. Como esse valor é insuficiente para quitar o valor financiado, ela pretende quitar o empréstimo em mais 6 prestações semestrais iguais, dentro do mesmo prazo, e, portanto, com vencimentos coincidentes com os das prestações mensais que serão pagas no final de cada período de 6 meses. Sabendo-se que a taxa de juros cobrada pelo banco financiador é de 1,9% ao mês, calcular o valor das prestações semestrais.

Solução:

O caminho para a solução desse caso é semelhante ao adotado no exemplo anterior. Primeiramente determina-se o valor presente das prestações mensais iguais, subtrai-se o valor obtido do valor líquido financiado e a seguir obtém-se o valor das prestações semestrais. Um lembrete importante: como as prestações são semestrais, a taxa de juros tem que ser definida para um semestre.

- Entrada: 20% × 85.000,00 = 17.000,00
- Valor financiado: 85.000,00 – 17.000,00 = 68.000,00
- Valor presente das 36 prestações de $ 1.500,00:

$$P = 1.500,00 \times \frac{1,019^{36} - 1}{1,019^{36} \times 0,019} = 38.854,51$$

- Saldo a ser financiado em 6 prestações semestrais:

  Saldo = 68.000,00 – 38.854,51 = 29.145,49
- Taxa semestral equivalente a 1,9% ao mês: $1,019^6 - 1 = 0,1196$ ou 11,96%
- Valor das prestações semestrais:

$$R = 29.145{,}49 \times \frac{1{,}1196^6 \times 0{,}1196}{1{,}1196^6 - 1} = 7.080{,}90$$

9º exemplo:

Um empréstimo no valor de $ 70.000,00 deverá ser liquidado em 14 prestações trimestrais iguais. Sabendo-se que a taxa de juros é de 25% ao ano, calcular o valor das prestações.

Solução:

Como as prestações são trimestrais e a taxa informada é anual, é necessário calcular primeiramente a taxa equivalente ao trimestre e em seguida o valor das prestações. Sabendo-se que um ano corresponde a 4 trimestres, temos que:

- Taxa trimestral: $1{,}25^{1/4} - 1 = 0{,}0574$ ou 5,74%
- Valor das prestações trimestrais:

$$R = 70.000{,}00 \times \frac{1{,}0574^{14} \times 0{,}0574}{1{,}0574^{14} - 1} = 7.410{,}17$$

10º exemplo:

O Sr. Ernesto, embora inteligente, sempre foi considerado uma pessoa muito complicada, que gostava de agir fora dos padrões. Coerente com essa fama, ele solicitou ao gerente do banco um empréstimo no valor de $ 20.000,00 para ser pago em 17 prestações, com vencimentos de 25 em 25 dias a partir da data do contrato. Sabendo-se que a taxa de juros cobrada pelo banco em operações de crédito pessoal é de 3% ao mês, calcular o valor das prestações.

Solução:

Este exemplo é semelhante ao anterior. Como as prestações serão pagas de 25 em 25 dias, é necessário que a taxa de juros seja definida para um período de 25 dias, como segue:

- Taxa para 25 dias: $1{,}03^{25/30} - 1 = 0{,}0249$ ou 2,49%
- Valor das prestações pagas de 25 em 25 dias:

$$R = 20.000{,}00 \times \frac{1{,}0249^{17} \times 0{,}0249}{1{,}0249^{17} - 1} = 1.457{,}36$$

11º exemplo:

Um pensionista obtém um empréstimo no valor de $ 23.600,00 no chamado "crédito consignado", contratado a uma taxa de juros de 2,4% ao mês, para ser quitado em 60 prestações mensais iguais. Como nessa modalidade de empréstimo os valores das prestações são descontados dos benefícios mensais pagos ao pensionista nos dias 2 de cada mês e considerando que o valor do empréstimo foi creditado no dia 20 do mês anterior ao do vencimento da primeira parcela, calcular o valor das prestações mensais.

Solução:

Neste caso haveria duas alternativas: ou o valor da primeira prestação seria descontado do benefício 12 dias após o crédito ou 42 dias depois. Mas, como regra geral a prestação inicial nunca é descontada com prazo inferior a um mês, o vencimento da primeira ocorrerá 42 dias após. A solução implica atualizar o saldo devedor do dia 20 para o dia 2 do mês seguinte, ou seja, 12 dias após. A solução deve ser calculada como segue:

- Saldo 12 dias após: $23.600{,}00 \times 1{,}024^{12/30} = 23.824{,}95$
- Valor das prestações:

$$R = 23.824{,}95 \times \frac{1{,}024^{60} \times 0{,}024}{1{,}024^{60} - 1} = 753{,}35$$

11.3.2 Operações com desconto de duplicatas e de cheques pré-datados

São operações tradicionais realizadas por bancos e empresas de *factoring*. Consistem no cálculo do valor a ser creditado na conta corrente do cliente, obtido a partir de uma taxa aplicada sobre o valor do título ou do cheque. O valor da parcela de desconto resulta de um cálculo linear chamado desconto simples, também conhecido por desconto bancário ou comercial, como amplamente explicado no **capítulo 4**. Sua fórmula básica é a seguinte:

$$D = S \times d \times n$$

em que D é o valor do desconto, S o montante ou valor futuro (que neste caso representa o valor nominal do título ou do cheque), d a taxa de desconto e n o prazo da operação; para se obter o valor líquido (P) creditado em conta, basta subtrair o desconto do valor do título, ou seja: $P = S - D$

Além da taxa de desconto, essa operação também sofre incidência do IOF, cuja alíquota atual é 0,0041% ao dia (correspondente a 1,5% ao ano), aplicada sobre o valor líquido creditado na conta do cliente. Assim, em resumo, podemos escrever que o valor líquido final (VL) disponível para o cliente é dado pela seguinte expressão:

$$VL = P - IOF \text{ ou } VL = S - D - IOF$$

1º exemplo:

Um banco desconta uma duplicata no valor de \$ 2.340,00, com prazo de 47 dias, cobrando uma taxa de desconto de 3,4% ao mês. Calcular o valor do desconto, o valor do IOF, o valor líquido creditado na conta do cliente e a taxa de juros efetivamente cobrada, obtida com base no critério de juros compostos.

Solução:

Valor do desconto: $D = 2.340,00 \times 0,034 \times 47/30 = 124,64$

Valor líquido antes do $IOF = 2.340,00 - 124,64 = 2.215,36$

Valor do $IOF = 2.215,36 \times 0,000041 \times 47 = 4,27$

Valor líquido creditado = 2.215,36 – 4,27 = 2.211,09

Taxa efetiva mensal de juros: $\left(\dfrac{2.340,00}{2.211,09}\right)^{30/47} - 1 = 0,0368$ ou 3,68%

2º exemplo:

Uma duplicata no valor de \$ 3.500,00 e com prazo de 51 dias a decorrer até o seu vencimento é descontada por um banco a uma taxa de 4% ao mês. Calcular o valor líquido creditado em conta de acordo com o critério de desconto bancário ou comercial. Calcular também as correspondentes taxas mensais de juros de acordo com os regimes de capitalização simples e composta. Não considerar o valor do IOF.

Solução:

- Valor do desconto: $D = 3.500,00 \times 0,04 \times \dfrac{51}{30} = 238,00$
- Valor líquido creditado em conta: $P = 3.500,00 - 238,00 = 3.262,00$
- Taxa de juro referente ao período de 51 dias $= \dfrac{238,00}{3.262,00} = 0,0730$ ou 7,30%

- Taxa mensal de juros com base nos dois regimes de capitalização:

a) Juros simples: $i_m = 0{,}0730 \times \dfrac{30}{51} = 0{,}0429$ ou 4,29% ao mês

b) Juros compostos: $i_m = 1{,}0730^{30/51} - 1 = 0{,}0423$ ou 4,23% ao mês

Resumo: em uma operação de desconto de duplicatas coexistem três taxas mensais distintas, a saber:

- 4,00% ao mês, de acordo com o conceito de desconto bancário ou comercial;
- 4,29% ao mês, de acordo com o conceito de juros simples;
- 4,23% ao mês, de acordo com o conceito de juros compostos.

3º exemplo:

Uma loja necessita de um crédito no valor de \$ 1.750,00, já descontado o valor do IOF. Para tanto, ela vai descontar um cheque pré-datado com 60 dias de prazo (ou 2 meses) a decorrer até o vencimento. Sabendo-se que o banco trabalha com uma taxa de desconto de 3% ao mês, calcular:

a) o valor do cheque pré-datado a ser entregue ao banco;

b) a taxa efetiva mensal paga pelo lojista (incluindo-se o IOF tradicional mais o adicional de 0,38%).

Solução:

a) Valor do cheque pré-datado a ser entregue ao banco

Para se obter o valor do cheque é necessário calcular primeiramente o valor líquido com o IOF mais o adicional de 0,38%, como segue:

- Valor líquido com IOF = $P = \dfrac{1.750{,}00}{1 - 60 \times 0{,}000041 - 0{,}0038} = 1.761{,}02$
- Valor do cheque a ser descontado pelo banco

Com base no critério de desconto bancário ou comercial, sabemos que o valor futuro (valor de resgate do título) é dado pela expressão $S = \dfrac{P}{1 - d \times n}$; assim, substituindo as variáveis pelos seus respectivos valores, temos que:

$$S = \frac{1.761{,}02}{1 - 0{,}03 \times 2} = \frac{1.761{,}02}{0{,}94} = 1.873{,}43$$

Vamos conferir os valores parciais:

- Valor do desconto bancário: $D = 1873{,}43 \times 0{,}03 \times 2 = 112{,}41$
- Valor líquido antes do IOF = 1.873,43 – 112,41 = 1.761,02
- Valor do IOF = 1.761,02 × 0,000041 × 60 = 4,33
- Valor do IOF adicional = 1.761,02 × 0,0038 = 6,69
- Valor líquido creditado: 1.873,43 – 112,41 – 4,33 – 6,69 = 1.750,00

b) Taxa efetiva mensal de juros paga pelo lojista (incluindo-se o IOF)

Taxa efetiva mensal de juros: $\left(\dfrac{1.873{,}43}{1.750{,}00}\right)^{30/60} - 1 = 0{,}0347$ ou 3,47%

Observação: sempre que o mercado informa ou pede a taxa efetiva da operação, implicitamente ele está se referindo à taxa de juros calculada com base no regime de capitalização composta.

11.3.2.1 Prazo médio para cálculo do desconto

No dia a dia do mercado, é frequente a apresentação de borderôs contendo vários títulos (duplicatas ou cheques pré-datados) para serem descontados pelo banco. Nesses casos, o procedimento mais comum é o de se efetuar o cálculo do valor líquido com base no prazo médio dos títulos constantes do borderô.

Para obtenção do prazo médio, basta calcular a soma dos produtos dos valores nominais dos títulos pelos respectivos prazos, e dividir o resultado pela soma dos valores nominais dos títulos, ou seja:

$$pm = \frac{\sum_{t-1}^{n} V_t \times n_t}{\sum_{t-1}^{n} V_t}$$

em que *pm* é o prazo médio, *V* o valor nominal do título, *n* o prazo do título e *t* o número de ordem do título ($t = 1, 2, 3, \ldots\ldots\ldots\ldots, n$).

Esse prazo se constitui no chamado **prazo médio ponderado**, *ou seja*, é a média dos prazos ponderados pelos valores nominais dos respectivos títulos.

O exemplo a seguir evidencia a facilidade desse cálculo.

1º exemplo:

Vamos admitir que uma empresa apresente 3 títulos para serem descontados por um banco, cujos dados são os seguintes:

Nº de Ordem	Valor	Prazo (meses)
1	5.000,00	4
2	2.000,00	5
3	8.000,00	3

Calcular o prazo médio da operação e o valor líquido creditado pelo banco na conta da empresa.

a) Prazo médio $= \dfrac{5.000,00 \times 4 + 2.000,00 \times 5 + 8.000,00 \times 3}{5.000,00 + 2.000,00 + 8.000,00} = \dfrac{54.000,00}{15.000,00} = 3,6$ meses

b) *Valor líquido creditado pelo banco na conta da empresa*:

Nos casos de desconto simples ou bancário de dois ou mais títulos, em que se utiliza o conceito de prazo médio, a soma dos valores nominais dos títulos é considerada como sendo o valor de um único título cujo prazo é o prazo médio da operação. Admitindo-se que o banco cobre uma taxa de desconto de 3% ao mês, temos que:

$$D = S \times d \times n$$

$$D = 15.000,00 \times 0,03 \times 3,6 = 1.620,00$$

$$\text{Valor líquido} = P = 15.000,00 - 1.620,00 = 13.380,00$$

Caso o valor do desconto fosse calculado individualmente para cada título, o valor total seria o mesmo, como podemos comprovar:

Desconto do primeiro: $D = 5.000 \times 0{,}03 \times 4 =$ 600,00

Desconto do segundo: $D = 2.000 \times 0{,}03 \times 5 =$ 300,00

Desconto do terceiro: $D = 8.000 \times 0{,}03 \times 3 =$ 720,00

Desconto total: .... = 1.620,00

2º exemplo:

Um banco desconta 5 duplicatas conforme dados abaixo; calcular o valor líquido creditado na conta do cliente, admitindo-se uma taxa de desconto de 4% ao mês.

Nº de Ordem	Valor	Prazo (dias)
1	3.200,00	44
2	8.700,00	51
3	6.850,00	26
4	1.980,00	33
5	4.300,00	63

a) *Cálculo do prazo médio:*

$$\text{Prazo médio} = \frac{3.200 \times 44 + 8.700 \times 51 + 6.850 \times 26 + 1.980 \times 33 + 4.300 \times 63}{3.200 + 8.700 + 6.850 + 1980 + 4.300} =$$

$$= \frac{1.098.840}{25.030} = 43{,}9 \text{ dias}$$

b) *Cálculo do valor líquido creditado na conta do cliente (antes do IOF):*

$$D = 25.030{,}00 \times 0{,}04 \times \frac{43{,}9}{30} = 1.465{,}09$$

Valor líquido $= P = 25.030{,}00 - 1.465{,}09 = 23.564{,}91$.

11.3.3 Operações de Finame

O Finame foi criado em dezembro de 1964 com o nome de Fundo de Financiamento para Aquisição de Máquinas e Equipamentos Industriais; em setembro de 1966 seu nome foi alterado para Agência Especial de Financiamento Industrial, mantendo-se a mesma sigla Finame, tornando-se uma autarquia federal vinculado ao Banco Nacional do Desenvolvimento Econômico e Social (BNDES). Tem por objetivo financiar a produção e a comercialização de máquinas e equipamentos novos, de fabricação nacional, visando ao desenvolvimento do parque industrial brasileiro; incluem-se também ônibus e caminhões. O financiamento é feito através de instituições financeiras credenciadas: bancos comerciais, de desenvolvimento, de investimentos e pelas sociedades de crédito, financiamento e investimentos.

Em todos os planos, as condições gerais de financiamentos são as seguintes:

- juros: de 8% a 12% ao ano, incluindo a remuneração do agente financeiro;

- prazos: normalmente de 12 a 60 meses, incluída a carência de 3 a 12 meses, salvo em casos especiais cujo prazo pode chegar a 120 meses;
- participação máxima do financiamento: de 60% a 90% do valor total da máquina ou equipamento, já incluído o IPI e o ICMS;

Além dos juros mencionados, são cobrados mais os seguintes encargos:

- comissão de reserva de capital de 0,1% ao mês: cobrada proporcionalmente ao prazo decorrido entre a data da reserva do financiamento (data da aprovação do crédito) e a data da liberação dos recursos;
- IOF (Imposto sobre Operações Financeiras): atualmente de 1,5% sobre o valor liberado, mais um adicional de 0,38%.

O esquema de cálculo para se obter o valor das prestações é idêntico para todos os programas; o sistema de amortização utilizado é o SAC (Sistema de Amortização Constante). Durante o período de carência, os juros devidos são pagos trimestralmente; no período de amortização, as parcelas de capital são pagas mensalmente junto com as parcelas de juros; em alguns casos especiais, a periodicidade de pagamento das parcelas de juros e amortização pode ser diferente. Todas as prestações têm os seus vencimentos fixados para o dia 15 de cada mês.

Além dos encargos financeiros citados, também pode ser cobrado um adicional representado pela chamada URTJLP, que é uma espécie de "moeda" criada pelo BNDES; ela é uma unidade de referência que funciona como um indexador, semelhante à TR (taxa Referencial de Juros). E o cálculo desse indexador se constitui no maior entrave para o entendimento das operações Finame.

O valor da URTJLP é calculado com base na TJLP (Taxa de Juros de Longo Prazo) calculada e informada trimestralmente pelo Banco Central do Brasil. Esse indexador é construído com base no valor da TJLP que exceder a 6% como segue, ou seja:

$$FC = \frac{1 + TJLP}{1{,}06}$$

em que FC é o chamado fator de capitalização anual (válido para um trimestre); a partir desse FC anual determina-se o FC diário, como segue:

$$\text{Fator de capitalização diário para um ano de 360 dias: } FC = \frac{1 + TJLP}{1{,}06}^{1/360}$$

Nota:

A primeira URTJLP divulgada foi em 1/12/1994, construída com base em um ano de 360 dias; recentemente o Banco Central passou a divulgar a URTJLP diária construída com base no critério conhecido por "365/366". Esse critério leva em consideração a quantidade de dias efetivos de cada ano. Embora não tenha gostado do critério de construção desse indexador, vou utilizá-lo nos exemplos que se seguem por entender que será o mais utilizado pelo mercado financeiro para cálculos do Finame.

A TJLP informada trimestralmente pelo Banco Central do Brasil tem validade apenas para o trimestre em curso. Supondo uma TJLP de 6,5% para o trimestre abril/maio/junho, os fatores de capitalização anual e diário são assim calculados:

$$\text{FC anual} = \frac{1{,}065}{1{,}06} = 1{,}004717$$

$$\text{FC diário} = \left(\frac{1{,}065}{1{,}06}\right)^{1/360} = 1{,}004717^{1/360} = 1{,}00001307$$

O fator diário 1,00001307 é constante para todos os dias do trimestre, ou seja, do dia 1º de abril até o dia 30 de junho. E foi a partir dessa construção que o BNDES definiu a URTJLP, que nada mais é do que um índice acumulado resultante das variações da TJLP, quando esta é maior que a taxa de 6%; caso a TJLP seja de 6%, o fator de capitalização será igual a 1,00000 e a URTJLP se manterá constante desde o primeiro até o último dia do trimestre.

Com o objetivo de facilitar o controle das operações de Finame, os saldos devedores e os valores das prestações, decompostas em parcelas de juros e de amortização, são normalmente representados em quantidades de URTJLP. Assim, supondo que um valor de $ 100.000,00 financiado na data de 15/4/2015 fosse corrigido pela URTJLP em 15/1/2017, e que os valores dessa moeda nas datas especificadas fossem respectivamente de 1,001086 e 1,019494 (tabela 365/366, código 321 do Finame, construída a partir de 1/9/2009), o valor corrigido até a última data seria assim obtido:

$$\text{Valor corrigido} = 100.000{,}00 \times \frac{1{,}019494}{1{,}001086} = 101.838{,}80$$

O acréscimo de 1,8388% corresponde à variação diária acumulada durante o período de 641 dias compreendidos entre essas duas datas.

Vamos agora apresentar alguns exemplos dessa operação.

1º exemplo:

Uma empresa industrial contrata uma operação Finame para aquisição de uma máquina. Sabendo-se que o valor financiado de $ 130.800,00 foi liberado dia 23 de abril de 2006, que a taxa de juros contratada é de 11% ao ano e que o prazo total do contrato é de 18 meses (incluída a carência de 6 meses), elaborar a planilha de pagamentos nas respectivas datas de vencimentos, em URTJLP, especificando:

- **os valores das duas prestações de juros pagas no período de carência e os valores das 12 prestações mensais, decompostas em parcelas de juros e de amortização;**
- **os saldos devedores após o pagamento de cada prestação.**

Calcular também os valores em moeda corrente (em $) das três primeiras prestações pagas, considerando que os valores das URTJLP (dados reais) nas respectivas datas foram os seguintes:

- **22/4/2016: 1,009042 (data da liberação);**
- **15/7/2016: 1,012318 (vencimento da primeira parcela de juros);**
- **15/10/2016: 1,015906 (vencimento da segunda parcela de juros);**
- **15/11/2016: 1,017115 (vencimento da primeira parcela com amortização e juros).**

Solução:

Para o cálculo dos juros trimestrais no período de carência, a maioria das instituições financeiras adota o critério de dias efetivos, contados desde a data da liberação, ou do último pagamento, até o dia do próximo pagamento; no caso das prestações mensais que englobam juros e amortização, algumas instituições adotam a mesma taxa mensal de juros para todos os meses, independentemente do número de dias que os compõe; com o objetivo de simplificar os cálculos, vamos utilizar esse critério:

- Valor financiado em URTJLP: $\dfrac{130.800,00}{1,009042} = 129.627,9045$ URTJLP
- Prazo a decorrer da data da liberação até o vencimento da primeira parcela de juros: 84 dias
- Prazo a decorrer da data de vencimento da primeira parcela de juros até a data de vencimento da segunda: 92 dias
- Taxa de juros para 84 dias = $1,11^{84/365} - 1 = 0,024308$ ou 2,4308%
- Taxa de juros para 92 dias = $1,11^{92/365} - 1 = 0,026653$ ou 2,6653%
- Taxa mensal de juros = $1,11^{1/12} - 1 = 0,008735$ ou 0,8735%
- Valor da primeira parcela de juros = $J_1 = 0,024308\ 129.627,9045 = 3.150,9951$ URTJLP
- Valor da segunda parcela de juros = $J_2 = 0,026653\ 129.627,9045 = 3.454,9725$ URTJLP
- Valor da parcela de amortização (SAC) = $\dfrac{129.627,9045}{12} = 10.802,3254$ URTJLP

As demais parcelas de juros referentes ao período de amortização são obtidas multiplicando-se a taxa mensal pelos respectivos saldos devedores existentes no final do período imediatamente anterior, como nos mostra a tabela transcrita a seguir com todos os valores em URTJLP.

Nº DE ORDEM	VENCIMENTO	SALDO DEVEDOR	AMORTIZAÇÃO	VALOR DOS JUROS	VALOR DAS PRESTAÇÕES
0	22/04/2016	129.627,9045	–	–	–
1	15/07/2015	129.627,9045	–	3.150,9951	3.150,9951
2	15/10/2015	129.627,9045	–	3.454,9725	3.454,9725
3	15/11/2015	118.825,5791	10.802,3254	1.132,2997	11.934,6251
4	15/12/2015	108.023,2538	10.802,3254	1.037,9414	11.840,2668
5	15/1/2016	97.220,9284	10.802,3254	943,5831	11.745,9085
6	15/2/2016	86.418,6030	10.802,3254	849,2248	11.651,5502
7	15/3/2016	75.616,2776	10.802,3254	754,8665	11.557,1919
8	15/4/2016	64.813,9523	10.802,3254	660,5082	11.462,8336
9	15/5/2016	54.011,6269	10.802,3254	566,1499	11.368,4752
10	15/6/2016	43.209,3015	10.802,3254	471,7916	11.274,1169
11	15/7/2016	32.406,9761	10.802,3254	377,4332	11.179,7586
12	15/8/2016	21.604,6508	10.802,3254	283,0749	11.085,4003
13	15/9/2016	10.802,3254	10.802,3254	188,7166	10.991,0420
14	15/10/2016	–	10.802,3254	94,3583	10.896,6837
TOTAL	–	–	**129.627,9045**	**13.965,9160**	**143.593,8205**

Para se obter os valores das três primeiras prestações em moeda corrente (em Reais no caso do Brasil), basta apenas multiplicar esses valores, especificados em quantidades de URTJLP, pelos valores dessa moeda nos respectivos vencimentos, como segue:

- Valor da primeira parcela de juros = $J1$ = 3.150,9951 × 1,009042 = 3.179,49
- Valor da segunda parcela de juros = $J2$ = 3.454,9725 × 1,012318 = 3.497,53
- Valor da 1ª prestação com amortização e juros = 11.934,6251 × 1,017115 =12.138,89

Uma vez conhecidos os valores da URTJLP para os demais vencimentos, facilmente se obtêm os valores atualizados das prestações restantes.

2º exemplo:

Uma empresa de transporte adquire um ônibus, produzido no Brasil, pelo valor de $ 658.500,00 (valor acrescido do IPI e do ICMS). Para pagamento, essa empresa consegue um financiamento através da Finame equivalente a 80% do valor da fatura. Os encargos previstos no contrato são: juros de 12% ao ano (10% do Finame e 2% do agente financeiro), comissão de reserva de capital de 0,1% ao mês, IOF de 1,5% mais o adicional de 0,38% e correção pela URTJLP. Sabendo-se que:

- **a reserva de capital (aprovação do crédito) foi feita no dia 18/3/2016;**
- **os recursos foram liberados no dia 27/5/2016;**
- **o prazo contratado foi de 3 anos (36 meses), sendo 6 de carência e 30 de amortização.**

Calcular:

- **o valor líquido creditado na conta do cliente;**
- **o valor da primeira parcela de juros com vencimento em 15/8/2016;**
- **o valor da segunda parcela de juros com vencimento em 15/11/2016;**
- **o valor da 1ª prestação (com juros + amortização) com vencimento em 15/12/2016;**
- **a planilha de financiamento em quantidade de URTJLP;**
- **valores em moeda corrente dos quatro primeiros pagamentos.**

Solução:

Valor financiado = valor liberado = 80% × 658.500,00 = 526.800,00

Valor do IOF (1,5% + 0,38%) = 1,88% × 526.800,00 = 9.903,84

$$\text{Comissão de reserva de capital} = 0{,}1\% \times \frac{70}{30} \times 526.800{,}00 = 1.229{,}20$$

em que 70 é o número de dias entre a data da reserva do capital (18/3/2016) e a data da liberação do crédito (27/5/2016);

Valor líquido creditado para o financiado = 526.800,00 – 9.903,84 – 1.229,20 = 515.666,96

Veja a seguir a planilha completa correspondente a esse financiamento em URTJLP:

Nº de Ordem	Vencimento	Saldo Devedor	Amortização	Valor dos Juros	Valor das Prestações
0	27/05/2016	521.374,0602	–	–	–
1	15/08/2016	521.374,0602	–	13.112,5576	13.112,5576
2	15/11/2016	521.374,0602	–	15.107,8561	15.107,8561
3	15/12/2016	503.994,9248	17.379,1353	4.947,3185	22.326,4538
4	15/1/2017	486.615,7895	17.379,1353	4.782,3035	22.161,4388
5	15/2/2017	469.236,6541	17.379,1353	4.617,3965	21.996,5318
6	15/3/2017	451.857,5188	17.379,1353	4.452,4894	21.831,6248
7	15/4/2017	434.478,3835	17.379,1353	4.287,5824	21.666,7178
8	15/5/2017	417.099,2481	17.379,1353	4.122,6754	21.501,8108
9	15/6/2017	399.720,1128	17.379,1353	3.957,7684	21.336,9037
10	15/7/2017	382.340,9774	17.379,1353	3.792,8614	21.171,9967
11	15/8/2017	364.961,8421	17.379,1353	3.627,9544	21.007,0897
12	15/9/2017	347.582,7068	17.379,1353	3.463,0473	20.842,1827
13	15/10/2017	330.203,5714	17.379,1353	3.298,1403	20.677,2757
14	15/11/2017	312.824,4361	17.379,1353	3.133,2333	20.512,3687
15	15/12/2017	295.445,3008	17.379,1353	2.968,3263	20.347,4616
16	15/1/2018	278.066,1654	17.379,1353	2.803,4193	20.182,5546
17	15/2/2018	260.687,0301	17.379,1353	2.638,5123	20.017,6476
18	15/3/2018	243.307,8947	17.379,1353	2.473,6052	19.852,7406
19	15/4/2018	225.928,7594	17.379,1353	2.308,6982	19.687,8336
20	15/5/2108	208.549,6241	17.379,1353	2.143,7912	19.522,9266
21	15/6/2018	191.170,4887	17.379,1353	1.978,8842	19.358,0195
22	15/7/2018	173.791,3534	17.379,1353	1.813,9772	19.193,1125
23	15/8/2018	156.412,2180	17.379,1353	1.649,0702	19.028,2055
24	15/9/2018	139.033,0827	17.379,1353	1.484,1631	18.863,2985
25	15/10/2018	121.653,9474	17.379,1353	1.319,2561	18.698,3915
26	15/11/2018	104.274,8120	17.379,1353	1.154,3491	18.533,4845
27	15/12/2018	86.895,6767	17.379,1353	989,4421	18.368,5774
28	15/1/2019	69.516,5414	17.379,1353	824,5351	18.203,6704
29	15/2/2019	52.137,4060	17.379,1353	659,6281	18.038,7634
30	15/3/2019	34.758,2707	17.379,1353	494,7210	17.873,8564
31	15/4/2019	17.379,1353	17.379,1353	329,8140	17.708,9494
32	15/5/2019	0,0000	17.379,1353	164,9070	17.544,0424
TOTAL	–	–	**521.374,0602**	**104.902,2844**	**626.276,3446**

Os valores transcritos na tabela, todos convertidos em URTJLP, foram obtidos como segue:

- Valor financiado = $\dfrac{526.000,00}{1,010407}$ = 521.374,0602 URTJLP, em que 1,010407 é o valor da URTJLP de acordo com a tabela 321 do Finame ano 365/366;
- Prazo a decorrer da data da liberação até o vencimento da primeira parcela de juros: 80 dias;
- Prazo a decorrer da data de vencimento da primeira parcela de juros até a data de vencimento da segunda: 92 dias;
- Taxa de juros para 80 dias = $1,12^{80/365} - 1$ = 0,025150 ou 2,515023%;
- Taxa de juros para 92 dias = $1,12^{92/365} - 1$ = 0,028977 ou 2,8977%;
- Taxa mensal de juros = $1,12^{1/12} - 1$ = 0,009489 ou 0,9489%;
- Valor da 1ª parcela de juros = J_1 = 0,025150 × 521.374,0602 = 13.112,5576 URTJLP;
- Valor da 2ª parcela de juros = J_2 = 0,028977 × 521.374,0602 = 15.107,8561 URTJLP;
- Valor da 3ª parcela de juros = J_3 = 0,009489 × 521.374,0602 = 4.947,3185;
- Valor da parcela de amortização (SAC) = $\dfrac{521.374,0602}{30}$ = 17.379,1353 URTJLP.

No quadro a seguir vamos mostrar os valores das quatro primeiras prestações em moeda corrente. Para tanto, vamos utilizar os valores da URTJLP definidos pelo Finame para as respectivas datas, conforme tabela 321 (padrão ano 365/366).

		Valor das Prestações	
Data	**Valor da URTJLP**	**Em URTJLP**	**Em R$**
15/08/2016	1,013527	13.112,5576	13.289,93
15/11/2016	1,017115	15.107,8561	15.366,43
15/12/2016	1,018324	22.326,4538	22.735,56
15/1/2017	1,019494	22.161,4388	22,593,45

As demais prestações, em $, são calculadas de forma idêntica.

11.3.4 Operações de *leasing* (arrendamento mercantil)

Vamos tratar somente das operações com veículos, automóveis e caminhões, visto que essa modalidade é a mais popular no Brasil Em termos operacionais, ela é muito semelhante a uma operação de financiamento, com prestações mensais, iguais e consecutivas. As diferenças fundamentais se referem ao IOF (Imposto sobre Operações Financeiras) cobrado nas operações de financiamentos e não no *leasing*, ao ISS (Imposto sobre Serviços), cobrado somente no *leasing*, e ao VRG (Valor Residual Garantido) existente apenas no *leasing*.

O VRG pode ser pago de três maneiras: antecipado, diluído e no final; nos demais países esse valor normalmente é pago só no final. O *leasing* pode ser contratado com apenas uma forma de VRG, com duas ou com as três. O VRG antecipado é pago na data do contrato, e se comporta como se fosse uma entrada; o final é pago no vencimento do contrato e o diluído é quitado em prestações mensais, iguais e consecutivas, sendo estas resultantes da divisão do VRG pelo mesmo número de prestações do *leasing* e com vencimentos também coincidentes.

Os pagamentos mensais podem ser postecipados ou antecipados; nos últimos anos tem-se utilizado basicamente o postecipado, ou seja, o vencimento da primeira prestação ocorrendo no final do primeiro mês após a assinatura do contrato. Essas operações podem ser firmadas com prestações pré e pós-fixadas. Os contratos com prestações prefixadas são os mais comuns; num passado não muito remoto, o pós-fixado com variação cambial foi muito utilizado, mas, devido ao posicionamento do judiciário brasileiro em relação às variações ocorridas com as cotações do dólar no início de 1999, essa modalidade praticamente desapareceu.

Com relação ao ISS, é importante destacar que as alíquotas cobradas pelos municípios variam no tempo e no espaço, oscilando normalmente entre 0,25% a 2%, incidentes sobre os valores de cada uma das prestações do *leasing*. E neste particular coexistem dois procedimentos. Parte significativa das empresas que operam nesse mercado já inclui esse imposto na taxa de juros informada, aparentando que o mesmo não é cobrado. Outra parte demonstra o seu valor a partir da prestação calculada antes da sua inclusão. Esses detalhes serão melhor entendidos a partir dos exemplos que se seguem.

1º exemplo:

Uma pessoa física faz um *leasing* de um automóvel no valor de $ 42.000,00 para pagamento em 36 prestações. Sabendo-se que a taxa de juros contratada foi de 2% ao mês e que a mesma já inclui o custo do ISS, calcular o valor das prestações de acordo com as seguintes hipóteses:

a) com VRG de 1% a ser pago no final do contrato:

Solução:

- VRG = 1% × 42.000,00 = 420,00
- Valor presente do VRG final $= \dfrac{420,00}{1,02^{36}} = 205,89$
- Valor presente das prestações do *leasing* = 42.000,00 – 205,89 = 41.794,11

Quanto ao valor das prestações, ele pode ser facilmente obtido através da fórmula básica específica para esse cálculo, ou seja:

- $R = P \times \dfrac{(1+i)^n \times i}{(1+i)^n - 1} = 41.794,11 \times \dfrac{(1,02)^{36} \times 0,02}{(1,02)^{36} - 1} = 1.639,70$

b) com VRG antecipado de 20%:

Solução:

É bem simples. Basta calcular o VRG de 20%, subtrair do valor da operação (funciona como se fosse uma entrada) e proceder como segue:

- VRG = 20% × 42.000,00 = 8.400,00
- Valor do *leasing* = 42.000,00 – 8.400,00 = 33.600,00
- $R = 33.600,00 \times \dfrac{(1,02)^{36} \times 0,02}{(1,02)^{36} - 1} = 1.318,22$

c) com VRG diluído de 45%:

Solução:

Primeiramente se calcula o valor VRG diluído em 36 prestações mensais, obtido como segue:

- VRG diluído: 45% × 42.000,00 = 18.900,00
- Valor das parcelas do VRG diluído mensalmente $= \frac{18.900,00}{36} = 525,00$

Para se obter o valor das prestações do *leasing*, é necessário primeiramente calcular o valor presente das prestações do VRG diluído e em seguida subtraí-lo do valor do valor da operação. O valor presente das prestações do VRG é obtido através da seguinte equação:

$$P = R \times \frac{(1+i)^n - 1}{(1+i)^n \times i}$$

- Valor presente das prestações do VRG $= 525 \times \frac{(1,02)^{36} - 1}{(1,02)^{36} \times 0,02i} = 13.381,64$
- Valor presente das prestações do *leasing* = 42.000,00 – 13.381,64 = 28.618,36
- Valor das prestações do *leasing*: $= 28.618,36 \times \frac{(1,02)^{36} \times 0,02}{(1,02)^{36} - 1} = 1.122,78$
- Valor das prestações do *leasing* + VRG = 1.122,78 + 525,00 = 1.647,78

Observação: Como o valor total das prestações (*leasing* + VRG), de \$ 1.647,78, corresponde exatamente ao valor das prestações que amortiza um financiamento de \$ 42.000,00 em 36 prestações iguais, a solução dos casos com VRG diluído pode ser obtida de maneira mais simples, como segue:

- Valor total das prestações $= 42.000,00 \times \frac{(1,02)^{36} \times 0,02}{(1,02)^{36} - 1} = 1.647,78$
- VRG diluído mensalmente $= \frac{45\% \times 42.000,00}{36} = 525,00$
- Valor das prestações do *leasing* = 1.647,78 – 525,00 = 1.122,78

d) com VRG antecipado de 20% e mais VRG diluído de 45%:

- VRG antecipado = 20% × 42.000,00 = 8.400,00
- VRG diluído $= \frac{45\% \times 42.000,00}{36} = 525,00$
- Valor da operação – VRG antecipado = 42.000,00 – 8.400,00 = 33.600,00
- Valor das prestações (*leasing* + VRL diluído) $= 33.600,00 \times \frac{(1,02)^{36} \times 0,02}{(1,02)^{36} - 1} = 1.318,22$
- VRG diluído mensalmente = 525,00
- Valor das prestações do *leasing* = 1.318,22 – 525,00 = 793,22

e) com VRG final de 1%, mais VRG antecipado de 20% e mais VRG diluído de 45%:

Como já calculado anteriormente, temos que:

- VRG antecipado = 8.400,00
- VRG diluído = 525,00
- VRG final = 420,00
- Valor presente do VRG diluído = 13.381,64
- Valor presente do VRG final = 205,89
- Valor presente das prestações do *leasing* = 42.000,00 – 8.400,00 – 13.381,64 – 205,89 = 20.012,47

- Valor das prestações do *leasing* = $20.012,47 \times \dfrac{(1,02)^{36} \times 0,02}{(1,02)^{36} - 1} = 785,15$

2º exemplo:

Uma transportadora adquire um caminhão através de uma operação de *leasing*, contratada pelo prazo de 5 anos (pagamento de 60 parcelas mensais), com VGR antecipado de 25% e diluído de 43%. Sabendo-se que o valor da operação é de $ 258.000,00, que as prestações são definidas com base numa taxa de juros de 1,75% ao mês, calcular o valor das prestações mensais, especificando os valores das prestações mensais correspondentes ao *leasing* e ao VRG diluído. Calcular também as prestações com o ISS incluso, admitindo-se alíquotas de 0,25% e 2,0%.

Solução:

- VRG antecipado = 25% × 258.000,00 = 64.500,00
- VRG diluído mensal = $\dfrac{43\% \times 258.000,00}{60} = 1.849,00$
- Valor da operação - VRG antecipado = 258.000,00 - 64.500,00 = 193.500,00
- Valor total das prestações mensais (*leasing* + VRG diluído) =

$$193.500,00 \times \frac{(1,0175)^{60} \times 0,0175}{(1,0175)^{60} - 1} = 5.234,83$$

- Valor das prestações do *leasing* = 5.234,83 - 1.849,00 = 3.385,83

Para se obter o valor das prestações do *leasing* adicionado do ISS, basta fazer como segue:

- Prestações do *leasing* com ISS = $\dfrac{\text{prestações do } leasing \text{ sem ISS}}{1 - a}$, em que a letra ***a*** *representa* a alíquota do ISS.

Assim, as prestações do *leasing* com ISS incluso são obtidas como segue:

- Com ISS de 0,25% = $\dfrac{3.385,83}{1 - 0,0025} = 3.394,32$
- Com ISS de 2,00% = $\dfrac{3.385,83}{1 - 0,0200} = 3.454,93$

11.3.5 Financiamento habitacional

Os critérios utilizados para o cálculo das prestações e controle dos saldos devedores dos financiamentos habitacionais, no Brasil, passaram por diversas mudanças nos últimos anos. Embora os sistemas de amortização mais utilizados sejam basicamente os mesmos, os procedimentos de cálculo estão mais simples. A seguir vamos tratar desses sistemas e também das diversas formas de correção monetária, seja através da TR (Taxa Referencial), seja através da variação de um índice de preços (IGPM, INPC ou outros).

11.3.5.1 Sistemas de amortização

O sistema de amortização mais utilizado no mundo é o sistema de prestações iguais, uniformes ou constantes, que, apenas no Brasil, é conhecido por "Tabela Price". Ele consiste numa série periódica de pagamentos, iguais e sucessivos, normalmente mensais, em que cada uma das prestações é composta por uma parcela de capital, denominada amortização, e por outra de juros. O segundo sistema mais utilizado no mundo é o SAC (Sistema de Amortização Constante), cujas prestações também são compostas por parcelas de capital e de juros; e, como o próprio nome já diz, os valores das parcelas de amortização de cada prestação são constantes, ou seja, iguais; atualmente, no Brasil, esse sistema vem sendo muito utilizado para o financiamento habitacional. Assim, em resumo, esses dois sistemas tem características bem definidas: um é composto por prestações iguais ou constantes e parcelas de amortização crescentes; e no outro, as parcelas de amortização são iguais ou constantes e as prestações decrescentes. Outros sistemas raramente são utilizados; o Sacre (Sistema de Amortização Crescente), criado pela Caixa Econômica Federal, esteve muito em moda até há alguns atrás e praticamente caiu no desuso. Entretanto, como é ainda muito citado, vamos apresentá-lo no final deste item. E para finalizar este capítulo acho importante apresentar um sistema muito utilizado em vários países do mundo, principalmente na Europa. Trata-se de um sistema com variações periódicas das taxas de juros, também conhecido por sistema de taxas flutuantes. E no Brasil, com a preocupação de se eliminar a indexação nos contratos de financiamento, esperava-se que esse critério fosse utilizado, o que ainda não ocorreu. Por isso, dada a sua importância, também vamos apresentá-lo no final.

Observação: considerando que no Brasil o nome Tabela Price vem sendo objeto de enorme polêmica acadêmica e judicial, que entendo absolutamente infundada, vamos denominar esse sistema apenas de "sistema de prestações iguais", como, aliás, é conhecido e utilizado no mundo; vamos identificá-lo pela sigla "SPI".

11.3.5.2 Indexadores utilizados para correção monetária

Atualmente os indexadores mais utilizados para atualização monetária das prestações e dos saldos devedores dos financiamentos habitacionais são a TR (Taxa Referencial de juros) e o IGPM (da FGV); a TR é utilizada de forma generalizada nos programas de financiamentos do SFH (Sistema Financeiro da Habitação), enquanto o IGPM é o mais adotado nos financiamentos concedidos pelas empresas construtoras, incorporadoras e de loteamentos. Um outro indexador, o INCC (Índice Nacional da Construção Civil), é utilizado para correção das prestações pagas no período de construção do imóvel, no programa conhecido como "venda na planta". Tanto os sistemas de amortização quanto as correções feitas através dos indexadores mencionados serão apresentados e explicados através de vários exemplos. Mas, antes disso, com o objetivo de facilitar o entendimento do leitor, vamos detalhar os procedimentos através dos modelos básicos descritos a seguir.

11.3.5.3 Modelos de planos de financiamentos

Por razões de ordem didática, vamos utilizar os seguintes dados em todos os modelos:

- Valor financiado: $ 10.000,00
- Número de prestações: 10
- Taxa mensal de juros: 1%
- Taxa mensal de correção: 0,2%

a) Sistemas com valores prefixados (sem correção)

Sistema de prestações iguais (SPI)

O valor das prestações mensais iguais, como se sabe, é calculado através da seguinte expressão:

$$\text{Valor das prestações} = R = 10.000{,}00 \times \frac{1{,}01^{10} \times 0{,}01}{1{,}01^{10} - 1} = 1.055{,}82$$

O valor dessa prestação também pode ser obtido facilmente através de uma calculadora financeira ou de uma tabela de fatores ou coeficientes.

Os saldos devedores e os valores das prestações decompostas em parcelas de juros e de amortização são apresentados na tabela a seguir.

Nº	Saldo Devedor	Amortização	Juros	Prestação
0	10.000,00	–	–	–
1	9.044,18	955,82	100,00	1.055,82
2	8.078,80	965,38	90,44	1.055,82
3	7.103,77	975,03	80,79	1.055,82
4	6.118,98	984,78	71,04	1.055,82
5	5.124,35	994,63	61,19	1.055,82
6	4.119,78	1.004,58	51,24	1.055,82
7	3.105,15	1.014,62	41,20	1.055,82
8	2.080,38	1.024,77	31,05	1.055,82
9	1.045,37	1.035,02	20,80	1.055,82
10	–	1.045,37	10,45	1.055,82
TOTAL		**10.000,00**	**558,20**	**10.558,20**

As parcelas mensais de juros são obtidas aplicando-se a taxa de 1% sobre os saldos devedores existentes no início de cada período; e, deduzindo-se essas parcelas de juros do valor das prestações mensais, obtém-se o valor das respectivas parcelas de amortização, como nos mostram os dados contidos na tabela. Observa-se, através da coluna AMORTIZAÇÃO, que esses valores crescem segundo uma progressão geométrica (PG) de razão 1,01.

Sistema de amortização constante (SAC)

Esse sistema é o mais simples de todos. Pode-se afirmar que ele é quase intuitivo. Primeiramente se calcula o valor da amortização, que resulta da divisão do valor financiado pelo número de prestações, como segue:

$$\text{Amortização constante} = \frac{10.000{,}00}{10} = 1.000{,}00$$

Em seguida, calculam-se os valores das parcelas de juros correspondentes a cada prestação. No caso da primeira prestação, o juro é obtido aplicando-se sobre o saldo devedor inicial de $ 10.000,00 a taxa de 1%, o que resulta em $ 100,00; no caso da segunda, aplica-se 1% sobre o saldo devedor remanescente de $ 9.000,00, obtendo-se $ 90,00, e assim, sucessivamente, até a última, cujo juro é de $ 10,00 (1% sobre o saldo devedor de $ 1.000,00). A tabela transcrita a seguir mostra todos esses valores.

SISTEMA DE AMORTIZAÇÃO CONSTANTE (SAC)

Nº	Saldo Devedor	Amortização	Juros	Prestação
0	10.000,00	–	–	–
1	9.000,00	1.000,00	100,00	1.100,00
2	8.000,00	1.000,00	90,00	1.090,00
3	7.000,00	1.000,00	80,00	1.080,00
4	6.000,00	1.000,00	70,00	1.070,00
5	5.000,00	1.000,00	60,00	1.060,00
6	4.000,00	1.000,00	50,00	1.050,00
7	3.000,00	1.000,00	40,00	1.040,00
8	2.000,00	1.000,00	30,00	1.030,00
9	1.000,00	1.000,00	20,00	1.020,00
10	–	1.000,00	10,00	1.010,00
TOTAL		**10.000,00**	**550,00**	**10.550,00**

Observa-se através dessa tabela que os valores das parcelas de juros, e também das prestações, representam uma progressão aritmética (PA), decrescente, de razão igual a –10,00.

b) Sistema com valores pós-fixados (com correção)

Como já informado anteriormente, nesse sistema as prestações e os saldos devedores são corrigidos mensalmente pela variação do indexador escolhido; no caso dos financiamentos concedidos com base nas normas do SFH, esse indexador tem sido a TR; quando feitos com recursos da própria construtora ou incorporadora, após a entrega das chaves, o indexador mais utilizado tem sido o IGP-M.

Sistema de prestações iguais (SPI)

Para explicar o funcionamento do sistema com encargos pós-fixados, consideramos os mesmos dados do exemplo apresentado no caso anterior e aplicamos uma correção monetária mensal de 0,2% para todos os valores. No vencimento da primeira prestação, o valor inicial de $ 1.055,82 (valor na data do contrato) sofre uma correção de 0,2%, resultando em $ 1.057,93; para os demais vencimentos, as correções mensais são aplicadas sobre os valores das prestações corrigidas até o mês imediatamente anterior. Na tabela a seguir transcrevemos todos os valores componentes do plano. Além de mostrar os valores corrigidos das prestações, ele também evidencia, com clareza, o critério utilizado para o cálculo das parcelas de juros e de amortização. E nesse particular é fundamental destacar as seguintes regras:

1) as parcelas de juros são calculadas sobre os saldos devedores corrigidos mensalmente;

2) as parcelas de amortização são deduzidas dos saldos devedores previamente corrigidos.

Observação importante: em qualquer sistema de amortização com correção monetária, primeiro se corrige o saldo devedor e depois se amortiza.

Nº	Saldo Devedor	Correção (0,2% ao Mês)	Amortização	Juros	Prestação Corrigida
0	10.000,00	–	–	–	–
1	10.020,00	20,00			
	9.062,27		957,73	100,20	1.057,93
2	9.080,39	18,12			
	8.111,15		969,24	90,80	1.060,05
3	8.127,37	16,22			
	7.146,48		980,89	81,27	1.062,17
4	7.160,77	14,29			
	6.168,08		992,69	71,61	1.064,29
5	6.180,42	12,34			
	5.175,80		1.004,62	61,80	1.066,42
6	5.186,15	10,35			
	4.169,46		1.016,69	51,86	1.068,55
7	4.177,80	8,34			
	3.148,89		1.028,91	41,78	1.070,69
8	3.155,18	6,30			
	2.113,90		1.041,28	31,55	1.072,83
9	2.118,13	4,23			
	1.064,33		1.053,80	21,18	1.074,98
10	1.066,46	2,13			
	–		1.066,46	10,66	1.077,13
TOTAL		**112,32**	**10.112,32**	**562,73**	**10.675,05**

No quadro referente a esse plano introduzimos a coluna "CORREÇÃO" para que o leitor possa mais facilmente entender como são feitas as correções monetárias dos saldos devedores; a correção monetária de cada uma das prestações é feita de maneira bem simples, como já mencionamos no início deste item. Observa-se, através desse quadro, que criamos mais uma linha para cada prazo com o objetivo de especificar o saldo devedor corrigido, antes e depois da amortização. Os demais procedimentos de cálculo são idênticos aos adotados nos modelos sem correção monetária, isto é, com juros prefixados. O total da coluna Amortização incorpora a correção total de $ 112,32 mais o valor financiado de $ 10.000,00. Os controles contábeis utilizados pelas instituições que financiam imóveis são feitos dessa forma.

Sistema de Amortização Constante (SAC)

As regras são idênticas às aplicadas no sistema de prestações iguais. O quadro a seguir é autoexplicativo.

Nº	Saldo Devedor	Correção (0,2% ao Mês)	Amortização	Juros	Prestação Corrigida
0	10.000,00	–	–	–	–
1	10.020,00	20,00			
	9.018,00		1.002,00	100,20	1.102,20
2	9.036,04	18,04			
	8.032,03		1.004,00	90,36	1.094,36
3	8.048,10	16,06			
	7.042,08		1.006,01	80,48	1.086,49
4	7.056,17	14,08			
	6.048,14		1.008,02	70,56	1.078,59
5	6.060,24	12,10			
	5.050,20		1.010,04	60,60	1.070,64
6	5.060,30	10,10			
	4.048,24		1.012,06	50,60	1.062,66
7	4.056,34	8,10			
	3.042,25		1.014,08	40,56	1.054,65
8	3.048,34	6,08			
	2.032,22		1.016,11	30,48	1.046,60
9	2.036,29	4,06			
	1.018,14		1.018,14	20,36	1.038,51
10	1.020,18	2,04			
	–		1.020,18	10,20	1.030,38
TOTAL		**110,66**	**10.110,66**	**554,42**	**10.665,08**

Observação: todos os valores apresentados nas duas últimas tabelas, para os sistemas de prestações iguais e SAC, podem ser obtidos a partir dos dois quadros anteriores definidos para sistemas com juros prefixados; para tanto, basta corrigir o dados do primeiro mês pela correção mensal de 0,2% (ou multiplicar por 1,002; os dados do segundo mês pela correção acumulada de dois meses de 0,4004% (ou multiplicar por 1,004004), e assim sucessivamente.

11.3.5.4 Exemplos de aplicação

Atualmente, meados de 2017, praticamente todos os financiamentos no campo imobiliário têm sido feitos com taxas de juros pré-fixadas e com correção monetária das prestações e dos saldos devedores. No passado recente pouquíssimas operações foram contratadas com prestações fixas sem qualquer tipo de correção; e nesses casos as taxas de juros cobradas eram quase sempre superiores àquelas praticadas no mercado e os prazos normalmente mais curtos, não passando de 10 anos. Vamos apresentar exemplos com taxas prefixadas, com e sem correção monetária dos valores contratados.

Observação: nos exemplos apresentados não vamos considerar os custos referentes aos seguros de morte ou invalidez permanente (MIP) e os de danos físicos do imóvel (DFI); e as razões para isso estão ligadas às dificuldades para se definir os valores dos prêmios para essas duas modalidades, cujas alíquotas dependem de uma grande quantidade de variáveis. Assim, o MIP depende da idade do mutuário e do tamanho do saldo devedor em cada momento do tempo; quanto maior a idade do comprador, maior o seu risco de morte; e quanto menor o saldo devedor do mutuário, menor o valor a ser coberto pelo seguro. Em resumo, ele decresce mensalmente em função das prestações pagas pelo titular e cresce em função da mudança da sua faixa etária. No caso do DFI, ele pode se manter constante ou crescer em função da maior valorização do imóvel, visto que ele cobre prejuízos físicos com o imóvel desde a formalização do contrato até o vencimento da última parcela. Os custos dos seguros MIP e DFI normalmente se situam entre 1,5% a 4,0% do valor da prestação mensal.

Financiamentos com encargos prefixados (sem correção monetária)

Sistema de prestações iguais (SPI)

1º exemplo:

Um financiamento imobiliário no valor de $ 290.000,00 deverá ser quitado em 120 prestações mensais. Sabendo-se que o agente financeiro cobra uma taxa de juros de 12% ao ano (taxa contratual), calcular o valor das prestações mensais.

Solução:

Como a taxa de juros é informada ao ano, primeiramente temos que encontrar a taxa equivalente ao mês e em seguida calcular o valor das prestações, como segue:

$$\text{Taxa mensal} = i_m = (1{,}12^{1/12} - 1) = 0{,}9489\%$$

Para calcular o valor das prestações mensais nos casos de pagamentos iguais, basta substituir as variáveis contidas na fórmula específica pelos seus respectivos valores, como segue:

Valor das prestações:

$$R = P \times \frac{(1+i)^n \times i}{(1+i)^n - 1} = 290.000{,}00 \times \frac{1{,}009489^{120} \times 0{,}009489}{1{,}009489^{120} - 1} = 4.058{,}51$$

2º exemplo:

Para complementar os recursos necessários para a aquisição de um apartamento, o Sr. Norberto obtém um financiamento de $ 86.400,00 para ser quitado em 12 anos (144 prestações mensais). Sabendo-se que a taxa de juros contratada foi de 0,8735% ao mês (equivalente a 11% ano), calcular o valor das prestações, admitindo-se que o vencimento da primeira ocorrerá 42 dias após a data do contrato, conforme gráfico abaixo. Não considerar a atualização monetária.

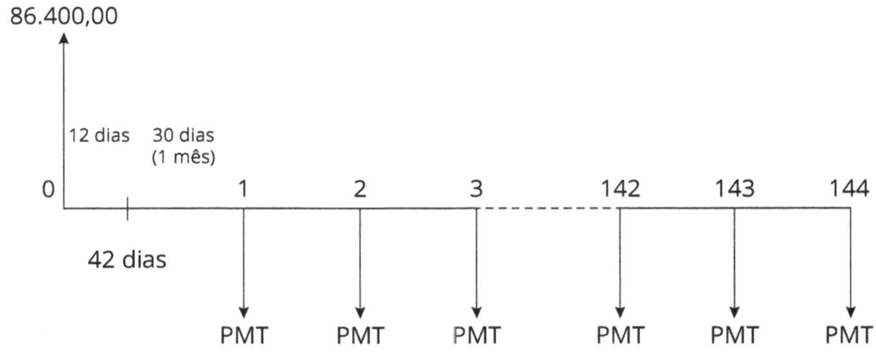

Solução:

Basta calcular o saldo devedor 12 dias após a data do contrato, o que fará que o modelo recaia num caso simples de pagamentos iguais postecipados, ou seja:

Saldo devedor após 12 dias $= 86.400{,}00 \times (1{,}008735)^{12/30} = 86.701{,}09$

$$\text{Valor das prestações} = R = 86.701{,}09 \times \frac{1{,}008735^{44} \times 0{,}008735}{1{,}008735^{144} - 1} = 1.060{,}43$$

3º exemplo

Calcular o valor das prestações considerando os mesmos dados do exemplo anterior, admitindo-se que a primeira prestação será paga no final do quarto mês, ou seja, com três meses de carência.

Solução:

É bastante simples. Basta calcular o saldo devedor no final do terceiro mês, o que fará que o modelo recaia num caso simples de pagamentos iguais postecipados, como segue:

Saldo devedor no final do 3º mês $= 86.400{,}00 \times (1{,}008735)^3 = 88.683{,}95$

$$\text{Valor das prestações} = R = 88.683{,}95 \times \frac{1{,}008735^{144} \times 0{,}008735}{1{,}008735^{144} - 1} = 1.084.68$$

4º exemplo:

Uma construtora financia, com recursos próprios, o valor de venda um apartamento, cobrando taxa de juros de 1% ao mês (equivalente a 12,68% ao ano). Sabendo-se que o valor financiado de $ 155.000,00 deverá ser amortizado 5 anos, sendo 10 prestações semestrais no valor de $7.500,00 cada uma e mais 60 prestações mensais iguais, calcular o valor das prestações mensais.

Solução:

Trata-se de um caso típico de problema que chamamos de "dois em um", em que a solução é obtida por partes, ou seja, primeiro se determina o valor presente da série de prestações semestrais e em seguida se calcula o valor das prestações mensais, como segue:

- Valor presente das prestações semestrais

Taxa semestral de juros $= 1{,}01^6 - 1 = 0{,}061520$ ou $6{,}1520\%$

$$\text{Valor presente das prestações semestrais} = 7.500{,}00 \times \frac{1{,}06152^{10} - 1}{1{,}06152^{10} \times 0{,}06152} = 54.805{,}30$$

Valor a ser amortizado em 60 prestações mensais = 155.000,00 – 54.805,30 = 100.194,70

- Valor das prestações mensais = $100.194{,}70 \times \dfrac{1{,}01^{60} \times 0{,}01}{1{,}01^{60} - 1} = 2.228{,}78$

Sistema de Amortização Constante (SAC)

1º exemplo:

Um financiamento no valor de \$ 288.000,00 deverá ser quitado em 360 prestações mensais. Sabendo-se que o agente financeiro cobra uma taxa de juros de 0,84% ao mês (equivalente a 10,56% ao ano), calcular o valor das três primeiras prestações mensais e da última. Informar também o valor total das prestações a serem pagas.

Solução:

$$\text{Valor da parcela de amortização} = \frac{288.000{,}00}{360} = 800{,}00$$

Valor da 1ª prestação = 800,00 + 0,0084 × 288.000,00 = 2.419,20

Valor da 2ª prestação = 800,00 + 0,0084 × (288.000,00 – 800,00) = 2.412,48

Valor da 3ª prestação = 800,00 + 0,0084 × (288.000,00 – 2 × 800,00) = 2.405,76

Valor da última prestação = 800,00 + (288.000,00 – 359 × 800,00) = 806,72

No caso do SAC, os valores das prestações mensais correspondem a uma progressão aritmética (PA) decrescente, cuja razão é obtida pela diferença entre o valor de uma prestação qualquer e o valor da prestação anterior (ou posterior). No caso do nosso exemplo, basta fazer: 2.412,48 – 2.419,20 = – 6,72. Essa razão também pode ser obtida facilmente sem a necessidade do cálculo das prestações, visto que $r = i \times A$, em que r é a razão da PA, i a taxa mensal de juros e A o valor da parcela de amortização. No caso do nosso exemplo temos que: r = 0,0084 800,00 = 6,72

Assim, os valores da 2ª e 3ª prestações também podem ser obtidos da seguinte forma:

Valor da 2ª prestação = 2.419,20 – 6,72 = 2,412.48

Valor da 3ª prestação = 2,412,48 – 6,72 = 2.405,76

Para se obter o valor da última prestação, basta somar o valor da razão ao valor da parcela de amortização, ou seja: 6,72 + 800,00 = 806,72. O valor da última prestação também pode ser obtido de outra forma: como o saldo devedor do financiamento após o pagamento da penúltima prestação é o próprio valor da amortização, basta calcular o juro sobre essa parcela e somar.

Quanto ao valor total das prestações a serem pagas, ele pode ser calculado de forma bastante simples. Como o plano de pagamentos se constitui em uma progressão aritmética, basta aplicar a fórmula conhecida universalmente, ou seja:

Soma de uma PA = $S_{PA} = \dfrac{a_1 + a_n}{2} \times n$, em que a_1 é o primeiro termo, a_n o último termo e n o número de termos. Substituindo os dados na equação tem-se que:

$$\text{Soma das prestações} = \frac{2.419{,}20 + 806{,}72}{2} \times 360 = 580.665{,}60$$

2º exemplo:

Um terreno está sendo vendido por \$ 80.000,00 à vista ou financiado em 40 prestações mensais calculadas com base no SAC (Sistema de Amortização Constante). Sabendo-se que proprietário está cobrando uma taxa de juros de 1,5% ao mês, calcular os valores da primeira e da última prestação, bem como o total a ser pago pelo comprador. Admita não haver outros encargos.

Solução:

$$\text{Valor da parcela de amortização} = \frac{80.000,00}{40} = 2.000,00$$

Valor da primeira prestação = 2.000,00 + 0,015 × 40.000,00 = 2.0000,00 + 1.200,00 = 3.200,00

Valor da última prestação = 2.000,00 + 0,015 × 2.000,00 = 2.000,00 + 30,00 = 2.030,00

$$\text{Soma das prestações} = \frac{3.200,00 + 2.030,00}{2} \times 40 = 104.600,00$$

Financiamentos com encargos pós-fixados (com correção monetária)

Vamos agora tratar dos casos mais comuns do financiamento imobiliário, em que os saldos devedores e os valores das prestações são corrigidos mensalmente com base na variação de um indexador. O procedimento de cálculo é o mesmo, qualquer que seja o parâmetro utilizado para a correção, seja ele a TR (o mais utilizado), o IGP-M, o INCC ou outro qualquer. Os exemplos apresentados devem facilitar o entendimento do leitor.

Financiamentos em prestações iguais (SPI)

1º exemplo:

Um mutuário obtém um financiamento no valor de $ 235.000,00 no dia 18/10/2016 para ser amortizado em 240 prestações mensais iguais e pagando taxa de juros de 0,7974% ao mês (equivalente a 10% ao ano). Sabendo-se que a TR foi o indexador contratado e que essa taxa foi de 0,1713% na data do contrato e de 0,1467% no dia 18/11/2016, calcular:

a) o valor da prestação na data do contrato;

b) os valores da primeira e da segunda prestação corrigidas pela TR.

Solução:

a) Valor da prestação na data do contrato

$$\text{Valor da prestação em 18/10/2016} = R = 235.000,00 \times \frac{1,007974^{240} \times 0,007974}{1,007974^{240} - 1} = 2.201,08$$

b) Os valores da primeira e da segunda prestação corrigidas pela TR

1ª prestação em 18/11/2016 = 2.201,08 × 1,001713 = 2.204,85

2ª prestação em 18/12/2016 = 2.204,85 × 1,001467 = 2.208,08

Observação: a TR definida para certo dia do mês corrige o valor de um direito ou de uma obrigação até igual dia do mês seguinte.

2º exemplo:

Uma pessoa obtém um financiamento imobiliário no valor de $ 540.000,00 para ser quitado em 180 prestações mensais iguais, contratado a uma taxa de juros de 10,5% ao ano (equivalente 0,8355% ao mês). Sabendo-se que a TR da data do contrato e a do mês seguinte são respectivamente de 0,1943% e 0,1781%, calcular:

a) o valor da prestação na data do contrato;

b) os valores das duas primeiras prestações corrigidas pela TR.

Solução:

a) Valor da prestação na data do contrato = $540.000,00 \times \dfrac{1,008355^{180} \times 0,008355}{1,008355^{180} - 1} = 5.811,46$

b) Valores da primeira e da segunda prestação corrigidas pela TR

1ª prestação = 5.811,46 × 1,001943 = 5.822,75

2ª prestação = 5.822,75 × 1,001781 = 5.833,12

3º exemplo:

No dia do recebimento das chaves, o comprador de um apartamento, adquirido na planta, consegue um financiamento da própria construtora para quitar o seu saldo devedor no valor de $ 267.384,00 em 72 prestações mensais iguais, corrigidas mensalmente pela variação do IGPM. Sabendo-se que a construtora cobra juros de 1% ao mês e que as variações do IGP-M para os dois meses seguintes foram de 0,33% e – 0,24% (deflação), respectivamente, calcular o valor das prestações na data do contrato e as dos dois meses seguintes.

Solução:

Valor da prestação na data do contrato: $R = 267.384,00 \times \dfrac{1,01^{72} \times 0,01}{1,01^{72} - 1} = 5.227,41$

Valor corrigido da primeira prestação = 5.227,41 × 1,0033 = 5.244,66

Valor corrigido da segunda prestação = 5.244,66 × (1 – 0,0024) = 5.232,07

Financiamentos através do SAC (Sistema de Amortização Constante)

1º exemplo:

O Sr. Fábio comprou um apartamento avaliado em $ 875.000,00, deu uma entrada no valor de 179.000,00 e financiou o saldo junto ao seu banco para pagamento em 240 prestações mensais calculadas de acordo com o SAC. Sabendo-se que o seu banco cobrou uma taxa de juros de 10% ao ano e que as prestações são corrigidas com base na TR, calcular o valor corrigido das três primeiras prestações. Suponha que as TR definidas para os três momentos mencionados tenham sido de 0,1643%, 0,1289% e zero.

Solução:

Valor financiado = 875.000,00 – 179.000,00 = 696.000,00

Valor da parcela de amortização = $\dfrac{696.000,00}{240} = 2.900,00$

Taxa mensal de juros = $i_m = 1,10^{1/12} - 1 = 0,007974$ ou 0,7974%

a) Valor das três primeiras prestações sem atualização monetária

Razão do decréscimo no valor das prestações = 0,007974 × 2.900,00 = 23,12

Valor da 1ª prestação = 2.900,00 + 0,007974 × 696.000,00 = 2.900,00 + 5.549,90 = 8.449,90

Valor da 2ª prestação = 8.449,90 – 23,12 = 8.426,78

Valor da 3ª prestação = 8.426,78 – 23,12 = 8.403.66

b) Valor das três primeiras corrigidas pela TR

Valor da 1ª prestação = 8.449,90 × 1,001643 = 8.463,78

Valor da 2ª prestação = 8.426,78 × 1,001643 × 1,001289 = 8.451,51

Valor da 3ª prestação = 8.403,66 × 1,001643 × 1,001289 × 1,000000 = 8.428,32

11.3.5.5 Análise comparativa entre SPI e o SAC

Para essa tarefa, vamos trabalhar com números adequados que possibilitem melhor visualização dos detalhes que queremos mostrar. Embora a taxa máxima de juros permitida pelas regras do SFH seja de 12% ao ano (equivalente a 0,9489% ao mês), vamos adotar 1% ao mês (equivalente a 12,68% ao ano) para facilitar o cálculo mental dos juros; no que se refere ao prazo do contrato, vamos trabalhar com 30 anos (360 prestações mensais), que é o prazo máximo que a maioria dos bancos adota; e quanto ao valor financiado, escolhemos $ 360.000,00 para permitir entendimento imediato de como foram calculados os valores das prestações e dos saldos devedores no caso do SAC (antes da correção feita com base no indexador adotado).

Com o objetivo de facilitar a visualização e compreensão dos efeitos causados por diferentes níveis de correção monetária sobre os valores das prestações e dos saldos devedores, estamos adotando três hipóteses de variação mensal do indexador, seja ele a TR, o IGPM ou outro qualquer: correção zero (sem correção), correção de 0,1% e correção de 0,5%.

As tabelas discriminadas logo a seguir, elaboradas de acordo com as três hipóteses de correção mencionadas, foram construídas com o auxílio de planilhas eletrônicas Excel. Como entendemos ser dispensável transcrever os valores correspondentes aos 360 meses do plano, as tabelas mostram os valores referentes aos 12 primeiros meses e posteriormente apenas os correspondentes aos prazos múltiplos de 60. Os valores transcritos nessas três tabelas são suficientes para demonstrar os detalhes que queremos enfatizar. Mas, antes de exibir as referidas tabelas, apresentamos um resumo dos principais valores para os sistemas SPI e SAC, com correção monetária zero, ou seja, sem correção.

a) Sistema de pagamentos iguais (SPI)

$$R = 360.000{,}00 \times \frac{1{,}01^{360} \times 0{,}01}{1{,}01^{360} - 1} = 3.703{,}01$$

Valor total das prestações = 360 × 3.703,01 = 1.333.083,60

b) Sistema SAC

$$\text{Valor da parcela de amortização} = \frac{360.000{,}00}{360} = 1.000{,}00$$

Valor da 1ª parcela = 1.000,00 + 0,01 × 360.000,00 = 4.600,00

Valor da última prestação = 1.000,00 + 0,01 × 1.000,00 = 1.010,00

$$\text{Valor total das prestações} = \frac{4.600{,}00 + 1.010{,}00}{2} \times 360 = 1.009.800{,}00$$

Tabela 11.1 Correção monetária zero (sem correção)

Sistema De Amortização: Price						Sistema De Amortização: Constante (SAC)					
Nº de Ordem	Saldo Devedor	Amortização	Correção	Juros	Valor da Prestação	Nº de Ordem	Saldo Devedor	Amortização	Correção	Juros	Valor da Prestação
0	360.000,00	–	–	–		0	360.000,00	–	–	–	–
1	359.896,99	103,01	–	3.600,00	3.703,01	1	359.000,00	1.000,00	–	3.600,00	4.600,00
2	359.792,96	104,04	–	3.598,97	3.703,01	2	358.000,00	1.000,00	–	3.590,00	4.590,00
3	359,687,88	105,08	–	3.597,93	3.703,01	3	357.000,00	1.000,00	–	3.580,00	4.580,00
4	359.581,76	106,13	–	3.596,88	3.703,01	4	356.000,00	1.000,00	–	3.570,00	4.570,00
5	359.474,57	107,19	–	3.595,82	3.703,01	5	355.000,00	1.000,00	–	3.560,00	4.560,00
6	359.366,31	108,26	–	3.594,75	3.703,01	6	354.000,00	1.000,00	–	3.550,00	4.550,00
7	359.256,97	109,34	–	3.593,66	3.703,01	7	353.000,00	1.000,00	–	3.540,00	4.540,00
8	359.146,53	110,44	–	3.592,57	3.703,01	8	352.000,00	1.000,00	–	3.530,00	4.530,00
9	359.034,99	111,54	–	3.591,47	3.703,01	9	351.000,00	1.000,00	–	3.520,00	4.520,00
10	358.922,34	112,66	–	3.590,35	3.703,01	10	350.000,00	1.000,00	–	3.510,00	4.510,00
11	358.808,55	113,78	–	3.589,22	3.703,01	11	349.000,00	1.000,00	–	3.500,00	4.500,00
12	358.693,63	114,92	–	3.588,09	3.703,01	12	348.000,00	1.000,00	–	3.490,00	4.490,00
60	351.587,59	185,28	–	3.517,73	3.703,01	60	300.000,00	1.000,00	–	3.010,00	4.010,00
120	336.304,78	336,59	–	3.366,41	3.703,01	120	240.000,00	1.000,00	–	2.410,00	3.410,00
180	308.540,57	611,48	–	3.091,52	3.703,01	180	180.000,00	1.000,00	–	1.810,00	2.810,00
240	258.101,41	1.110,88	–	2.592,12	3.703,01	240	120.000,00	1.000,00	–	1.210,00	2.210,00
300	166.468,75	2.018,14	–	1.684,87	3.703,01	300	60.000,00	1.000,00	–	610,00	1.610,00
360	0,00	3.666,34	–	36,36	3.703,01	360	–	1.000,00	–	10,00	1.010,00
Total	–	**360.000,00**	**–**	**973.081,93**	**133.081,93**	**Total**	–	360.000,00	**–**	649.800,00	1.009.800,00

A análise dos dados contidos nessa tabela nos dá uma visão muito nítida das diferenças entre esses dois sistemas de amortização. Como demonstramos de maneira exaustiva no Capítulo 6, em todos os sistemas de amortização conhecidos no mundo as parcelas de juros são obtidas pela aplicação da taxa contratual de juros sobre os saldos devedores existentes no início de cada período de tempo. E havendo amortizações mensais, os saldos devedores decrescem e consequentemente os valores das parcelas de juros também decrescem. E como no SPI todas as prestações são iguais, as parcelas de amortização obviamente são crescentes; a tabela mostra que essas parcelas crescem exponencialmente da primeira de $ 103,01 até ultima de $ $ 3.666,34, ou seja, trata-se de uma PG de razão 1,01. Já no caso do SAC, as parcelas de amortização são iguais, os saldos devedores decrescem linearmente e, como consequência, tanto as parcelas de juros quanto as prestações também decrescem linearmente da primeira até a última.

Quando se compara o SPI com o SAC, a primeira informação relevante que se percebe diz respeito ao total das prestações pagas, $ 1.333.081,93 no SPI contra $ 1.009.800,00 no SAC, uma diferença de $ 323.281,93. Esse fato é o grande responsável pela afirmação generalizada de que o SAC é melhor que o SPI. Na verdade esses planos são equivalentes. O desembolso feito através do SAC é menor pela simples razão de que nesse plano as prestações iniciais são maiores que as do SPI; e sendo maiores, amortiza mais. E, com isso, os saldos devedores no SAC se reduzem numa velocidade maior que no SPI, como se comprova através da Tabela 11.1. Após o pagamento da metade das prestações devidas no SAC, o saldo devedor restante é de $ 180.000,00; no caso do SPI, é de $ 308.540,57; observa-se que, após 180 meses, o saldo devedor se reduziu apenas $ 51.459,43 neste plano, contra $ 180.000,00 do SAC. Todas essas aparentes discrepâncias são todas explicadas pela matemática. Caso um mutuário pagasse somente os juros de $ 3.600,00 durante toda a vida do contrato e nada amortizasse, ele pagaria um total $ 1.656.000,00, sendo $ 1.296.000,00 somente de juros.

Tabela 11.2 Correção monetária de 0,1% ao mês

Sistema de Amortização: Price						Sistema De Amortização: Constante (SAC)					
Nº de Ordem	Saldo Devedor	Amortização	Correção	Juros	Valor da Prestação	Nº de Ordem	Saldo Devedor	Amortização	Correção	Juros	Valor da Prestação
0	360.000,00	–	–	–	–	0	360.000,00	–	–	–	–
1	360.256,89	103,11	360,00	3.603,60	3.706,71	1	359.359,00	1.001,00	360,00	3.603.60	4.604,60
2	360.512,90	104,24	360,26	3.606,17	3.710,42	2	358.716,36	1.002,00	359,36	3.597,18	4.559,18
3	360.768,03	104,39	360,51	3.608,73	3.714,13	3	358.072,07	1.003,00	358,72	3.590,75	4.593,75
4	361.022,24	106,55	360,77	3.611,29	3.717,84	4	357.426,14	1.004,01	358,07	3.584,30	4.588,31
5	361.275,54	107,72	361,02	3.613,83	3.721,56	5	356.778,55	1.005,01	357,43	3.577,84	4.582,85
6	361.527,91	108,91	361,28	3.616,37	3.725,28	6	356.129,32	1.006,02	356,78	3.571,35	4.577,37
7	361.779,32	110,11	361,53	3.618,89	3.729,00	7	355.478,43	1.007,02	356,13	3.564,85	4.571,88
8	362.029,78	111,32	361,78	3.621,41	3.732,73	8	354.825,88	1.008,03	355,48	3.558,34	4.566,37
9	362.279,26	112,55	362,02	3.623,92	3.736,47	9	354.171,67	1.009,04	354,83	3.551,81	4.560,84
10	362.527,75	113,79	362,28	3.626,42	3.740,20	10	353.515,79	1.010,05	354,17	3.545,26	4.555,30
11	362,775,24	115,04	362,53	3.628,90	3.743,94	11	352.858,25	1.011,06	353,52	3.538,69	4.549,75
12	363.021,71	116,31	362,78	3.631,38	3.747,69	12	352.199,04	1.012,07	352,86	3.532,11	4.544,18
60	373.317,36	196,73	373,14	3.735,14	3.931,87	60	318.541,41	1.061,80	319,28	3.196,03	4.257,84
120	379.159,85	379,48	379,16	3.795,39	4.174,88	120	270.583,02	1.127,43	271,44	2.717,10	3.844,53
180	369.356,90	732,01	369,72	3.700,89	4.432,90	180	215.479,74	1.197,11	216,46	2.166,77	3.363,88
240	328.071,85	1.412,04	329,15	3.294,84	4.706,88	240	152.531,61	1.271,10	153,65	1.538,03	2.809,12
300	224.675,62	2.723,79	227,17	2.273,99	4.997,79	300	80.979,30	1.349,66	82,25	823,39	2.172,95
360	0,00	5.254,13	5,25	52,54	5.306,67	360	0,00	1.433,07	1,43	14,33	1.447,40
Total	–	**473.103,56**	**113.103,56**	**1.132.166,60**	**1.605.270,16**	**Total**	–	**433.504,68**	**73.504,68**	**735.781,87**	**1.169.286,55**

Tabela 11.3 Correção monetária de 0,5% ao mês

Sistema de Amortização: Price						Sistema De Amortização: Constante (SAC)					
Nº de Ordem	**Saldo Devedor**	**Amortização**	**Correção**	**Juros**	**Valor da Prestação**	**Nº de Ordem**	**Saldo Devedor**	**Amortização**	**Correção**	**Juros**	**Valor da Prestação**
0	360.000,00	–	–	–	–	0	360.000,00	–	–	–	–
1	361.696,48	103,52	1.800,00	3.618,00	3.721,52	1	360.795,00	1.005,00	1.800,00	3.618,00	4.623,00
2	363.399,88	105,08	1.808,48	3.635,05	3.740,13	2	361.588,95	1.010,03	1.803,98	3.625,99	4.636,01
3	365.110,22	106,66	1.817,00	3.652,17	3.758,83	3	362.381,82	1.015,08	1.807,94	3.633,97	4.649,04
4	366.827,51	108,27	1.825,55	3.669,36	3.777,62	4	363.173,58	1.020,15	1.811,91	3.641,94	4.662,09
5	368.551,75	109,89	1.834,14	3.686,62	3.796,51	5	363.964,19	1.025,25	1.815,87	3.649,89	4.675,15
6	370.282,96	111,55	1.842,76	3.703,95	3.815,49	6	364.753,64	1.030,38	1.819,82	3.657,84	4.688,22
7	372.021,15	113,23	1.851,41	3.721,34	3.834,57	7	365.541,88	1.035,53	1.823,77	3.665,77	4.701,30
8	373.766,33	114,93	1.860,11	3.738,81	3.853,74	8	366.328,88	1.040,71	1.827,71	3.673,70	4.714,40
9	375.518,50	116,66	1.868,83	3.756,35	3.873,01	9	367.114,61	1.045,91	1.831,64	3.681,61	4.727,52
10	377,277,67	118,42	1.877,59	3.773,96	3.892,38	10	367.899,05	1.051,14	1.835,57	3.689,50	4.740,64
11	379.043,86	120,20	1.886,39	3.791,64	3.911,84	11	368.682,15	1.056,40	1.839,50	3.697,39	4.753,78
12	380.817,07	122,01	1.895,22	3.809,39	3.931,40	12	369.463,88	1.061,68	1.843,41	3.705,26	4.766,93
60	474.238,97	249,91	2.360,64	4.744,89	4.994,80	60	404.655,05	1.348,85	2.019,92	4.060,04	5.408,89
120	611.871,83	612,39	3.047,19	6.124,84	6.737,24	120	436.655,22	1.819,40	2.181,47	4.384,75	6.204,14
180	757,187,42	1.500,64	3.774,57	7.586,88	9.087,52	180	441.736,84	2.454,09	2.209,91	4.441,91	6.896,00
240	854.368,43	3.677,25	4.268,88	8.580,46	12.257,70	240	397.224,54	3.310,20	1.992,71	4.005,35	7.315,55
300	743.277,43	9.010,92	3.742,73	7.522,89	16.533,81	300	267.898,19	4.464,97	1.355.04	2.723,63	7.188,60
360	0,00	22.080,82	109,85	220,81	22.301,63	360	0,00	6.022,58	29,96	60,23	6.082,80
Total	–	**1.482.366,51**	**1.122.366,51**	**2.255.956,69**	**3.738.323,20**	**Total**	–	**1.009.537,62**	**649.537,62**	**1.305.570,61**	**2.315.108,23**

As tabelas com hipóteses de variação mensal de 0,1% e 0,5% foram construídas para proporcionar ao leitor uma visão das alterações que se processam nos valores das prestações e dos saldos devedores quando se parte de um plano sem correção monetária para planos com variações mensais de 0,1% e posteriormente para 0,5%. O valor da última prestação do SPI, que era de $ 3.703,01 no plano sem correção, sobe para $ 5.306,67 no plano com correção mensal média de 0,1%; no plano com correção de 0,5%, essa prestação passa para $ 22.301,63; no caso do SAC, observa-se o mesmo comportamento: a última prestação parte de $ 1.010,00 no plano sem correção, sobe para $ 1.447,40 com correção de 0,1% e chega a $ 6.082,80 com a correção mensal de 0,5%.

Para finalizar essa análise, algumas observações relevantes:

a) Como as variações mensais dos indexadores corrigem tanto os valores das prestações quanto os saldos devedores, ao pagar a última parcela prevista no contrato, o saldo devedor tem que zerar, qualquer que seja o nível de variação do indexador utilizado, como se comprova através das tabelas transcritas.
b) No Brasil, pelo menos nos últimos 20 anos, esses reajustes têm sido mais do que compensados pelos aumentos salarias concedidos aos assalariados das diversas categorias profissionais.
c) No caso do SPI, pode-se calcular o saldo devedor em qualquer momento do tempo sem a necessidade de consultar uma tabela semelhante às que foram mostradas; para tanto, basta saber o valor corrigido da prestação com vencimento coincidente com o dia em que se quer saber o saldo, saber o número de prestações não pagas e a taxa mensal de juros contratada.

Exemplo:

Calcular o saldo devedor após o pagamento da parcela de número 240 do plano de amortização discriminado na Tabela 11.3 (com correção mensal de 0,5%), conhecidos os seguintes dados:

- **Valor da prestação nº 240: 12.257,70**
- **Número de prestações a pagar: 120**
- **Taxa mensal de juros: 1%**

Solução: basta calcular o valor presente das prestações a vencer através da fórmula já conhecida, a saber:

$$\text{Saldo devedor} = 12.257,70 \times \frac{1,01^{120} - 1}{1,01^{120} \times 0,01} = 854.368,09$$

Realmente esse valor bate com aquele contido na Tabela 11.3.

11.3.5.6 SACRE – Sistema de Amortização Crescente

Trata-se de um sistema de amortização de um financiamento criado pela Caixa Econômica Federal – CEF, em que as prestações mensais são definidas para cada período de 12 meses (também poderia ser para de 6 ou de 3), com base no saldo devedor existente no início de cada período e no número de prestações a vencer. O valor das 12 prestações iniciais é calculado de forma idêntica à utilizada para se obter o valor da primeira prestação no SAC (Sistema de Amortização Constante), ou seja:

a) divide-se o valor do financiamento pelo número de prestações do plano, obtendo-se o valor da amortização correspondente à primeira prestação;
b) multiplica-se a taxa mensal de juros pelo valor do financiamento, obtendo-se o valor dos juros referente à primeira prestação;
c) a soma dessas duas parcelas corresponde ao valor das 12 primeiras prestações.

Após o pagamento das 12 prestações iniciais esse cálculo é repetido, como segue:

a) divide-se o saldo devedor remanescente pelo número de prestações a vencer, obtendo-se o valor da amortização da 13ª prestação;
b) multiplica-se a taxa mensal de juros pelo saldo devedor remanescente, obtendo-se o valor dos juros correspondente à 13ª parcela;
c) a soma dessas duas parcelas corresponde ao valor das 12 prestações do período seguinte (da 13ª à 24ª), e assim sucessivamente.

No caso de existência de correção monetária, o procedimento é idêntico. A única diferença é que os saldos devedores são corrigidos mensalmente pela variação do indexador, sendo os juros mensais obtidos pela aplicação da taxa sobre esse saldo; dentro do período de 12 meses as prestações permanecem iguais. O exemplo a seguir, sem correção monetária, facilita entendimento.

- Valor financiado: $ 60.000,00
- Número de prestações: 60
- Taxa de juros: 1% ao mês
- Variação do indexador (TR, IGP-M ou outro qualquer): 0,5% ao mês.

Solução:

Valor de 12 prestações iniciais:

- $\text{Valor da amortização} = \frac{60.000,00}{60} = 1.000,00$
- $\text{Valor dos juros} = 1\% \times 60.000,00 = 600,00$
- $\text{Valor das prestações} = 1.600,00$

Valor das 12 prestações do período seguinte (da 13ª à 24ª):

O valor dessas prestações depende da identificação do saldo devedor após o pagamento da 12ª parcela. No caso do nosso exemplo, a tabela transcrita mostra que esse valor é $ 47.317,50. Para se obter o valor das prestações do segundo período, proceder como segue:

- $\text{Valor da amortização} = \frac{47.317,50}{48} = 985,78$
- $\text{Valor dos juros} = 1\% \times 47.317,50 = 473,18$
- $\text{Valor das prestações} = 1.458,96$

No caso dos planos com correção monetária, o valor das 12 primeiras prestações é calculado de forma idêntica à obtida no caso sem correção. Portanto, o seu valor também é de $ 1.600,00. Já os valores das prestações correspondentes aos períodos seguintes serão maiores, pois, sofrerão influência da correção monetária calculada com base na variação do indexador escolhido.

O quadro a seguir mostra os saldos devedores e os valores das prestações mensais para as duas hipóteses consideradas, ou seja, sem correção e com correção de 0,5% ao mês.

a) Sem correção monetária

Nº da Prest.	Saldo Devedor	Amort.	Juros	Valor Prest.
0	60.000,00	–	–	–
1	59.000,00	1.000,00	600,00	1.600,00
2	57.990,00	1.010,00	590,00	1.600,00
3	56.969,90	1.020,10	579,90	1.600,00
4	55.939,60	1.030,30	569,70	1.600,00
5	54.898,99	1.040,60	559,40	1.600,00
6	53.847,98	1.051,01	548,99	1.600,00
7	52.786,46	1.061,52	538,48	1.600,00
8	51.714,33	1.072,14	527,86	1.600,00
9	50.631,47	1.082,86	517,14	1.600,00
10	49.537,79	1.093,69	506,31	1.600,00
11	48.433,17	1.104,62	495,38	1.600,00
12	47.317,50	1.115,67	484,33	1.600,00
13	46.331,72	985,78	473,17	1.458,96
14	45.336,08	995,64	463,32	1.458,96
15	44.330,48	1.005,60	453,36	1.458,96
16	43.314,83	1.015,65	443,30	1.458,96
17	42.289,02	1.025,81	433,15	1.458,96
18	41.252,96	1.036,07	422,89	1.458,96
19	40.206,53	1.046,43	412,53	1.458,96
20	39.149,64	1.056,89	402,07	1.458,96
21	38.082,18	1.067,46	391,50	1.458,96
22	37.004,04	1.078,13	380,82	1.458,96
23	35.915,13	1.088,92	370,04	1.458,96
24	34.815,32	1.099,80	359,15	1.458,96
25	33.848,23	967,09	348,15	1.315,25
26	32.871,47	976,76	333,48	1.315,25
27	31.884,94	986,53	328,71	1.315,25
28	30.888,54	996,40	318,85	1.315,25
29	29.882,18	1.006,36	308,89	1.315,25
30	28.865,76	1.016,42	298,82	1.315,25
31	27.839,17	1.026,59	288,66	1.315,25
32	26.802,32	1.036,85	278,39	1.315,25
33	25.755,09	1.047,22	268,02	1.315,25
34	24.697,40	1.057,69	257,55	1.315,25

b) Correção monetária de 0,5% ao mês

Nº da Prest.	Saldo Devedor	Amort.	Juros	Valor Prest.
0	60.000,00	–	–	–
1	59.303,00	997,00	603,00	1.600,00
2	58.595,51	1.004,00	596,00	1.600,00
3	57.877,37	1.011,12	588,88	1.600,00
4	57.148,43	1.018,33	581,67	1.600,00
5	56.408,51	1.025,66	574,34	1.600,00
6	55.657,46	1.033,09	566,91	1.600,00
7	54.895,10	1.040,64	559,36	1.600,00
8	54.121,28	1.048,30	551,70	1.600,00
9	53.335,80	1.056,08	543,92	1.600,00
10	52.538,50	1.063,98	536,02	1.600,00
11	51.729,21	1.071,99	528,01	1.600,00
12	50.907,73	1.080,12	519,88	1.600,00
13	50.104,24	1.058,03	511,62	1.569,66
14	49.288,65	1.066,11	503,55	1.569,66
15	48.460,79	1.074,30	495,35	1.569,66
16	47.620,47	1.082,62	487,03	1.569,66
17	46.767,50	1.091,07	478,59	1.569,66
18	45.901,70	1.099,64	470,01	1.569,66
19	45.022,87	1.108,34	461,31	1.569,66
20	44.130,81	1.117,18	452,48	1.569,66
21	43.225,32	1.126,14	443,51	1.569,66
22	42.306,20	1.135,24	434,41	1.569,66
23	41.373,26	1.144,48	425,18	1.569,66
24	40.426,27	1.153,85	415,80	1.569,66
25	39.507,47	1.120,93	406,28	1.527,21
26	38.574,84	1.130,16	397,05	1.527,21
27	37.628,18	1.139,54	387,68	1.527,21
28	36.667,27	1.149,05	378,16	1.527,21
29	35.691,90	1.158,71	368,51	1.527,21
30	34.701,85	1.168,51	358,70	1.527,21
31	33.696,89	1.178,46	348,75	1.527,21
32	32.676,82	1.188,56	338,65	1.527,21
33	31.641,39	1.198,81	328,40	1.527,21
34	30.590,38	1.209,22	318,00	1.527,21

Nº da Prest.	Saldo Devedor	Amort.	Juros	Valor Prest.
35	23.629,13	1.068,27	246,97	1.315,25
36	22.550,17	1.078,95	236,29	1.315,25
37	21.610,58	939,59	225,50	1.165,09
38	20.661,60	948,99	216,11	1.165,09
39	19.703,12	958,48	206,62	1.165,09
40	18.735,06	968,06	197,03	1.165,09
41	17.757,32	977,74	187,35	1.165,09
42	16.769,80	987,52	177,57	1.165,09
43	15.772,40	997,39	167,70	1.165,09
44	14.765,04	1.007,37	157,72	1.165,09
45	13.747,59	1.017,44	147,65	1.165,09
46	12.719,98	1.027,62	137,48	1.165,09
47	11.682,08	1.037,89	127,20	1.165,09
48	10.633,81	1.048,27	116,82	1.165,09
49	9.747,66	886,15	106,34	992,49
50	8.852,65	895,01	97,48	992,49
51	7.948,69	903,96	88,53	992,49
52	7.035,68	913,00	79,49	992,49
53	6.113,55	922,13	70,36	992,49
54	5.182,20	931,35	61,14	992,49
55	4.241,53	940,67	51,82	992,49
56	3.291,46	950,07	42,42	992,49
57	2.331,88	959,57	32,91	992,49
58	1.362,71	969,17	23,32	992,49
59	383,85	978,86	13,63	992,49
60	–	383,85	3,84	387,69

Nº da Prest.	Saldo Devedor	Amort.	Juros	Valor Prest.
35	29.523,55	1.219,78	307,43	1.527,21
36	28.440,66	1.230,50	296,71	1.527,21
37	27.399,26	1.183,61	285,83	1.469,43
38	26.342,19	1.194,07	275,36	1.469,43
39	25.269,20	1.204,70	264,74	1.469,43
40	24.180,07	1.215,48	253,96	1.469,43
41	23.074,54	1.226,42	243,01	1.469,43
42	21.952,38	1.237,54	231,90	1.469,43
43	20.813,33	1.248,81	220,62	1.469,43
44	19.657,14	1.260,26	209,17	1.469,43
45	18.483,54	1.271,88	197,55	1.469,43
46	17.292,29	1.283,67	185,76	1.469,43
47	16.083,10	1.295,65	173,79	1.469,43
48	14.855,72	1.307,80	161,64	1.469,43
49	13.692,76	1.237,23	149,30	1.386,53
50	12.512,30	1.248,92	137,61	1.386,53
51	11.314,08	1.260,78	125,75	1.386,53
52	10.097,82	1.272,83	113,71	1.386,53
53	8.863,26	1.285,05	101,48	1.386,53
54	7.610,12	1.297,46	89,08	1.386,53
55	6.338,12	1.310,05	76,48	1.386,53
56	5.046,98	1.322,84	63,70	1.386,53
57	3.736,40	1.335,81	50,72	1.386,53
58	2.406,10	1.348,98	37,55	1.386,53
59	1.055,78	1.362,35	24,18	1.386,53
60	–	1.061,06	10,61	1.071,67

11.3.5.7 Sistema com repactuação periódica das taxas de juros

Esse sistema, também conhecido como sistema de taxas flutuantes, é muito utilizado em vários países do mundo, principalmente na Europa. E no Brasil, com a desativação de indexadores em alguns contratos de financiamento, eu, particularmente, esperava que esse critério fosse utilizado no nosso mercado, o que ainda não ocorreu. O cálculo é extremamente simples, como veremos. As taxas de juros são normalmente fixadas para um período de 3 a 6 anos, ou mais, no final dos quais elas podem ser alteradas em função de um parâmetro, estabelecido no contrato como referência para definição da nova taxa. O sistema de amortização mais comum é o de prestações iguais.

Exemplo:

Um financiamento no valor de $ 130.000,00 deverá ser liquidado em 15 anos (180 prestações mensais), com taxas de juros a serem repactuadas no final de cada período de 5 anos. Sabendo-se que a taxa de juros contratada para os 5 primeiros anos foi de 9% ao ano (equi-

valente a 0,7207% ao mês), e que para os dois períodos seguintes foram respectivamente de 8% (equivalente a 0,6435% ao mês) e 6,5% (equivalente a 0,5262% ao mês), calcular os valores das prestações pagas pelo tomador do crédito ao longo do contrato. Utilizar o sistema de prestações iguais.

Solução:

a) Valor das prestações para os primeiros 5 anos – taxa de 0,7207% ao mês

$$\text{Valor das prestações} = 130.000{,}00 \times \frac{1{,}007207^{180} \times 0{,}007207}{1{,}007207^{180} - 1} = 1.291{,}49$$

b) Valor das prestações para os próximos 5 anos – taxa de 0,6435% ao mês

$$\text{Saldo referente as 120 prestações a vencer} = 1.291{,}49 \times \frac{1{,}007207^{120} - 1}{1{,}007207^{120} \times 0{,}007207} = 103.500{,}71$$

$$\text{Valor das prestações} = 103.500{,}71 \times \frac{1{,}0064357^{120} \times 0{,}006435}{1{,}006435^{120} - 1} = 1.240{,}60$$

c) Valor das prestações para os últimos 5 anos – taxa de 0,5262% ao mês

$$\text{Saldo referente as 60 prestações a vencer} = 1.240{,}60 \times \frac{1{,}006435^{60} - 1}{1{,}006435^{60} \times 0{,}006435} = 61.587{,}63$$

$$\text{Valor das prestações} = 61.587{,}63 \times \frac{1{,}005262^{60} \times 0{,}005262}{1{,}005262^{60} - 1} = 1.199{,}69$$

12

APROPRIAÇÃO DE RECEITAS E DESPESAS FINANCEIRAS DIFERIDAS

Vamos tratar neste capítulo dos critérios mais utilizados pelas empresas para apropriação das receitas e despesas financeiras diferidas, oriundas de operações de empréstimos, financiamentos e aplicação de recursos. Rigorosamente existem apenas dois critérios: o exponencial e o linear. Ambos, como veremos, possibilitam o diferimento das receitas ou despesas, quaisquer que sejam os prazos e as condições de pagamentos ou recebimentos explícitos na operação financeira. No caso das instituições financeiras, o critério exponencial é obrigatório, como estabelece o Plano Contábil das Instituições do Sistema Financeiro Nacional – Cosif – de 29/12/1987. Embora o referido critério seja o mais aconselhável do ponto de vista gerencial, o critério linear, que é pouco conhecido da forma como será exposto, pode também ser utilizado. Este tem a vantagem de ser mais prático, mas o inconveniente de apresentar distorções em relação ao exponencial, que é um critério perfeito.

Vamos denominar o critério linear de "Linear Ponderado", com o objetivo de evitar possíveis confusões com outros critérios lineares conhecidos; o chamado critério da Soma dos Dígitos nada mais é do que uma variação deste nos casos em que as prestações são iguais e periódicas.

12.1 CRITÉRIO EXPONENCIAL

O critério exponencial consiste na apropriação periódica dos encargos devidos (juros e correção monetária), pagos ou não, incidentes sobre o saldo devedor corrigido existente no início do período considerado. Esse período normalmente é de um mês, visto que as empresas, ao elaborarem seus balancetes mensais, devem fazê-lo dentro do que estabelece o chamado "regime de competência", aprovado e definido pelos especialistas em contabilidade e até mesmo exigido por lei, como ocorre no Brasil.

Inicialmente, vamos desenvolver exemplos considerando diferentes condições de pagamento, admitindo, para simplificar, que todas as operações sejam realizadas no último dia de cada mês e que todos os meses tenham igual número de dias. Posteriormente, vamos desenvolver exemplos em que as operações são firmadas no meio do mês, sendo os meses considerados pelos seus números efetivos de dias. Vamos tratar somente das operações com encargos prefixados, ou seja, as taxas são fixas até o vencimento do contrato ou do título.

12.1.1 Operações realizadas no último dia de cada mês, considerando-se os meses com igual número de dias

Vamos utilizar os seguintes dados:

- Capital inicial: $ 100.000,00
- Taxa de juros: 3,5% ao mês.
- Prazo: 12 meses.

1º Plano: 12 pagamentos iguais, mensais e consecutivos.

$R = P \times \text{FRC}\,(i, n) = 100.000{,}00 \times \text{FRC}\,(3{,}5\%, 12) = 100.000.00 \times 0{,}1034839 = 10.348{,}39.$

Tabela 12.1 Critério exponencial: 12 pagamentos iguais e consecutivos

Prazo	Saldo Devedor	Amortização (ou Acréscimo)	Juros a Apropriar	Pagamento
0	100.000,00	–	–	–
1	93.151,61	6.848,39	3.500,00	10.348,39
2	86.063,53	7.088,08	3.260,31	10.348,39
3	78.727,36	7.336,17	3.012,22	10.348,39
4	71.134,43	7.592,93	2.755,46	10.348,39
5	63.275,74	7.858,69	2.489,70	10.348,39
6	55.142,00	8.133,74	2.214,65	10.348,39
7	46.723,58	8.418,42	1.929,97	10.348,39
8	38.010,52	8.713,06	1.635,33	10.348,39
9	28.992,50	9.018,02	1.330,37	10.348,39
10	19.658,85	9.333,65	1.014,74	10.348,39
11	9.998,52	9.660,33	688,06	10.348,39
12	–	9.998,52	349,87	10.348,39
	TOTAL	**100.000,00**	**24.180,68**	**124.180,68**

Observando a Tabela 12.1, verificamos que os valores dos juros a serem apropriados mensalmente nada mais são do que os juros determinados de acordo com o Sistema Francês de Amortização (Tabela Price). Nesse caso específico, os valores das parcelas de juros apropriadas são iguais aos valores das parcelas de juros pagas.

2º Plano: Pagamento único (principal + juros pagos no final de 12 meses).

$S = P(1 + i)^n = 100.000,00\,(1,035)^{12} = 100.000,00 \times 1,5110687 = 151.106,87$

Tabela 12.2 Critério exponencial: pagamento único no final de 12 meses

Prazo	Saldo Devedor	Amortização (ou Acréscimo)	Juros a Apropriar	Pagamento
0	100.000,00	–	–	–
1	103.500,00	(3.500,00)	3.500,00	–
2	107.122,50	(3.622,50)	3.622,50	–
3	110.871,79	(3.749,29)	3.749,29	–
4	114.752,30	(3.880,51)	3.880,51	–
5	118.768,63	(4.016,33)	4.016,33	–
6	122.925,53	(4.156,90)	4.156,90	–
7	127.227,93	(4.302,39)	4.302,39	–
8	131.680,90	(4.452,98)	4.452,98	–
9	136.289,74	(4.608,83)	4.608,83	–
10	141.059,88	(4.770,14)	4.770,14	–
11	145.996,97	(4.937,10)	4.937,10	–
12	–	145.996,97	51.109,90	151.106,87
	TOTAL	**100.000,00**	**51.106,87**	**151.106,87**

Podemos observar na Tabela 12.2 que o valor de cada parcela de juros a ser apropriada mensalmente representa 3,5% do saldo devedor existente no mês imediatamente anterior; como não existem pagamentos intermediários, os saldos devedores são acrescidos mensalmente dos juros devidos e não pagos, razão por que as parcelas de juros a serem apropriadas crescem mês a mês.

3º Plano: Principal pago no vencimento e juros pagos mensalmente.

$J = i \times P = 0,035 \times 100.000,00 = 3.500,00$

Nesse caso, os valores das parcelas de juros apropriados mensalmente, que coincidem com os valores pagos, são todos iguais, visto que os saldos devedores existentes no início de cada mês são constantes, como vemos na Tabela 12.3.

Tabela 12.3 Critério exponencial: principal no vencimento, com juros mensais

Prazo	Saldo Devedor	Amortização (ou Acréscimo)	Juros a Apropriar	Pagamento
0	100.000,00	–	–	–
1	100.000,00	–	3.500,00	3.500,00
2	100.000,00	–	3.500,00	3.500,00
3	100.000,00	–	3.500,00	3.500,00
4	100.000,00	–	3.500,00	3.500,00
5	100.000,00	–	3.500,00	3.500,00
6	100.000,00	–	3.500,00	3.500,00
7	100.000,00	–	3.500,00	3.500,00
8	100.000,00	–	3.500,00	3.500,00
9	100.000,00	–	3.500,00	3.500,00
10	100.000,00	–	3.500,00	3.500,00
11	100.000,00	–	3.500,00	3.500,00
12	–	100.000,00	3.500,00	103.500,00
	TOTAL	**100.000,00**	**42.000,00**	**142.000,00**

4º Plano: 4 pagamentos trimestrais, iguais e consecutivos.

$R = P \times \text{FRC}\,(i, n)$

$i_t = (1 + i)^3 - 1 = (1{,}035)^3 - 1 = 10{,}87179\%$

$R = 100.000{,}00 \times \text{FRC}\,(10{,}87179\%, 4)$

$R = 100.000{,}00 \times 0{,}3214444 = 32.144{,}44$

Tabela 12.4 Critério exponencial: pagamentos trimestrais iguais e consecutivos

Prazo	Saldo Devedor	Amortização (ou Acréscimo)	Juros a Apropriar	Pagamento
0	100.000,00	–	–	–
1	103.500,00	(3.500,00)	3.500,00	–
2	107.122,50	(3.622,50)	3.622,50	–
3	78.727,35	28.395,15	3.749,29	32.144,44
4	81.482,81	(2.755,46)	2.755,46	–
5	84.334,71	(2.851,90)	2.851,90	–
6	55.141,98	29.192,73	2.951,71	32.144,44
7	57.071,95	(1.929,97)	1.929,97	–
8	59.069,47	(1.997,52)	1.997,52	–
9	28.992,46	30.077,01	2.067,43	32.144,44
10	30.007,20	(1.014,74)	1.014,74	–
11	31.057,45	(1.050,25)	1.050,25	–
12	–	31.057,45	1.086,99	32.144,44
	TOTAL	**100.000,00**	**28.577,76**	**128.577,76**

Analisando os números transcritos na Tabela 12.4, verificamos que os valores dos juros a serem apropriados mensalmente crescem do 1º ao 3º mês porque os saldos devedores nos 2 primeiros meses são acrescidos dos juros devidos e não pagos; a primeira amortização, ocorrida no final do 3º mês, determina a redução dos juros no 4º mês, o qual volta a crescer até o 6º mês, quando há nova amortização; esse processo se repete até o final.

5º Plano: 8 pagamentos iguais, mensais e consecutivos, com carência de 4 meses.

$R = P \times (1 + i)^m \times \text{FRC}(i, n)$

m = carência = 4

n = nº de pagamentos

$R = 100.000{,}00 \times (1{,}035)^4 \times \text{FRC}(3{,}5\%, 8)$

$R = 100.000{,}00 \times 1{,}1475230 \times 0{,}1454766 = 16.693{,}78$

Tabela 12.5 Critério exponencial: 8 pagamentos com carência de 4 meses

Prazo	Saldo Devedor	Amortização (ou Acréscimo)	Juros a Apropriar	Pagamento
0	100.000,00	–	–	–
1	103.500,00	(3.500,00)	3.500,00	–
2	107.122,50	(3.622,50)	3.622,50	–
3	110.871,79	(3.749,29)	3.749,29	–
4	114.752.30	(3.880,51)	3.880,51	–
5	102.074,85	12.677,45	4.016,33	16.693,78
6	88.953,69	13.121,16	3.572,62	16.693,78
7	75.373,29	13.580,40	3.113,38	16.693,78
8	61.317,58	14.055,71	2.638,07	16.693,78
9	46.769,92	14.547,66	2.146,12	16.693,78
10	31.713,09	15.056,83	1.636,95	16.693,78
11	16.129,27	15.583,82	1.109,96	16.693,78
12	–	16.129,27	564,51	16.693,78
	TOTAL	**100.000,00**	**33.550,24**	**133.550,24**

Durante a carência não há nenhum pagamento. Os encargos devidos e não pagos são automaticamente incorporados aos saldos devedores existentes no início de cada mês, razão por que as parcelas de juros a serem apropriadas crescem até o 5º mês, ocasião em que ocorre o pagamento da 1ª prestação; a partir desse mês, os juros decrescem gradativamente, em função dos demais pagamentos.

6º Plano: 12 pagamentos mensais, desiguais e consecutivos.

As parcelas de juros a apropriar decrescem de forma irregular, em consequência dos pagamentos de valores desiguais, como mostra a Tabela 12.6.

Tabela 12.6 Critério exponencial: pagamentos mensais, desiguais e consecutivos

Prazo	Saldo Devedor	Amortização (ou Acréscimo)	Juros a Apropriar	Pagamento
0	100.000,00	–	–	–
1	88.500,00	11.500,00	3.500,00	15.000,00
2	81.697,50	6.802,50	3.097,50	9.900,00
3	82.106,91	(409,41)	2.859,41	2.450,00
4	73.780,65	8.326,26	2.873,74	11.200,00
5	70.662,97	3.117,68	2.582,32	5.700,00
6	48.738,66	21.924,31	2.473,20	24.397,51
7	40.044,51	8.694,15	1.705,85	10.400,00
8	35.846,07	4.198,44	1.401,56	5.600,00
9	30.400,68	5.445,39	1.254,61	6.700,00
10	18.164,70	12.235,98	1.064,02	13.300,00
11	15.700,47	2.464,23	635,77	3.100,00
12	–	15.700,47	549,53	16.250,00
	TOTAL	**100.000,00**	**23.997,51**	**123.997,51**

12.1.2 Operações realizadas no meio do mês, considerando-se os meses pelos seus números efetivos de dias

Vejamos agora como podemos diferir receitas ou despesas, obedecendo ao regime de competência mensal, considerando cada mês pelo seu número real de dias e admitindo que a operação financeira tenha sido realizada no meio do mês.

Vamos desenvolver exemplos de dois casos dos mais frequentes em nosso mercado financeiro, mostrando como os respectivos encargos podem ser diferidos de forma perfeita, do ponto de vista teórico, matemático e gerencial. Comecemos pelo mais fácil.

1º CASO

Uma empresa aplica \$ 100.000,00 em CDB (Certificado de Depósito Bancário) no dia 17/01/XY (ano não bissexto), para ser resgatado 180 dias depois por \$ 122.000,00 (vencimento em 16-07-XY); visto que a receita de \$ 22.000,00 deve ser diferida, determinar o valor das parcelas mensais a serem apropriadas pela contabilidade.

Solução:

Para que possamos determinar o valor mensal da receita, precisamos multiplicar a taxa de rendimento referente aos dias decorridos dentro do mês pelo valor atual (saldo credor) do CDB no último dia do mês imediatamente anterior, como nos mostra a Tabela 12.7.

Essa tabela foi elaborada de acordo com a mesma filosofia de cálculo utilizada no quadros anteriores, ou seja, de acordo com a filosofia do Sistema Francês de Amortização.

Tabela 12.7 Determinação mensal de receita a apropriar

Data	Dias Decorridos Dentro do Mês	Saldo Credor (Valor Atual)	Amortização (ou Acréscimo)	Receita Mensal a ser Apropriada	Recebimento
17-1-XY	–	100.000,00	–	–	–
31-1-XY	14	101.558,64	(1.558,64)	1.558,64	–
28-2-XY	28	104.749,18	(3.190,54)	3.190,54	–
31-3-XY	31	108.398,61	(3.649,43)	3.649,43	–
30-4-XY	30	112.051,33	(3.652,72)	3.652,72	–
31-5-XY	31	115.955,17	(3.903,84)	3.903,84	–
30-6-XY	30	119.862,52	(3.907,35)	3.907,35	–
16-7-XY	16	122.000,00	(2.137,48)	2.137,48	122.000,00
Total	**180**	**–**	**22.000,00**	**22.000,00**	**122.000,00**

A receita a ser apropriada em cada mês é obtida como segue:

$$\text{Receita mensal} = [(1 + i_d)^p - 1] \times P_t, \text{ em que}$$

i_d = taxa diária equivalente à taxa de 22% para 180 dias;
p = nº de dias decorridos dentro do mês;
P_t = valor atual do CDB no último dia do mês anterior, com t dias decorridos desde a compra do título.

Assim, para exemplificar, vamos calcular a receita a ser apropriada em março:

$i_d = (1{,}22)^{1/180} - 1 = 0{,}00110534$
Receita de marco = $[(1{,}00110534)^{31} - 1] \times 104.749{,}18$
Receita de março = $0{,}03483978 \times 104.749{,}18 = 3.649{,}43$

Observação: A receita a ser apropriada poderia também ser determinada por diferença entre o valor atual do título no último dia de cada mês e o seu valor atual no último dia do mês imediatamente anterior, considerando, para tal, em ambos os momentos, o número de dias a decorrer até o seu vencimento.

2º CASO

Uma empresa obtém um financiamento de \$ 100.000,00 para a compra de um veículo, para pagamento em 6 prestações mensais, iguais e consecutivas de \$ 18.766,82. Sabendo-se que o contrato foi firmado no dia 9 de outubro, com vencimento no dia 9 de abril do ano seguinte, que é um ano bissexto, e que o vencimento das prestações ocorre sempre no dia 9 de cada mês, mostrar como as despesas diferidas devem ser apropriadas mês a mês.

Solução:

Este caso é bem complexo. Aparentemente, para a sua solução, bastaria, de início, determinar a taxa mensal de juros, como segue:

$$P = R \times \text{FVA}\,(i, n)$$

$$\text{FVA}\,(i, n) = \frac{P}{R}$$

$$100.000{,}00 = 18.766{,}82 \times \frac{(1+i)^6 - 1}{(1+i)^6}$$

$$\frac{(1+i)^6 - 1}{(1+i)^6} = 5{,}32855$$

Com o auxílio de uma calculadora financeira, ou de tabelas financeiras, ou ainda por tentativa e erro, vamos verificar que i= 3,5% ao mês. Entretanto, essa taxa é válida para um modelo simplificado, em que o intervalo de tempo existente entre uma prestação qualquer e a imediatamente posterior (ou anterior) é constante. E isso não ocorre no caso presente, visto que os meses contêm de 29 a 31 dias. Daí, vamos verificar que a taxa exata é diferente de 3,5% ao mês.

A fim de que possamos calcular sem nenhuma distorção o valor das parcelas de juros a serem apropriadas em cada mês, teremos de determinar o valor exato da taxa diária de juros. Para tanto, temos de determinar inicialmente, para cada prestação, qual o prazo a decorrer da data do contrato até o seu vencimento. A Tabela 12.8 mostra como isso é feito.

Tabela 12.8 Determinação de prazos para cálculo de taxas diárias de juros

Prestação	Vencimento	Dias a Decorrer até o Vencimento
1ª	09-11	31
2ª	09-12	61
3ª	09-01	92
4ª	09-02	123
5ª	09-03	152
6ª	09-04	183

A taxa diária, nesse caso, será aquela que permitir que a seguinte igualdade seja verdadeira:

$$100.000{,}00 = 18.766{,}82 \left[\frac{1}{(1+i_d)^{31}} + \frac{1}{(1+i_d)^{61}} + \frac{1}{(1+i_d)^{92}} + \right.$$
$$\left. + \frac{1}{(1+i_d)^{123}} + \frac{1}{(1+i_d)^{152}} + \frac{1}{(1+i_d)^{183}} \right]$$

Com a utilização de uma calculadora financeira que possua a função "taxa interna de retorno", ou por tentativa e erro, chega-se a i_d = 0,00112573, ou 0,112573% ao dia, equivalente a 3,433% ao mês.

Uma vez conhecida a taxa diária, determinamos os valores das parcelas de juros a serem apropriadas mês a mês, tal como se encontra indicado na Tabela 12.9.

Tabela 12.9 Critério exponencial: determinação de juros a serem apropriados mensalmente

Data	Dias Decorridos Dentro do Mês	Saldo Devedor	Amortização (ou Acréscimo)	Juros	Pagamento	Juros a Serem Apropriados no Mês
09-10	–	100.000,00	–	–	–	
31-10	22	102.506,10	(2.506,10)	2.506,10	–	2.506,10
09-11	9	84.782,52	17.723,58	1.043,24	18.766,82	
30-11	21	86.809,53	(2.027,01)	2.027,01	–	3.070,25
09-12	9	68.926,20	17.883,33	883,49	18.766,82	
31-12	22	70.653,56	(1.727,36)	1.727,36	–	2.610,85
09-01	9	52.605,80	18.047,76	719,06	18.766,82	
31-01	22	53.924,15	(1.318,35)	1.318,35	–	2.037,41
09-02	9	35.706,13	18.218,02	548,80	18.766,82	
29-02	20	36.518,68	(812,56)	812,56	–	1.361,36
09-03	9	18.123,53	18.395,16	371,66	18.766,82	
31-03	22	18.577,72	(454,19)	454,19	–	825,85
09-04	9	–	18.577,72	189,10	18.766,82	189,10
Total	**183**	**–**	**100.000,00**	**12.600,92**	**112.600,92**	**12.600,92**

Os valores das parcelas de juros a serem apropriadas são calculados de acordo com a sistemática já conhecida. Entretanto, como as prestações são pagas no dia 9 de cada mês, o total dos juros correspondentes a cada mês tem de ser calculado em duas etapas:

- os juros são calculados até o dia 9, com base no saldo devedor existente no final do mês anterior;
- os juros são calculados para os dias restantes do mês, com base no saldo devedor existente no dia 9, após o pagamento da prestação correspondente.

Nota: Os valores diferidos são apropriados normalmente pela contabilidade, mesmo que as prestações devidas não tenham sido pagas nos respectivos vencimentos.

12.2 CRITÉRIO LINEAR PONDERADO

O critério linear ponderado foi inspirado no critério exponencial. Enquanto este último constitui-se na distribuição dos encargos globais proporcionalmente ao valor dos saldos devedores de principal + encargos incorridos, existentes no início de cada período, o critério linear ponderado consiste na distribuição dos encargos globais proporcionalmente ao valor dos saldos devedores representados por prestações a vencer, existentes no início de cada período.

Inicialmente, vamos comprovar a afirmativa para o caso do critério exponencial. Para tanto, transcrevemos na Tabela 12.10 as colunas representativas dos saldos devedores e dos juros a serem apropriados, correspondentes ao plano de pagamento de 12 prestações iguais, mensais e consecutivas, contidas na Tabela 12.1. Para facilitar a visualização, os saldos devedores existentes no início da cada período foram transcritos na mesma linha dos juros correspondentes.

Tabela 12.10 Critério exponencial: saldos devedores e juros a apropriar

Prazo (*t*)	Saldo Devedor no Início de cada Período	Juros
1	100.000,00	3.500,00
2	93.151,61	3.260,31
3	86.063,53	3.012,22
4	78.727,36	2.755,46
5	71.134,43	2.489,70
6	63.275,74	2.214,65
7	55.142,00	1.929,97
8	46.723,58	1.635,33
9	38.010,52	1.330,37
10	28.992,50	1.014,74
11	19.658,85	688,06
12	9.998,52	349,87
Total	**690.878,64**	**24.180,68**

Analisando apenas os valores transcritos na Tabela 12.10, verificamos que, uma vez conhecidos os valores dos saldos devedores no início de cada período, o somatório desses valores e o valor total dos juros, facilmente podemos determinar os valores das parcelas mensais de juros. Para tanto, basta utilizarmos a equação a seguir (deduzida a partir da chamada "regra de três"):

$$J_t = P_t \times \frac{\sum_{t=1}^{12} J_t}{\sum_{t=1}^{12} P_t} = P_t \times \frac{24.180,68}{690.878,64} = P_t \times 0,035, \text{ em que}$$

J_t = valor da parcela de juros referente ao mês t ($t = 1, 2, ..., 12$).
P_t = valor do saldo devedor existente no início do mês t.

Obviamente, no caso exponencial, a divisão do total dos juros pelo somatório dos saldos devedores dá a taxa de juros cobrada na operação.

No critério linear ponderado, como já foi salientado, o total de juros (ou encargos) é distribuído proporcionalmente aos saldos devedores de prestações a vencer, existentes no início dos respectivos períodos. Esse critério pode ser aplicado a qualquer plano de pagamentos, como demonstraremos a seguir. Para tanto, vamos utilizar os mesmos planos já apresentados quando da análise do critério exponencial.

12.2.1 Operações realizadas no último dia de cada mês, considerando-se os meses com igual número de dias

1º plano: 12 prestações iguais, mensais e consecutivas.

Tabela 12.11 Critério linear ponderado: 12 pagamentos iguais e consecutivos

Prazo	Saldo Devedor	Pagamento	Juros a serem Apropriados
1	124.180,68	10.348,39	3.720,10
2	113.832,29	10.348,39	3.410,10
3	103.483,90	10.348,39	3.100,09
4	93.135,51	10.348,39	2.790,08
5	82.787,12	10.348,39	2.480,07
6	72.438,73	10.348,39	2.170,06
7	62.090.34	10.348,39	1.860,05
8	51.741,95	10.348,39	1.550,04
9	41.393,56	10.348,39	1.240,03
10	31.045,17	10.348,39	930,03
11	20.696,78	10.348,39	620,02
12	10.348,39	10.348,39	310,01
Total	**807.174,42**	**124.180,68**	**24.180,68**

Examinando a Tabela 12.11, podemos verificar que o saldo devedor inicial é representado pelo somatório das prestações a vencer, no valor de $ 124.180,68; os saldos devedores seguintes são sempre iguais ao anterior, deduzido o valor da prestação vencida (paga ou não). Os valores dos juros mensais foram obtidos por "regra de três", a partir da qual se chega à seguinte equação:

$$J_t = P_t \times \frac{\sum_{t=1}^{12} J_t}{\sum_{t=1}^{12} P_t} = P_t \times \frac{24.180,68}{807.174,42} = P_t \times 0,029957$$

em que, P_t é o saldo devedor representado por prestações a vencer no início de cada mês. Como esse saldo devedor decresce linearmente de acordo com uma Progressão Aritmética (porque as prestações são todas iguais), as parcelas de juros correspondentes também decrescem da mesma forma, nesse plano.

2º plano: Pagamento único (principal + juros pagos no final).

Tabela 12.12 Critério linear: pagamento único no final

Prazo	Saldo Devedor	Pagamento	Juros a serem Apropriados
1	151.106,92	–	4.258,91
2	151.106,92	–	4.258,91
3	151.106,92	–	4.258,91
4	151.106,92	–	4.258,91
5	151.106,92	–	4.258,91
6	151.106,92	–	4.258,91
7	151.106,92	–	4.258,91
8	151.106,92	–	4.258,91
9	151.106,92	–	4.258,91
10	151.106,92	–	4.258,91
11	151.106,92	–	4.258,91
12	151.106,92	151.106,92	4.258,91
Total	**1.813.283,04**	**151.106,92**	**51.106,92**

Visto que o pagamento somente ocorre no final de 12 meses, os saldos devedores existentes no início de cada mês são constantes; em decorrência, as parcelas de juros, determinadas por "regras de três", também são constantes.

3º plano: principal pago no vencimento e juros pagos mensalmente.

Tabela 12.13 Critério linear: principal no vencimento e juros mensais

Prazo	Saldo Devedor	Pagamento	Juros a serem Apropriados
1	142.000,00	3.500,00	4.048,88
2	138.500,00	3.500,00	3.949,08
3	135.000,00	3.500,00	3.849,29
4	131.500,00	3.500,00	3.749,49
5	128.000,00	3.500,00	3.649,69
6	124.500,00	3.500,00	3.549,90
7	121.000,00	3.500,00	3.450,10
8	117.500,00	3.500,00	3.350,31
9	114.000,00	3.500,00	3.250,51
10	110.500,00	3.500,00	3.150,71
11	107.000,00	3.500,00	3.050,92
12	103.500,00	103.500,00	2.951,12
Total	**1.473.000,00**	**142.000,00**	**42.000,00**

Neste plano, os saldos devedores decrescem linearmente em função dos pagamentos mensais de juros; em decorrência, as parcelas de juros a serem apropriadas também decrescem linearmente.

A apropriação dos juros, como demonstrado nesse caso, parece ser um tanto irracional; o correto seria a apropriação mensal de parcelas iguais de $ 3.500,00 cada uma, que é um valor conhecido, e que corresponde ao valor devido no mês. Entretanto, por uma questão de consistência de critério, procedemos da forma indicada.

4º plano: 4 pagamentos trimestrais, iguais e consecutivos.

Tabela 12.14 Critério linear: 4 pagamentos trimestrais iguais

Prazo	Saldo Devedor	Pagamento	Juros a serem Apropriados
1	128.577,76	–	3.810,37
2	128.577,76	–	3.810,37
3	128.577,76	32.144,44	3.810,37
4	96.433,32	–	2.857,78
5	96.433,32	–	2.857,78
6	96.433,32	32.144,44	2.857,78
7	64.288,88	–	1.905,18
8	64.288,88	–	1.905,18
9	64.288,88	32.144,44	1.905,18
10	32.144,44	–	952,59
11	32.144,44	–	952,59
12	32.144,44	32.144,44	952,59
Total	**964.333,20**	**128.577,76**	**28.577,76**

Os saldos devedores decrescem no final de cada trimestre, como mostramos na Tabela 12.14, sendo constantes dentro de cada um deles. Consequentemente, as parcelas de juros a serem apropriadas têm o mesmo comportamento.

5º plano: 8 pagamentos iguais, mensais e consecutivos, com carência de 4 meses.

Tabela 12.15 Critério linear: 8 pagamentos iguais, com carência de 4 meses

Prazo	Saldo Devedor	Pagamento	Juros a serem Apropriados
1	133.550,24	–	3.947,09
2	133.550,24	–	3.947,09
3	133.550,24	–	3.947,09
4	133.550,24	–	3.947,09
5	133.550,24	16.693,78	3.947,09

Prazo	Saldo Devedor	Pagamento	Juros a serem Apropriados
6	116.856.46	16.693,78	3.453,70
7	100.162,68	16.693,78	2.960,31
8	83.468,90	16.693,78	2.466,93
9	66.775,12	16.693,78	1.973,54
10	50.081,34	16.693,78	1.480,16
11	33.387,56	16.693,78	986,77
12	16.693,78	16.693,78	493,38
Total	**1.135.177,04**	**133.550,24**	**33.550,24**

Os saldos devedores são constantes até o 5º mês, quando vence a 1ª prestação; a partir dessa data, como mostramos na Tabela 12.15, os saldos devedores decrescem linearmente à razão de $ 16.693,78 ao mês; os valores das parcelas de juros a serem apropriadas comportam-se da mesma forma.

6º plano: 12 pagamentos mensais, desiguais e consecutivos.

Tabela 12.16 Critério linear: 12 pagamentos mensais desiguais e consecutivos

Prazo	Saldo Devedor	Pagamento	Juros a serem Apropriados
1	123.997,51	15.000,00	3.711,03
2	108.997,51	9.900,00	3.262,10
3	99.097,51	2.450,00	2.965,81
4	96.647,51	11.200,00	2.892,49
5	85.447,51	5.700,00	2.557,29
6	79.747,51	24.397,51	2.386,70
7	55.350,00	10.400,00	1.656,53
8	44.950,00	5.600,00	1.345,28
9	39.350,00	6.700,00	1.177,68
10	32.650,00	13.300,00	977,16
11	19.350,00	3.100,00	579,11
12	16.250,00	16.250,00	486,33
Total	**801.835,06**	**123.997,51**	**23.997,51**

Neste caso, visto na Tabela 12.16, praticamente nada há a comentar. As parcelas de juros a serem apropriadas decrescem de forma irregular, como consequência dos pagamentos de valores desiguais.

12.2.2 Operações realizadas no meio do mês, considerando-se os meses pelos números efetivos de dias

Vamos demonstrar agora que o critério linear ponderado também se aplica aos casos em que as operações são firmadas no meio do mês, sendo os meses considerados pelos seus números reais de dias. Vamos utilizar os mesmos exemplos desenvolvidos para o critério exponencial, e transcritos nas Tabelas 12.7 e 12.9.

No primeiro caso, a solução é extremamente simples: basta distribuir linearmente a receita em função do número de dias de cada mês, como mostramos na Tabela 12.17.

Tabela 12.17 Critério linear: determinação de receitas a apropriar mensalmente

Data	Dias a Recorrer	Receita a ser Apropriada
17-01-XY	–	–
31-01-XY	14	1.711,11
28-02-XY	28	3.422,22
31-03-XY	31	3.788,89
30-04-XY	30	3.666,67
31-05-XY	31	3.788,89
30-06-XY	30	3.666,67
16-07-XY	16	1.955,55
TOTAL	**180**	**22.000,00**

A solução do segundo caso pelo critério linear ponderado é mostrada na Tabela 12.18.

Tabela 12.18 Critério linear: determinação dos juros a serem apropriados

Data	Período (t)	Dias Decorridos Dentro do Período	Saldo Devedor	Dias Decorridos × Saldo Devedor	Juros	Pagamento	Juros a serem Apropriados
09-10	0	–	–	–	–	–	
31-10	1	22	112.600,92	2.477.220,24	2.590,84	–	2.590,84
09-11	2	9	112.600,92	1.013.408,28	1.059,89	18.766,82	
30-11	3	21	93.834,10	1.970.516,10	2.060,90	–	3.120,79
09-12	4	9	93.834,10	844.506,90	883,24	18.766,82	
31-12	5	22	75.067,28	1.651.480,16	1.727,23	–	2.610,47
09-01	6	9	75.067,28	675.605,52	706,59	18.766,82	
31-01	7	22	56.300,46	1.238.610,12	1.295,42	–	2.002,01
09-02	8	9	56.300,46	506.704,14	529,95	18.766,82	
29-02	9	20	37.533,64	750.672,80	785,10	–	1.315,05
09-03	10	9	37.533,64	337.802,78	353,30	18.766,82	
31-03	11	22	18.766,82	412.870,04	431,81	–	785,11
09-04	12	9	18.766,82	168.901,38	176,65	18.766,82	176,65
Total		**183**	–	**12.048.298,44**	**12.600,92**	**112.600,92**	**12.600,92**

Os valores das parcelas de juros correspondentes a cada mês foram determinados em função do número de dias decorridos dentro de cada período e dos saldos devedores, representados por prestações a vencer, existentes no início desses mesmos períodos. Para o cálculo das parcelas de juros foi utilizada a equação a seguir, também baseada na chamada "regra de três":

$$J_t = P_t \times d_t \times \frac{\sum_{t=1}^{12} J_t}{\sum_{t=1}^{12} d_t P_t} = P_t \times d_t \times \frac{12.600{,}92}{12.048.298{,}44}, \text{ ou } J_t = P_t \times d_t \times 0{,}001046,$$

em que:

J_1 = valor da parcela de juros referente ao período t (t = 1, 2, 3, ..., 12).

P_1 = valor do saldo devedor existente no início do período t.

d_1 = número de dias decorridos dentro do período t.

12.3 ANÁLISE COMPARATIVA ENTRE OS CRITÉRIOS EXPONENCIAL E LINEAR PONDERADO

Com o objetivo de melhor visualizar as diferenças entre os dois critérios, elaboramos um gráfico para cada um dos planos desenvolvidos e apresentados anteriormente.

1. O critério exponencial, qualquer que seja o plano de pagamento, apresenta sempre, nos períodos iniciais, valores menores que os apresentados pelo linear ponderado; nos períodos finais, essa relação sempre se inverte.
2. As maiores distorções apresentadas pelo critério linear ponderado, em relação ao exponencial (que é critério ideal), ocorrem nos casos em que o principal é pago ou recebido no vencimento do título ou do contrato (ver Figuras 12.2 e 12.3), ou amortizado após um período de carência (Figura 12.5); idem para os planos com pagamentos trimestrais, em que há uma carência inicial de 2 meses (Figura 12.4).
3. Nos casos em que as prestações são mensais e consecutivas, as diferenças entre os dois critérios não são relevantes (Figuras 12.1 e 12.6).

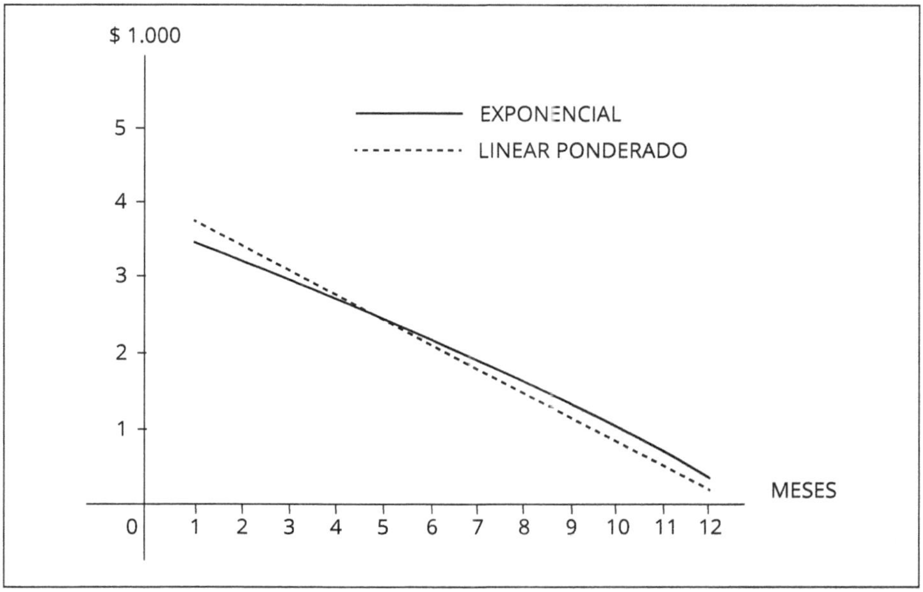

Figura 12.1 Plano de 12 pagamentos iguais, mensais e consecutivos.

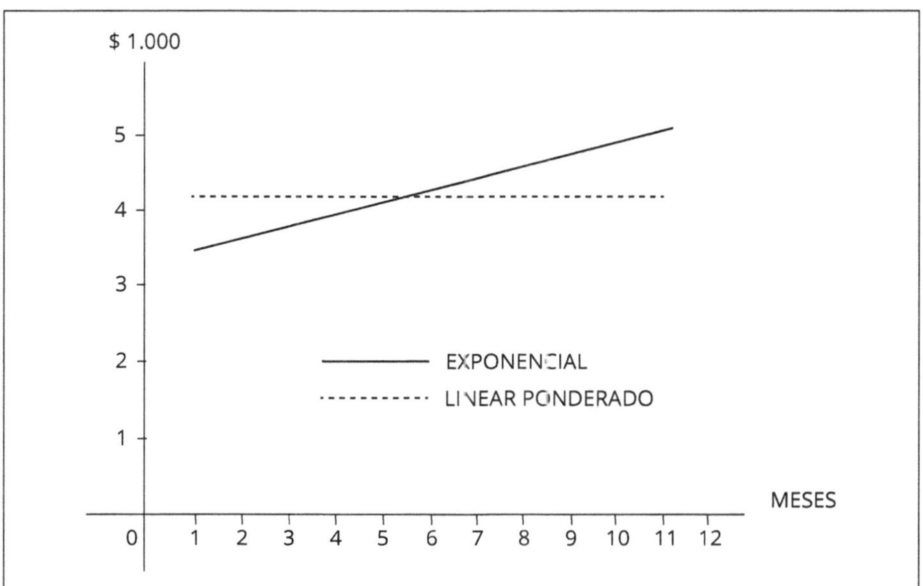

Figura 12.2 Plano de pagamento único.

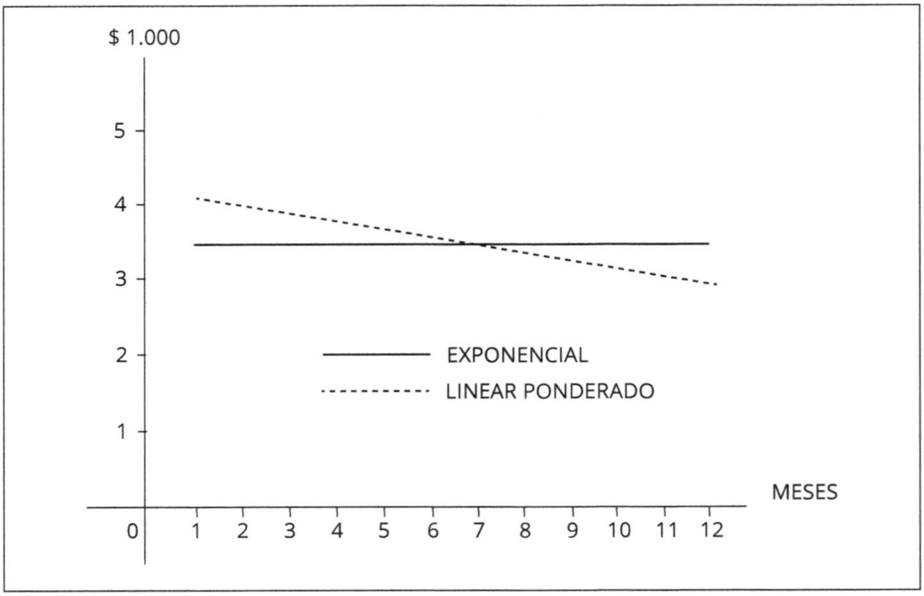

Figura 12.3 Plano de principal pago no vencimento e juros pagos mensalmente.

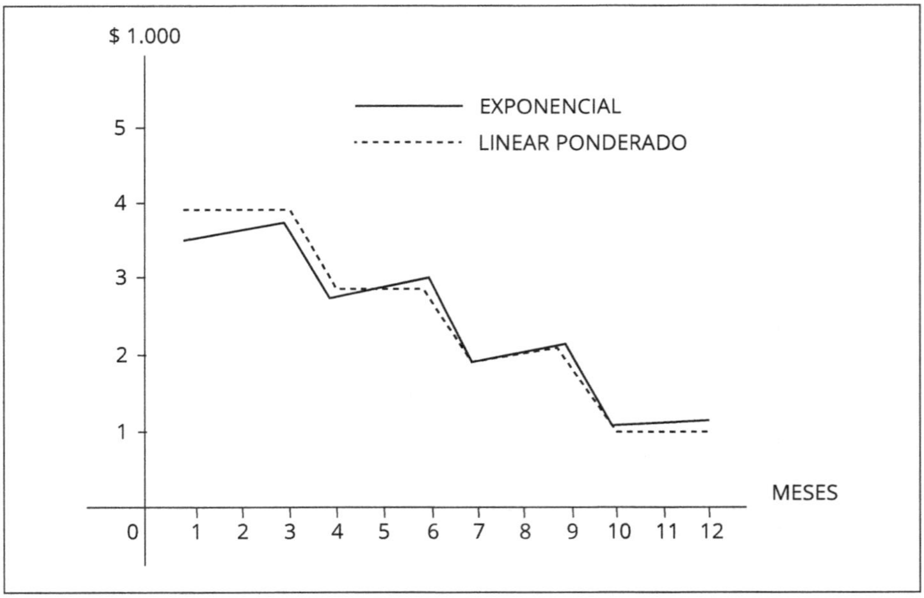

Figura 12.4 Plano de 4 pagamentos trimestrais, iguais e consecutivos.

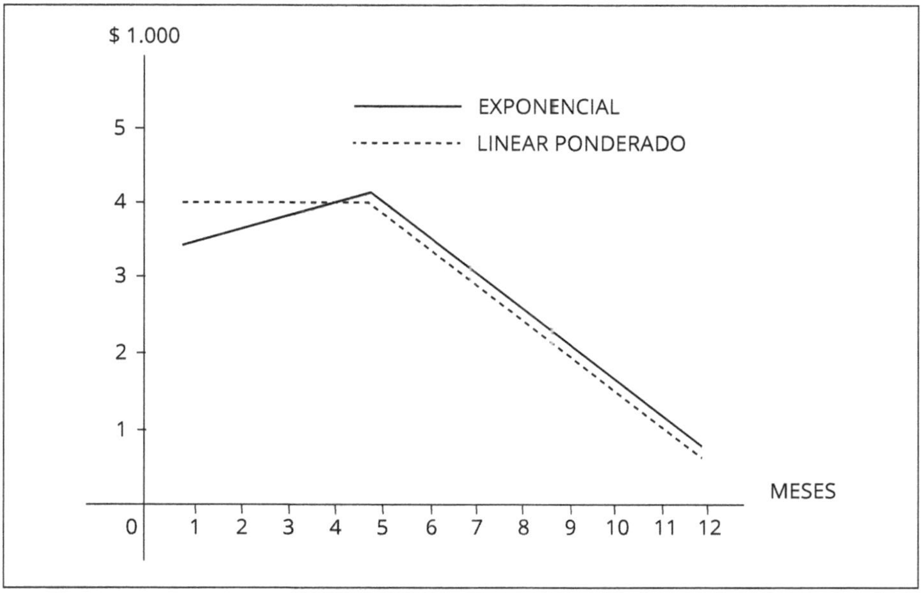

Figura 12.5 Plano de 6 pagamentos iguais, mensais e consecutivos, com conferência de 4 meses.

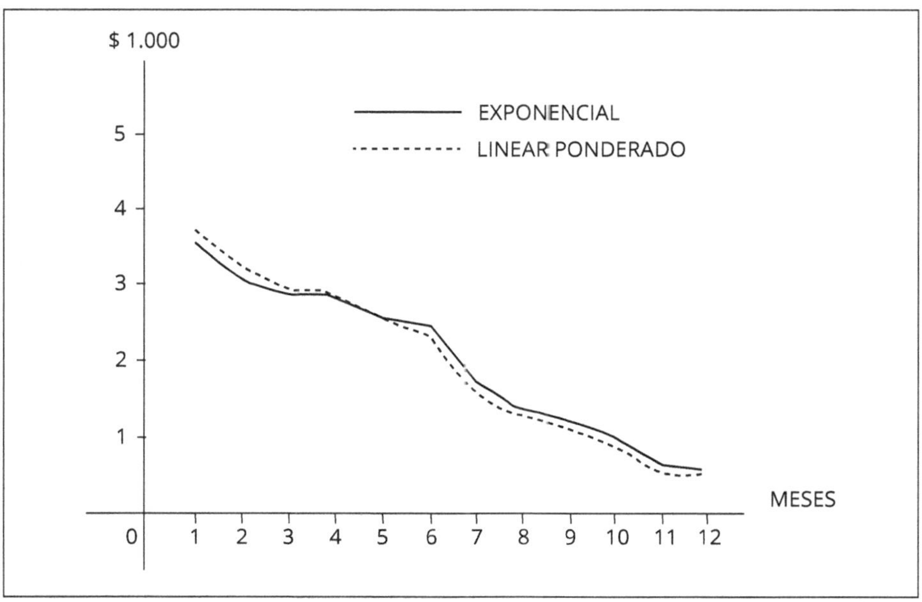

Figura 12.6 Plano de 12 pagamentos mensais, desiguais e consecutivos

12.4 CRITÉRIO DA SOMA DOS DÍGITOS

Esse critério, utilizado em diversos países, nada mais é do que um caso particular do critério linear ponderado quando as prestações são iguais, periódicas (mensais, trimestrais, anuais etc.) e consecutivas, como comprovaremos mais adiante. Nesse caso específico, o critério da soma dos dígitos consiste na divisão do total dos juros ou encargos pelo somatório dos prazos (expresso por dígitos representativos do número de meses a decorrer), correspondentes a cada prestação, sendo o resultado dessa divisão multiplicado pelos respectivos prazos, considerados na ordem inversa.

Para exemplificar, vamos considerar o mesmo plano de 12 prestações iguais, mensais e consecutivas visto anteriormente. Os dados são os seguintes:

- Principal: $ 100.000,00
- Valor das prestações: $ 10.348,39
- Número de prestações: 12

Total de encargos = 12 × 10.348,39 – 100.000,00 = 24.180,68.

Soma dos Dígitos = 1 + 2 + 3 + ... + 11 + 12 = 78.

$$\frac{\text{Total dos encargos}}{\text{Soma dos dígitos}} = \frac{24.180{,}68}{78} = 310{,}008718.$$

A partir desses dados, podemos determinar os valores das parcelas de juros a serem apropriados mensalmente, como já mostramos na Tabela 12.11.

Tabela 12.19 Critério da soma dos dígitos: apropriação mensal de juros

Prazo (em Meses)	Dígito	×	310.008718	=	Juros a serem Apropriados
1	12	×	310,008718	=	3.720,10
2	11	×	310,008718	=	3.410,10
3	10	×	310,008718	=	3.100,09
4	9	×	310,008718	=	2.790,08
5	8	×	310,008718	=	2.480,07
6	7	×	310,008718	=	2.170,06
7	6	×	310,008718	=	1.860,05
8	5	×	310,008718	=	1.550,04
9	4	×	310,008718	=	1.240,03
10	3	×	310,008718	=	930,03
11	2	×	310,008718	=	620,02
12	1	×	310,008718	=	310,01
Total	**78**	×	**310,008718**	=	**24.180,68**

Confrontando os valores obtidos por meio desse critério com os determinados pelo linear ponderado, verificamos que são idênticos. Facilmente pode-se comprovar que o critério da soma dos dígitos é o próprio critério linear ponderado, nos casos em que as prestações são iguais, periódicas e consecutivas. Basta dividir por $ 10.348,39 os valores constantes da coluna "Saldo Devedor", da Tabela 12.11, para obter exatamente os dígitos transcritos no quadro anterior. Portanto, a soma dos dígitos é um critério que permite a distribuição dos juros proporcionalmente aos saldos das prestações a vencer, existentes no início de cada mês.

13

UTILIZAÇÃO DE CALCULADORAS FINANCEIRAS

13.1 INTRODUÇÃO

Existem no mercado brasileiro várias marcas e modelos de calculadoras financeiras, que resolvem diretamente, através das teclas financeiras [n] [i] [PV] [PMT] [FV], os problemas básicos de matemática financeira que envolvem pagamento único e séries de pagamentos iguais, calculados com base no regime de capitalização composta. Essas teclas têm o seguinte significado:

[n]	: número de períodos = número de pagamentos.
[i]	: taxa de juros expressas em porcentagem.
[PV]	: *present value* = valor presente ou capital inicial.
[PMT]	: valor dos pagamentos ou valor das prestações.
[FV]	: *future value* = valor futuro ou montante.

Dada a impossibilidade de apresentar a solução de problemas através de vários modelos, vamos fazê-lo por meio da HP-12C, que é uma das calculadoras mais populares no Brasil.

Se o leitor possuir máquina de outra marca ou modelo, facilmente, com pequena adaptação, poderá resolver boa parte dos exemplos apresentados, visto que utilizamos basicamente as operações aritméticas fundamentais (soma, subtração, multiplicação e divisão), a função potência e as teclas financeiras já mencionadas que são comuns a todas elas. Caso o leitor encontre dificuldades, recomendamos a leitura dos manuais que acompanham as calculadoras, e, no caso específico dos usuários de HP-12C, o *Manual de aplicações financeiras HP-12C*, elaborado pelo autor deste livro e publicado pelo Grupo Gen | Atlas.

A seguir, mostramos como resolver alguns exercícios que foram apresentados nos capítulos anteriores deste livro, mencionando, para comparação dos resultados por parte do leitor, a página em que o enunciado e a solução matemática dos exercícios se encontram.

13.2 PROBLEMAS DE JUROS SIMPLES E DESCONTOS (CAPÍTULOS 2 E 4)

PROBLEMA 1 (página 6)

Qual o valor dos juros correspondentes a um empréstimo de $ 10.000,00 pelo prazo de 8 meses, sabendo-se que a taxa cobrada é de 3% ao mês?

TECLAS	VISOR	SIGNIFICADO
10000 [ENTER]	10.000,00	Valor do empréstimo
3 [%]	300,00	Valor mensal dos juros
8 [x]	2.400,00	Valor total dos juros

PROBLEMA 2 (página 6)

Sabendo-se que os juros de $ 6.000,00 foram obtidos com a aplicação de $ 7.500,00 à taxa de 8% ao trimestre, pede-se calcular a prazo.

TECLAS	VISOR	SIGNIFICADO
7500 [ENTER]	7.500,00	Valor da aplicação
8 [%]	600,00	Valor dos juros por trimestre
6000 [x⇔y] [÷]	10,00	Prazo em números de trimestres

PROBLEMA 3 (página 31)

Qual a taxa mensal de desconto utilizada numa operação a 120 dias, cujo valor de resgate é de $ 1.000,00 e cujo valor atual é de $ 880,00?

TECLAS	VISOR	SIGNIFICADO
1000 [ENTER]	1.000,00	Valor de resgate
880 [−]	120,00	Valor do desconto
1000 [÷] 100 [x]	12,00	Taxa de desconto (em %) para 120 dias
120 [÷] 30 [x]	3,00	Taxa mensal de desconto (em %)

PROBLEMA 3 (página 35)

Oito títulos no valor de 1.000,00 cada um são descontados por um banco, cujo líquido correspondente, no valor de $ 6.830,00, é creditado na conta do cliente. Sabendo-se que os vencimentos desses títulos são mensais e sucessivos a partir de 30 dias, calcular a taxa de desconto.

TECLAS	VISOR	SIGNIFICADO
8 [ENTER] 1000 [x]	8.000,00	Valor total dos títulos
6830 [−]	1.170,00	Valor do desconto total
1000 [ENTER] 8 [x]	8.000,00	Valor total dos títulos
1 [ENTER] 8 [+] 2 [÷]	4,50	Prazo médio
[x] [÷] 100 [x]	3,25	Taxa mensal de desconto (%)

13.3 PROBLEMAS DE JUROS COMPOSTOS (CAPÍTULOS 3 E 5)

PROBLEMA 1 (página 19)

No final de dois anos, o Sr. Pedro deverá efetuar um pagamento de $ 200.000,00, referente ao valor de um empréstimo contraído hoje, mais os juros devidos, correspondente a uma taxa de 4% ao mês. Pergunta-se: Qual o valor emprestado?

TECLAS	VISOR	SIGNIFICADO
[f] CLEAR [REG]	0,00	Limpa registradores
200000 [FV]	200.000,00	Valor futuro
24 [n]	24,00	Prazo (meses)
4 [i]	4	Taxa mensal
[PV]	− 78.024,29	Valor emprestado

Notas: 1. A calculadora HP-12C foi concebida segundo o conceito de fluxo de caixa; assim sendo, às entradas de caixa está associado o sinal (+) e às saídas de caixa o sinal (−). Portanto, essa resposta, com o sinal negativo, apenas indica que $ 78.024,29 é uma saída de caixa e $ 200.000,00 uma entrada de caixa (problema enfocado do ponto de vista de quem está emprestando ao Sr. Pedro).

2. Ao invés de ([f] CLEAR [REG]) pode-se usar também ([f] CLEAR [FIN]).

PROBLEMA 2 (página 20)

A loja "Topa Tudo" financia a venda de uma mercadoria no valor de $ 16.000,00, sem entrada, para pagamento em uma única prestação de $ 22.753,61, no final de 8 meses. Qual a taxa mensal cobrada pela loja?

TECLAS	VISOR	SIGNIFICADO
[f] CLEAR [REG]	0,00	Limpa registradores
16000 [PV]	16.000,00	Valor do financiamento
22753.61 [CHS] [FV]	22.753,61	Valor futuro
8 [n]	8,00	Prazo do financiamento (em meses)
[i]	4,50	Taxa mensal (em %)

PROBLEMA 3 (página 21)

Em que prazo um empréstimo de $ 30.000,00 pode ser quitado em um único pagamento de $ 51.310,18, sabendo-se que a taxa contratada é de 5% ao mês?

TECLAS	VISOR	SIGNIFICADO
[f] CLEAR [REG]	0,00	Limpa registradores
30000 [CHS] [PV]	- 30.000,00	Valor do empréstimo
51310.18 [FV]	51.310,18	Valor do resgate
5 [i]	5,00	Taxa semestral
[n]	11,00	Prazo (em nº de meses)

PROBLEMA 4 (página 22)

Determinar o montante correspondente a uma aplicação de $ 10.000,00, pelo prazo de 7 meses, a uma taxa de 3,387% ao mês.

TECLAS	VISOR	SIGNIFICADO
[f] CLEAR [REG]	0,00	Limpa registradores
10000 [PV]	10.000,00	Valor da aplicação
7 [n]	7,00	Prazo (em meses)
3.387 [i]	3,39	Taxa mensal
[FV]	- 12.625,88	Valor do montante

PROBLEMA 5 (página 22)

Um título de renda fixa deverá ser resgatado por $ 10.000,00 no seu vencimento, o que ocorrerá dentro de 3 meses. Sabendo-se que o rendimento desse título é de 40% ao ano, determinar o seu valor presente.

TECLAS	VISOR	SIGNIFICADO
[f] CLEAR [REG]	0,00	Limpa registradores
[STO] [EEX]	0,00	c Posiciona a máquina para calcular juros compostos nos casos de períodos fracionários
10000 [FV]	10.000,00	c Valor de resgate
40 [i]	40,00	c Taxa anual
3 [ENTER] 12 [÷] [n]	0,25	c Prazo (em fração de ano)
[PV]	- 9.193,23	c Valor presente

PROBLEMA 6 (página 23)

Determinar a taxa anual equivalente a 2% ao mês.

TECLAS	VISOR	SIGNIFICADO
1.02 [ENTER]	1,02	1 + a taxa mensal (forma unitária)
12 [y^x] 1 [–]	0,27	Taxa anual (forma unitária)
100 [X]	26,82	Taxa anual (forma percentual)

PROBLEMA 7 (página 23)

Determinar a taxa mensal equivalente a 60,103% ao ano.

TECLAS	VISOR	SIGNIFICADO
1.60103 [ENTER]	1,60103	1 + a taxa anual (forma unitária)
12 [1/x] [y^x]	1,04	1 + taxa mensal (forma unitária)
1 [–] 100 [x]	4,00	Taxa mensal (forma percentual)

PROBLEMA 8 (página 51)

Quanto terá no final de quatro anos uma pessoa que aplicar $ 500,00 por mês, durante esse prazo, em um "fundo de renda fixa", à taxa de 1% ao mês?

TECLAS	VISOR	SIGNIFICADO
[f] CLEAR [REG]	0,00	Limpa registradores
48 [n]	48,00	Nº de aplicações mensais
500 [PMT]	500,00	Valor das aplicações mensais
1 [i]	1,00	Taxa mensal
[FV]	– 30.611,30	Valor do montante no final de quatro anos

Observação: Este exemplo trata de uma série de pagamentos postecipados; a calculadora resolve séries antecipadas quando no visor estiver a instrução BEGIN.

PROBLEMA 9 (página 52)

Quanto uma pessoa terá de aplicar mensalmente num "fundo de renda fixa", durante cinco anos, para que possa resgatar $ 200.000,00 no final de 60 meses, sabendo-se que o fundo proporciona um rendimento de 2% ao mês?

TECLAS	VISOR	SIGNIFICADO
[f] CLEAR [REG]	0,00	Limpa registradores
60 [n]	60,00	Nº de aplicações mensais
200000 [FV]	200.000,00	Montante no final de 60 meses
2 [i]	2,00	Taxa mensal
[PMT]	– 1.753,59	Valor a ser aplicado mensalmente

PROBLEMA 10 (página 53)

Quantas prestações de $ 4.000,00 devo aplicar trimestralmente, à taxa de 7% ao trimestre, para acumular um montante de $ 100.516,08, no final de certo prazo? E qual esse prazo?

TECLAS	VISOR	SIGNIFICADO
[f] CLEAR [REG]	0,00	Limpa registradores
4000 [CHS] [PMT]	- 4.000,00	Valor das prestações trimestrais
7 [i]	7,00	Taxa trimestral
100516.08 [FV]	100.516,08	Montante no final do prazo
[n]	15,00	Nº de prestações trimestrais

PROBLEMA 11 (página 54)

A que taxa devo aplicar $ 15.036,28 por ano para que tenha um montante de $ 500.000,00 no final de 10 anos?

TECLAS	VISOR	SIGNIFICADO
[f] CLEAR [REG]	0,00	Limpa registradores
15036.28 [PMT]	15.036,28	Valor da aplicação anual
500000 [CHS] [FV]	- 500.000,00	Valor do montante
10 [n]	10,00	Nº de aplicações anuais
[i]	25,00	Taxa anual

PROBLEMA 12 (página 61)

Um empréstimo de$ 30.000,00 é concedido por uma instituição financeira para ser liquidado em 12 prestações iguais, mensais e consecutivas. Sabendo-se que a taxa de juros é de 3,5% ao mês, calcular o valor da prestação.

TECLAS	VISOR	SIGNIFICADO
[f] CLEAR [REG]	0,00	Limpa registradores
30000 [PV]	30.000,00	Valor do empréstimo
12 [n]	12,00	Nº de prestações mensais
3.5 [i]	3,50	Taxa anual
[PMT]	- 3.104,52	Valor da prestação mensal

PROBLEMA 13 (página 63)

Determinar a que taxa mensal foi firmada uma operação de empréstimo de $ 100.000,00, para ser liquidada em 18 prestações mensais, iguais e consecutivas de $ 7.270,87.

TECLAS	VISOR	SIGNIFICADO
[f] CLEAR [REG]	0,00	Limpa registradores
100000 [CHS] [PV]	– 100.000,00	Valor do empréstimo
18 [n]	18,00	Nº de prestações mensais
770.87 [PMT]	7.270,87	Valor das prestações mensais
[i]	3,00	Taxa mensal (%)

PROBLEMA 14 (página 65)

Uma pessoa depositou anualmente $ 500,00 numa conta de poupança, em nome de seu filho, a juros de 6% ao ano. O primeiro depósito foi feito no dia em que o filho completou um ano, e o último por ocasião do seu 18º aniversário. O dinheiro continuou depositado até o dia em que o filho completou 21 anos, ocasião em que o montante foi sacado. Quanto recebeu o filho?

TECLAS	VISOR	SIGNIFICADO
[f] CLEAR [REG]	0,00	Limpa registradores
500 [PMT]	500,00	Valor dos depósitos anuais
6 [i]	6,00	Taxa anual de juros
18 [n]	18,00	Nº de depósitos
[FV]	– 15.452,83	Montante acumulado até o 18º ano
[f] CLEAR [FIN] [PV]	– 15.452,83	Limpa registradores FINanceiros (mas não limpa o visor) e introduz o montante em PV
3 [n]	3,00	Prazo a decorrer do 18º ao 21º ano
6 [i]	6,00	Taxa anual de juros
[FV]	18.404,56	Montante sacado pelo filho

PROBLEMA 15 (página 68)

O Sr. Miranda resolveu fazer 10 aplicações mensais, como segue:

a) cinco prestações iniciais de $ 1.000,00 cada uma;

b) cinco prestações restantes de $ 2.000,00 cada uma.

Sabendo-se que essa aplicação proporcionará um rendimento de 2,75% ao mês, calcular o saldo acumulado de capital mais juros à disposição do Sr. Miranda no final do 10º mês.

TECLAS	VISOR	SIGNIFICADO
[f] CLEAR [REG]	0,00	Limpa registradores
10 [n]	10,00	Nº de aplicações mensais de $ 1.000,00
1000 [PMT]	1.000,00	Valor das aplicações mensais
2.75 [i]	2,75	Taxa mensal de juros
[FV]	– 11.332,78	Montante de 10 aplicações de $ 1.000,00

5 [n] [FV]	5.282,67	Montante das cinco prestações restantes de $ 1.000,00
[+] [CHS]	16.615,43	Montante à disposição do Sr. Miranda no final do 10º mês

PROBLEMA 16 (página 71)

Márcio e Daniela ficaram noivos e pretendem casar-se dentro de 20 meses. Como entendem ser mais aconselhável adquirir à vista todos os móveis necessários, pretendem fazer aplicações mensais, cujo montante deverá ser sacado três meses antes do casamento, para a devida compra. Sabendo-se que:

a) essa aplicação deverá render 1,00% ao mês;

b) o montante desejado é de $ 80.000,00 (valor que os mesmos estimam para os móveis daqui a 17 meses);

c) o casal já aplicou *hoje* $ 12.000,00.

Indaga-se: qual o valor de cada uma das 17 aplicações mensais, iguais e consecutivas necessárias para totalizar um montante de $ 80.000,00 no final de 17 meses?

TECLAS	VISOR	SIGNIFICADO
[f] CLEAR [REG]	0,00	Limpa registradores
12000 [PV]	12.000,00	Valor da aplicação inicial
1 [i]	1,00	Taxa mensal de juros
17 [n]	17,00	Nº de meses de aplicação
[FV]	- 14.211,60	Montante do depósito inicial no final de 17 meses
80000 [+]	65.788,40	Montante que deverá ser obtido com a aplicação de 17 parcelas iguais
[f] CLEAR [FIN] [FV]	65.788,40	Limpa Rregistradores financeiros e armazena o montante em FV
17 [n]	17,00	Nº de aplicações mensais
1 [i]	1,00	Taxa mensal de juros
[PMT]	- 3.569,55	Valor das aplicações mensais

PROBLEMA 17 (página 75)

Parte do valor de um veículo é financiada por uma companhia de crédito, para ser paga em 20 prestações iguais de $ 15.000,00. Sabendo-se que essa financeira cobra do mutuário uma taxa de 4% ao mês, calcular o valor financiado, isto é, o valor entregue ao cliente na data do contrato.

TECLAS	VISOR	SIGNIFICADO
[f] CLEAR [REG]	0,00	Limpa registradores
20 [n]	20,00	Nº de prestações iguais
15000 [PMT]	15.000,00	Valor das prestações mensais

4 [i]	4,00	Taxa mensal de juros
[PV]	– 203.854,90	Valor entregue ao cliente

PROBLEMA 18 (página 77)

Um banco empresta $ 62.946,76 para serem liquidados em prestações anuais de $ 20.000,00 cada uma. Sabendo-se que a taxa de juros cobrada na operação é de 14,01754% ao semestre, calcular o número de prestações.

TECLAS	VISOR	SIGNIFICADO
[f] CLEAR [REG]	0,00	Limpa registradores
1.1401754 [ENTER]	1,14	1 + a taxa semestral (forma unitária)
2 [y^x] 1 [–]	0,30	Taxa anual (forma unitária)
100 [x] [i]	30,00	Taxa anual (forma percentual)
62946.76 [CHS] [PV]	– 62.946.76	Valor do empréstimo
20000 [PMT]	20.000,00	Valor das prestações
[n]	11,00	Nº de prestações anuais

PROBLEMA 19 (página 80)

Qual o valor de um empréstimo que pode ser liquidado em 10 prestações mensais à taxa de 3,5% ao mês, sendo as 4 primeiras prestações de $ 3.000,00 e as 6 últimas de $ 4.500,00?

TECLAS	VISOR	SIGNIFICADO
[f] CLEAR [REG]	0,00	Limpa registradores
3.5 [i]	3,50	Taxa mensal de juros
4 [n]	4,00	Nº de prestações de $ 3.000,00
3000 [PMT]	3.000,00	Valor das prestações iniciais
[PV]	– 11.019,24	Valor presente das seis primeiras prestações
[CHS] [STO] 0	11.019,24	Troca o sinal e armazena
6 [n]	6,00	Nº de prestações de $ 4.500,00
4500 [PMT]	4.500,00	Valor das 6 últimas prestações
[PV]	– 23.978,49	Valor presente das 8 prestações no final do 4º mês
[f] CLEAR [FIN] [FV]	– 23.978,49	Armazena o valor presente em FV
3.5 [i]	3,50	Taxa mensal de juros
4 [n]	4,00	Nº de meses da data do contrato ao 4º mês
[PV]	20.895,87	Valor presente das 6 últimas prestações na data do empréstimo
[RCL] 0 [+]	31.915,11	Valor do empréstimo

PROBLEMA 20 (página 90)

Quanto terei de aplicar mensalmente, a partir de hoje, para acumular no final de 36 meses um montante de $ 300.000,00, sabendo que o rendimento firmado é de 34,489% ao ano, e que as prestações são iguais e consecutivas e em número de 36?

TECLAS	VISOR	SIGNIFICADO	
[f] CLEAR [REG]	0,00		Limpa registradores
1.34489 [ENTER]	1,34		1 + a taxa anual (forma unitária)
12 [1/x] [y^x]	1,03		1 + a taxa mensal (forma unitária)
1 [-] 100 [x] [i]	2,50		Taxa mensal (forma percentual)
[g] [BEG]	2,50	begin	Posiciona a calculadora para resolver problemas com pagamenos antecipados
300000 [FV]	300.000,00	begin	Valor do montante
36 [n]	36,00	begin	Nº de aplicações mensais
[PMT]	– 5.107,77	begin	Valor das aplicações mensais

PROBLEMA 21 (página 90)

Quantas aplicações mensais de $ 1.000,00 são necessárias para obter um montante de $ 33.426,47, sabendo-se que a taxa é de 3% ao mês, e que a primeira aplicação é feita no ato da assinatura do contrato e a última 30 dias antes do resgate daquele valor?

TECLAS	VISOR	SIGNIFICADO	
[f] CLEAR [REG]	0,00	begin	Limpa registradores
1000 [CHS] [PMT]	– 1.000,00	begin	Valor das aplicações mensais
33426.47 [FV]	33.426,47	begin	Valor do montante
3 [i]	3,00	begin	Taxa mensal de juros
[n]	23,00	begin	Nº de aplicações mensais

PROBLEMA 22 (página 91)

Um "fundo de renda fixa" assegura, a quem aplicar 60 parcelas iguais e mensais de $ 500,00, o resgate de um montante de $ 58.166,29 no final do 60º mês. Sabendo-se que a primeira aplicação é feita na data do contrato, calcular a taxa de rendimento proporcionada pelo fundo.

TECLAS	VISOR	SIGNIFICADO	
[f] CLEAR [REG]	0,00	begin	Limpa registradores
60 [n]	60,00	begin	Nº de aplicações mensais
500 [CHS] [PMT]	– 500,00	begin	Valor das aplicações mensais
58166.29 [FV]	58.166,29	begin	Valor do montante
[i]	2,00	begin	Taxa mensal paga pelo fundo

13.4 PROBLEMAS DE TAXA INTERNA DE RETORNO E VALOR PRESENTE LÍQUIDO (CAPÍTULO 8)

PROBLEMA 1 (página 176)

Determinar a taxa interna de retorno correspondente a um empréstimo de \$ 1.000,00 a ser liquidado em três pagamentos mensais de \$ 300,00, \$ 500,00 e \$ 400,00. O fluxo de caixa correspondente a essa operação, tomando-se como referência o doador de recursos, é representado como segue:

TECLAS	VISOR	SIGNIFICADO
[f] CLEAR [REG]	0,00	Limpa registradores
1000 [CHS] [g] [CF_0]	– 1.000,00	Valor do empréstimo
300 [g] [CF_j]	300,00	Valor do 1º pagamento
500 [g] [CF_j]	500,00	Valor do 2º pagamento
400 [g] [CF_j]	400,00	Valor do 3º pagamento
[f] [IRR]	9,26	Taxa interna de retorno mensal

em que [CF_0] significa *Fluxo de caixa do momento zero* (fluxo de caixa inicial) e [CF_j] *Fluxo de caixa de ordem j* (sendo j = 1, 2, 3, ...)

PROBLEMA 2 (página 178)

Um equipamento no valor de \$ 70 milhões é integralmente financiado, para pagamento em sete parcelas mensais, sendo as três primeiras de \$ 10 milhões, as duas seguintes de \$ 15 milhões, a 6ª de \$ 20 milhões e a 7ª de \$ 30 milhões. Determinar a taxa interna de retorno dessa operação.

TECLAS	VISOR	SIGNIFICADO
[f] CLEAR [REG]	0,00	Limpa registradores
70 [CHS] [g] [CF_0]	– 70,00	Valor do financiamento
10 [g] [CF_j]	10,00	Valor dos fluxos do 1º grupo
3 [g] [N_j]	3,00	Nº de vezes que este valor se repete
15 [g] [CF_j]	15,00	Valor dos fluxos do 2º grupo
2 [g] [N_j]	2,00	Nº de vezes que este valor se repete
20 [g] [CF_j]	20,00	Valor do fluxo do 3º grupo
30 [g] [CF_j]	30,00	Valor do fluxo do 4º grupo
[f] [IRR]	10,40	Taxa interna de retorno mensal

PROBLEMA 3 (página 178)

Um consumidor adquire eletrodoméstico pelo sistema de crediário para pagamento em seis prestações mensais de \$ 735,70. Sabendo-se que o valor financiado foi de \$ 2.450,00 e que a primeira prestação será paga no final do 5º mês (quatro meses de carência), determinar a taxa de juros cobrada pela loja.

TECLAS	VISOR	SIGNIFICADO
[f] CLEAR [REG]	0,00	Limpa registradores
2450 [g] [CF_0]	2.450,00	Valor financiado
0 [g] [CF_j]	0,00	Valor dos fluxos do 1º grupo
4 [g] [N_j]	4,00	Nº de vezes que este valor se repete
735.7 [CHS] [g] [CF_j]	- 735,70	Valor dos fluxos do 2º grupo
6 [g] [N_j]	6,00	Nº de vezes que este valor se repete
[f] [IRR]	8,30	Taxa mensal de juros cobrada pela loja

PROBLEMA 4 (página 179)

Um empréstimo no valor de $ 2.000,00 deverá ser quitado em três prestações de $ 550,00, $ 670,00 e 940,00, com vencimentos a 42, 57 e 85 dias respectivamente. Calcular a taxa mensal de juros cobrada nessa operação, de acordo com o critério de juros compostos.

Nesse caso há necessidade de trabalhar com fluxos de caixa diários. Como o banco somente terá o primeiro recebimento no 42º dia após a operação, isso significa que durante 41 dias o banco nada receberá e, portanto, teremos de considerar 41 fluxos iguais a zero; entre o vencimento da 1ª e da 2ª duplicatas teremos mais 14 fluxos iguais a zero, e assim por diante. A solução desse problema é obtida como segue:

TECLAS	VISOR	SIGNIFICADO
[f] CLEAR [REG]	0,00	Limpa registradores
2000 [CHS] [g] [CF_0]	- 2.000,00	Valor do empréstimo
0 [g] [CF_j]	0,00	Valor dos fluxos do 1º grupo
41 [g] [N_j]	41,00	Nº de vezes que este valor se repete
550 [g] [CF_j]	550,00	Valor do fluxo do 2º grupo
0 [g] [CF_j]	0,00	Valor do fluxo do 3º grupo
14 [g] [N_j]	14,00	Nº de vezes que este valor se repete
670 [g] [CF_j]	670,00	Valor do fluxo do 4º grupo
0 [g] [CF_j]	0,00	Valor dos fluxos do 5º grupo
27 [g] [N_j]	27,00	Nº de vezes que este valor se repete
940 [g] [CF_j]	940,00	Valor do fluxo do 6º grupo
[f] [IRR]	0,12	Taxa diária de juros (em %)
100 [÷] 1 [+]	1,00	1 + taxa diária de juros (forma decimal)
30 [y^x] 1 [−]	0,04	Taxa mensal de juros (forma decimal)
100 [x]	3,61	Taxa mensal de juros (em %)

PROBLEMA 5 (página 173)

Um empréstimo de $ 23.000,00 será liquidado em três prestações mensais e sucessivas de $ 12.000,00, $ 5.000,00 e $ 8.000,00. Considerando uma taxa de juros de 4% ao mês, calcular o valor presente líquido.

TECLAS	VISOR	SIGNIFICADO
[f] CLEAR [REG]	0,00	Limpa registradores
23000 [CHS] [g] [CF_0]	– 23.000,00	Valor do empréstimo
12000 [g] [CF_j]	12.000,00	Valor do 1º pagamento
5000 [g] [N_j]	5.000,00	Valor do 2º pagamento
8000 [g] [CF_j]	8.000,00	Valor do 3º pagamento
4 [i]	4,00	Taxa mensal de juros
[f] [NPV]	273,21	Valor presente líquido

PROBLEMA 6 (página 173)

Um imóvel é financiado em 18 prestações mensais, iguais e sucessivas de $ 325.000,00 e mais três prestações semestrais (prestação-reforço ou prestação-balão) de $ 775.000,00, $ 875.000,00 e $ 975.000,00. Calcular o valor financiado, sabendo-se que a taxa cobrada pela financeira foi de 0,85% ao mês.

TECLAS	VISOR	SIGNIFICADO
[f] CLEAR [REG]	0,00	Limpa registradores
0 [g] [CF_0]	0,00	Fluxo inicial
325000 [g] [CF_j]	325.000,00	Valor do fluxo do 1º grupo
5 [g] [N_j]	5,00	Nº de fluxos iguais
1100000 [g] [CF_j]	1.100.000,00	Valor do fluxo do 2º grupo
325000 [g] [CF_j]	325.000,00	Valor dos fluxos do 3º grupo
5 [g] [N_j]	5,00	Nº de fluxos iguais
1200000 [g] [CF_j]	1.200.000,00	Valor do fluxo do 4º grupo
325000 [g] [CF_j]	325.000,00	Valor dos fluxo do 5º grupo
5 [g] [N_j]	5,00	Nº de fluxos iguais
1300000 [g] [CF_j]	1.300.000,00	Valor do fluxo do 6º grupo
0.85 [i]	0,85	Taxa mensal
[f] [NPV]	7.767.563,73	Valor financiado

PROBLEMA 7 (página 174)

Um apartamento foi colocado à venda pelo valor de $ 5 milhões a vista, ou em dois anos de prazo, com $ 800.000,00 de entrada, mais 12 prestações mensais de $ 180.000,00 e mais 12 de $ 281.860,00. Admitindo-se que você esteja interessado em adquiri-lo e que tenha recursos para comprá-lo até mesmo à vista, qual seria a sua decisão, se você tivesse também a opção de aplicar seus recursos em um fundo de renda fixa a uma taxa de 1% ao mês?

Para a taxa de 6% ao mês:

TECLAS	VISOR	SIGNIFICADO
[f] CLEAR [REG]	0,00	Limpa registradores
800000 [g] [CF_0]	800.000,00	Valor da entrada (fluxo inicial)
180000 [g] [CF_j]	180.000,00	Valor dos fluxos do 1º grupo
12 [g] [N_j]	12,00	Nº de fluxos iguais
281860 [g] [CF_j]	281.860,00	Valor dos fluxos do 2º grupo
12 [g] [N_j]	12,00	Nº de fluxos iguais
1 [i]	1,00	Taxa mensal
[f] [NPV]	5.641.218,94	Valor presente

13.5 PROBLEMAS SOBRE AMORTIZAÇÃO DE EMPRÉSTIMO – SISTEMA FRANCÊS (CAPÍTULO 6)

Vamos resolver os problemas apresentados utilizando basicamente as funções financeiras da máquina, embora as calculadoras HP-12C e HP-38E/C possuam uma função específica para a solução de problemas de amortização pelo Sistema Francês. Para facilitar o entendimento, vamos explicitar, antes da solução através da calculadora, a fórmula matemática que deve ser utilizada.

PROBLEMA 1 (página 129)

Dados: Valor do empréstimo = $ 8.530,20;

Número de prestações = 10;

Taxa mensal de juros = 3%

Pede-se:

a) Calcular o valor do saldo devedor existente no final do 6º mês (após o pagamento da 6ª prestação)

TECLAS	VISOR	SIGNIFICADO
[f] CLEAR [REG]	0,00	Limpa registradores
8530.20 [CHS] [PV]	– 8.530,20	Valor do empréstimo
10 [n]	10,00	Nº de prestações
3 [i]	3,00	Taxa mensal de juros
[PMT]	1.000,00	Valor das prestações mensais
10 [ENTER] 6 [–]	4,00	$n - 1$
[n] [PV]	– 3.717,10	Valor do saldo devedor no final do 6º mês

b) Calcular o valor da parcela de juros correspondentes à 4ª prestação

TECLAS	VISOR	SIGNIFICADO
[f] CLEAR [REG]	0,00	Limpa registradores
1000 [CHS] [PMT]	– 1.000,00	Valor das prestações mensais
3 [i]	3,00	Taxa mensal de juros
7 [n]	7,00	$n + t + 1 = 10 - 4 + 1$
[PV]	6.230,28	Valor presente de 7 prestações de $ 1.000,00
[RCL] [i] [%]	186,91	Valor da parcela de juros correspondente à 4ª prestação

c) Calcular o valor da parcela de amortização correspondente à 5ª prestação

TECLAS	VISOR	SIGNIFICADO
[f] CLEAR [REG]	0,00	Limpa registradores
8530.20 [CHS] [PV]	8.530,20	Valor do empréstimo
3 [%]	255,91	Valor dos juros da 1ª prestação
100 [–] [CHS]	744,09	Parcela de amortização da 1ª prestação
1.03 [ENTER]	1,03	1 + a taxa mensal de juros (forma unitária)
4 [y^x] [x]	837,48	Valor da amortização da 5ª parcela

d) Calcular o valor das amortizações acumuladas até o 4º mês, ou seja, a soma das parcelas correspondentes às quatro primeiras prestações

TECLAS	VISOR	SIGNIFICADO
[f] CLEAR [REG]	0,00	Limpa registradores
1000 [CHS] [PMT]	– 1.000,00	Valor das prestações
3 [i]	3,00	Taxa mensal de juros
10 [n]	10,00	Nº de prestações
[PV]	8.530,20	Valor das amortizações de todas as prestações
6 [n] [PV]	5.417,19	Valor das amortizações das seis últimas prestações = 1.000,00 × FVA (3%, 10 – 4)
[–]	3.113,01	Valor das amortizações correspondentes às 4 primeiras prestações

e) Calcular o total de juros acumulados até a 4ª prestação

TECLAS	VISOR	SIGNIFICADO
4 [ENTER]	4,00	Nº de prestações
1000 [x]	4.000,00	Valor das prestações acumuladas
3113.01 [–]	886,99	Valor dos juros acumulados até a 4ª prestação

f) Calcular o valor dos juros acumulados entre o 6º e o 9º mês, ou seja, entre a sexta prestação (exclusive) e a nona prestação (inclusive)

TECLAS	VISOR	SIGNIFICADO
[f] CLEAR [REG]	0,00	Lilmpa registradores
1000 [CHS] [PMT]	– 1.000,00	Valor das prestações mensais
3 [i]	3,00	Taxa de juros
4 [n]	4,00	Nº de prestações = $n - t = 10 - 6$
[PV]	3.717,10	1.000,00 × FVA (3%, 10 – 6)
1 [n]	1,00	Nº de prestações = $n - t - k = 10 - 6 - 3$
[PV]	970,87	1.000,00 × FVA (3%, 10 – 6 – 3)
[–]	2.746,22	3.717,10 – 970,87
1000 [ENTER]	1.000,00	Valor das prestações
3 [x] [–] [CHS]	253,78	Valor dos juros acumulados entre a 6ª e a 9ª prestação

BIBLIOGRAFIA

CAVALHEIRO, Luiz Álvaro Ferreira. *Elementos de Matemática Financeira*. Rio de Janeiro: Fundação Getúlio Vargas – Instituto de Documentação, 1970.

COSTA, Salustiano Orlando de Araújo. *Código Comercial do Império do Brasil*, 1863.

DE FARO, Clóvis. *Matemática Financeira*. Rio de Janeiro: Apec, 1974.

DEVREESE, Josef T.; BERGHE, G. Vanden. *Magic is no Magic – The Wonderful Word of Simon Stevin*. Reino Unido: WIT Press, 2008

FAUSTO, Boris. *História concisa do Brasil*. 2. ed. São Paulo: Edusp,.2006.

HESS, Geraldo et al. *Engenharia econômica*. Rio de Janeiro: Forum, 1974.

LEME, Ruy de Aguiar da Silva. A taxa de juros. *Revista Bancária Brasileira*. São Paulo, 19-22, ago. 1967.

MOIVRE, Abraham de. *Doctrine of Chances*. [S.l.]: W.Pearson,1718.

MOORE, Justin Hartley. *Manual de matemáticas financieras*. México: UTEHA, 1958.

PEREIRA, Mário Geraldo. *Plano básico de amortização pelo sistema francês e respectivo fator de conversão*. Tese (Doutorado) – FEA-USP, São Paulo, 1965.

PRICE, Richard. *Observations on Reversionary Payments; on Schemes for Providing Annuities for Widows, and for Persons in Old Age; on The Method of Calculating The Values of Assurances on Lives; and on The National Debt. To Which Are Added, Four Essays on Different Subjects in The Doctrine of Life-Annuities and Political Arithmetick*. Londres: T. Cadell, 1771.

SMART, John. *Tables of Interest, Discount Annuities, Etc*. Londres: J. Darby and T. Browne, 1726.

STEVIN, Simon. *The Tafelen van Interest*. Holanda: Christoffel Plantijn, 1532.

THIAGO, Rodolpho Baptista de S. *Mathematica Commercial e Financeira*. São Paulo: Escolas Profissionaes Salesianas, 1937.

APÊNDICE

A

NOÇÕES SOBRE POTÊNCIAS, PROGRESSÕES E INTERPOLAÇÃO

1 NOÇÕES SOBRE POTÊNCIAS E RADICAIS

1.1 Potências

Define-se como potência e expressão a^n, em que a variável a, chamada base da potência, é um número real qualquer, e em que a variável n, chamada expoente, é um número inteiro ou fracionário.

a) Propriedades das potências

- $a^0 = 1$
- $\frac{1}{a^n} = a^{-n}$
- $a^n \times a^m = a^{n+m}$
- $\frac{a^n}{a^m} = a^n \times a^{-m} - a^{n-m}$
- $(a \times b)^n = a^n \times b^n$
- $\left(\frac{a}{b}\right)^n = \frac{a^n}{b^n}$
- $\left(a^n\right)^m = a^{n \times m}$

b) Exemplos de aplicação

Calcular: $5^4 \times \frac{1}{5^2} + 4^0 \times 4^2 \times 6^2$

Solução:

$$5^4 \times \frac{1}{5^2} + 4^0 \times 4^2 \times 6^2 = 5^4 \times 5^{-2} + 1 \times (4 \times 6)^2 = 5^2 + 24^2 = 25 + 576 = 601$$

Calcular: $\frac{(-3)^{-2}}{\left(\frac{2}{3}\right)^{-2}} \times \frac{3^2}{2^2}$

Solução:

$$\frac{(-3)^{-2}}{\left(\frac{2}{3}\right)^{-2}} \times \frac{3^2}{2^2} = \frac{1}{(-3)^2} \times \left(\frac{2}{3}\right)^2 \times \left(\frac{3}{2}\right)^2 = \left(\frac{1}{-3}\right)^2 \times \left(\frac{2}{3}\right)^2 \times \left(\frac{3}{2}\right)^2 =$$

$$= \left(\frac{1}{-3} \times \frac{2}{3} \times \frac{3}{2}\right)^2 = \left(\frac{1}{-3}\right)^2 = \frac{1}{9}$$

Calcular: $\frac{(1+a)^8}{(1+a)^5} \times (1 + a)^{-3}$

Solução:

$$\frac{(1+a)^8}{(1+a)^5} \times (1 + a)^{-3} = (1+a)^8 \times (1+a)^{-5} \times (1 + a)^{-3} = (1 + a)^{8-5-3} =$$

$$= (1+a)^0 = 1$$

1.2 Radicais

Entende-se por radical o símbolo $\sqrt{}$, sendo a expressão $\sqrt[n]{a}$ lida como raiz *enésima* de a; n é um número inteiro chamado índice do radical e a é um número real positivo chamado radicando.

a) Propriedades dos radicais

- $\sqrt[n]{a} = a^{1/n}$
- $\sqrt[n]{a^m} = (a^m)^{1/n} = a^{m/n} = \left(a^{1/n}\right)^m = \left(\sqrt[n]{a}\right)^m$
- $\sqrt[n]{a} \times \sqrt[n]{b} = \sqrt[n]{a \times b} = (a \times b)^{1/n}$
- $\frac{\sqrt[n]{a}}{\sqrt[n]{b}} = \sqrt[n]{\frac{a}{b}} = \left(\frac{a}{b}\right)^{1/n}$
- $\sqrt[m]{\sqrt[n]{a^m}} = \sqrt[m \times n]{a} = a^{1/m \times n}$

b) Exemplos de aplicação

1. Calcular: $\dfrac{\sqrt[3]{125} \times \sqrt[3]{64}}{\sqrt[3]{1.000}}$

Solução: $\dfrac{\sqrt[3]{125} \times \sqrt[3]{64}}{\sqrt[3]{1.000}} = \sqrt[3]{\dfrac{125 \times 64}{1.000}} = \sqrt[3]{8} = 2$

2. Calcular: $\dfrac{36^5}{\left(\sqrt{36}\right)^5} \times \sqrt[3]{\sqrt{729}}$

Solução: $\dfrac{36^5}{\left(\sqrt{36}\right)^5} \times \sqrt[3]{\sqrt{729}} = \left(\dfrac{36}{\sqrt{36}}\right)^5 \times \sqrt[6]{36} = \left(\dfrac{36}{6}\right)^5 \times \left(3^6\right)^{1/6} =$

$= 6^5 \times 3 = 23.328$

3. Calcular: $16^{5/4}$

Solução:

$16^{5/4} = \sqrt[4]{16^5} = \sqrt[4]{(2^4)^5} = \sqrt[4]{2^{20}} = 2^{20/4} = 2^5 = 32$

ou

$16^{5/4} = \left(\sqrt[4]{16}\right)^5 = \left(\sqrt[4]{(2^4)}\right)^5 = (2^{4/4})^5 = 2^5 = 32$

2 NOÇÕES DE PROGRESSÃO ARITMÉTICA (PA)

2.1 Definição

Progressão Aritmética é toda sequência de números em que a diferença entre cada termo, a partir do segundo, e o termo imediatamente anterior é sempre constante. Esse valor constante é chamado *razão* da PA e será representado por *r*.

Se $r > 0$, a PA é crescente.

Se $r < 0$, a PA é decrescente.

Se $r = 0$, a PA é constante.

Assim, sabendo-se que a_1 é o primeiro termo, a_n o último e r a razão de uma PA, temos:

$a_1 = a_1$

$a_2 = a_1 + r$

$a_3 = a_2 + r = a_1 + 2r$

$a_4 = a_3 + r = a_1 + 3r$

...

$a_n = a_{n-1} + r = a_1 + (n - 1) \times r$

Portanto, o valor do *enésimo* termo de uma PA é dado pela expressão $a_n = a_1 + (n - 1) \times r$, conhecida por "fórmula do termo geral".

2.2 Dedução da Fórmula da Soma dos Termos de uma PA

A fim de facilitar o entendimento, vamos deduzi-la a partir do seguinte exemplo; determinar a soma dos números naturais de 1 até 9.

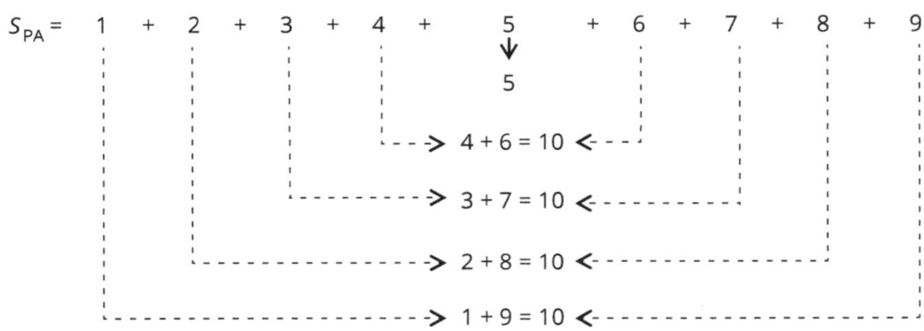

Observando os termos da PA podemos perceber que a soma dos termos equidistantes dos extremos é sempre igual à soma dos extremos. E se o número de termos for ímpar, como no caso presente, o termo intermediário será sempre igual à média aritmética dos termos extremos. Assim, podemos escrever:

$$S_{PA} = (1 + 9) + (2 + 8) + (3 + 7) + (4 + 6) + 5$$

$$S_{PA} = 10 + 10 + 10 + 10 + \frac{10}{2}$$

$$S_{PA} = 4 \times 10 + \frac{10}{2} = \frac{8 \times 10 + 10}{2} = \frac{9 \times 10}{2} = 45$$

Como neste exemplo o número 9 representa o número de termos da PA, e 10 é a soma dos termos extremos, substituindo os números pelos respectivos símbolos, temos:

$$S_{PA} = \frac{n(a_1 + a_n)}{2}$$

Se, em vez de 9 termos tivéssemos 10, a soma dos termos seria assim representada:

$$S_{PA} = (1 + 10) + (2 + 9) + (3 + 8) + (4 + 7) + (5 + 6)$$

$$S_{PA} = 5 \times 11 = \frac{10 \times 11}{2} = 55$$

Como neste novo exemplo 10 representa o número de termos e 11 a soma dos termos extremos, a substituição dos números pelos respectivos símbolos dará a fórmula anteriormente deduzida, isto é:

$$S_{PA} = \frac{n(a_1 + a_n)}{2}$$

2.3 Exemplos de Aplicação

1. Sabendo-se que o primeiro termo de uma PA é igual a 30, que a razão é igual a 5 e que o número de termos é 20, calcular o valor do último termo.

   Solução

   Dados: $a_1 = 30$

   $r = 5$

   $n = 20$

   Para a solução deste problema, tem-se de utilizar a fórmula do termo geral, como segue:

   $a_n = a_1 + (n - 1)r$

   $a_n = 30 + (20\text{-}1)5 = 30 + 95 = 125$

2. Determinar o número de termos de uma PA de razão igual a 7, cujo primeiro termo é 21 e o último 364.

   Solução

   Dados: $a_1 = 21$

   $a_n = 364$

   $r = 7$

   $a_n = a_1 + (n - 1)r$

   $364 = 21 + (n - 1)7 = 21 + 7n - 7 = 14 + 7n$

   $$350 = 7n \Rightarrow n = \frac{350}{7} = 50$$

3. Determinar o primeiro termo da seguinte PA de 100 termos:

   ..., 1.040, 1.036, 1.032

   Solução

   Dados: $a_n = 1.032$

   $r = -4$

   $n = 100$

   $a_n = a_1 + (n - 1)r \Rightarrow a_1 = a_n - (n - 1)r$

   $a_1 = 1.032 - (100 - 1) \times (-4) = 1.032 - 396 = 1.428$

4. Determinar o primeiro termo de uma PA em que a_{10} é igual a 63 e $r = 3$.

Solução

Sabendo-se que $a_n = a_1 + (n - 1)r$, podemos escrever $a_{10} = a_1 + 9r$.
Substituindo as variáveis pelos seus respectivos valores, temos:

$63 = a_1 + 9 \times 3 \Longrightarrow a_1 = 36$

5. Calcular a soma de uma PA representada pelos primeiros 200 números naturais pares.

Solução

Dados: $a_1 = 2$

$r = 2$

$n = 200$

$$a_n = a_1 + (n - 1)r$$

$$a_n = 2 + 199 \times 2 = 400$$

$$S_{PA} = \frac{n(a_1 + a_n)}{2}$$

$$S_{PA} = \frac{200(2 + 400)}{2} = 40.200$$

6. Dada a PA (12, 18, ..., 240), calcular a sua soma.

Solução

Dados: $a_1 = 12$

$a_n = 240$

$r = 18 - 12 = 6$

$$a_n = a_1 + (n - 1)r$$

$$240 = 12 + (n - 1)6 = 12 + 6n - 6 = 6 + 6n$$

$$n = \frac{240 - 6}{6} = 39$$

$$S_{PA} = \frac{n(a_1 + a_n)}{2} = \frac{39(12 + 240)}{2} = 4.914$$

7. Sabendo-se que a soma de uma PA de 24 termos é igual a 3.612, e que o seu primeiro termo é igual a 1, determinar a sua razão.

Solução

Dados: $a_1 = 1$

$n = 24$

$S_{PA} = 3.612$

$$S_{PA} = \frac{n(a_1 + a_n)}{2}$$

$$3.612 = \frac{24(1 + a_n)}{2} \Rightarrow a_n = 300$$

$$a_n = a_1 + (n - 1)r$$

$$300 = 1 + 23 \times r \Rightarrow r = \frac{300 - 1}{23} = 13$$

3 NOÇÕES DE PROGRESSÃO GEOMÉTRICA (PG)

3.1 Definição

Progressão Geométrica é toda sequência de números em que a divisão de cada um dos seus termos, a partir do segundo, pelo termo imediatamente anterior, resulta num valor constante. Esse valor constante é chamado *razão* da PG e será representado por q.

Se $q > 1$, a PG é crescente.

Se $q < 1$, a PG é decrescente.

Se $q = 1$, a PG é constante.

Assim, representando-se por a_1 o primeiro termo e por a_n o último, tem-se:

$$a_1 = a_1$$

$$a_2 = a_1 \times q$$

$$a_3 = a_2 \times q = a_1 \times q \times q = a_1 \times q^2$$

$$a_4 = a_3 \times q = a_1 \times q^2 \times q = a_1 \times q^3$$

...

$$a_n = a_{n-1} \times q = a_1 \times q^{n-2} \times q = a_1 \times q^{n-1}$$

Portanto, o valor do *enésimo* termo é dado pela expressão: $a_n = a_1 \times q^{n-1}$, também conhecida por "fórmula do termo geral".

3.2 Dedução da Fórmula da Soma dos Termos de uma PG

Partindo do desenvolvimento anterior, temos:

$$a_1 + a_2 + a_3 + ... + a_n = a_1 + a_1 \times q + a_2 \times q + a_3 \times q + ... + a_{n-1} \times q$$

$$\sum_{i=1}^{n} a_i = a_1 + a_1 \times q + a_2 \times q + a_3 \times q + \ ... \ + a_{n-1} \times q$$

Somando $a_n \times q$ a ambos os membros da igualdade:

$$\sum_{i=1}^{n} a_i + a_n \times q = a_1 + a_1 \times q + a_2 \times q + a_3 \times q + \ ... \ + a_{n-1} \times q + a_n \times q$$

$$\sum_{i=1}^{n} a_i + a_n \times q = a_1 + q\,(a_1 + a_2 + a_3 + \ldots + a_{n-1} + a_n)$$

$$\sum_{i=1}^{n} a_i + a_n \times q = a_1 + q \times \sum_{i=1}^{n} a_i$$

$$a_n \times q - a_1 = q\sum_{i=1}^{n} a_i - \sum_{i=1}^{n} a_i = (q-1)\sum_{i=1}^{n} a_i$$

$$\sum_{i=1}^{n} a_i = \frac{a_n \times q - a_1}{q-1}$$

Como $a_n = a_1 \times q^{n-1}$, a fórmula anterior pode ser escrita como segue:

$$\sum_{i=1}^{n} a_i = \frac{a_1 \times q^{n-1} \times q - a_1}{q-1} = \frac{a_1 \times q^{n} - a_1}{q-1}$$

Portanto, a soma de uma PG é dada pela expressão:

$$\sum_{i=1}^{n} a_i = S_{PG} = \frac{a_1 \times q^{n} - a_1}{q-1}, \text{ ou } S_{PG} = \frac{a_1(q^{n} - 1)}{q-1}$$

3.3 Exemplos de Aplicação

1. Sabendo-se que o primeiro termo de uma PG é igual a 9, que a razão é igual a 3 e que o número de termos é 10, calcular o valor do último termo.

   Solução

   Dados: $a_1 = 9$

   $q = 3$

   $n = 10$

   Para solucionar este problema, vamos utilizar a fórmula do termo geral:

   $a_n = a_1 \times q^{n-1}$

   $a_{10} = 9 \times 3^9 = 9 \times 19.683 = 177.147$

2. Uma PG tem os seguintes dados:
   - primeiro termo = 2
   - segundo termo = 4
   - último termo = 4.096

   Calcular o número de termos.

Solução

Dados: $a_1 = 2$

$a_2 = 4$

$a_n = 4.096$

Inicialmente, vamos calcular a razão:

$$q = \frac{a_2}{a_1} = \frac{4}{2} = 2$$

Aplicando a fórmula do termo geral, temos:

$$a_n = a_1 \times q^{n-1}$$

$$4.096 = 2 \times 2^{n-1} = 2^n$$

Através de logaritmo ou por tentativa e erro, chega-se a $n = 12$.

3. Sabendo-se que $a_1 = 1,1025$, $n = 50$ e que $a_{50} = 12,04077$, determinar a razão.

Solução

$$a_n = a_1 \times q^{n-1} \Rightarrow 12,04077 = 1,10250 \times q^{49}$$

$$q^{49} = 10,92133 \Rightarrow q = 1,05$$

(obtido através de logaritmo ou tentativa e erro.)

4. Determinar a soma dos 6 primeiros termos de uma PG, cujo sexto termo é 16.384 e cuja razão é igual a 4.

Solução

Inicialmente, temos de determinar o valor do 1º termo:

$$a_n = a_1 \times q^{n-1} \Rightarrow a_1 = \frac{a_n}{q^{n-1}}$$

$$a_1 = \frac{16.384}{4^5} = \frac{16.384}{1.024} = 16$$

$$S_{PG} = \frac{a_1 \times (q^n - 1)}{q - 1} - \frac{16 \times (4^6 - 1)}{4 - 1} = 21.840$$

5. Determinar a soma de uma PG de razão igual a 1,03, primeiro termo igual a $(1,03)^4$ e último termo igual a$(1,03)^{20}$.

Solução

a) Número de termos

$$a_n = a_1 \times q^{n-1} \Rightarrow (1,03)^{20} = (1,03)^4 \times (1,03)^{n-1} = (1,03)^{n+3}$$

$$20 = n + 3 \Rightarrow n = 17$$

b) Soma da PG

$$S_{PG} = \frac{a_1 \times (q^n - 1)}{q - 1} = (1{,}03)^4 \times \frac{(1{,}03)^{17} - 1}{1{,}03 - 1} = 24{,}49286$$

6. Quantos termos tem a PG: 1/8, 1/4, 1/2, 1, ..., 128.

Solução

a) Valor da razão

$$q = \frac{\frac{1}{4}}{\frac{1}{8}} = \frac{1}{4} \times \frac{8}{1} = 2$$

b) Número de termos

$$a_n = a_1 \times q^{n-1} \Rightarrow 128 = \frac{1}{8} \times 2^{n-1} = \frac{1}{2^3} \times 2^{n-1} = 2^{-3} \times 2^{n-1} = 2^{n-4}$$

$$128 = 2^7 \Rightarrow 2^7 = 2^{n-4} \Rightarrow 7 = n - 4 \Rightarrow n = 11$$

7. Determinar o valor do último termo e a soma de uma PG de razão igual a 0,8 sabendo-se que o primeiro termo é 4 e que o número de termos é 13.

Solução

a) Valor do último termo

$$a_n = a_1 \times q^{n-1} = 4 \times 0{,}8^{12} = 4 \times 0{,}068719 = 0{,}274878$$

b) Soma da PG

$$S_{PG} = \frac{a_1 \times (q^n - 1)}{q - 1}$$

$$S_{PG} = \frac{4(0{,}8^{13} - 1)}{0{,}8 - 1} = \frac{4(0{,}054976 - 1)}{-0{,}2} = \frac{-3{,}780096}{-0{,}2} = 18{,}90048$$

4 INTERPOLAÇÃO LINEAR

A interpolação linear é muito utilizada para resolver equações exponenciais ou logarítmicas, quando são conhecidos dois valores próximos ao valor que se quer determinar.

O número fornecido por esse critério, obtido através de "regra de três simples", é sempre um número aproximado; o menor ou maior grau dessa aproximação é uma função da amplitude da diferença entre os dois números próximos, tomados como referência: quanto menor essa amplitude, maior a aproximação.

A fim de facilitar o entendimento, vamos resolver, por interpolação linear, os dois problemas seguintes, sendo o primeiro de pagamento único e o segundo de série de pagamentos iguais.

1. A que taxa mensal deve ser aplicado um capital de \$ 1.000,00 para produzir um montante de \$ 1.452,40, no final de 12 meses, de acordo com o regime de capitalização composta?

Solução

$S = P(1 + i)^n$

$1.452,40 = 1.000(1 + i)^{12} \Rightarrow (1 + i)^{12} = 1,45240$

Pesquisando nas tabelas financeiras contidas no Apêndice B, ou efetuando cálculos por meio de máquinas convencionais (não científicas ou financeiras), verificamos que a taxa procurada situa-se entre 3% e 3,25%, ou seja:

- para $i = 3\% \Rightarrow (1,03)^{12} = 1,42576$
- para $i = 3,25\% \Rightarrow (1,0325)^{12} = 1,46785$

A solução deste problema, por interpolação linear, implica a utilização da chamada "regra de três simples", que pode ser enunciada como segue: a diferença entre os dois fatores tomados como referência está para a diferença entre suas respectivas taxas, assim como a diferença entre um dos fatores tomado como referência e o fator dado pelo problema está para a diferença entre as suas taxas respectivas.

A solução pode ser assim especificada:

- Diferença entre os fatores tomados como referência:

  $1,46785 - 1,42576 = 0,04209$;

- Diferença entre suas respectivas taxas:

  $3,25\% - 3,00\% = 0,25\%$;

- Diferença entre um dos fatores tomado como referência e o fator dado pelo problema:

  $1,46785 - 1,45240 = 0,01545$;

- Diferença entre as suas respectivas taxas:

  $3,25\% - i = d$;

em que i é a taxa mensal procurada e d a diferença entre essa taxa e a taxa correspondente ao fator tomado como referência.

Regra de três: $0,04209 : 0,25\%$

$0,01545 : d$

$$d = \frac{0,01545 \times 0,25\%}{0,04209} = 0,09177\%$$

Assim, temos:

$3,25\% - i = d$

$3{,}25\% - i = 0{,}09177\% \Rightarrow i = 3{,}15823\%$, taxa essa ligeiramente inferior à taxa correta, que é igual a 3,159%.

2. A aplicação de $ 10.000,00 por mês gerou, no final de 20 meses, um montante de $ 277.993,44. Determinar a taxa mensal de rendimento da aplicação sabendo que:

   FAC (3%, 20) = 26,87037

   FAC (4%, 20) = 29,77808

   Solução

   $S = R \times FAC\ (i,n)$

   $277.993{,}44 = 10.000{,}00\ FAC\ (i,20) \Rightarrow FAC(i,20) = 27{,}79934$

   Vamos determinar a taxa mensal *i* por interpolação linear. Sabemos que ela está situada entre 3% e 4%, pois o seu fator correspondente está situado entre os fatores correspondentes às taxas mencionadas.

   - Diferença entre os fatores tomados como referência:

     FAC (4%, 20) – FAC (3%, 20) = 29,77808 - 26,87037 = 2,90771

   - Diferença entre suas respectivas taxas:

     4,0% – 3,0% = 1,0%

   - Diferença entre um dos fatores tomado como referência e o fator correspondente à taxa procurada:

     FAC (4%, 20) – FAC (*i*,20) = 29,77808 – 27,79934 = 1,97874

   - Diferença entre as respectivas taxas:

     $4{,}0\% - i = d$

   Regra de três: 2,90771 : 1,0%

   1,97874 : *d*

   $$d = \frac{1{,}97874 \times 1{,}0\%}{2{,}90771} = 0{,}681\%$$

   Como $4{,}0\% - i = d$, temos:

   $$4{,}0\% - i = 0{,}681\% \Rightarrow i = 3{,}319\%$$

   Como a taxa exata para FAC (*i*, 20) = 27,79934 é igual a 3,333%, a diferença em relação à taxa calculada por interpolação linear é de 0,014%; se em vez de fatores correspondentes às taxas 3% e 4% tivéssemos considerado como referência fatores de acumulação de capital correspondentes às taxas de 3,0% e 3,5%, essa diferença cairia para 0,003%. Esse fato comprova que, quanto menor a diferença entre as taxas correspondentes aos fatores tomados como referência, mais próxima da taxa exata será a taxa calculada.

APÊNDICE

B

TABELAS FINANCEIRAS

TAXA DO PERÍODO: 0,8333%

n	PAGAMENTO ÚNICO (OU SIMPLES)		SÉRIE DE PAGAMENTOS IGUAIS (OU UNIFORMES)				n
	Fator de Acumulação de Capital $(1+i)^n$	Fator de Valor Atual $\frac{1}{(1+i)^n}$	Fator de Acumulação de Capital (FAC) $\frac{(1+i)^n-1}{i}$	Fator de Formação de Capital (FFC) $\frac{i}{(1+i)^n-1}$	Fator de Valor Atual (FVA) $\frac{(1+i)^n-1}{(1+i)^n \times i}$	Fator de Recuperação de Capital (FRC) $\frac{(1+i)^n \times i}{(1+i)^n-1}$	
1	1.00833	0.99174	1.00000	1.00000	0.99174	1.00833	1
2	1.01674	0.98354	2.00833	0.49793	1.97528	0.50626	2
3	1.02521	0.97541	3.02507	0.33057	2.95069	0.33890	3
4	1.03375	0.96735	4.05028	0.24690	3.91804	0.25523	4
5	1.04237	0.95936	5.08403	0.19669	4.87740	0.20503	5
6	1.05105	0.95143	6.12639	0.16323	5.82882	0.17156	6
7	1.05981	0.94357	7.17744	0.13933	6.77239	0.14766	7
8	1.06864	0.93577	8.23725	0.12140	7.70816	0.12973	8
9	1.07755	0.92803	9.30589	0.10746	8.63619	0.11579	9
10	1.08653	0.92037	10.38344	0.09631	9.55656	0.10464	10
11	1.09558	0.91276	11.46997	0.08718	10.46932	0.09552	11
12	1.10471	0.90522	12.56554	0.07958	11.37453	0.08792	12
13	1.11391	0.89774	13.67025	0.07315	12.27227	0.08148	13
14	1.12320	0.89032	14.78417	0.06764	13.16258	0.07597	14
15	1.13256	0.88296	15.90736	0.06286	14.04554	0.07120	15
16	1.14199	0.87566	17.03992	0.05869	14.92120	0.06702	16
17	1.15151	0.86843	18.18191	0.05500	15.78963	0.06333	17
18	1.16111	0.86125	19.33342	0.05172	16.65088	0.06006	18
19	1.17078	0.85413	20.49453	0.04879	17.50501	0.05713	19
20	1.18054	0.84707	21.66531	0.04616	18.35208	0.05449	20
21	1.19037	0.84007	22.84585	0.04377	19.19215	0.05210	21
22	1.20029	0.83313	24.03622	0.04160	20.02528	0.04994	22
23	1.21030	0.82624	25.23652	0.03963	20.85153	0.04796	23
24	1.22038	0.81942	26.44681	0.03781	21.67094	0.04614	24
25	1.23055	0.81264	27.66719	0.03614	22.48359	0.04448	25
26	1.24080	0.80593	28.89774	0.03460	23.28951	0.04294	26
27	1.25114	0.79927	30.13855	0.03318	24.08878	0.04151	27
28	1.26157	0.79266	31.38969	0.03186	24.88145	0.04019	28
29	1.27208	0.78611	32.65126	0.03063	25.66756	0.03896	29
30	1.28268	0.77962	33.92335	0.02948	26.44717	0.03781	30
31	1.29337	0.77317	35.20603	0.02840	27.22035	0.03674	31
32	1.30415	0.76678	36.49940	0.02740	27.98713	0.03573	32
33	1.31502	0.76045	37.80355	0.02645	28.74758	0.03479	33
34	1.32598	0.75416	39.11857	0.02556	29.50174	0.03390	34
35	1.33702	0.74793	40.44454	0.02473	30.24967	0.03306	35
36	1.34817	0.74175	41.78157	0.02393	30.99142	0.03227	36
42	1.41699	0.70572	50.04096	0.01998	35.31494	0.02832	42
48	1.48933	0.67144	58.72200	0.01703	39.42846	0.02536	48
54	1.56536	0.63883	67.84623	0.01474	43.34218	0.02307	54
60	1.64528	0.60780	77.43625	0.01291	47.06581	0.02125	60
72	1.81755	0.55019	98.11005	0.01019	53.97925	0.01853	72
84	2.00786	0.49804	120.94857	0.00827	60.23742	0.01660	84
96	2.21811	0.45084	146.17848	0.00684	65.90241	0.01517	96
100	2.29297	0.43612	155.16241	0.00644	67.66880	0.01478	100
120	2.70693	0.36942	204.84029	0.00488	75.67243	0.01321	120
150	3.47214	0.28801	296.66855	0.00337	85.44259	0.01170	150
180	4.45365	0.22453	414.45512	0.00241	93.05956	0.01075	180

TAXA DO PERÍODO: 1,0%

n	PAGAMENTO ÚNICO (OU SIMPLES)		SÉRIE DE PAGAMENTOS IGUAIS (OU UNIFORMES)				n
	Fator de Acumulação de Capital $(1+i)^n$	Fator de Valor Atual $\frac{1}{(1+i)^n}$	Fator de Acumulação de Capital (FAC) $\frac{(1+i)^n-1}{i}$	Fator de Formação de Capital (FFC) $\frac{i}{(1+i)^n-1}$	Fator de Valor Atual (FVA) $\frac{(1+i)^n-1}{(1+i)^n \times i}$	Fator de Recuperação de Capital (FRC) $\frac{(1+i)^n \times i}{(1+i)^n-1}$	
1	1.01000	0.99010	1.00000	1.00000	0.99010	1.01000	1
2	1.02010	0.98030	2.01000	0.49751	1.97040	0.50751	2
3	1.03030	0.97059	3.03010	0.33002	2.94099	0.34002	3
4	1.04060	0.96098	4.06040	0.24628	3.90197	0.25628	4
5	1.05101	0.95147	5.10101	0.19604	4.85343	0.20604	5
6	1.06152	0.94205	6.15202	0.16255	5.79548	0.17255	6
7	1.07214	0.93272	7.21354	0.13863	6.72819	0.14863	7
8	1.08286	0.92348	8.28567	0.12069	7.65168	0.13069	8
9	1.09369	0.91434	9.36853	0.10674	8.56602	0.11674	9
10	1.10462	0.90529	10.46221	0.09558	9.47130	0.10558	10
11	1.11567	0.89632	11.56683	0.08645	10.36763	0.09645	11
12	1.12683	0.88745	12.68250	0.07885	11.25508	0.08885	12
13	1.13809	0.87866	13.80933	0.07241	12.13374	0.08241	13
14	1.14947	0.86996	14.94742	0.06690	13.00370	0.07690	14
15	1.16097	0.86135	16.09690	0.06212	13.86505	0.07212	15
16	1.17258	0.85282	17.25786	0.05794	14.71787	0.06794	16
17	1.18430	0.84438	18.43044	0.05426	15.56225	0.06426	17
18	1.19615	0.83602	19.61475	0.05098	16.39827	0.06098	18
19	1.20811	0.82774	20.81090	0.04805	17.22601	0.05805	19
20	1.22019	0.81954	22.01900	0.04542	18.04555	0.05542	20
21	1.23239	0.81143	23.23919	0.04303	18.85698	0.05303	21
22	1.24472	0.80340	24.47159	0.04086	19.66038	0.05086	22
23	1.25716	0.79544	25.71630	0.03889	20.45582	0.04889	23
24	1.26973	0.78757	26.97346	0.03707	21.24339	0.04707	24
25	1.28243	0.77977	28.24320	0.03541	22.02316	0.04541	25
26	1.29526	0.77205	29.52563	0.03387	22.79520	0.04387	26
27	1.30821	0.76440	30.82089	0.03245	23.55961	0.04245	27
28	1.32129	0.75684	32.12910	0.03112	24.31644	0.04112	28
29	1.33450	0.74934	33.45039	0.02990	25.06579	0.03990	29
30	1.34785	0.74192	34.78489	0.02875	25.80771	0.03875	30
31	1.36133	0.73458	36.13274	0.02768	26.54229	0.03768	31
32	1.37494	0.72730	37.49407	0.02667	27.26959	0.03667	32
33	1.38869	0.72010	38.86901	0.02573	27.98969	0.03573	33
34	1.40258	0.71297	40.25770	0.02484	28.70267	0.03484	34
35	1.41660	0.70591	41.66028	0.02400	29.40858	0.03400	35
36	1.43077	0.69892	43.07688	0.02321	30.10751	0.03321	36
42	1.51879	0.65842	51.87899	0.01928	34.15811	0.02928	42
48	1.61223	0.62026	61.22261	0.01633	37.97396	0.02633	48
54	1.71141	0.58431	71.14105	0.01406	41.56866	0.02406	54
60	1.81670	0.55045	81.66967	0.01224	44.95504	0.02224	60
72	2.04710	0.48850	104.70993	0.00955	51.15039	0.01955	72
84	2.30672	0.43352	130.67227	0.00765	56.64845	0.01765	84
96	2.59927	0.38472	159.92729	0.00625	61.52770	0.01625	96
100	2.70481	0.36971	170.48138	0.00587	63.02888	0.01587	100
120	3.30039	0.30299	230.03869	0.00435	69.70052	0.01435	120
150	4.44842	0.22480	344.84229	0.00290	77.52012	0.01290	150
180	5.99580	0.16678	499.58020	0.00200	83.32166	0.01200	180

TAXA DO PERÍODO: 2,0%

n	PAGAMENTO ÚNICO (OU SIMPLES)		SÉRIE DE PAGAMENTOS IGUAIS (OU UNIFORMES)				*n*
	Fator de Acumulação de Capital $(1+i)^n$	Fator de Valor Atual $\frac{1}{(1+i)^n}$	Fator de Acumulação de Capital (FAC) $\frac{(1+i)^n-1}{i}$	Fator de Formação de Capital (FFC) $\frac{i}{(1+i)^n-1}$	Fator de Valor Atual (FVA) $\frac{(1+i)^n-1}{(1+i)^n \times i}$	Fator de Recuperação de Capital (FRC) $\frac{(1+i)^n \times i}{(1+i)^n-1}$	
1	1.02000	0.98039	1.00000	1.00000	0.98039	1.02000	1
2	1.04040	0.96117	2.02000	0.49505	1.94156	0.51505	2
3	1.06121	0.94232	3.06040	0.32675	2.88388	0.34675	3
4	1.08243	0.92385	4.12161	0.24262	3.80773	0.26262	4
5	1.10408	0.90573	5.20404	0.19216	4.71346	0.21216	5
6	1.12616	0.88797	6.30812	0.15853	5.60143	0.17853	6
7	1.14869	0.87056	7.43428	0.13451	6.47199	0.15451	7
8	1.17166	0.85349	8.58297	0.11651	7.32548	0.13651	8
9	1.19509	0.83676	9.75463	0.10252	8.16224	0.12252	9
10	1.21899	0.82035	10.94972	0.09133	8.98259	0.11133	10
11	1.24337	0.80426	12.16872	0.08218	9.78685	0.10218	11
12	1.26824	0.78849	13.41209	0.07456	10.57534	0.09456	12
13	1.29361	0.77303	14.68033	0.06812	11.34837	0.08812	13
14	1.31948	0.75788	15..97394	0.06260	12.10625	0.08260	14
15	1.34587	0.74301	17.29342	0.05783	12.84926	0.07783	15
16	1.37279	0.72845	18.63929	0.05365	13.57771	0.07365	16
17	1.40024	0.71416	20.01207	0.04997	14.29187	0.06997	17
18	1.42825	0.70016	21.41231	0.04670	14.99203	0.06670	18
19	1.45681	0.68643	22.84056	0.04378	15.67846	0.06378	19
20	1.48595	0.67297	24.29737	0.04116	16.35143	0.06116	20
21	1.51567	0.65978	25.78332	0.03878	17.01121	0.05878	21
22	1.54598	0.64684	27.29898	0.03663	17.65805	0.05663	22
23	1.57690	0.63416	28.84496	0.03467	18.29220	0.05467	23
24	1.60844	0.62172	30.42186	0.03287	18.91393	0.05287	24
25	1.64061	0.60953	32.03030	0.03122	19.52346	0.05122	25
26	1.67342	0.59758	33.67091	0.02970	20.12104	0.04970	26
27	1.70689	0.58586	35.34432	0.02829	20.70690	0.04829	27
28	1.74102	0.57437	37.05121	0.02699	21.28127	0.04699	28
29	1.77584	0.56311	38.79223	0.02578	21.84438	0.04578	29
30	1.81136	0.55207	40.56808	0.02465	22.39646	0.04465	30
31	1.84759	0.54125	42.37944	0.02360	22.93770	0.04360	31
32	1.88454	0.53063	44.22703	0.02261	23.46833	0.04261	32
33	1.92223	0.52023	46.11157	0.02169	23.98856	0.04169	33
34	1.96068	0.51003	48.03380	0.02082	24.49859	0.04082	34
35	1.99989	0.50003	49.99448	0.02000	24.99862	0.04000	35
36	2.03989	0.49022	51.99437	0.01923	25.48884	0.03923	36
42	2.29724	0.43530	64.86222	0.01542	28.23479	0.03542	42
48	2.58707	0.38654	79.35352	0.01260	30.67312	0.03260	48
54	2.91346	0.34323	95.67307	0.01045	32.83828	0.03045	54
60	3.28103	0.30478	114.05154	0.00877	34.76089	0.02877	60
72	4.16114	0.24032	158.05702	0.00633	37.98406	0.02633	72
84	5.27733	0.18949	213.86661	0.00468	40.52552	0.02468	84
96	6.69293	0.14941	284.64666	0.00351	42.52943	0.02351	96
100	7.24465	0.13803	312.23231	0.00320	43.09835	0.02320	100
120	10.76516	0.09289	488.25815	0.00205	45.35539	0.02205	120
150	19.49960	0.05128	924.98014	0.00108	47.43585	0.02108	150
180	35.32083	0.02831	1716.04157	0.00058	48.58440	0.02058	180

TAXA DO PERÍODO: 2,5%

n	PAGAMENTO ÚNICO (OU SIMPLES)		SÉRIE DE PAGAMENTOS IGUAIS (OU UNIFORMES)				n
	Fator de Acumulação de Capital $(1+i)^n$	Fator de Valor Atual $\frac{1}{(1+i)^n}$	Fator de Acumulação de Capital (FAC) $\frac{(1+i)^n-1}{i}$	Fator de Formação de Capital (FFC) $\frac{i}{(1+i)^r-1}$	Fator de Valor Atual (FVA) $\frac{(1+i)^n-1}{(1+i)^n \times i}$	Fator de Recuperação de Capital (FRC) $\frac{(1+i)^n \times i}{(1+i)^n-1}$	
1	1.02500	0.97561	1.00000	1.00000	0.97561	1.02500	1
2	1.05063	0.95181	2.02500	0.49383	1.92742	0.51883	2
3	1.07689	0.92860	3.07562	0.32514	2.85602	0.35014	3
4	1.10381	0.90595	4.15252	0.24082	3.76197	0.26582	4
5	1.13141	0.88385	5.25633	0.19025	4.64583	0.21525	5
6	1.15969	0.86230	6.38774	0.15655	5.50813	0.18155	6
7	1.18869	0.84127	7.54743	0.13250	6.34939	0.15750	7
8	1.21840	0.82075	8.73612	0.11447	7.17014	0.13947	8
9	1.24886	0.80073	9.95452	0.10046	7.97087	0.12546	9
10	1.28008	0.78120	11.20338	0.08926	8.75206	0.11426	10
11	1.31209	0.76214	12.48347	0.08011	9.51421	0.10511	11
12	1.34489	0.74356	13.79555	0.07249	10.25776	0.09749	12
13	1.37851	0.72542	15.14044	0.06605	10.98318	0.09105	13
14	1.41297	0.70773	16.51895	0.06054	11.69091	0.08554	14
15	1.44830	0.69047	17.93193	0.05577	12.38138	0.08077	15
16	1.48451	0.67362	19.38022	0.05160	13.05500	0.07660	16
17	1.52162	0.65720	20.86473	0.04793	13.71220	0.07293	17
18	1.55966	0.64117	22.38635	0.04467	14.35336	0.06967	18
19	1.59865	0.62553	23.94601	0.04176	14.97889	0.06676	19
20	1.63862	0.61027	25.54466	0.03915	15.58916	0.06415	20
21	1.67958	0.59539	27.18327	0.03679	16.18455	0.06179	21
22	1.72157	0.58086	28.86286	0.03465	16.76541	0.05965	22
23	1.76461	0.56670	30.58443	0.03270	17.33211	0.05770	23
24	1.80873	0.55288	32.34904	0.03091	17.88499	0.05591	24
25	1.85394	0.53939	34.15776	0.02928	18.42438	0.05428	25
26	1.90029	0.52623	36.01171	0.02777	18.95061	0.05277	26
27	1.94780	0.51340	37.91200	0.02638	19.46401	0.05138	27
28	1.99650	0.50088	39.85980	0.02509	19.96489	0.05009	28
29	2.04641	0.48866	41.85630	0.02389	20.45355	0.04889	29
30	2.09757	0.47674	43.90270	0.02278	20.93029	0.04778	30
31	2.15001	0.46511	46.00027	0.02174	21.39541	0.04674	31
32	2.20376	0.45377	48.15028	0.02077	21.84918	0.04577	32
33	2.25885	0.44270	50.35403	0.01986	22.29188	0.04486	33
34	2.31532	0.43191	52.61289	0.01901	22.72379	0.04401	34
35	2.37321	0.42137	54.92821	0.01821	23.14516	0.04321	35
36	2.43254	0.41109	57.30141	0.01745	23.55625	0.04245	36
42	2.82100	0.35448	72.83981	0.01373	25.82061	0.03873	42
48	3.27149	0.30567	90.85958	0.01101	27.77315	0.03601	48
54	3.79392	0.26358	111.75700	0.00895	29.45683	0.03395	54
60	4.39979	0.22728	135.99159	0.00735	30.90866	0.03235	60
72	5.91723	0.16900	196.68912	0.00508	33.24008	0.03008	72
84	7.95801	0.12566	278.32056	0.00359	34.97362	0.02859	84
96	10.70264	0.09343	388.10576	0.00258	36.26261	0.02758	96
100	11.81372	0.08465	432.54865	0.00231	36.61411	0.02731	100
120	19.35815	0.05166	734.32599	0.00136	37.93369	0.02636	120
150	40.60503	0.02463	1584.20110	0.00063	39.01490	0.02563	150
180	85.17179	0.01174	3366.87157	0.00030	39.53036	0.02530	180

TAXA DO PERÍODO: 3,0%

n	PAGAMENTO ÚNICO (OU SIMPLES)		SÉRIE DE PAGAMENTOS IGUAIS (OU UNIFORMES)				n
	Fator de Acumulação de Capital $(1+i)^n$	Fator de Valor Atual $\frac{1}{(1+i)^n}$	Fator de Acumulação de Capital (FAC) $\frac{(1+i)^n-1}{i}$	Fator de Formação de Capital (FFC) $\frac{i}{(1+i)^n-1}$	Fator de Valor Atual (FVA) $\frac{(1+i)^n-1}{(1+i)^n \times i}$	Fator de Recuperação de Capital (FRC) $\frac{(1+i)^n \times i}{(1+i)^n-1}$	
1	1.03000	0.97087	1.00000	1.00000	0.97087	1.03000	1
2	1.06090	0.94260	2.03000	0.49261	1.91347	0.52261	2
3	1.09273	0.91514	3.09090	0.32353	2.82861	0.35353	3
4	1.12551	0.88849	4.18363	0.23903	3.71710	0.26903	4
5	1.15927	0.86261	5.30914	0.18835	4.57971	0.21835	5
6	1.19405	0.83748	6.46841	0.15460	5.41719	0.18460	6
7	1.22987	0.81309	7.66246	0.13051	6.23028	0.16051	7
8	1.26677	0.78941	8.89234	0.11246	7.01969	0.14246	8
9	1.30477	0.76642	10.15911	0.09843	7.78611	0.12843	9
10	1.34392	0.74409	11.46388	0.08723	8.53020	0.11723	10
11	1.38423	0.72242	12.80780	0.07808	9.25262	0.10808	11
12	1.42576	0.70138	14.19203	0.07046	9.95400	0.10046	12
13	1.46853	0.68095	15.61779	0.06403	10.63496	0.09403	13
14	1.51259	0.66112	17.08632	0.05853	11.29607	0.08853	14
15	1.55797	0.64186	18.59891	0.05377	11.93794	0.08377	15
16	1.60471	0.62317	20.15688	0.04961	12.56110	0.07961	16
17	1.65285	0.60502	21.76159	0.04595	13.16612	0.07595	17
18	1.70243	0.58739	23.41444	0.04271	13.75351	0.07271	18
19	1.75351	0.57029	25.11687	0.03981	14.32380	0.06981	19
20	1.80611	0.55368	26.87037	0.03722	14.87747	0.06722	20
21	1.86029	0.53755	28.67649	0.03487	15.41502	0.06487	21
22	1.91610	0.52189	30.53678	0.03275	15.93692	0.06275	22
23	1.97359	0.50669	32.45288	0.03081	16.44361	0.06081	23
24	2.03279	0.49193	34.42647	0.02905	16.93554	0.05905	24
25	2.09378	0.47761	36.45926	0.02743	17.41315	0.05743	25
26	2.15659	0.46369	38.55304	0.02594	17.87684	0.05594	26
27	2.22129	0.45019	40.70963	0.02456	18.32703	0.05456	27
28	2.28793	0.43708	42.93092	0.02329	18.76411	0.05329	28
29	2.35657	0.42435	45.21885	0.02211	19.18845	0.05211	29
30	2.42726	0.41199	47.57542	0.02102	19.60044	0.05102	30
31	2.50008	0.39999	50.00268	0.02000	20.00043	0.05000	31
32	2.57508	0.38834	52.50276	0.01905	20.38877	0.04905	32
33	2.65234	0.37703	55.07784	0.01816	20.76579	0.04816	33
34	2.73191	0.36604	57.73018	0.01732	21.13184	0.04732	34
35	2.81386	0.35538	60.46208	0.01654	21.48722	0.04654	35
36	2.89828	0.34503	63.27594	0.01580	21.83225	0.04580	36
42	3.46070	0.28896	82.02320	0.01219	23.70136	0.04219	42
48	4.13225	0.24200	104.40840	0.00958	25.26671	0.03958	48
54	4.93412	0.20267	131.13749	0.00763	26.57766	0.03763	54
60	5.89160	0.16973	163.05344	0.00613	27.67556	0.03613	60
72	8.40002	0.11905	246.66724	0.00405	29.36509	0.03405	72
84	11.97642	0.08350	365.88054	0.00273	30.55009	0.03273	84
96	17.07551	0.05856	535.85019	0.00187	31.38122	0.03187	96
100	19.21863	0.05203	607.28773	0.00165	31.59891	0.03165	100
120	34.71099	0.02881	1123.69957	0.00089	32.37302	0.03089	120
150	84.25268	0.01187	2775.08921	0.00036	32.93770	0.03036	150
180	204.50336	0.00489	6783.44532	0.00015	33.17034	0.03015	180

TAXA DO PERÍODO: 3,5%

n	PAGAMENTO ÚNICO (OU SIMPLES)		SÉRIE DE PAGAMENTOS IGUAIS (OU UNIFORMES)				n
	Fator de Acumulação de Capital $(1+i)^n$	Fator de Valor Atual $\frac{1}{(1+i)^n}$	Fator de Acumulação de Capital (FAC) $\frac{(1+i)^n-1}{i}$	Fator de Formação de Capital (FFC) $\frac{i}{(1+i)^n-1}$	Fator de Valor Atual (FVA) $\frac{(1+i)^n-1}{(1+i)^n \times i}$	Fator de Recuperação de Capital (FRC) $\frac{(1+i)^n \times i}{(1+i)^n-1}$	
1	1.03500	0.96618	1.00000	1.00000	0.96618	1.03500	1
2	1.07123	0.93351	2.03500	0.49140	1.89969	0.52640	2
3	1.10872	0.90194	3.10622	0.32193	2.80164	0.35693	3
4	1.14752	0.87144	4.21494	0.23725	3.67308	0.27225	4
5	1.18769	0.84197	5.36247	0.18648	4.51505	0.22148	5
6	1.22926	0.81350	6.55015	0.15267	5.32855	0.18767	6
7	1.27228	0.78599	7.77941	0.12854	6.11454	0.16354	7
8	1.31681	0.75941	9.05169	0.11048	6.87396	0.14548	8
9	1.36290	0.73373	10.36850	0.09645	7.60769	0.13145	9
10	1.41060	0.70892	11.73139	0.08524	8.31661	0.12024	10
11	1.45997	0.68495	13.14199	0.07609	9.00155	0.11109	11
12	1.51107	0.66178	14.60196	0.06848	9.66333	0.10348	12
13	1.56396	0.63940	16.11303	0.06206	10.30274	0.09706	13
14	1.61869	0.61778	17.67699	0.05657	10.92052	0.09157	14
15	1.67535	0.59689	19.29568	0.05183	11.51741	0.08683	15
16	1.73399	0.57671	20.97103	0.04768	12.09412	0.08268	16
17	1.79468	0.55720	22.70502	0.04404	12.65132	0.07904	17
18	1.85749	0.53836	24.49969	0.04082	13.18968	0.07582	18
19	1.92250	0.52016	26.35718	0.03794	13.70984	0.07294	19
20	1.98979	0.50257	28.27968	0.03536	14.21240	0.07036	20
21	2.05943	0.48557	30.26947	0.03304	14.69797	0.06804	21
22	2.13151	0.46915	32.32890	0.03093	15.16712	0.06593	22
23	2.20611	0.45329	34.46041	0.02902	15.62041	0.06402	23
24	2.28333	0.43796	36.66653	0.02727	16.05837	0.06227	24
25	2.36324	0.42315	38.94986	0.02567	16.48151	0.06067	25
26	2.44596	0.40884	41.31310	0.02421	16.89035	0.05921	26
27	2.53157	0.39501	43.75906	0.02285	17.28536	0.05785	27
28	2.62017	0.38165	46.29063	0.02160	17.66702	0.05660	28
29	2.71188	0.36875	48.91080	0.02045	18.03577	0.05545	29
30	2.80679	0.35628	51.62268	0.01937	18.39205	0.05437	30
31	2.90503	0.34423	54.42947	0.01837	18.73628	0.05337	31
32	3.00671	0.33259	57.33450	0.01744	19.06887	0.05244	32
33	3.11194	0.32134	60.34121	0.01657	19.39021	0.05157	33
34	3.22086	0.31048	63.45315	0.01576	19.70068	0.05076	34
35	3.33359	0.29998	66.67401	0.01500	20.00066	0.05000	35
36	3.45027	0.28983	70.00760	0.01428	20.29049	0.04928	36
42	4.24126	0.23578	92.60737	0.01080	21.83488	0.04580	42
48	5.21359	0.19181	120.38826	0.00831	23.09124	0.04331	48
54	6.40883	0.15603	154.53806	0.00647	24.11330	0.04147	54
60	7.87809	0.12693	196.51688	0.00509	24.94473	0.04009	60
72	11.90434	0.08400	311.55246	0.00321	26.17134	0.03821	72
84	17.98827	0.05559	485.37913	0.00206	26.98309	0.03706	84
96	27.18151	0.03679	748.04314	0.00134	27.52029	0.03634	96
100	31.19141	0.03206	862.61166	0.00116	27.65543	0.03616	100
120	62.06432	0.01611	1744.69475	0.00057	28.11108	0.03557	120
150	174.20173	0.00574	4948.62092	0.00020	28.40742	0.03520	150
180	488.94833	0.00205	13941.38072	0.00007	28.51299	0.03507	180

TAXA DO PERÍODO: 4,0%

n	PAGAMENTO ÚNICO (OU SIMPLES)		SÉRIE DE PAGAMENTOS IGUAIS (OU UNIFORMES)				n
	Fator de Acumulação de Capital $(1+i)^n$	Fator de Valor Atual $\frac{1}{(1+i)^n}$	Fator de Acumulação de Capital (FAC) $\frac{(1+i)^n-1}{i}$	Fator de Formação de Capital (FFC) $\frac{i}{(1+i)^n-1}$	Fator de Valor Atual (FVA) $\frac{(1+i)^n-1}{(1+i)^n \times i}$	Fator de Recuperação de Capital (FRC) $\frac{(1+i)^n \times i}{(1+i)^n-1}$	
1	1.04000	0.96154	1.00000	1.00000	0.96154	1.04000	1
2	1.08160	0.92456	2.04000	0.49020	1.88609	0.53020	2
3	1.12486	0.88900	3.12160	0.32035	2.77509	0.36035	3
4	1.16986	0.85480	4.24646	0.23549	3.62990	0.27549	4
5	1.21665	0.82193	5.41632	0.18463	4.45182	0.22463	5
6	1.26532	0.79031	6.63298	0.15076	5.24214	0.19076	6
7	1.31593	0.75992	7.89829	0.12661	6.00205	0.16661	7
8	1.36857	0.73069	9.21423	0.10853	6.73274	0.14853	8
9	1.42331	0.70259	10.58280	0.09449	7.43533	0.13449	9
10	1.48024	0.67556	12.00611	0.08329	8.11090	0.12329	10
11	1.53945	0.64958	13.48635	0.07415	8.76048	0.11415	11
12	1.60103	0.62460	15.02581	0.06655	9.38507	0.10655	12
13	1.66507	0.60057	16.62684	0.06014	9.98565	0.10014	13
14	1.73168	0.57748	18.29191	0.05467	10.56312	0.09467	14
15	1.80094	0.55526	20.02359	0.04994	11.11839	0.08994	15
16	1.87298	0.53391	21.82453	0.04582	11.65230	0.08582	16
17	1.94790	0.51337	23.69751	0.04220	12.16567	0.08220	17
18	2.02582	0.49363	25.64541	0.03899	12.65930	0.07899	18
19	2.10685	0.47464	27.67123	0.03614	13.13394	0.07614	19
20	2.19112	0.45639	29.77808	0.03358	13.59033	0.07358	20
21	2.27877	0.43883	31.96920	0.03128	14.02916	0.07128	21
22	2.36992	0.42196	34.24797	0.02920	14.45112	0.06920	22
23	2.46472	0.40573	36.61789	0.02731	14.85684	0.06731	23
24	2.56330	0.39012	39.08260	0.02559	15.24696	0.06559	24
25	2.66584	0.37512	41.64591	0.02401	15.62208	0.06401	25
26	2.77247	0.36069	44.31174	0.02257	15.98277	0.06257	26
27	2.88337	0.34682	47.08421	0.02124	16.32959	0.06124	27
28	2.99870	0.33348	49.96758	0.02001	16.66306	0.06001	28
29	3.11865	0.32065	52.96629	0.01888	16.98371	0.05888	29
30	3.24340	0.30832	56.08494	0.01783	17.29203	0.05783	30
31	3.37313	0.29646	59.32834	0.01686	17.58849	0.05686	31
32	3.50806	0.28506	62.70147	0.01595	17.87355	0.05595	32
33	3.64838	0.27409	66.20953	0.01510	18.14765	0.05510	33
34	3.79432	0.26355	69.85791	0.01431	18.41120	0.05431	34
35	3.94609	0.25342	73.65222	0.01358	18.66461	0.05358	35
36	4.10393	0.24367	77.59831	0.01289	18.90828	0.05289	36
42	5.19278	0.19257	104.81960	0.00954	20.18563	0.04954	42
48	6.57053	0.15219	139.26321	0.00718	21.19513	0.04718	48
54	8.31381	0.12028	182.84536	0.00547	21.99296	0.04547	54
60	10.51963	0.09506	237.99069	0.00420	22.62349	0.04420	60
72	16.84226	0.05937	396.05656	0.00252	23.51564	0.04252	72
84	26.96500	0.03709	649.12512	0.00154	24.07287	0.04154	84
96	43.17184	0.02316	1054.29603	0.00095	24.42092	0.04095	96
100	50.50495	0.01980	1237.62370	0.00081	24.50500	0.04081	100
120	110.66256	0.00904	2741.56402	0.00036	24.77409	0.04036	120
150	358.92267	0.00279	8948.06685	0.00011	24.93035	0.04011	150
180	1164.12891	0.00086	29078.22269	0.00003	24.97852	0.04003	180

TAXA DO PERÍODO: 5,0%

n	PAGAMENTO ÚNICO (OU SIMPLES)		SÉRIE DE PAGAMENTOS IGUAIS (OU UNIFORMES)				n
	Fator de Acumulação de Capital $(1+i)^n$	Fator de Valor Atual $\frac{1}{(1+i)^n}$	Fator de Acumulação de Capital (FAC) $\frac{(1+i)^n-1}{i}$	Fator de Formação de Capital (FFC) $\frac{i}{(1+i)^n-1}$	Fator de Valor Atual (FVA) $\frac{(1+i)^n-1}{(1+i)^n \times i}$	Fator de Recuperação de Capital (FRC) $\frac{(1+i)^n \times i}{(1+i)^n-1}$	
1	1.05000	0.95238	1.00000	1.00000	0.95238	1.05000	1
2	1.10250	0.90703	2.05000	0.48780	1.85941	0.53780	2
3	1.15763	0.86384	3.15250	0.31721	2.72325	0.36721	3
4	1.21551	0.82270	4.31013	0.23201	3.54595	0.28201	4
5	1.27628	0.78353	5.52563	0.18097	4.32948	0.23097	5
6	1.34010	0.74622	6.80191	0.14702	5.07569	0.19702	6
7	1.40710	0.71068	8.14201	0.12282	5.78637	0.17282	7
8	1.47746	0.67684	9.54911	0.10472	6.46321	0.15472	8
9	1.55133	0.64461	11.02656	0.09069	7.10782	0.14069	9
10	1.62889	0.61391	12.57789	0.07950	7.72173	0.12950	10
11	1.71034	0.58468	14.20679	0.07039	8.30641	0.12039	11
12	1.79586	0.55684	15.91713	0.06283	8.86325	0.11283	12
13	1.88565	0.53032	17.71298	0.05646	9.39357	0.10646	13
14	1.97993	0.50507	19.59863	0.05102	9.89864	0.10102	14
15	2.07893	0.48102	21.57856	0.04634	10.37966	0.09634	15
16	2.18287	0.45811	23.65749	0.04227	10.83777	0.09227	16
17	2.29202	0.43630	25.84037	0.03870	11.27407	0.08870	17
18	2.40662	0.41552	28.13238	0.03555	11.68959	0.08555	18
19	2.52695	0.39573	30.53900	0.03275	12.08532	0.08275	19
20	2.65330	0.37689	33.06595	0.03024	12.46221	0.08024	20
21	2.78596	0.35894	35.71925	0.02800	12.82115	0.07800	21
22	2.92526	0.34185	38.50521	0.02597	13.16300	0.07597	22
23	3.07152	0.32557	41.43048	0.02414	13.48857	0.07414	23
24	3.22510	0.31007	44.50200	0.02247	13.79864	0.07247	24
25	3.38635	0.29530	47.72710	0.02095	14.09394	0.07095	25
26	3.55567	0.28124	51.11345	0.01956	14.37519	0.06956	26
27	3.73346	0.26785	54.66913	0.01829	14.64303	0.06829	27
28	3.92013	0.25509	58.40258	0.01712	14.89813	0.06712	28
29	4.11614	0.24295	62.32271	0.01605	15.14107	0.06605	29
30	4.32194	0.23138	66.43885	0.01505	15.37245	0.06505	30
31	4.53804	0.22036	70.76079	0.01413	15.59281	0.06413	31
32	4.76494	0.20987	75.29883	0.01328	15.80268	0.06328	32
33	5.00319	0.19987	80.06377	0.01249	16.00255	0.06249	33
34	5.25335	0.19035	85.06696	0.01176	16.19290	0.06176	34
35	5.51602	0.18129	90.32031	0.01107	16.37419	0.06107	35
36	5.79182	0.17266	95.83632	0.01043	16.54685	0.06043	36
42	7.76159	0.12884	135.23175	0.00739	17.42321	0.05739	42
48	10.40127	0.09614	188.02539	0.00532	18.07716	0.05532	48
54	13.93870	0.07174	258.77392	0.00386	18.56515	0.05386	54
60	18.67919	0.05354	353.58372	0.00283	18.92929	0.05283	60
72	33.54513	0.02981	650.90268	0.00154	19.40379	0.05154	72
84	60.24224	0.01660	1184.84483	0.00084	19.66801	0.05084	84
96	108.18641	0.00924	2143.72821	0.00047	19.81513	0.05047	96
100	131.50126	0.00760	2610.02516	0.00038	19.84791	0.05038	100
120	348.91199	0.00287	6958.23971	0.00014	19.94268	0.05014	120
150	1507.97750	0.00066	30139.54992	0.00003	19.98674	0.05003	150
180	6517.39184	0.00015	130327.83682	0.00001	19.99693	0.05001	180

TAXA DO PERÍODO: 10,0%

n	PAGAMENTO ÚNICO (OU SIMPLES)		SÉRIE DE PAGAMENTOS IGUAIS (OU UNIFORMES)				*n*
	Fator de Acumulação de Capital $(1+i)^n$	Fator de Valor Atual $\frac{1}{(1+i)^n}$	Fator de Acumulação de Capital (FAC) $\frac{(1+i)^n-1}{i}$	Fator de Formação de Capital (FFC) $\frac{i}{(1+i)^n-1}$	Fator de Valor Atual (FVA) $\frac{(1+i)^n-1}{(1+i)^n\times i}$	Fator de Recuperação de Capital (FRC) $\frac{(1+i)^n\times i}{(1+i)^n-1}$	
1	1.10000	0.90909	1.00000	1.00000	0.90909	1.10000	1
2	1.21000	0.82645	2.10000	0.47619	1.73554	0.57619	2
3	1.33100	0.75131	3.31000	0.30211	2.48685	0.40211	3
4	1.46410	0.68301	4.64100	0.21547	3.16987	0.31547	4
5	1.61051	0.62092	6.10510	0.16380	3.79079	0.26380	5
6	1.77156	0.56447	7.71561	0.12961	4.35526	0.22961	6
7	1.94872	0.51316	9.48717	0.10541	4.86842	0.20541	7
8	2.14359	0.46651	11.43589	0.08744	5.33493	0.18744	8
9	2.35795	0.42410	13.57948	0.07364	5.75902	0.17364	9
10	2.59374	0.38554	15.93742	0.06275	6.14457	0.16275	10
11	2.85312	0.35049	18.53117	0.05396	6.49506	0.15396	11
12	3.13843	0.31863	21.38428	0.04676	6.81369	0.14676	12
13	3.45227	0.28966	24.52271	0.04078	7.10336	0.14078	13
14	3.79750	0.26333	27.97498	0.03575	7.36669	0.13575	14
15	4.17725	0.23939	31.77248	0.03147	7.60608	0.13147	15
16	4.59497	0.21763	35.94973	0.02782	7.82371	0.12782	16
17	5.05447	0.19784	40.54470	0.02466	8.02155	0.12466	17
18	5.55992	0.17986	45.59917	0.02193	8.20141	0.12193	18
19	6.11591	0.16351	51.15909	0.01955	8.36492	0.11955	19
20	6.72750	0.14864	57.27500	0.01746	8.51356	0.11746	20
21	7.40025	0.13513	64.00250	0.01562	8.64869	0.11562	21
22	8.14027	0.12285	71.40275	0.01401	8.77154	0.11401	22
23	8.95430	0.11168	79.54302	0.01257	8.88322	0.11257	23
24	9.84973	0.10153	88.49733	0.01130	8.98474	0.11130	24
25	10.83471	0.09230	98.34706	0.01017	9.07704	0.11017	25
26	11.91818	0.08391	109.18177	0.00916	9.16095	0.10916	26
27	13.10999	0.07628	121.09994	0.00826	9.23722	0.10826	27
28	14.42099	0.06934	134.20994	0.00745	9.30657	0.10745	28
29	15.86309	0.06304	148.63093	0.00673	9.36961	0.10673	29
30	17.44940	0.05731	164.49402	0.00608	9.42691	0.10608	30
31	19.19434	0.05210	181.94342	0.00550	9.47901	0.10550	31
32	21.11378	0.04736	201.13777	0.00497	9.52638	0.10497	32
33	23.22515	0.04306	222.25154	0.00450	9.56943	0.10450	33
34	25.54767	0.03914	245.47670	0.00407	9.60857	0.10407	34
35	28.10244	0.03558	271.02437	0.00369	9.64416	0.10369	35
36	30.91268	0.03235	299.12681	0.00334	9.67651	0.10334	36
42	54.76370	0.01826	537.63699	0.00186	9.81740	0.10186	42
48	97.01723	0.01031	960.17234	0.00104	9.89693	0.10104	48
54	171.87195	0.00582	1708.71948	0.00059	9.94182	0.10059	54
60	304.48164	0.00328	3034.81640	0.00033	9.96716	0.10033	60
72	955.59382	0.00105	9545.93818	0.00010	9.98954	0.10010	72
84	2999.06275	0.00033	29980.62754	0.00003	9.99667	0.10003	84
96	9412.34365	0.00011	94113.43651	0.00001	9.99894	0.10001	96
100	13780.61234	0.00007	137796.12340	0.00001	9.99927	0.10001	100
120	92709.06882	0.00001	927080.68818	0.00000	9.99989	0.10000	120

TAXA DO PERÍODO: 15,0%

n	PAGAMENTO ÚNICO (OU SIMPLES)		SÉRIE DE PAGAMENTOS IGUAIS (OU UNIFORMES)				n
	Fator de Acumulação de Capital $(1+i)^n$	Fator de Valor Atual $\frac{1}{(1+i)^n}$	Fator de Acumulação de Capital (FAC) $\frac{(1+i)^n-1}{i}$	Fator de Formação de Capital (FFC) $\frac{i}{(1+i)^n-1}$	Fator de Valor Atual (FVA) $\frac{(1+i)^n-1}{(1+i)^n \times i}$	Fator de Recuperação de Capital (FRC) $\frac{(1+i)^n \times i}{(1+i)^n-1}$	
1	1.15000	0.86957	1.00000	1.00000	0.86957	1.15000	1
2	1.32250	0.75614	2.15000	0.46512	1.62571	0.61512	2
3	1.52088	0.65752	3.47250	0.28798	2.28323	0.43798	3
4	1.74901	0.57175	4.99337	0.20027	2.85498	0.35027	4
5	2.01136	0.49718	6.74238	0.14832	3.35216	0.29832	5
6	2.31306	0.43233	8.75374	0.11424	3.78448	0.26424	6
7	2.66002	0.37594	11.06680	0.09036	4.16042	0.24036	7
8	3.05902	0.32690	13.72682	0.07285	4.48732	0.22285	8
9	3.51788	0.28426	16.78584	0.05957	4.77158	0.20957	9
10	4.04556	0.24718	20.30372	0.04925	5.01877	0.19925	10
11	4.65239	0,21494	24.34928	0.04107	5.23371	0.19107	11
12	5.35025	0.18691	29.00167	0.03448	5.42062	0.18448	12
13	6.15279	0.16253	34.35192	0.02911	5.58315	0.17911	13
14	7.07571	0.14133	40.50471	0.02469	5.72448	0.17469	14
15	8.13706	0.12289	47.58041	0.02102	5.84737	0.17102	15
16	9.35762	0.10686	55.71747	0.01795	5.95423	0.16795	16
17	10.76126	0.09293	65.07509	0.01537	6.04716	0.16537	17
18	12.37545	0.08081	75.83636	0.01319	6.12797	0.16319	18
19	14.23177	0.07027	88.21181	0.01134	6.19823	0.16134	19
20	16.36654	0.06110	102.44358	0.00976	6.25933	0.15976	20
21	18.82152	0.05313	118.81012	0.00842	6.31246	0.15842	21
22	21.64475	0.04620	137.63164	0.00727	6.35866	0.15727	22
23	24.89146	0.04017	159.27638	0.00628	6.39884	0.15628	23
24	28.62518	0.03493	184.16784	0.00543	6.43377	0.15543	24
25	32.91895	0.03038	212.79302	0.00470	6.46415	0.15470	25
26	37.85680	0.02642	245.71197	0.00407	6.49056	0.15407	26
27	43.53531	0.02297	283.56877	0.00353	6.51353	0.15353	27
28	50.06561	0.01997	327.10408	0.00306	6.53351	0.15306	28
29	57.57545	0.01737	377.16969	0.00265	6.55088	0.15265	29
30	66.21177	0.01510	434.74515	0.00230	6.56598	0.15230	30
31	76.14354	0.01313	500.95692	0.00200	6.57911	0.15200	31
32	87.56507	0.01142	577.10046	0.00173	6.59053	0.15173	32
33	100.69983	0.00993	664.66552	0.00150	6.60046	0.15150	33
34	115.80480	0.00864	765.36535	0.00131	6.60910	0.15131	34
35	133.17552	0.00751	881.17016	0.00113	6.61661	0.15113	35
36	153.15185	0.00653	1014.34568	0.00099	6.62314	0.15099	36
42	354.24954	0.00282	2354.99693	0.00042	6.64785	0.15042	42
48	819.40071	0.00122	5456.00475	0.00018	6.65853	0.15018	48
54	1895.32364	0.00053	12628.82425	0.00008	6.66315	0.15008	54
60	4383.99875	0.00023	29219.99164	0.00003	6.66515	0.15003	60

TAXA DO PERÍODO: 30,0%

n	PAGAMENTO ÚNICO (OU SIMPLES)		SÉRIE DE PAGAMENTOS IGUAIS (OU UNIFORMES)				n
	Fator de Acumulação de Capital $(1+i)^n$	Fator de Valor Atual $\frac{1}{(1+i)^n}$	Fator de Acumulação de Capital (FAC) $\frac{(1+i)^n-1}{i}$	Fator de Formação de Capital (FFC) $\frac{i}{(1+i)^n-1}$	Fator de Valor Atual (FVA) $\frac{(1+i)^n-1}{(1+i)^n\times i}$	Fator de Recuperação de Capital (FRC) $\frac{(1+i)^n\times i}{(1+i)^n-1}$	
1	1.30000	0.76923	1.00000	1.00000	0.76923	1.30000	1
2	1.69000	0.59172	2.30000	0.43478	1.36095	0.73478	2
3	2.19700	0.45517	3.99000	0.25063	1.81611	0.55063	3
4	2.85610	0.35013	6.18700	0.16163	2.16624	0.46163	4
5	3.71293	0.26933	9.04310	0.11058	2.43557	0.41058	5
6	4.82681	0.20718	12.75603	0.07839	2.64275	0.37839	6
7	6.27485	0.15937	17.58284	0.05687	2.80211	0.35687	7
8	8.15731	0.12259	23.85769	0.04192	2.92470	0.34192	8
9	10.60450	0.09430	32.01500	0.03124	3.01900	0.33124	9
10	13.78585	0.07254	42.61950	0.02346	3.09154	0.32346	10
11	17.92160	0.05580	56.40535	0.01773	3.14734	0.31773	11
12	23.29809	0.04292	74.32695	0.01345	3.19026	0.31345	12
13	30.28751	0.03302	97.62504	0.01024	3.22328	0.31024	13
14	39.37376	0.02540	127.91255	0.00782	3.24867	0.30782	14
15	51.18589	0.01954	167.28631	0.00598	3.26821	0.30598	15
16	66.54166	0.01503	218.47220	0.00458	3.28324	0.30458	16
17	86.50416	0.01156	285.01386	0.00351	3.29480	0.30351	17
18	112.45541	0.00889	371.51802	0.00269	3.30369	0.30269	18
19	146.19203	0.00684	483.97343	0.00207	3.31053	0.30207	19
20	190.04964	0.00526	630.16546	0.00159	3.31579	0.30159	20
21	247.06453	0.00405	820.21510	0.00122	3.31984	0.30122	21
22	321.18389	0.00311	1067.27963	0.00094	3.32296	0.30094	22
23	417.53905	0.00239	1388.46351	0.00072	3.32535	0.30072	23
24	542.80077	0.00184	1806.00257	0.00055	3.32719	0.30055	24
25	705.64100	0.00142	2348.80334	0.00043	3.32861	0.30043	25
26	917.33330	0.00109	3054.44434	0.00033	3.32970	0.30033	26
27	1192.53329	0.00084	3971.77764	0.00025	3.33054	0.30025	27
28	1550.29328	0.00065	5164.31093	0.00019	3.33118	0.30019	28
29	2015.38126	0.00050	6714.60421	0.00015	3.33168	0.30015	29
30	2619.99564	0.00038	8729.98548	0.00011	3.33206	0.30011	30
31	3405.99434	0.00029	11349.98112	0.00009	3.33235	0.30009	31
32	4427.79264	0.00023	14755.97546	0.00007	3.33258	0.30007	32
33	5756.13043	0.00017	19183.76810	0.00005	3.33275	0.30005	33
34	7482.96956	0.00013	24939.89853	0.00004	3.33289	0.30004	34
35	9727.86043	0.00010	32422.86808	0.00003	3.33299	0.30003	35

TAXA DO PERÍODO: 0,8333%

SÉRIES EM GRADIENTE				
	SÉRIE CRESCENTE		SÉRIE DECRESCENTE	
n	Fator de Acumulação de Capital FACg(+)	Fator de Valor Atual FVAg(+)	Fator de Acumulação de Capital FACg(−)	Fator de Valor Atual FVAg(−)
1	1.00000	0.99174	1.00000	0.99174
2	3.00833	2.95882	3.01667	2.96701
3	6.03340	5.88505	6.06687	5.91770
4	10.08368	9.75446	10.16770	9.83574
5	15.16771	14.55124	15.33646	14.71313
6	21.29410	20.25981	21.59065	20.54196
7	28.47154	26.86477	28.94801	27.31435
8	36.70879	34.35091	37.42649	35.02250
9	46.01469	42.70322	47.04425	43.65870
10	56.39813	51.90688	57.81972	53.21525
11	67.86810	61.94723	69.77149	63.68457
12	80.43364	72.80982	82.91844	75.05910
13	94.10389	84.48038	97.27966	87.33137
14	108.88806	96.94480	112.87446	100.49395
15	124.79543	110.18918	129.72240	114.53950
16	141.83535	124.19977	147.84330	129.46070
17	160.01726	138.96299	167.25719	145.25033
18	179.35068	154.46546	187.98437	161.90121
19	199.84521	170.69394	210.04537	179.40622
20	221.51052	187.63539	233.46099	197.75830
21	244.35637	205.27690	258.25227	216.95045
22	268.39259	223.60574	284.44051	236.97573
23	293.62911	242.60936	312.04726	257.82725
24	320.07592	262.27534	341.09437	279.49820
25	347.74311	282.59145	371.60390	301.98178
26	376.64085	303.54559	403.59822	325.27130
27	406.77940	325.12583	437.09995	349.36008
28	438.16910	347.32039	472.13199	374.24152
29	470.82036	370.11765	508.71753	399.90908
30	504.74370	393.50612	546.88002	426.35625
31	539.94973	417.47448	586.64320	453.57660
32	576.44913	442.01154	628.03110	481.56373
33	614.25269	467.10627	671.06804	510.31131
34	653.37125	492.74778	715.77861	539.81304
35	693.81580	518.92532	762.18774	570.06271
36	735.59736	545.62826	810.32062	601.05413
42	1014.99474	716.30272	1136.76653	802.23959
48	1345.41405	903.36838	1531.96419	1028.62610
54	1729.46003	1104.83029	2002.08250	1278.98960
60	2169.87038	1318.84862	2553.74109	1552.16549
72	3231.44098	1777.90937	3930.59243	2162.57612
84	4554.95379	2268.55648	5725.67428	2851.62399
96	6167.83641	2780.67799	8011.47572	3611.85555
100	6774.91697	2954.64908	8896.48691	3879.89948
120	10386.08190	3836.84327	14399.59275	5319.52097
150	17897.59844	5154.63187	26899.35243	7747.19915
180	28550.19521	6410.50962	46466.18190	10433.27038

TAXA DO PERÍODO: 1,0%

SÉRIES EM GRADIENTE				
	SÉRIE CRESCENTE		SÉRIE DECRESCENTE	
n	Fator de Acumulação de Capital FACg(+)	Fator de Valor Atual FVAg(+)	Fator de Acumulação de Capital FACg(-)	Fator de Valor Atual FVAg(-)
1	1.00000	0.99010	1.00000	0.99010
2	3.01000	2.95069	3.02000	2.96049
3	6.04010	5.86246	6.08030	5.90148
4	10.10050	9.70638	10.20150	9.80344
5	15.20151	14.46371	15.40452	14.65688
6	21.35352	20.11598	21.71058	20.45235
7	28.56706	26.64501	29.14123	27.18055
8	36.85273	34.03287	37.71831	34.83222
9	46.22125	42.26193	47.46402	43.39824
10	56.68347	51.31480	58.40087	52.86955
11	68.25030	61.17436	70.55171	63.23718
12	80.93280	71.82375	83.93973	74.49225
13	94.74213	83.24637	98.58846	86.62599
14	109.68955	95.42585	114.52177	99.62970
15	125.78645	108.34609	131.76388	113.49475
16	143.04431	121.99123	150.33938	128.21262
17	161.47476	136.34565	170.27322	143.77487
18	181.08950	151.39396	191.59070	160.17314
19	201.90040	167.12102	214.31750	177.39915
20	223.91940	183.51191	238.47968	195.44470
21	247.15860	200.55194	264.10367	214.30169
22	271.63018	218.22666	291.21629	233.96207
23	297.34649	236.52182	319.84476	254.41789
24	324.31995	255.42341	350.01667	275.66127
25	352.56315	274.91762	381.76004	297.68443
26	382.08878	294.99087	415.10327	320.47963
27	412.90967	315.62977	450.07519	344.03924
28	445.03877	336.82117	486.70504	368.35568
29	478.48915	358.55209	525.02248	393.42147
30	513.27404	380.80978	565.05759	419.22918
31	549.40679	403.58167	606.84091	445.77146
32	586.90085	426.85540	650.40339	473.04105
33	625.76986	450.61880	695.77643	501.03075
34	666.02756	474.85989	742.99189	529.73341
35	707.68784	499.56689	792.08209	559.14199
36	750.76471	524.72819	843.07979	589.24950
42	1039.77794	684.60946	1191.01861	784.18919
48	1383.48338	858.11996	1616.42440	1002.60405
54	1785.24573	1043.14293	2127.51184	1243.13359
60	2248.63666	1237.76118	2733.21321	1504.49616
72	3375.70305	1649.01773	4268.12193	2084.96085
84	4797.89971	2079.96376	6309.24361	2735.15472
96	6552.65655	2520.95749	8960.29083	3447.22970
100	7218.61968	2668.80463	10000.00000	3697.11212
120	11233.90764	3403.81537	16600.77379	5029.94780
150	19829.07125	4457.55085	32242.11448	7247.98771
180	32457.59995	5413.38758	57966.41580	9667.83360

TAXA DO PERÍODO: 2,0%

SÉRIES EM GRADIENTE				
	SÉRIE CRESCENTE		SÉRIE DECRESCENTE	
n	Fator de Acumulação de Capital FACg(+)	Fator de Valor Atual FVAg(+)	Fator de Acumulação de Capital FACg(–)	Fator de Valor Atual FVAg(–)
1	1.00000	0.98039	1 00000	0.98039
2	3.02000	2.90273	3 04000	2.92195
3	6.08040	5.72970	6 16120	5.80584
4	10.20201	9.42508	10.40603	9.61357
5	15.40605	13.95373	15.81819	14.32702
6	21.71417	19.28156	22.44268	19.92846
7	29.14845	25.37548	30.32581	26.40045
8	37.73142	32.20340	39.51530	33.72593
9	47.48605	39.73420	50.06023	41.88816
10	58.43577	47.93769	62.01116	50.87075
11	70.60449	56.78458	75.42010	60.65760
12	84.01658	66.24650	90.34059	71.23294
13	98.69691	76.29592	105.82773	82.58131
14	114.67085	86.90617	124.93823	94.68756
15	131.96426	98.05139	144.73041	107.53682
16	150.60355	109.70652	165.26430	121.11453
17	170.61562	121.84729	189.60166	135.40641
18	192.02793	134.45016	214.80600	150.39844
19	214.86849	147.49234	241.94268	166.07690
20	239.16586	160.95177	271.07891	182.42833
21	264.94918	174.80706	302.28380	199.43954
22	292.24816	189.03752	335.62846	217.09759
23	321.09312	203.62310	371.18599	235.38979
24	351.51499	218.54442	409.03158	254.30372
25	383.54529	233.78269	449.24251	273.82718
26	417.21619	249.31975	491.89826	293.94821
27	452.56052	265.13803	537.08055	314.65511
28	489.61173	281.22052	584.87337	335.93638
29	528.40396	297.55077	635.36308	357.78077
30	568.97204	314.11290	688.63842	380.17722
31	611.35148	330.89152	744.79063	403.11492
32	655.57851	347.87179	803.91347	426.58326
33	701.69008	365.03934	866.10331	450.57182
34	749.72388	382.38030	931.45917	475.07041
35	799.71836	399.88126	1000.08284	500.06903
36	851.71273	417.52930	1072.07886	525.55788
42	1207.97339	525.83580	1581.10221	688.26032
48	1647.02948	636.63884	2241.29296	866.34402
54	2179.32668	748.01974	3082.69229	1058.08584
60	2816.62851	858.45842	4140.51539	1261.95567
72	4460.90796	1072.03977	7077.25441	1700.79684
84	6707.19695	1270.94463	11471.46463	2173.72421
96	9716.97961	1451.82678	17893.74631	2673.52831
100	10923.84760	1507.85110	20611.61530	2845.08242
120	18901.16574	1755.77143	40178.07062	3732.23057
150	39673.98706	2034.60489	99998.01383	5128.20774
180	78518.11996	2222.99750	232085.40382	6570.77976

TAXA DO PERÍODO: 3,0%

SÉRIES EM GRADIENTE				
	SÉRIE CRESCENTE		SÉRIE DECRESCENTE	
n	Fator de Acumulação de Capital FACg(+)	Fator de Valor Atual FVAg(+)	Fator de Acumulação de Capital FACg(–)	Fator de Valor Atual FVAg(–)
1	1.00000	0.97087	1.00000	0.97087
2	3.03000	2.85607	3.06000	2.88434
3	6.12090	5.60149	6.24270	5.71295
4	10.30453	9.15544	10.61361	9.43005
5	15.61366	13.46848	16.24115	14.00976
6	22.08207	18.49339	23.19680	19.42695
7	29.74453	24.18503	31.55516	25.65723
8	38.63687	30.50030	41.39415	32.67693
9	48.79598	37.39805	52.79508	40.46304
10	60.25986	44.83899	65.84282	48.99324
11	73.06765	52.78563	80.62590	58.24586
12	87.25968	61.20219	97.23670	68.19987
13	102.87747	70.05455	115.77159	78.83482
14	119.96380	79.31020	136.33107	90.13090
15	138.56271	88.93813	159.01991	102.06883
16	158.71959	98.90880	183.94739	114.62993
17	180.48118	109.19408	211.22740	127.79605
18	203.89561	119.76718	240.97866	141.54956
19	229.01248	130.60262	273.32489	155.87336
20	255.88286	141.67613	308.39501	170.75084
21	284.55934	152.96467	346.32334	186.16586
22	315.09612	164.44630	387.24982	202.10278
23	347.54901	176.10021	431.32020	218.54639
24	381.97548	187.90662	478.68628	235.48193
25	418.43474	199.84676	529.50613	252.89508
26	456.98778	211.90283	583.94436	270.77192
27	497.69742	224.05793	642.17232	289.09895
28	540.62834	236.29608	704.36841	307.86306
29	585.84719	248.60212	770.71832	327.05151
30	633.42261	260.96173	841.41528	346.65196
31	683.42528	273.36133	916.66042	366.65238
32	735.92804	285.78811	996.66299	387.04115
33	791.00588	298.22998	1081.64072	407.80694
34	848.73606	310.67551	1171.82012	428.93878
35	909.19814	323.11393	1267.43680	450.42600
36	972.47409	335.53509	1368.73585	472.25825
42	1416.12974	409.20375	2110.86770	609.95469
48	1984.68826	480.29218	3131.32314	757.77645
54	2702.38732	547.69334	4510.17489	914.07798
60	3598.16800	610.72817	6348.09165	1077.48121
72	6068.90865	722.48764	11937.80003	1421.16375
84	9761.89839	815.09346	21337.94714	1781.66381
96	15197.52307	890.01892	36779.94502	2153.95936
100	17516.87882	911.45295	43819.18218	2280.03649
120	34580.35194	996.23649	101387.29617	2920.89925
150	90278.06301	1071.51567	328760.40827	3902.07673
180	226898.28927	1109.50886	1000905.31337	4894.32211

TAXA DO PERÍODO: 4,0%

SÉRIES EM GRADIENTE				
	SÉRIE CRESCENTE		SÉRIE DECRESCENTE	
n	Fator de Acumulação de Capital FACg$^{(+)}$	Fator de Valor Atual FVAg$^{(+)}$	Fator de Acumulação de Capital FACg$^{(-)}$	Fator de Valor Atual FVAg$^{(-)}$
1	1.00000	0.96154	1.00000	0.96154
2	3.04000	2.81065	3.08000	2.84763
3	6.16160	5.47764	6.32480	5.62272
4	10.40806	8.89686	10.82426	9.25262
5	15.82439	13.00649	16.67355	13.70444
6	22.45736	17.74838	23.97347	18.94658
7	30.35566	23.06780	32.83070	24.94863
8	39.56988	28.91333	43.35815	31.68138
9	50.15268	35.23661	55.67528	39.11671
10	62.15879	41.99225	69.90839	47.22761
11	75.64514	49.13764	86.19108	55.98808
12	90.67094	56.63280	104.66453	65.37316
13	107.29778	64.44027	125.47795	75.35880
14	125.58969	72.52492	148.78898	85.92193
15	145.61328	80.85388	174.76412	97.04031
16	167.43781	89.39642	203.57922	108.69261
17	191.13532	98.12376	235.41990	120.85828
18	216.78073	107.00907	270.48211	133.51758
19	244.45196	116.02727	308.97262	146.65152
20	274.23004	125.15501	351.10961	160.24184
21	306.19924	134.37052	397.12319	174.27100
22	340.44721	143.65354	447.25609	188.72212
23	377.06510	152.98524	501.76422	203.57896
24	416.14771	162.34816	560.91740	218.82592
25	457.79362	171.72608	625.00000	234.44800
26	502.10536	181.10400	694.31174	250.43077
27	549.18957	190.46804	759.16843	266.76036
28	599.15716	199.80541	849.90275	283.42342
29	652.12344	209.10430	936.86515	300.40713
30	708.20838	218.35386	1030.42469	317.69917
31	767.53672	227.54413	1130.97001	335.28766
32	830.23819	236.66599	1238.91028	353.16121
33	896.44771	245.71109	1354.67622	371.30886
34	966.30562	254.67187	1478.72118	389.72006
35	1039.95785	263.54141	1611.52225	408.38467
36	1117.55616	272.31348	1753.58145	427.29295
42	1675.30954	322.62262	2831.93316	545.35933
48	2420.84336	368.43969	4403.05374	670.12173
54	3403.97932	409.43653	6652.51540	800.17608
60	4687.75782	445.62014	9829.67398	934.41275
72	8497.47056	504.53261	20414.65833	1212.10903
84	14777.25309	548.01596	40398.38200	1498.17819
96	25011.69689	579.35210	77255.01844	1789.47703
100	29678.21632	587.62987	95321.77785	1887.37503
120	68280.66452	617.01685	263448.58191	2380.64780
150	228899.73821	637.74109	1122258.35677	3126.74132
180	751533.78999	645.57609	4511624.51727	3875.53688

TAXA DO PERÍODO: 5,0%

SÉRIES EM GRADIENTE				
	SÉRIE CRESCENTE		SÉRIE DECRESCENTE	
n	Fator de Acumulação de Capital FACg$^{(+)}$	Fator de Valor Atual FVAg$^{(+)}$	Fator de Acumulação de Capital FACg$^{(-)}$	Fator de Valor Atual FVAg$^{(-)}$
1	1.00000	0.95238	1.00000	0.95238
2	3.05000	2.76644	3.10000	2.81179
3	6.20250	5.35795	6.40750	5.53504
4	10.51263	8.64876	11.03800	9.08099
5	16.03826	12.56639	17.11553	13.41047
6	22.84017	17.04369	24.77322	18.48616
7	30.98218	22.01846	34.15389	24.27253
8	40.53129	27.43317	45.41069	30.73574
9	51.55785	33.23465	58.70779	37.84357
10	64.13574	39.37378	74.22107	45.56530
11	78.34253	45.80525	92.13892	53.87172
12	94.25966	52.48730	112.66299	62.73497
13	111.97264	59.38148	136.00912	72.12854
14	131.57127	66.45243	162.40821	82.02718
15	153.14984	73.66769	192.10718	92.40684
16	176.80733	80.99747	225.37003	103.24461
17	202.64769	88.41452	262.47890	114.51868
18	230.78008	95.89389	303.73523	126.20826
19	261.31908	103.41283	349.46100	138.29358
20	294.38504	110.95062	400.00000	150.75579
21	330.10429	118.48841	455.71925	163.57695
22	368.60950	126.00911	517.01043	176.73995
23	410.03998	133.49725	584.29143	190.22852
24	454.54198	140.93888	658.00800	204.02716
25	502.26908	148.32145	738.63549	218.12111
26	553.38253	155.63371	826.68072	232.49629
27	608.05166	162.86561	922.68389	247.13933
28	666.45424	170.00824	1027.22066	262.03745
29	728.77695	177.05368	1140.90441	277.17853
30	795.21580	183.99500	1264.38848	292.55098
31	865.97659	190.82615	1398.36869	308.14379
32	941.27542	197.54186	1543.58595	323.94647
33	1021.33919	204.13766	1700.82902	339.94902
34	1106.40615	210.60972	1870.93743	356.14192
35	1196.72645	216.95488	2054.80461	372.51611
36	1292.56278	223.17055	2253.38116	389.06297
42	1999.86677	257.66208	3815.09852	491.53585
48	2988.53325	287.32389	6224.71100	598.45684
54	4354.25237	312.38592	9878.31336	708.69709
60	6225.25808	333.27245	15343.34872	821.41421
72	12228.95634	364.55232	35286.93952	1051.92423
84	23201.74138	385.14074	77510.06896	1286.63986
96	43098.29231	398.37067	164843.34361	1523.69732
100	52810.52830	401.59713	210802.01255	1603.04180
120	143723.03398	411.91773	698223.97133	2001.14642
150	629930.54834	417.73206	3921141.48974	2600.26526
180	2733284.57321	419.38319	20856053.89109	3200.06137

2025/5